Film als Geschichtsschreibung bei Rainer Werner Fassbinder

Sabine Pott

Film als Geschichtsschreibung bei Rainer Werner Fassbinder

Fassbinders Darstellung der Bundesrepublik Deutschland anhand ausgewählter Frauenfiguren in seiner „BRD-Trilogie“: Die Ehe der Maria Braun (1978), Lola (1981) und Die Sehnsucht der Veronika Voss (1982)

2., durchgesehene Auflage

PETER LANG
Frankfurt am Main · Berlin · Bern · Bruxelles · New York · Oxford · Wien

Bibliografische Information Der Deutschen Bibliothek
Die Deutsche Bibliothek verzeichnet diese Publikation in der Deutschen Nationalbibliografie; detaillierte bibliografische Daten sind im Internet über <http://dnb.ddb.de> abrufbar.

Abbildung auf dem Umschlag aus
Die Sehnsucht der Veronika Voss
Rosel Zech (Veronika Voss), Rainer Werner Fassbinder

Gedruckt auf alterungsbeständigem,
säurefreiem Papier.

ISBN 3-631-51836-6

Europäischer Verlag der Wissenschaften
Frankfurt am Main 2001
2., durchgesehene Auflage 2004

Printed in Germany 1 2 3 4 6 7

www.peterlang.de

Vorwort für eine außergewöhnliche Doktorarbeit

Meine Gratulation zu einer Dissertation, die schon allein durch ihren großen Rahmen beeindruckt. Schon das Inhaltsverzeichnis bezeugt, dass es um *Arbeiten an der deutschen Vergangenheit* gehen wird. Da ich mit den drei in der Arbeit beschriebenen Frauenfiguren ja in gewisser Weise „groß geworden" bin, war ich auch sehr gespannt auf die Erschließung von Zusammenhängen. Schon bei der Entstehung des Films „Die Ehe der Maria Braun" hatte ich selbst mitbekommen, was RWF alles unter der Idee, einen Film „über seine Elterngeneration" zu drehen, verstand. Der darauffolgende Erfolg im In-und Ausland belohnte dann nicht nur seine prägende Kraft, sondern auch alle, die daran beteiligt waren. Wir dürfen nicht vergessen, dass „Die Ehe der Maria Braun" allein in New York 1979 54 Wochen lang in den Lincoln Plaza Cinemas lief. Ein Erfolg, der zu diesem Zeitpunkt für einen deutschen Film einmalig war und der nicht zuletzt zum Weiterspinnen des filmischen Geschichtsfadens westdeutscher Herkunft ermunterte.

Hanna Schygullas Figur der Maria Braun wird auch in Zukunft als Symbol einer deutschen Frau der Fünfziger Jahre bestehen bleiben. Barbara Sukowas Lola ist gerade nach der deutschen Wiedervereinigung aktuell geblieben, und auch Rosel Zechs Veronika Voss beschäftigt weiterhin Filmstudenten und Wissenschaftler. Nicht zu vergessen sind die Drehbücher des Autorenteams Peter Märthesheimer und Pea Fröhlich, die RWFs Grundideen zur Drehvorlage formten. Spontane Veränderungen während der Dreharbeiten und die abschließende Montage, zu der ich meinen Teil beitrug, verfeinerten den filmischen Gesamtplan. Jahrelang war ich an der Entstehung der Fassbinder-Filme beteiligt und beschäftige mich bis in die heutige Gegenwart hinein mit dem Erhalt des Werkes.

Doch welch eine Entdeckung dann die Lektüre dieser wissenschaftlichen Arbeit: Sie bereitet nicht nur ungemein viel Spaß und Vergnügen, sondern führt auch zu neuen Erkenntnissen. In vielen Aspekten verfolgt sie die Motive und dramaturgischen Ansätze Fassbinders. In ihrer Analyse und den Verbindungen zur Film- und Zeitgeschichte geht sie jedoch weit darüber hinaus. Als eine der schönsten Grundbetrachtungen der Autorin sei die Feststellung erwähnt, dass RWF die offizielle Geschichtsschreibung und ihre historischen Fakten mit Menschen bereicherte. Ein Historiker sei er sozusagen, der Fakten durch seine Menschenzeichnungen nachvollziehbar und verständlicher mache.

Dass RWFs Werk inzwischen an dem Punkt angelangt ist, selbst Geschichte zu werden, ist ein anderes Thema. Dass die hervorragende Bedeutung seines Werkes am Beispiel der drei untersuchten Frauenfilmen innerhalb der Neuen Deutschen und Europäischen Filmgeschichte durch diese Arbeit bewiesen wird, ist ihr eigenständiger Verdienst. Zu wünschen bleibt jetzt nur noch, dass künftige „Deutschlandsucher“ und Filmerzähler durch ihre Auseinandersetzung mit Fassbinders BRD-Trilogie und dieser Dissertation zu eigenen Filmerzählungen über Deutschland inspiriert werden und auf diesem Wege dem heutigen deutschen Film neue Impulse vermitteln.

Juliane Lorenz,
Rainer Werner Fassbinder Foundation, Berlin/New York, im Oktober 2001

Inhaltsverzeichnis

Einleitung

Fassbinders künstlerisches Werk kann unter den vielfältigsten Aspekten untersucht und betrachtet werden. Die Rezeption im englischsprachigen Ausland ist der deutschen Rezeption dabei voraus. Hier wird sich unvoreingenommener mit seinem Werk auseinandergesetzt als im Inland. Es liegen Aufsätze vor zu Fassbinders Sirk-Rezeption, zu Fassbinders melodramatischen Adaptionen, sogar zu Fassbinders Einordnung und Stellenwert im Neuen deutschen Film kamen die Untersuchungen von außen.[1] Zur Zeit werden Fassbinders Filme in den USA unter dem Aspekt der 'sexual politics' untersucht, in Deutschland gibt es nichts Vergleichbares.

Auch mit historisch-politischen Analysen des Fassbinder-Werkes sind ausländische Wissenschaftler weiter als im Inland, hier sind auch besonders die angelsächsischen und die französischen Untersuchungen zu erwähnen. Die ausländische Kritik geht sehr viel objektiver an sein Werk heran. In Deutschland selbst scheint es Schwierigkeiten mit dem Werk und besonders mit der Person Fassbinder zu geben. Beides wird oft gleichgesetzt. Dieser Blick verbaut dann die Beschäftigung mit den Aussagen in Fassbinders Werk.

Wie kaum ein anderer Regisseur in den 70er Jahren hat Fassbinder sich selbst als Person mit all seinen Schwierigkeiten exponiert. Oft hat er Ablehnung erfahren, die über seine Person automatisch sein Werk miteinbezog. In der Rezeption bewirkte dieses Verhalten eine Lähmung, die scheinbar nicht so leicht aufzuheben ist.
In Sirks Nachruf auf Fassbinder liest sich das so:

> „Nicht, daß diese in der Filmgeschichte einzigartige Kreativität sofort den verdienten Anklang gefunden hätte. Fassbinders Filme blieben eine lange Zeit hindurch kontrovers, und werden es hoffentlich bleiben. Denn nur das, was den Widerspruch übersteht, hat die Kraft zur Dauer. Aus diesem dramatischen Kontrapunkt entwickelt und erklärt sich auch die große Passion seines Werks.“[2]

Die Konfrontationen, die Fassbinders Person und Arbeit hervorriefen sind vergleichbar mit Pasolinis Gleichsetzung von Werk und Leben im Italien der 60er Jahre: beide kehrten radikal ihr Persönliches nach außen, bei Pasolini wird der 68er Slogan 'das Private ist das Politische' antizipiert, Fassbinder verarbeitet ihn

[1] vgl. hier: Thomas Elsaesser: Der Neue Deutsche Film - von den Anfängen bis zu den Neunziger Jahren; aus dem Amerikanischen von Reinhold Rauh; München 1994
[2] Douglas Sirk: Imitation of Life; ein Gespräch mit Jon Halliday; aus dem Englischen von R. Wohlleben; dt. Ausgabe hg. von H.-M. Bock, M. Töteberg; Frankf./M. 1997; S. 238

als Leitsatz, der sein Arbeitsjahrzehnt durchzieht, d.h. jene radikale Zeit, die um 1968 begann aber schon kurze Zeit später eine starke staatliche Kontrolle nach sich zog, die alle Lebensbereiche erfaßte. Fassbinder sieht bereits Mitte der 70er Jahre künstlerische Werke, die

> „das System bestätigen, das sie vorgeben zu kritisieren; eine Art von systemimmanenter Kritik ist entwickelt worden von deutschen Künstlern, die traurig macht und Angst. Das Ende wird eine tote deutsche Kunst sein, die nichts mehr als sich selbst zu bemerken in der Lage sein wird."[3]

Pasolini wie Fassbinder werden zu einer 'öffentlichen Person': Sie stellen beide schonungslos ihre Homosexualität heraus. Fassbinder verarbeitet in mehreren Filmen seine eigenen Beziehungsprobleme, besonders in *Deutschland im Herbst.* Fassbinder stellt die autoritären Strukturen der Erziehung heraus, auf denen er die Gesellschaft basieren sieht. Er zeigt, inwieweit diese in seine persönlichen Partnerbeziehungen hineinreichen, das Verhalten untereinander determinieren und inwieweit dieses Verhalten wieder nach außen zurückstrahlt. Fassbinder fügt Persönliches und Politisches zusammen. Er hat in seinen Filmen politische und künstlerische Strategien entwickelt, immer im Zusammenhang mit persönlichen Lebensfragen.

Seine Geschichtsbeschäftigung ist deshalb subjektiv-privat zu nennen. Er erzählt aus seinem Blickwinkel über ganz private Schicksale öffentliche Geschichte. Den Anspruch objektiver Berichterstattung erhebt er nicht. Seine Protagonisten lädt er mit den Grundwidersprüchen ihrer jeweiligen Epoche auf.
So half mir in meiner Arbeit auch die offizielle Geschichtsschreibung der auf Fakten beruhenden Geschichtswissenschaft nur insoweit, daß ich die historischen Fakten kontinuierlich verfolgen konnte.

Auch hier ist die amerikanische Geschichtsschreibung um den Aspekt der 'oral history' weiter. In Deutschland gibt es eine vergleichbare Untersuchung über den Zeitraum von den 20er Jahren bis in die 60er Jahre, die dreibändige Untersuchung 'Lebensgeschichte und Sozialkultur im Ruhrgebiet', herausgegeben von Lutz Niethammer. Seine Mitarbeiter kommen über die Methode der 'oral history', indem sie Menschen erzählen lassen, an das Geschehen dieser Jahre heran. Die interviewten Personen äußern sich, teilweise im Dialekt, über diese Zeitspanne, wie sie sie erlebt und empfunden haben. Diese erzählten Geschichten werden in dieser Untersuchung in den Mittelpunkt gestellt und darüber wird 'die Geschichte' rekonstruiert. Niethammers Mitarbeiter stellen eine Kontinuität fest, die sich aus den 30er Jahren, mit Unterbrechung der Kriegserlebnisse, in die 50er Jahre weiterführen läßt [vgl. dazu den Anhang B) zu Kap. C].

---

[3]Fassbinder in: Filme befreien den Kopf; hg. von M. Töteberg; Frankf./M. 1984; S: 40

Vor diesem Hintergrund arbeitet Fassbinder die Lebensläufe seiner drei Protagonistinnen in der *BRD-Trilogie* heraus. Inhaltlich und filmstilistisch arbeitet er ihre Geschichten innerhalb der 'großen' deutschen Geschichte heraus.

Ein wichtiger Aspekt ist hierbei auch Fassbinders Zurückgreifen auf die deutsche Filmgeschichte. Diese verarbeitet er direkt und ohne sie wäre sein Werk nicht vorstellbar. Ein wichtiger Schritt in Fassbinders persönlicher wie künstlerischer Entwicklung war die Begegnung mit dem Werk Douglas Sirks, dieses übte einen großen Einfluß auf Fassbinders weitere Entwicklung aus. Für Fassbinder verläuft die deutsche Filmgeschichte über die US-Emigranten, sie endet dort aber nicht, sondern durch sein Anküpfen an dieser Tradition verhalf er den Regisseuren zu einer sehr langsam einsetzenden Rezeption in ihrem Ausgangsland. Auch dieses Kapitel aus der Vergangenheit scheint Probleme der Aufarbeitung mit sich zu bringen.

Schließlich ist Fassbinders Werk auch in einem direkten Vergleich zu Jean-Luc Godards Werk und Person zu sehen. Die direkte Godard-Rezeption war für Fassbinder wichtig:

> „Der hat angefangen, Filme zu machen, als ich anfing, systematisch ins Kino zu gehen. Da merkte man auf einmal, daß auch ein Filmemacher die Möglichkeit hat, ein eigenes Weltbild herzustellen. Bei Godard ist mir klargeworden, daß die Filme eines Regisseurs alle etwas miteinander zu tun haben."[4]

Godards politische und künstlerische Entwicklung verläuft ähnlich wie die Fassbinders, nur ein Jahrzehnt zuvor. Auch Godards Werk und Person sind in direktem Bezug zu seinem Land und den politischen, künstlerischen und gesellschaftlichen Ereignissen dort zu sehen. Auch Godard reagierte spontan auf das, was er erlebte. Godard und Fassbinder gemeinsam ist das Herausstellen weiblicher Protagonisten, über die sie ihre Geschichten vermitteln.

Fassbinder: „Ich meine, daß die Filme, je persönlicher sie sind, um so mehr über das Land aussagen, in dem sie entstanden sind."[5]

Diese Arbeit beschäftigt sich mit dem Thema der deutschen Geschichte im an sich langsam historisch werdenden Werk Fassbinders in bezug auf sein Land. Obwohl diese Thematik mehr oder weniger verschlüsselt sein Gesamtwerk durchzieht, ist sie bisher noch nie Gegenstand einer eigenen Untersuchung geworden.

---

[4]Fassbinder in: Die Anarchie der Phantasie; Gespräche und Interviews; hg. von M. Töteberg; Frankf./M. 1986; S. 174
[5]a.a.O.; S. 71

Arbeiten an der deutschen Vergangenheit

„Le passé n'est jamais mort. Il n'est même pas passé," so beurteilt Jean-Luc Godard in seinem *Autoportrait - JLG par JLG* (1995) die Auswirkungen der Vergangenheit, die bis in jede Gegenwart zu spüren sind.
Etwas früher äußerte er sich in einem taz-Interview zur Wechselwirkung zwischen der filmischen und der historischen Situation eines Landes: „*Den Film* [kursiv O] gab es immer dann, wenn er eine Identität mit dem Land hatte, aus dem er stammte. Das war bei den deutschen Filmen genau zu der Zeit der Fall - nach dem Ersten Weltkrieg -, als Deutschland seine Identität verloren hatte und eine neue suchte."[1] Godard sieht diese historische Identitätskrise in engem Bezug zur „Suche des Landes nach seinem Bild."[2]

Die Fassbinder-Schauspielerin Ingrid Caven beschreibt die Suche und Motive der Fassbinder-Gruppe für ihre künstlerische Arbeit, die sich in der späten 60er und weiterführend in der 70er-Dekade manifestierte: „Für mich war es damals wichtig, Leute zu treffen, die nach anderen Formen, einer anderen Sprache, anderen Ausdrucksformen suchten, nach der Katastrophe in unserer Geschichte. Gleichzeitig konnten wir uns nicht erlauben, die Geschichte zu vergessen."[3]

Fassbinder und mit ihm die Filmemacher seiner Generation versuchten in ihrer Arbeit das zusammenzusetzen, was sie an historischen, deutschen Identitätspartikeln vorfanden. Einerseits gab es Brüche in der deutschen Geschichte, andererseits fanden sie Kontinuitätsstränge vor, die bis weit ins 19. Jahrhundert zurückreichten. Sie versuchten, diese Teile zusammenzufügen und sich mit dem Vorgefundenen in ihrer 60er- und 70er Jahre-Wirklichkeit kritisch auseinanderzusetzen. Fassbinder:

> "Unsere Generation, also auch ihr und ich, haben in der Schule und vom Elternhaus viel zu wenig von deutscher Geschichte gehört oder gar gelernt. Da ist es doch ganz selbstverständlich, daß man sich damit beschäftigt. Und ein Filmemacher wie ich macht eben aus solchen für ihn neuen und spannenden Informationen Filme. Ich mache mir dadurch die Gegenwart klarer und sie gleichzeitig dem Zuschauer greifbarer."[4]

---

[1] 'Es wiederfinden' - Pressekonferenz mit Jean-Luc Godard zum Filmstart von 'Nouvelle Vague'; in: tageszeitung (taz) vom 22.11.1990

[2] ebd.

[3] arte-Themenabend 'Rainer Werner Fassbinder' (RWF) vom 19.02.1995; Ingrid Caven im Gespräch mit Frédéric Mitterand, der durch das Programm führt.

[4] Michael Töteberg (Hg.): RWF - Die Anarchie der Phantasie - Gespräche und Interviews; Frankf./M. 1986; S. 168

Fassbinders Geschichtsvermittlung ist eine aktuelle und keine historische. Seine Filme ergänzen die offizielle Geschichte. Die Geschichten in der *BRD-Trilogie* spielen in den Gründungsjahren der Bundesrepublik, sie verweisen jedoch immer auf Fassbinders Gegenwart in den 70er Jahren und noch darüber hinaus:

> "... es geht um ein besseres Verständnis seiner über vierzig *Filme* [kursiv 0], die in wenig mehr als einem Jahrzehnt produziert wurden, und darüber hinaus vielleicht der *Dekade* [kursiv O] selbst, während dessen Deutschland - so scheinen Fassbinders Filme zu sagen - eine weitere historische Chance verpaßt und den falschen Weg genommen hat."[5]

Im Laufe seiner künstlerischen Entwicklung 'entdeckt' Fassbinder 'Deutschland'. Seine ersten Filme findet er rückblickend zu „privat, sie wurden nur für uns und unsere Freunde gemacht."[6] Den weiteren Filmen weist er jetzt einen überprüfbaren Hintergrund zu. Einhergehend mit der politischen und kulturellen Restriktion in den 70er Jahren, die Fassbinder besonders hart trifft, werden seine Filme explizit deutsch. Er beginnt, sich mit der deutschen Vergangenheit zu beschäftigen und den Auswirkungen, die sie auf die Gegenwart hat.

In Fassbinders persönlicher, künstlerischer Entwicklung setzt Mitte der 70er Jahre ein Bruch in der öffentlichen Rezeption und Akzeptanz ein. Ausgelöst wird dieser durch den sogenannten Theaterskandal um sein Stück *Der Müll, die Stadt und der Tod* und entzündete sich hier an der Figur Der Reiche Jude, der im Stück auftritt [vgl. dazu B Kap.3.3.; und dort den Anhang A)].[7]
Yoram Löwenstein, der das in Deutschland immer noch heftig umstrittene Theaterstück 1999 in Tel Aviv aufgeführt hat, sagt über Fassbinder und sein Stück:

> „Fassbinder ist die Tür in die deutsche Nachkriegsgesellschaft, er bietet Einblicke in das deutsche Unterbewußtsein, gnadenlos, ohne jede politische Rücksicht, er bricht die deutsche Seele auf. [...] Fassbinders Frankfurter Drama handelt nicht von den Juden, es handelt von den Deutschen, es zeigt den Antisemi-

[5]Th. Elsaesser: Fassbinder, Lola und die Logik des Mehrwerts - Oder: Nicht nur wer zahlt, zählt; S. 53-89; in: Andreas Rost (Hg.): Der zweite Atem des Kinos; Frankf./M. 1996, S. 57
[6]RWF in: Anarchie ...; a.a.O.; S. 65
[7]Zum 'Skandal', den das Stück republikweit damals und bis heute auslöst, sei an dieser Stelle nur verwiesen auf Anton Kaes, der sich wissenschaftlich mit dem Stück und den Reaktionen darauf auseinandersetzt, in: Geschichte und Trauma; S. 92-99: in: Deutschlandbilder - Die Wiederkehr der Geschichte als Film; München 1987. Das Theaterstück ist bis heute nicht in Deutschland aufgeführt worden. Der Streit gipfelt erneut im Jahr 1998 in teilweise polemisch geführten Äußerungen, in denen Fassbinder u.a. 27 Jahre nach seinem Tod, als „faschistoider Linker" betitelt wird; in: 'Bubis: „Fassbinder war ein faschistoider Linker"'; in: Hannoversche Allgemeine Zeitung (HAZ) vom 02.09.1998; (dpa). Einen Tag zuvor wurde das Stück als „Dokument Goebbels'scher Qualität" bezeichnet; in: 'Heftiger Streit um Fassbinder-Stück'; in: HAZ vom 01.09.1998; (dpa).

tismus in der deutschen Gesellschaft, wobei es uns alle warnt und uns alle verantwortlich macht."[8]

Dem abgesetzten Theaterstück folgte das abgelehnte Fernsehprojekt zu Gustav Freytags Roman *Soll und Haben*. Fassbinder wollte mit

> „diesem Roman als Ausgangspunkt die gesamte Geschichte des deutschen Bürgertums von Mitte des letzten Jahrhunderts bis zum Durchbruch des Nationalsozialismus darstellen. [...] Ich wollte zeigen, wie der Antisemitismus entstanden ist. [...] Ich finde es nicht antisemitisch zu erzählen, welche Fehler ein Jude begehen mußte, um überhaupt überleben zu können. Am besten läßt sich doch die Unterdrückung einer Minderheit beschreiben, indem man zeigt, zu welchen Fehlern und Untaten die Mitglieder einer Minderheit als Konsequenz der Unterdrückung gezwungen werden." [9]

In dem Gespräch *Lieber Straßenkehrer in Mexiko sein als in Deutschland Filmemacher*, das 1977 geführt wurde, sieht Fassbinder, daß in der Bundesrepublik künstlerische Freiheiten immer weiter eingeschränkt werden:

> „Daß der Intendant von Sell [dieses] Projekt abgelehnt hat, ohne das vorhandene Material zu lesen oder zu diskutieren, ist etwas, das es bis dahin nicht gegeben hatte. [...] Da kommen so Punkte zusammen, wo man spürt, daß man in einer Situation arbeitet, wo alles, was sich an Grenzen begibt, Gefahr läuft, boykottiert zu werden."[10]

Gerade im *Soll und Haben* - Roman sieht Fassbinder die Möglichkeiten gegeben, sich mit der Vorgeschichte der jüngeren deutschen Vergangenheit auseinanderzusetzen:

> „Es sind gerade die schmutzigen Stellen des Romans »Soll und Haben« - das uns falsch erscheinende politische Bewußtsein seines Autors, das, was er an späterem Schrecken wenn nicht erzeugt, so doch literarisch gedeckt hat, übrigens bei eher geringem literarischen Anspruch -, die uns zu einer der vielleicht wichtigsten Auseinandersetzungen zwingen, die mit Geschichten und unser aller Geschichte, mit dem 19. Jahrhundert und unseren gesellschaftlichen Ahnen und uns selbst möglich sind und nötig und die der Film gerade mit Hilfe des Mediums Fernsehen zu leisten imstande ist."[11]

---

[8]Yoram Löwenstein in: H. M. Broder: Theater - Universelle Botschaft - Fassbinders „Müll"- Stück kommt in Tel Aviv auf die Bühne; in: Der Spiegel; Nr. 16 vom 19.04.99

[9]RWF in: Anarchie ...; a.a.O.; S. 87f

[10]a.a.O; S. 96

[11] M. Töteberg (Hg.): RWF - Filme befreien den Kopf; Frankf./M. 1984; S. 36. Zur *Soll und Haben*-Projektanalyse vgl. Kaes: Geschichte und Trauma; a.a.O; S. 92ff

Chronologisch folgt die innenpolitische Krise des Herbstes 1977, die von Fassbinder und seiner Generation „als Einschnitt im Selbstverständnis der Bundesrepublik empfunden wurde."[12]
Mit weiteren Filmemachern realisiert Fassbinder den Kollektivfilm *Deutschland im Herbst*. Fassbinder legt als spontane Reaktion einen sehr radikalen Beitrag vor, in dem er selbst im Mittelpunkt steht. Er stellt seine eigene Zerrissenheit zur Schau, einerseits als scharf reflektierender Sohn in einem Streitgespräch mit seiner Mutter über deutsche Traditionen von Gewalt und Zivilcourage. Er beharrt auf dem demokratischen Recht der Diskussion. Andererseits entblößt er sich in radikal subjektiven Szenen bis zur physischen Nacktheit. Mit seiner emotionsgeladenen Betroffenheit schockiert er den Zuschauer. In einem dialektischen Verhältnis läßt er sich aber von der Kamera derselben autoritären Eigenschaften innerhalb seiner Partnerbeziehung überführen: „Der Film kann dem, der zuschaut, Mut machen, weiterzuformulieren, noch eine Haltung zu haben und ihr Ausdruck zu verleihen."[13]

Fassbinders Filme dieser Zeit spielen in seiner bundesrepublikanischen Gegenwart, zu Beginn der zweiten Hälfte der 70er Dekade. Es folgt jetzt *Die Dritte Generation*, ebenfalls ein sehr radikaler Film, in dem er die Wirklichkeit der späten 70er fast schon resignativ zerlegt. Wilhelm Roth schreibt über diesen Film in der Hanser-Filmographie: „So entstand, was in der Bundesrepublik selten ist, der unabhängige Film eines unabhängigen Menschen."[14] Selbst der WDR, mit dem Fassbinder in seiner frühen Arbeitsphase oft zusammengearbeitet hat, gibt jetzt beim Thema Terrorismus kein Geld mehr zur Produktion dazu.

In den späten Filmen, die in der 70er Jahre-Wirklichkeit angesiedelt sind, stellt er immer Bezüge zum Faschismus her, explizit auch in *In einem Jahr mit 13 Monden*. Keine Zeitebene bleibt denkbar ohne ihre Vorzeit. Fassbinder sieht Deutschland

> „in einer Situation, wo vieles sehr rückläufig ist. Ich würde sagen, daß 1945, als der Krieg zu Ende war, als das Dritte Reich zu Ende war, daß da die Chancen, die Deutschland gehabt hätte, nicht wahrgenommen worden sind, daß die Struktur und die Werte, auf denen dieser Staat jetzt als Demokratie beruht, im Grunde die gleichen geblieben sind, d.h. daß das, zusammen mit einer Entwicklung nach rückwärts zu etwas führen wird, was eine Art von Staat ist, in dem ich nicht so gerne leben möchte."[15]

---

[12]Kaes: Deutschlandbilder ...; a.a.O.; S. 80
[13]RWF in: Anarchie ...; a.a.O.; S. 128
[14]Peter W. Jansen, Wolfram Schütte (Hg.): RWF; München 1974; 5. ergänzte und erweiterte Auflage 1985; S. 230
[15]Michael Strauven: „Etwas wovor ich Angst habe, setzt mich in Gang". - Portrait RWF; TV-Dokumentation 1982

In Fassbinders künstlerischer Entwicklung ist zu beobachten, daß er das Dritte Reich filmisch einkreist. Bis auf *Lili Marleen* spielt kein Film in der Zeit des Nationalsozialismus. Es geht ihm vielmehr darum zu zeigen, was zum Nationalsozialismus führte und davon weiterwirkt.

Intensiv bearbeitet er die direkte Nachkriegsgeschichte. Fassbinder sieht hier noch Hoffnungen und Utopien für den neuen Staat. In der *BRD-Trilogie* untersucht er die Gründungsjahre der Bundesrepublik auf die herrschenden Wertvorstellungen, Illusionen, Träume und Sehnsüchte. Diese Zeit verläuft parallel zu Fassbinders eigener Lebenszeit. In den Trilogiefilmen sucht er eine Perspektive, aus der heraus sich Denk-, Empfindungs- und Handlungsweisen des deutschen Bürgers in der Gegenwart verstehen lassen. Fassbinder:

> „Unsere Demokratie ist eine damals für die Westzone verordnete, wir haben sie uns nicht erkämpft. Alte Formen haben große Chancen, sich Lücken zu suchen, ohne Hakenkreuz natürlich, aber mit alten Erziehungsmethoden. Ich staune, wie schnell es in diesem Land eine Wiederbewaffnung gegeben hat. Die Revolteversuche der Jungen waren eher rührend. Ich will auch zeigen, wie die 50er Jahre den Menschen der 60er Jahre geprägt haben. Diesen Zusammenprall der Etablierten mit den Engagierten, die in die Abnormalität des Terrorismus gedrängt wurden."[16]

An dieser Stelle können Parallelen gezogen werden zur ersten deutschen Demokratie, der Weimarer Republik, die von Heinrich Mann 1931 ähnlich charakterisiert wurde:

> „Für den Sieg des Nationalsozialismus spricht vor allem, daß in diesem Lande die Demokratie niemals blutig erkämpft ist. In einem geschichtlichen Augenblick, nach dem verlorenen Kriege, erschien sie, verglichen mit der unheilvollen Monarchie und dem gefürchteten Bolschewismus, als der gegebene Ausweg - nur Ausweg, nicht Ziel, viel weniger leidenschaftliches Ergebnis."[17]

In *Das Bekenntnis zum Übernationalen* (1932) treffen sich Heinrich Mann und Fassbinder in einer deutschen Zustandsanalyse, in einem Vergleich der ersten mit der zweiten deutschen Demokratie. Heinrich Mann urteilte 1932 noch schärfer über die ablaufende deutsche Demokratie [es dauert kein Jahr mehr, bis ihm die Bürgerrechte aberkannt werden]:

> „Schlimmer, als das herrschende System war das gebrauchte, abgenutzte, das die Republik vorgefunden hatte, dieselbe Vorbereitung auf immer denselben Krieg, die unveränderte Ungerechtigkeit zugunsten von Erwerbsständen, die

---

[16]Anon.: Geschichtsergänzung. Gespräch mit RWF; in: ARD, Fernsehspiel; zit. nach: Kaes: Deutschlandbilder; a.a.O.; S.82

[17]H. Mann: Die Deutsche Entscheidung (1931); S. 603-608; in: Essays; Bd. 4; Hamburg 1960; S. 605

> nichts nachließen. [...] Die Justiz war nie republikanisch; die Reichswehr war es nicht, die Universitäten. Kein Teil der Verwaltung wurde republikanisch durchdrungen, am wenigsten das Auswärtige Amt. [...] Die Regierungen der Republik haben sich allenfalls benommen wie Schauspieler auf einer Probe, aber nicht, als ob es Abend und Ernst wäre. Sie markierten nur, wie man einen Staat verteidigt und behauptet. Bis zur entscheidenden Aufführung des Stückes sind sie dann auch gar nicht gekommen."[18]

Fassbinder sieht in der deutschen Geschichte Kontinuitätslinien, die er herausstellen will, innerhalb einer scheinbaren Diskontinuität.
Er konzentriert seine subjektive Geschichtsvermittlung deshalb um private Schicksale. Die Privatpersonen lädt er mit den historischen Widersprüchen auf, die er in der Geschichte vorfindet, und läßt sie daran scheitern.
1982, zu Fassbinders Tod, zitiert Colette Godard noch einmal Fassbinder und seine Geschichtskonzeption in Le Monde: „J'espère vivre assez longtemps pour réaliser une douzaine de films qui recomposeraient l'Allemagne dans sa globalité, telle que je la vois. Je cherche en moi, où je suis dans l'histoire de mon pays."[19]

---

[18] H. Mann: Das Bekenntnis zum Übernationalen (1932); S. 609-645; in: a.a.O.; S. 621f
[19] C. Godard: La mort de RWF; in: Le Monde vom 11.06.1982

A *Die Ehe der Maria Braun* (1978)

war der zweite internationale und kommerzielle Filmerfolg überhaupt, der jemals in Deutschland, in diesem Fall der Bundesrepublik Deutschland, gedreht wurde. Der erste deutsche Film, der ein Welterfolg wurde, war 1930 Josef von Sternbergs *Der blaue Engel* mit Marlene Dietrich und Emil Jannings.

Michael Ballhaus, der für *Die Ehe der Maria Braun* noch bei Fassbinder die Kamera führte, zieht einen einfachen Schluß aus dem Erfolg des Films: „Es war sicher unser bester Film. Und das ist der Film, der bleiben wird, der noch in zehn oder zwanzig Jahren Gültigkeit haben wird.“[1]

1.1. Thematische Einführung und Hintergrund zur Entstehungsgeschichte des Films

In *Die Ehe der Maria Braun* sind verschiedene Ideen und Konzepte Fassbinders eingegangen, die er zu jener Zeit, Mitte der 70er Jahre, verwirklichen wollte. Er hatte lange vorher den Plan zu einem Episodenfilm, ähnlich wie *Deutschland im Herbst*, den er mit anderen Filmemachern zusammen realisieren wollte, über die ‘Ehen unserer Eltern’:

> „Die Geschichte ging ursprünglich von einer Idee aus, die Rainer sich für eine Fernsehserie vorstellen konnte, mit dem Arbeitstitel ‘Die Ehen unserer Eltern’. [...] Dazu kam dann die zweite Ebene im Film, die die politische Entwicklung der Bundesrepublik Deutschland anspricht und die durch die persönliche Entwicklung von Maria Braun verdeutlicht wird. Die Geschichte der BRD an Hand von persönlichen Entwicklungen nachzuvollziehen, das war für Rainer von diesem Zeitpunkt ab ein wichtiger Motor geworden, also die politischen, soziologischen und psychologischen Zusammenhänge sichtbar zu machen.“[2]

Juliane Lorenz weist hier auf die Themen, die für den Fassbinder der späteren Schaffensphase wichtig wurden.

Er untersucht das „Gebilde Deutschland“[3] d.h. er untersucht eine Entwicklung und wie sie sich ihm in den 70er Jahren präsentierte. In seiner Filmtrilogie *Die Ehe der Maria Braun*, *Lola* und *Die Sehnsucht der Veronika Voss* hat er „die Geschichte

[1]Peter Kremski: RWF und *Die Ehe der Maria Braun*; TV-Dokumentation 1989
[2]Juliane Lorenz (Hg.): Das ganz normale Chaos - Gespräche über RWF; Berlin 1995; S. 182
[3]RWF in: Filme befreien; S. 74

deutscher Restauration registriert und interpretiert. [...] Er hat begonnen zu definieren, was das ist und wie es geworden ist: die Republik des Geldes und der verkauften Gefühle."[4]

Fassbinders Geschichtsschreibung basiert aber nicht auf dem Aneinanderreihen historischer Fakten. Elsaesser charakterisiert ihn deshalb als „*Chronisten der inneren Geschichte der Bundesrepublik* [kursiv O]."[5]

Fassbinder untersucht in der Trilogie die Werte, auf denen die 'neue' Gesellschaft nach 1945 aufbaute. Dazu gehören auch jene Wertvorstellungen, die aus der 'alten' Zeit übernommen wurden, etwas modifiziert oder angepaßt und dann in den 70er Jahren als unantastbare Grundlage einer Geselllschaft galten, die Fassbinder ständig in Frage stellt. Fassbinder spricht von „Wirklichkeit", und er wollte keine „Wiederholung von Wirklichkeit", sondern eine „neu geformte, die dann im Zusammenhang mit dem Bewußtsein dessen, der etwas sieht, wieder Wirklichkeit wird."[6]

In *Die Ehe der Maria Braun* zeigt Fassbinder das Schicksal einer einzelnen Frau in einer genau determinierten historischen Umgebung. Der Film beginnt in den letzten Kriegstagen und endet 1954 mit dem Sieg der deutschen Fußballnationalmannschaft über die ungarische Mannschaft in Bern.

Der Filmkritiker Hans-Günther Pflaum, der eng mit Fassbinder zusammenarbeitete, beschreibt diese Zeit: „Damals nach '45 wurden die Weichen gestellt, es wurde etwas versäumt, und in diese Richtung fährt der Zug noch heute. Ich glaube nicht, daß Fassbinder von der *Maria Braun* viel zurücknehmen müßte, wenn es um unsere Gegenwart geht."[7]

Fassbinders Geschichtsschreibung ist eine private. Es ist seine persönliche Sicht auf deutsche Zusammenhänge. D.h. Fassbinder zeigt menschliche Schicksale, die innerhalb der offiziellen Geschichtsschreibung nicht zählen. Er sieht den Einzelnen determiniert durch das Gesellschaftlich-Politische. Er zeigt filmisch auf, was mit dem '68er Slogan 'Das Politische ist das Private' für den einzelnen Menschen gemeint ist. Daß sich im Privaten Öffentliches manifestiert, vor allem inwieweit es in private Entscheidungen hineinreicht, will Fassbinder mit seiner Geschichtsschreibung verdeutlichen. Er benutzt das Private als Medium zur Reflexion über Öffentlichkeit. Er zentriert seine Geschichtsschreibung um private Schicksale, d.h. um ganz unbedeutende Menschen und zeigt mit ihnen auf, inwieweit Öffentliches in ihr Leben eingreift bzw. es genauestens festlegt. Die drei Frauenfiguren aus der

[4]P. Jansen: Vor der Machtübernahme; in: Die Zeit vom 23.03.1979
[5]Elsaesser: Fassbinder, *Lola* und die Logik des Mehrwerts; S. 53-89; in: Andreas Rost (Hg.): Der zweite Atem des Kinos; Frankf./M. 1996; S. 59
[6]RWF in: Anarchie; S.71
[7]Pflaum in Kremski: RWF und *Die Ehe der Maria Braun*; TV-Dokumentation

Trilogie sind unbekannt, Veronika Voss war zwar eine öffentlich-bekannte Frau, sie ist aber auch wieder, aus bestimmten historischen Gründen, ins Vergessen geraten. Über diese 'unbedeutenden' Schicksale vermittelt Fassbinder einen deutschen historischen Zustand. In *Die Ehe der Maria Braun* beleuchtet er diese bestimmte Epoche, in der, äußerlich betrachtet, vieles in Bewegung geriet. Desweiteren beleuchtet er die Gesellschaft in dieser spezifischen Zeit, in der sie sich den Anschein gab, als formierte sie sich neu, und in den Mittelpunkt des fiktiven Geschehens stellt er eine Frau.

Fassbinders Werk zeichnet sich dadurch aus, daß er weiblichen Heldinnen starke Rollen zuweist. Mit Hilfe seiner Frauenfiguren will er gesellschaftliche Mechanismen verdeutlichen, oft auch im Zusammenhang mit dem Thema der gesellschaftlichen Unterdrückung. Fassbinder:

> „Weil man ganz zwangsläufig, wenn man anfängt, sich mit der Gesellschaft konkret auseinanderzusetzen, auf Frauen kommt. [...] Frauen interessieren mich auch nicht bloß deswegen, weil sie unterdrückt sind, das ist nicht so simpel. Die gesellschaftlichen Konflikte in Frauen sind spannender, weil Frauen auf der einen Seite zwar unterdrückt werden, aber diese Unterdrükkung meiner Ansicht nach auch aus ihrer gesellschaftlichen Lage heraus provozieren und wiederum als ein Terrormittel einsetzen. Sie sind die spannenderen Figuren in der Gesellschaft, die Konflikte bei ihnen sind deutlicher."[8]

Mit drei Frauenschicksalen schuf Fassbinder eine Trilogie über die Adenauerzeit und das Wirtschaftswunder bzw. die Werte, auf denen die neue Bundesrepublik aufbaute. Die drei Protagonistinnen sind als Schlüsselikonen der jeweiligen gesellschaftlichen Situation eingesetzt. Sie sind dazu da, Liebes- und Glücksansprüche zu formulieren, die jedoch in der bestehenden Gesellschaft unrealisierbar bleiben. Sie sind scheiternde Heldinnen. Ihr Versuch, sich eine eigene Identität, auch über den Weg der Auflehnung gegen die vorgefundenen Verhältnisse aufzubauen, ist von vornherein zum Scheitern verurteilt.
Elsaesser erklärt das Scheitern u.a. mit der „widersprüchlichen Programmierung der Bedürfnisse und Wünsche, die Frauen in einer patriarchalen Gesellschaft erhalten."[9]

Es war Fassbinders Absicht, gesellschaftliche Widersprüche mit Hilfe der Frauenfiguren aufzuzeigen. Einerseits begehren die Frauen gegen die Gesellschaft auf, andererseits sind sie aber von deren Normen stark geprägt und wiederholen in ihrer Ablehnung oder Revolte nur die Mechanismen, die sie abschaffen wollten. Die unterschiedlichen Gründe und Bedingungen dieser Auflehnung verarbeitet

---

[8]RWF in: Anarchie; S. 53
[9]Elsaesser: Der Neue Deutsche Film - Von den Anfängen bis zu den Neunziger Jahren; dt. Ausgabe; München 1994; S. 306

Fassbinder fast in allen seinen Werken, besonders denjenigen, die schon programmatisch im Titel einen weiblichen Namen tragen: *Martha* (1973), *Die bitteren Tränen der Petra von Kant* (1972), desweiteren in dem Theaterstück *Bremer Freiheit* (1972). Dieses Theaterstück, in dem die Bremer Bürgerin Geesche Gottfried nacheinander alle ihr nahestehenden Menschen mit Arsen vergiftet, wenn diese sie daran hindern wollen, ihr eigenes Leben zu leben, hat Fassbinder auch für das Fernsehen als Video produziert.
Älteren Frauen gesteht Fassbinder in seinen Filmen ein gewisses Maß an Glück und Selbstbestimmung zu. Trotzdem ist klar, daß Ali und die ältere Emmi in *Angst essen Seele auf* nicht dauerhaft glücklich zusammenleben können.

Über diese mit Nachdruck gezeichneten, scheiternden Heldinnen offenbart Fassbinder die Abhängigkeitsmuster, auf denen gesellschaftliches Zusammenleben beruht. Seine Hoffnung, die er damit verband, diese Thematik ständig aufs neue zu bearbeiten, lag sicher darin, daß sie irgendwann überwunden sein müßte, daß beide Teile der menschlichen Gesellschaft ein Stück auf ihrem gemeinsamen Weg vorankommen müßten. Fassbinder bedauert:

> „die Gesellschaft, in der wir leben, [als] eine von Männern gemachte, in der die Frauen nur so'n Wehrmechanismus haben, der ihnen 'ne gewisse Macht gibt, große Macht innerhalb der Familie und auch über Männer. Aber das sind alles kranke Verhältnisse, das ist alles nicht sehr gesund. Nur die Mittel, die man wählt, um sich zu befreien, sind sehr verschieden."[10]

Seine Protagonistin im ersten Trilogieteil, Maria Braun, lädt Fassbinder mit dem Grundwiderspruch ihrer Epoche auf. Es handelt sich auf der politischen Ebene um den Widerspruch, den Adenauer im ersten Drittel und zum Ende des Films hin über das Radio verkünden läßt: zuerst das Wider und später das Für zur militärischen Aufrüstung der Bundesrepublik.

Fassbinder intendierte mit der *BRD-Trilogie* über ausgewählte Frauenfiguren seine Sicht auf die deutsche Geschichte zu vermitteln:

> „Es läuft über Frauen besser, etwas über Geschichte zu erzählen. Männer haben - wie ich finde - eine vorgeschriebene Rolle in der Geschichtsschreibung. Es gibt ja in *Effi Briest* dieses berühmte Gespräch zwischen dem Instetten und dem Wüllersdorf, wo das ziemlich klar wird: Der Mann hat eine Rolle in dieser Gesellschaft, die hat er zu spielen, die hat er zu geben. Deswegen finde ich auch Männer nicht so besonders interessant als Figuren, weil sie eigentlich immer nur das tun, was sie ohnehin tun müssen; während die Frauen, von denen man immer behauptet, ihnen würden die Rollen vorgeschrieben, dann

[10] RWF in P. Buchka: Es ist nicht gut, in einem Menschenleib zu leben. Das filmische Weltgericht des RWF; TV-Dokumentation von 1995. Das Interviewmaterial hat Buchka aus früheren Dokumentationen neu zusammengesetzt.

> im einzelnen oftmals fähig sind, sich wirklich von dieser Rolle zu lösen und Dinge zu tun, die man nicht für möglich gehalten hätte."[11]

In *Die Ehe der Maria Braun* erzählt Fassbinder direkt über seine Kameratechnik den Lebenslauf von Maria Braun. Die Kameraführung sagt alles über seine Protagonistin aus. Zu Anfang ist die Erzählweise linear:

Als Maria und Betty vor dem Spiegel ihre neuen 'amerikanischen' Hocksteckfrisuren ausprobieren, fragt Betty in den Spiegel hinein: „Und was willst du anziehen?" Es folgt ein Schnitt und in der nächsten Szene sieht der Zuschauer Maria auf dem Schwarzmarkt, auf dem sie sich ihr tiefausgeschnittenes „Geschäftskleid" eintauscht:

„Die geradlinige, vorwärts auf ein Denouement drängende Erzählweise entspricht genau der Aufbaudynamik der fünfziger Jahre, die für die Vergangenheit keine Zeit hatte."[12]

Mit fortschreitender Handlung hebt Fassbinder die Linearität auf, jetzt reiht er einzelne Szenen fragmentarisch aneinander. Die erzählerische Gliederung läuft parallel zu Marias Leben. Zu Anfang des Films lebt Maria noch im Einklang mit ihrer Umwelt. Sie will noch nichts besonderes. Die Handlungsführung zeigt an, wann Maria aus der vorgegebenen Ordnung ausbricht. Mit dem Weg in ihren wirtschaftlichen Aufstieg hinein zieht Fassbinder visuell mit der Kamera einen Kreis um sie, den er immer enger zusammenzieht und ihr letztlich keinen Ausweg mehr läßt, als den in den Selbstmord.
Diesen Kamerakreis beschreibt Fassbinder über stoffliche, akustische und optische Leitmotive. Etwas Äußeres umschreibt ihre Geschichte, dazu gehören die Farbwahl, die Metaphorik der Gitter und die Treppensymbolik.

Maria Brauns Entwicklung bietet dementsprechend keine psychologische Innensicht. Fassbinder verdeutlicht vielmehr Zusammenhänge und Zwänge, unter denen sie und die Figuren um sie herum handeln müssen. Es geht Fassbinder nicht darum, zu zeigen w i e es gewesen ist, sondern er versucht, eine Perspektive auszuloten, aus der heraus sich gegenwärtige Denk- und Handlungsweisen verstehen lassen. Er versucht, die Vergangenheit, die Gegenwart und auch die Zukunft in eine Verbindung zu setzen. In Fassbinders Werk finden Rückwärtsorientierungen statt, aber sie sind immer auf die Gegenwart ausgerichtet, auf seine und auf eine jeweils aktuelle in der Geschichte der Bundesrepublik.

In *Die Ehe der Maria Braun* verwendet er dafür wieder eine fast konventionelle Erzählweise, wie auch schon in *Angst essen Seele auf* und *Händler der vier Jah-*

---

[11]W. Limmer: RWF - Filmemacher; Spiegel - Buch, Hamburg 1981; S. 82; vgl. in Fontane: Effi Briest; mit einem Nachwort neu hrsg. von H. Nürnberger; München 1995; S. 234ff
[12]A. Kaes: Deutschlandbilder - Die Wiederkehr der Geschichte als Film; München 1987; S. 89

reszeiten. Gemeinsam ist diesen Filmen die Oberstruktur des Melodrams.[13] Zuvor hatte Fassbinder häufig mit der Filmsprache experimentiert, so etwa in *Fontane Effi Briest* (1972/4) bis hin zu einem sehr publikumsfernen Film wie *Satansbraten* (1976). Er hat für *Die Ehe der Maria Braun* bewußt auf einen publikumswirksamen Stil zurückgegriffen, denn „politische Filme müssen ans große Publikum kommen, sonst sind sie nicht politisch."[14]

Er greift auf einen konventionellen Erzählstil zurück, das radikale Avantgarde-Moment hat er hinter sich gelassen, zugunsten einer möglichen politischen Erkenntnis, die ein Eingreifen zulassen würde. Fassbinder läßt in diesem Film eine Ambivalenz bestehen zwischen der konventionellen Erzählweise und dem tieferen Gehalt. Vielleicht denkt er mit dem konstruierten, filmischen 'Gegensatz' an den unauflösbaren Gegensatz, der damals zur Grundlage eines normalen deutschen Alltags geworden ist. Oder wie Braad Thomsen es ausdrückt, daß der Film

> „eben so normal [ist], daß das Publikum vielleicht gar nicht merkt, was der Film eigentlich sagen will: daß nämlich die Werte, die für normal gelten werden, so anachronistisch sind, daß sie eigentlich schon von ihren grotesken inneren Widersprüchen aufgelöst sind."[15]

---

[13]Melodram: Genre, das sich ursprünglich im englischen Theater des 19. Jahrhunderts entwickelte und das sich der Film sehr früh eroberte. Vorrangiges Ziel des M. ist es, das Publikum emotional zu bewegen. Schematische Figurenzuordnung zur »guten« oder »bösen« Seite erleichtern die Identifikation. Stilisitsch wird das oft durch den Einsatz drastischer Mittel in der Besetzung, der Beleuchtung, des Dekors und vor allem der Musik erreicht. In: Glossar; in: Metzler Film Lexikon; Töteberg (Hg.); Stuttgart, Weimar 1995

[14]RWF in: Buchka: Es ist nicht gut,...; TV-Dokumentation

[15]Braad Thomsen: RWF - Leben und Werk eines maßlosen Genies; Hamburg 1993; S. 355

1.2. Schwarzmarkt und Tauschprinzip Fassbinder als Schwarzmarkthändler

Fassbinder selbst hat in den meisten seiner Filme eigene Rollen übernommen. Teilweise spielt er die Hauptrolle wie in *Faustrecht der Freiheit* (1975), größere Rollen in *Warnung vor einer heiligen Nutte* (1971) sowie in seinem Beitrag zu *Deutschland im Herbst* (1978). Teilweise hat er nur kurze, dafür aber eindringliche Auftritte, die für den in Frage kommenden Film eine genau austarierte Funktion besitzen. Sie sind wegweisend für die einsetzende Filmhandlung und stehen immer in einem Bezug zu der übergeordneten deutschen Geschichte, die für ihn hinter dem jeweiligen Film steht. Fassbinders Auftritte sind kein spielerisches, cinephiles Zitieren wie z.B. Hitchcocks Auftritte in den eigenen Filmen.
In *Die Ehe der Maria Braun* spielt Fassbinder im ersten Drittel des Films einen Schwarzmarkthändler, eine Rolle, die unangenehm besetzt ist. Maria Braun tauscht bei diesem Schwarzmarkthändler ein Kleid ein, das die Grundlage ihres wirtschaftlichen Aufschwungs bildet. Die Szene ist wie folgt aufgebaut:

Maria erscheint auf dem Schwarzmarkt, der sich unter einer Brücke befinden muß. Die Aufnahmen sind fast 'natürlich'. Die Bilder sind dunkel und in den Grautönen von Außenaufnahmen gehalten. Während Maria jemanden sucht, hört der Zuschauer, daß auf einer Ziehharmonika das Deutschlandlied angestimmt wird, jemand anders singt dazu die Zeilen 'Deutschland, Deutschland über alles ... .' Eine weitere Person, immer noch aus dem Off, ruft: „Aufhören, aufhören!"
Maria trifft schließlich den Schwarzmarkthändler. Es wird klar, daß sie mit ihm verabredet war. Der Händler holt aus seinem Koffer ein Kleid und hält es sich an:
Händler: „Schwarz, Größe 38, halber Ärmel, tiefer Ausschnitt. Ist es für Sie, oder für'n Geschenk?"
Maria: „Für's Geschäft."
Händler: „Tja, wir müssen alle schauen, wie wir über die Runden kommen. Dabei fällt mir ein, daß ich hier noch eine kostbare Gesamtausgabe von Heinrich von Kleist von 1907 habe. Wäre das nichts für Sie?"[16]
Maria: „Bücher brennen so leicht und machen deshalb nicht warm."
Der Händler küßt ihr die Hand und wünscht ihr „viel Glück" zum Abschied.

---

[16]Elsaesser nennt Heinrich von Kleist den „Schutzpatron des Neuen Deutschen Films, und seine Stücke erfuhren gleichzeitig an den städtisch subventionierten Bühnen von Hamburg bis München eine Renaissance. Sein Werk ist immer wieder verfilmt worden. Volker Schlöndorff machte *Michael Kohlhaas - der Rebell* (1969); Syberberg nahm eine andere Kleist-Novelle für *San Domingo* (1970); Helma Sanders-Brahms verfilmte *Das Erdbeben in Chili* (1974); Eric Rohmer kam für seine Kleist-Verfilmung *Die Marquise von O.* (1975) nach Deutschland"; S. 131; Elsaesser läßt Helma Sanders-Brahms ihr Kleist-Interesse ausdrücken, das ebenso für Fassbinder zutrifft: „Was mich an Kleist fasziniert: das Auseinanderklaffen von Anspruch und Wirklichkeit. [...] Kleist arrangiert sich nicht, verlangt zu viel und stürzt sich zu Tode: Da finde ich micht wieder"; ebd.; in: Elsaesser: Der Neue Deutsche Film; zur Rohmer Verfilmung vgl.: Kleist: Die Marquise von O.; mit Materialien aus dem Film von Rohmer; hg. von Werner Berthel; Frankf./M. 1979; Fassbinder selbst nennt Kleist sein Vorbild, „weil er es geschafft hat, jemanden zu finden, der mit ihm sterben wollte"; in: Anarchie; a.a.O. S. 221

Die letzte Sequenz ist eine Großaufnahme über Marias Schulter auf das Gesicht des Händlers, der einen nachdenklichen Gesichtsausdruck aufgelegt hat und seine Augen hinter einer Spiegelsonnenbrille verbirgt.

Fassbinder antizipiert mit dieser galant-ironischen Verabschiedung ihre Entwicklung. Er offeriert ihr noch eine Alternative in Form der Kleist-Gesamtausgabe. Pragmatisch weist sie dieses Angebot zurück. In dieser besonderen Zeit in Deutschland stellt die Kleist-Gesamtausgabe keinen materiellen, d.h. keinen eintauschbaren Wert da. Die Gesamtausgabe würde ihr 'nichts einbringen'.
Durch seine eigene Rolle als Schauspieler zerstört der Regisseur dem Zuschauer die Illusion. Über die Kamera läßt er den Zuschauer entdecken, worum es wirklich geht, um die 'Wertgegenstände', auf die die Kamera in Großaufnahme zufährt. Maria hat für das Kleid und eine Flasche Schnaps dazu, die als Surrogat für ihre Mutter gedacht ist und später auch für sie selbst, eine 'wertvolle Brosche' ihrer Mutter eingetauscht. Diese 'wertvolle Brosche' hat sie von ihrer Mutter im Tausch gegen zwei Schachteln Camel-Zigaretten bekommen. Beide Tauschobjekte sind Fassbinder eine Großaufnahme wert.
Die Camel-Zigaretten, das sogenannte „Gold des Schwarzen Marktes"[17] hat sie von einem amerikanischen Soldaten bekommen, dem gegenüber sie selbstbewußt ihre Ehre verteidigt hat. Er hatte etwas sexuell Anzügliches auf amerikanisch zu ihr gesagt.
Die zwischenmenschlichen Beziehungen sind zu Tauschbeziehungen herabgesetzt. Die Wertigkeit der Tauschobjekte regiert hier. Sie richtet sich nach den jeweiligen Bedürfnissen der Tauschenden in dieser frühen postnationalsozialistischen Zeit. Bisher sind noch keine Werte neu festgelegt worden.

Fassbinder selbst steht in dieser Rolle, die er sich gegeben hat, an einem Fixpunkt der deutschen Geschichte. Es verbinden sich hier Altes und Neues, das aber als solches noch nicht erkennbar ist. Eine Identität und gewachsene soziale Traditionen sind durch den Nationalsozialismus und den Krieg zerstört worden. Die Werte, die die nationalsozialistische Ideologie innerhalb eines Jahrzehntes aufoktroyiert hatte, gelten jetzt auch wieder als 'wertlos'. Über Marias Suche auf dem Schwarzmarkt hat Fassbinder das *Deutschlandlied*, bezeichnenderweise die erste Strophe, gelegt. Damit deutet er schon an, daß etwas 'Höheres' ihren Lebenslauf bestimmt, jedenfalls ist sie es nicht selbst, wie sie bis fast zum Ende ihrer Filmgeschichte annimmt. Das *Deutschlandlied* liegt als Bedrohung über ihren einsetzen-

[17]vgl. Lutz Niethammer: Privat-Wirtschaft. Erinnerungsfragmente einer anderen Umerziehung; S. 17-107; in der von ihm herausgegebenen Reihe LUSIR (Lebensgeschichte und Sozialkultur im Ruhrgebiet); Bd. 2: „Hinterher merkt man, daß es richtig war, daß es schiefgegangen ist." Nachkriegserfahrungen im Ruhrgebiet; Berlin, Bonn 1983: „[...] und die Zigaretten, der Goldstandard des Schwarzen Marktes, vom Nachschub durch die Besatzungssoldaten abhing." S. 61

den Aktivitäten. Marias Verhalten, d.h. die auf ihren eigenen Profit ausgerichteten Schwarzmarktschiebereien sowie ihr von nun an zielstrebig geplanter Aufbruch in etwas Neues, Unbekanntes hinein, signalisiert über Fassbinder selbst, der sich an diesen Schnittpunkt deutscher Geschichte gestellt hat, zeigt daß das oben beschriebene Vakuum, die verlorenen Traditionen und die sich jetzt als hinfällig, sogar als falsch herausstellende, nationalsozialistische Ideologie, zugeschüttet wird mit dem wirtschaftlichen Aufbau und dem daraus resultierenden Wohlstand.

Lutz Niethammer spricht vom „totalitären Charakter des Marktes in der Überlebensgesellschaft."[18] Analog zu Fassbinder sieht er die Gesellschaft in der direkten Nachkriegszeit als eine Gesellschaft, die unbewußt nach Werten suchte, um das Vakuum, das der Nationalsozialismus hinterlassen hatte, auszufüllen. In dieser Zeit bot sich aber nur die Markt-Ideologie an, d.h. die Gesetze, die vom Überleben diktiert wurden. Und einzig diese Werte haben sich durchgesetzt.

> „Die neue Überlebensmoral, der nach dem Faschismus keine durchsetzungsfähige herrschende Moral entgegenstand, drückte die Lehren aus, die man in der Schule des Marktes eingeschliffen bekam. [...] Erfahren wird der Markt [...] als eine Sphäre der Durchsetzung und des ungleichen Tausches, der gleichwohl alles austauschbar macht. Eine Sphäre, die Unrecht verstärkt, Hilfsbereitschaft ausgrenzt, Solidarität zerbricht und individuelle Aneignung zum System erhebt, die sich aber auch mit Mangel an Alternativen oder deren Unbeweglichkeit, Leistungsschwäche und Korruption schmücken kann und die den Reiz der Phantasie, der individuellen Bewährung und der freien Optimierung von Möglichkeiten hat."[19]

Fassbinder beschreibt diese kurze, direkte Nachkriegszeit als von extremen Gegensätzen beherrscht. Es war aber auch eine kurze Zeitspanne, in der alles offenstand, noch nichts neu festgelegt war.

---

[18] a.a.O.; S. 65

[19] a.a.O.; S.64; daß es aber auch 'andere' künstlerische Versuche und Ansätze gab, darüber gibt Hermann Glaser Auskunft in: Kleine Kulturgeschichte der Bundesrepublik Deutschland 1945 - 1989; Bonn 1991; besondere Beachtung erfährt die kurze Zeitspanne zwischen 1945 - 1948. Glaser beobachtet alle künstlerischen Bereiche, auch und besonders jene, die nur in diesen Jahren eine kurze Blüte erlebten wie z.B. in der Musik, der bis dahin als „»Negerkunst«" (S. 39) verbotene Swing und Jazz; (vgl. ebd. ff); oder die politischen Kabaretts, die sofort 1945 eröffneten; (vgl. S. 116ff): Glaser beschreibt aber auch, daß diese aufkeimenden künstlerischen Tendenzen schnell wieder in konservative Richtungen einmündeten. Vgl. dazu auch die TV-Dokumentation von Jochen Trauptmann: Die wirren Jahre - Deutschland 1945 - 48; 4 Folgen, ORB 1996. Symptomatisch ist dieser Richtungswechsel auch im Film jener Jahre zu beobachten. Hier gibt es auch nur einen kurzen künstlerisch-kritischen Ansatz, dazu gehören Wolfgang Staudtes *Die Mörder sind unter uns* (1946), Helmut Käutners *In jenen Tagen* (1947) und Harald Brauns *Zwischen Gestern und Morgen* (1947) und noch einige wenige andere. Vgl. auch: Enno Patalas: Die zerrissene Leinwand. Zweimal Kino deutsch 1945 bis heute; Die Zeit-Spezial; vom 28.10. 1999; S. 61-65

„Es war die Zeit der Suchmeldungen und der Trümmerfrauen, des 'Off-Limits' und des Schwarzmarktes, des Hamsterns und der Währungsreform, des 'Nie wieder Krieg' und der Wiederbewaffnung, der Lebensanarchie und der sich wieder restituierenden kapitalistischen Ordnung."[20]

Fassbinder bedauert die Werte, die sich dann schließlich doch wieder durchgesetzt haben:

„Unsere Väter, die nach Ende des Krieges Chancen gehabt haben, einen Staat zu errichten, der so sein hätte können, wie es humaner und freier vorher keinen gegeben hat, und zu was diese Chancen letztlich verkommen sind."[21]

Fassbinder verdeutlicht die Niederlage im Aufstieg, das Weiterleben der Elemente aus dem vordemokratischen Deutschland, die Restauration.

---

[20]Nikolaus Markgraf: Liebe, Treue und Verrat; in: Frankfurter Rundschau vom 30.03.1979
[21]RWF in: Filme befreien; a.a.O.; S. 73

1.3. Marias Verwandlung

Auf die eben beschriebene Szene auf dem Schwarzmarkt folgt im direkten Anschluß, der Linearität der Ereignisse gehorchend, das, was Maria mit dem getauschten Kleid vorhat.
In einer Montageszene, bestehend aus drei Schnitten, zeigt Fassbinder Marias Transformation hin zu einer „verhärteten Lebensform"[22], wie Fassbinder *Die Ehe der Maria Braun* selbst benennt.

Marias erstes Stadium im Film ist mit einer traditionellen jungen deutschen Frau zu umreißen. Ihr erster Verwandlungsschritt führt über ihre Semi-Prostitution in der amerikanischen Off-Limits-Bar in eine Form von 'Sex-Objekt'. So sieht sie die einzige Möglichkeit, ihre Ziele in der Nachkriegszeit zu verwirklichen. Ihre zweite Verwandlung findet den vorläufigen Höhepunkt im Zustand einer macht- und geldgierigen Geschäftsfrau. Fassbinder wählt gezielte Kamerapositionen um ihre Verwandlung zu akzentuieren.
Die erste Ankündigung ihres neuen Schönheitsideals hatte kurz vorher stattgefunden:

Maria und ihre Freundin Betty haben vor dem Spiegel neue Frisuren ausprobiert. Es sind Hochsteckfrisuren:
Betty: „Es hat etwas von einem Pudel."
Maria dreht sich selbstsicher vor dem Spiegel: „Ich glaube, die Amerikaner sind ganz wild auf Pudel."
Hier kündigt sie bereits an, auf wen und auf was sie für ihren Erfolg setzen will.

Ihre direkte Verwandlung, und danach wird es kein Zurück mehr geben, zeigt Fassbinder dem Zuschauer in einer Szene, in der Marias Mutter das neue Kleid kürzen muß. Es sind drei Einstellungen:

1. eine Nahaufnahme zeigt Marias hohen Schuhabsatz und ihre schwarzen Netzstrümpfe. Sie steht auf einem Tisch. Die Kamera schwenkt langsam hoch bis zu Marias Knie und gibt den Blick frei auf ihre Mutter, die den eingetauschten Schnaps trinkt.
Schnitt:
2. die Kamera befindet sich vor dem Raum, der dunkle Türrahmen engt den Kamerablick ein. Maria ist in einer Art Model-Pose auf dem Tisch zu sehen. Sie hält noch eine Lampe zur zusätzlichen Beleuchtung auf ihren Körper.
Schnitt:
3. der Zuschauer sieht ihre Beine und den Rocksaum bis zum Knie, die Mutter steckt das Kleid kürzer. Maria dreht sich einmal um sich selbst.
Mutter: „Sieh' zu, daß dir wenigstens einer ein Paar schöne Strümpfe schenkt."

---

[22]RWF in: Anarchie; a.a.O.; S. 139

In der letzten Einstellung übt Maria das Anpreisen dessen, was sie bald zum Verkauf ausstellen wird.
Über diese drei Einstellungen umreißt Fassbinder die kommenden Werte, die das Leben sowie auch die zwischenmenschlichen Beziehungen bestimmen werden. Marias, von der Kamera zerteilter Körper, dessen Bekleidungsstücke eine sexuelle Konnotation aufweisen, steht als Metapher für ihren Traditionsverlust. Sie konstruiert sich eine neue Identität, die zwangsläufig zur doppeldeutigen werden muß. Sie versucht, ihr vergangenes Bild mit ihrem neuen in Übereinstimmung zu bringen.

Der Blick der Kamera verdeutlicht ein weiteres Mal Marias Transition von einer mit traditionellen Werten behafteten jungen, verheirateten Frau hin zu einer Frau, die sich als 'Sex-Objekt' teil-verkauft. Als sie sich in der Off-Limits-Bar bewirbt, steht die Kamera zuerst entfernt von ihr und ihrem zukünftigen Chef. Bei ihrer neuen Arbeit darf sie keinen Ehering tragen. Die Kamera fährt ganz langsam auf ihre Hand mit dem Ehering zu, bis dieser schließlich in Großaufnahme zu sehen ist. Diese Großaufnahme bestätigt noch einmal visuell ihren Entschluß, eine andere, moderne Frau zu werden, die alle bisherigen Werte hinter sich läßt. Im Gegenteil, sie will sich ab jetzt ihren Platz in der kommenden 'modernen' Gesellschaft suchen.

Maria vollzieht eine zweite, diesmal sehr kurze Verwandlungsszene; die Handgriffe der Verwandlung, vielleicht auch Verführungskünste, sind ihr bereits vertraut. Fassbinder wiederholt die visuellen Motive der ersten Verwandlungsmontage. Maria erfährt im Zug vom Schaffner, daß der einzige Fahrgast, der im Erster-Klasse-Abteil sitzt, ein reicher Franzose ist und obendrein noch Fabrikbesitzer. Routiniert verwandelt sich Maria auf der Zugtoilette von der jungen Frau, die gerade eine Abtreibung hinter sich hat, in die bekannte Verführerin im schwarzen Kleid. An dieser Stelle hat Fassbinder das Leitmotiv der ersten Verwandlung einmontiert: eine Großaufnahme auf ihren hohen schwarzen Schuh mit den Netzstrümpfen. Sie bietet sich Oswald an und verkauft sich sehr erfolgreich. Siegessicher setzt sie ihre sexuellen Attribute ein. Hier kommt aber schon eine zweite Variante hinzu. Sie beeindruckt Oswald durch ihr gutes Englisch, das sie „im Bett" gelernt hat, wie sie freimütig hinzufügt.
Ihr Eintritt ins Geschäftsleben beginnt hier, der wirtschaftliche Aufstieg in Deutschland auch. Die Währungsreform hat schon stattgefunden. Das läßt Fassbinder den Zuschauer über eine Nebenfigur, den Schaffner, wissen.
Zu Marias sexueller Anziehungskraft kommt jetzt eine neue Ebene hinzu, ihr erworbenes Können, die englische Sprache. Beides wird gleichwertig für sie.

Oswald engagiert sie für seine Firma. Maria sitzt im Auto zwischen ihm, der ihr zukünftiger Chef wird, und Senkenberg, dem spröden Buchhalter der Firma. Maria verkündet beiden, daß sie eine 'neue Tradition' in Deutschland beginnen will:

Maria: „Damen haben Sie nicht?“
Senkenberg: „Nicht in leitenden Funktionen. Wenigstens bisher nicht.“
Maria: „Schön, dann mache ich den Anfang.“

Mit dem Bild von Marias hochhackigem Schuh mit den Netzstrümpfen, das Fassbinder einsetzt, um ihre Semi-Prostitution und Ich-Aufspaltung anzudeuten, referiert Fassbinder auf Douglas Sirk, sein großes Vorbild.[23] Sirk benutzt in seinem Film *Written on the Wind* von 1957 ein ähnliches Bild, um die Ich-Aufspaltung seiner Protagonistin aufzuzeigen. Auch er stellt den zerlegten weiblichen Körper aus und konnotiert ihn mit Käuflichkeit.
Written on the Wind ist eine Art Schlüsselwerk zu Fassbinders Melodramen. In diesem Film geht es um „die Geschichte einer superreichen Familie.“[24]

Als Mitch, der bei den Hadleys aufgewachsen ist, aber kein direktes Familienmitglied ist, Lucy kennenlernt, sieht er zuerst nur deren Beine bis zum Knie:
Mitch kommt ins Büro; Schnitt auf Lucys Beine, die Mitch unter einem Plakatträger entdeckt. Mitch und der Zuschauer sehen Lucys Beine bis zum Knie unter einem Werbeplakat, auf dem 'Hadley Oil Company' zu lesen ist.
Sirk zeigt diese Einstellung im Schnitt-Gegenschnitt-Verfahren mit Mitchs Blick. Dieses Verfahren ist klassisch für Gesprächssituationen.
Lucy stellt sich als „Lucy Moore, die neue Chefsekretärin“ vor. Ihr Fachgebiet sei bezeichnenderweise die Werbung. Sie habe an der besten New Yorker Werbeagentur gelernt, die ihr Kyle Hadley, Fassbinder charakterisiert ihn als „den Bösen“[25], kurze Zeit später sofort kaufen will.
Sirk macht über das Bild des zerteilten weiblichen Körpers klar, daß Lucy mit dem Eintritt in den Hadley-Kosmos ihre bisherige Identität verlieren wird. Diese Identität hätte darin bestanden, 'eines Tages zu heiraten, Kinder zu bekommen und damit glücklich zu werden'. So beschreibt sie Kyle Hadley auf dem Weg zum Flughafen, er will mit ihr in seiner Privatmaschine nach Miami fliegen, ihre Zukunft. Kyle: „Sie haben etwas Besseres verdient.“
Die leitmotivische Körperaufteilung zusammen mit Lucys Spezialgebiet, der Werbebranche, signalisieren Käuflichkeit. Darin ist sie ein zu erwerbendes Teil. So wird Lucy auch zuerst von Kyle abschätzend gemustert, dann für gut befunden. Zu Mitch sagt er: „Dein Geschmack bessert sich.“
Lucy läßt sich auf Kyle ein, obwohl Sirk von vornherein klarmacht, daß diese 'Liebe' zum Scheitern verurteilt sein wird. Der Film beginnt mit einer Katastrophe, wird als Rückblende erzählt, und endet auch in einer totalen familiären und gesellschaftlichen Auflösung. Von der Hadley-Familie bleibt nur noch die traurige Schwester Kyles, Marylee, übrig.

---

[23] „1971 sieht Fassbinder zum ersten Mal Filme von Douglas Sirk, dem in Hamburg geborenen Hollywood-Regisseur, der als Hans Detlef Sierck vor seiner Emigration 1937 für die Ufa die berühmten Zarah Leander-Melodramen *La Habanera* und *Zu neuen Ufern* gedreht hatte. Sirks Fähigkeit, für Hollywood-Studios publikumswirksame, kommerziell erfolreiche Filme zu machen, ohne dabei seine 'europäische' Sensibilität und eigene Handschrift zu verleugnen, beeindruckte Fassbinder und er 'adoptierte' ihn zum geistigen Vater, nicht zuletzt auch, um selbst an einer Tradition deutscher Filmkunst anknüpfen zu können.“ In: Kaes: Deutschlandbilder; a.a.O.; S. 79; vgl. dazu auch Fassbinders Aufsätze über Sirk und eine Auswahl seiner Filme; in: Filme befreien; a.a.O.; S. 11-24
[24] RWF in: Filme befreien; a.a.O.; S. 15
[25] ebd.

Lucy ist über diese Beziehung zu Kyle, von der sie glaubte, es wäre 'die große Liebe', ins Unglück gestürzt, alle anderen Beteiligten sind ebenso unglücklich geworden, die anderen Figuren waren es nur schon zu Anfang des Films.

Marias Verwandlung ist noch nicht abgeschlossen. Mit ihrer einsetzenden Karriere als Geschäftsfrau verliert der sexuelle Aspekt, ihre Verführungskunst, an Bedeutung. Sie hat drei Phasen durchlaufen: die der jungen traditionellen deutschen Frau, in der mittleren Phase war sie eine Art 'Sex-Objekt' und Verführerin und zum Ende des Films hat sie, wie sie glaubt, ihren persönlichen Höhepunkt erreicht als mächtige Geschäftsfrau, die Oswalds Firmenimperium vertritt. Jetzt kann nur noch ihr Scheitern folgen. Parallel hat sich ihr äußeres Erscheinungsbild merklich verändert. Sie beginnt, Gesichtsschleier zu tragen. Damit verhüllt sie ihren Blick vor ihren Mitmenschen. An die Stelle von Nähe und Solidarität treten Kälte und Distanz.

In einer besonderen Szene zum Ende des Films, in der Marias Katastrophe durchscheint, hat Fassbinder die Distanziertheit der Figuren visuell auf die Spitze getrieben. In dieser Szene sitzt Maria allein speisend in der 'Bastei', einem sehr vornehmen Restaurant. Sie trägt einen schwarzen Hut mit einer enormen Krempe, der ihre Augen unter dunklen Schatten verbirgt.
Als Oswald ihr schließlich gegenübersitzt, trennt ein unangemessen großer Tisch ihre Vertrautheit. Zusätzlich visualisiert Fassbinder, wie weit sich die heutige Maria von der Maria entfernt hat, die in den ersten Nachkriegstagen für sich und ihre Mutter „Kartoffeln mit Speck“ gebraten hat, durch langsame Kamerafahrten zwischen und um das Paar herum. Es geht um die Verwandlung Marias zu dieser distanziert kühlen Geschäftsfrau, die nichts mehr an sich heranlassen will und einhergehend die Entfremdung, die in ihrer Beziehung zu Oswald zu bemerken ist.

In *Chinesisches Roulette*, kurz vor *Die Ehe der Maria Braun* entstanden, hat Fassbinder schon durch die vielen langen Kamerafahrten zwischen und um die Figuren herum deren innere sowie äußere Entfremdung verdeutlicht. Die Fahrten hinterlassen auch beim Zuschauer einen verwirrenden Eindruck.

Oswald setzt sich nur zögernd zu Maria an den Tisch. Nachdenklich verweilt er einen Moment vor der Tür. Die Kamera fährt in einem großen Bogen von Marias Tisch hin zu Oswald, der noch immer vor der Tür wartet. Sie verbindet somit die beiden, bleibt aber gleichzeitig auf Distanz. Die Kamera beobachtet sein Zögern durch die Glasscheibe.
Über seine Kameraführung zeigt Fassbinder, daß seine Figuren nur noch aus einem Zwang heraus handeln, sie können gar keine eigenen Entscheidungen mehr treffen.

Maria drückt es aus:
„Das ist so, das Leben, als ob wir einen Vertrag hätten, gern zu leben. Ich leb' gern so, wie wir leben, und mir bleibt auch gar keine andere Wahl. Was ich mir vorstellen kann, das hab' ich nicht, das hat niemand, du auch nicht. Wir sind aufeinander angewiesen."
Mit diesen letzten Sätzen spielt sie auf ihre Liebesbeziehung an, die zu einer Austauschbeziehung reduziert ist.

Kurze Zeit später beweist Fassbinder bildlich nur noch, was der Zuschauer über Maria Brauns Verhalten schon lange weiß, daß „ihre Zeit um ist", wie der Gefängniswärter schon zu Anfang ihrer Laufbahn prophezeit hatte. Ihre aufgebaute, kühle Fassade fällt gänzlich in sich zusammen. Sie bietet ein Bild der Verzweiflung. Fassbinder demonstriert es über ihre äußere Erscheinung. Sie liegt, immer noch in ihrer Geschäftsgarderobe, mit dem Kopf auf dem Küchentisch, ihr Gesicht noch unter der breiten Hutkrempe verborgen. Der Zuschauer sieht ihre verwischte Schminke. Vor ihr stehen Alkoholflaschen, verloren hält sie ein Glas in der Hand. Das Surrogat Alkohol, das sie zu Beginn ihrer Karriere für ihre Mutter eingetauscht hatte, mit den Worten „so betäubt sie die Schmerzen ihrer Seele", hat nun auch für Maria Bedeutung gefunden. Ihre Lebenskurve ist nach ganz unten verlaufen. Entgegen dem aufsteigenden beruflichen Erfolg Marias hat Fassbinder unterschwellig eine bedrohlich nach abwärts verlaufende Lebenskurve auf den katastrophalen Schluß hin vorgezeichnet. Als Maria sich erhebt, um die Tür zu öffnen, kann sie nicht mehr aufrecht gehen.
Hermann steht endlich vor der Tür.

1.4. Liebe - Tausch
Hermann - Oswald

Fassbinder zeigt verschiedene Liebesdefinitionen mit Hilfe seiner Figur Maria und der drei unterschiedlichen Männerfiguren in ihrem Leben auf. Auch in den Dialogen, teilweise nur aus dem Off zu hören, werden Liebesbegriffe geäußert. Sie sind Kommentar zu Marias jeweiliger Lebenssituation. Alle im Film geäußerten und gezeigten Liebesdefinitionen haben eine gemeinsame Konstante: mit ihnen ist jedesmal ein wirtschaftliches Ziel verbunden. Es geht immer um Tauschwerte, die gegeneinander abgewogen werden.

Marias Beziehungen lassen sich dreiteilen, ebenso wie die Liebe als Wert angesehen wird und dreiteilbar ist: in Liebe, Treue und Sex und Geschäft. Maria modelliert sich diese Werte entsprechend ihren Bedürfnissen. Einmal handelt es sich um Treue und Ehe, dann um ein erfülltes Sexual- und Gefühlsleben, und ein weiteres Mal geht es um Sex als Bedürfnis sowie als Machtmittel, um eine Abhängigkeit zu erzeugen. Hier kristallisiert sich wieder Fassbinders thematische Konstante des Dominanz- und Machtkampfes in Partnerbeziehungen heraus.

Maria nimmt sich verschiedene Liebhaber, von denen sie jeweils etwas zurückerhält. Sie selbst hat drei Rollen zu erfüllen, eine für jeden Mann: Ehefrau, Geliebte und Geschäftspartnerin. Dafür bekommt sie von Bill Sex, Nahrungsmittel, Zigaretten und die englische Sprache. Freiheit bekommt sie von Hermann. Von Oswald bekommt sie Geld, Sex, eine gute Stelle und gesellschaftliches Ansehen. Oberflächlich spiegeln diese drei Beziehungen die bürgerliche Gesellschaft wieder, in der sie lebt. Jede Beziehung hat ökonomische Bedingungen. Fassbinder selbst nennt das „Geldverdienen, Werte zu steigern“ ein „Grundelement der bürgerlichen Ideologie. Um nichts anderes ist es dem Bürgertum gegangen.“[26]
In *Die Ehe der Maria Braun* zeigt Fassbinder die Perversion dieser Ideologie, da sie sogar in Liebesbeziehungen hineinregiert und letztlich alle Beteiligten scheitern läßt.

In diesem neuen wirtschaflichen Beziehungsgeflecht muß Maria sich als erstes von ihrer traditionellen Rolle befreien. Diese drückt ihre Mutter zu Anfang des Films aus. Sie fragt sich, warum man sich im Krieg bei der Nahrung mit Ersatzspeisen zufriedengibt, in der Liebe aber ausschließlich den einen Partner gelten lassen will:

„Der Fehler bei den Menschen ist der, daß sie ihre Liebe immer nur an den einzigen hängen müssen. Wenn wir keine Kartoffeln haben, essen wir eben Steckrüben. Haben wir keine Steckrüben,

---

[26]RWF in: Filme befreien; a.a.O.; S. 38f

essen wir eben Mehlsuppe. Aber in der Liebe da muß es immer der einzige sein. Und dann geht der Mann in den Krieg und nach fünf Monaten ist er tot und den Rest des Lebens muß man weinen. Soll ich dir sagen, wie das kommt, daß wir aus Liebe immer nur an dem einen hängen, weil es in der Liebe nur den einen gibt. Woher die Maria das nur gewußt hat, wo sie doch noch so jung ist."

Maria selbst intoniert das Hohelied der Liebe, bzw. dieser rigiden Liebesmoral, mit der sie aufgewachsen ist. Margarethe von Trotta kritisiert diesen „Treuebegriff aus dem Faschismus, der in den Materialismus einmündet", als „Vermischung von alter und neuer Ideologie, die nur in dieser Zeit möglich war."[27]

Maria spricht von 'großen Gefühlen': „Natürlich ist die Liebe ein Gefühl, und eine große Liebe ist ein großes Gefühl und eine große Wahrheit", so erzählt sie ihrer Kollegin in der amerikanischen Bar, kurz bevor sie sich mit Bill einläßt. Selbst nachdem sie erfahren hat, daß Hermann tot sei, glaubt sie noch an ihre Ehe. Zu Bill sagt sie: „Nein Bill, ich werde diesen Ring nicht nehmen. Ich habe dich sehr lieb und will mit dir zusammensein. Aber ich werde dich nie heiraten. Verheiratet bin ich mit meinem Mann."

Um Erfolg zu haben, versucht sie, diese Tradition hinter sich zu lassen. Am Bahnhof schmeißt sie das Suchschild mit Hermanns Bild unter den Zug. Ein sehnsüchtiger Unterton nach einer gelebten Liebesbeziehung scheint durch. Bevor sie das Schild wegschmeißt, fällt ihr Blick auf ein sich küssendes Paar am Bahnhof. Nun hätte ihr Schritt in die Freiheit erfolgen können.

Beobachtet wird sie aber hier am Bahnhof von derselben Rotkreuzschwester, mit der sie sich in der ersten Szene am Bahnhof über Liebe und die abwesenden Männer unterhalten hatte. Im Bild folgen dann Marias erste Tauschaktionen mit den amerikanischen Soldaten: ihre Ehre gegen zwei Schachteln Camel-Zigaretten. Die Unterhaltung der am Geschehen beteiligten Figuren geht weiter, darüber hinaus ist aus dem Off ein Gespräch zwischen zwei Frauen zu vernehmen, die nicht ins Bild kommen. Dieses Gespräch bringt eine neue Variante in die Filmhandlung und ist für die folgenden Beziehungen Marias richtungsweisend:

1. weibliche Stimme: „Und die Scheidung ist längst eingereicht. Darum hat er mir auch nichts von ihr erzählt und weil er mich liebt."
2. weibliche Stimme: „Und sie, dafür, daß ich jetzt ihren Mann hätte, hat sie gesagt, behält sie seine Lebensmittelkarten."

Der Mann wird gegen Lebensmittelkarten eingetauscht. Das einzig funktionierende Prinzip ist das des Tausches. Je nach Bedürfnissen und Funktionalität kann alles auf dem Markt eingetauscht werden.

---

[27]M. von Trotta in: 'arte - Themenabend - Fassbinder' vom 19.02.1995

Nachdem die zweite Bardame Maria noch einmal diese Realität in Erinnerung gerufen hat: „Die Wahrheit hat man im Bauch, wenn man Hunger hat, Gefühle hat man zwischen den Beinen, es ist wie Jucken, wo man sich kratzt, und für das hier (sie legt ihre Hand aufs Herz), da mußt du satt sein im Bauch und einen haben, der hier ist", zeigt sie Maria auch gleich praktisch, auf wen sie ihr Interesse lieber richten sollte. Sie macht sie auf Bill aufmerksam: „Ja, der Neger, der ist da, der hat keinen Hunger, das sieht man, der hat ein Gefühl für dich."

In der Liebesbeziehung mit Bill bekommt sie von ihm alles, was sie und ihre Familie in der frühen Nachkriegszeit zum Überleben dringend benötigen, die Familie ist bald sogar gut versorgt. Maria durchlebt mit Bill aber auch eine glückliche und ausgefüllte Liebesbeziehung:

Maria: „Ich war gerade sehr glücklich."
Bill: „Nur gerade?"
Maria: „Ich bin immer glücklich, wenn ich mit dir zusammen bin."

Erst später in der Beziehung zu Oswald hat sie auch diese Seite von ihrem Ich abgespalten. Sie bekommt zwar praktischen Sex von Oswald, am Telefon fordert sie: „Ich brauche jemanden, der mit mir schläft." Sie empfindet aber keine Gefühle mehr. Das Prinzip ihrer Barkollegin sowie der beiden weiblichen Off-Stimmen in der Suppenküche haben in dieser Beziehung ihren Höhepunkt gefunden. Eine menschliche Beziehung ist zu einem Warenaustauschprogramm geworden.

Den amerikanischen Richtern vor dem Kriegstribunal erklärt sie ihre Beziehung zu Bill mit „den Bill hab' ich liebgehabt" und für ihren Mann bleibt „und ich liebe meinen Mann", ein Unterschied, den die Amerikaner in ihrer Sprache nicht nachvollziehen können.
In diesem Moment übernimmt Hermann die Schuld für Marias Verbrechen. Hermann hält sich im Hintergrund des Gerichtssaals auf, aber im Vordergrund der Kamera. Als Maria den oben zitierten Liebesunterschied erklärt, wird ihm schlecht. Er muß würgen.

Marias Beziehung zu Bill hätte für sie ein Schritt in die Freiheit bedeuten können. Als ihr Ehemann zurückkehrt, tritt er ihr als Vorwurf entgegen. Sie erschlägt den Geliebten, ein Versuch, ihrerseits, ihr 'Vergehen' zu annullieren. Daß ihr Ehemann ihr Verbrechen auf sich nimmt, wie es der öffentlichen Logik der Eifersucht entspricht und ins Gefängnis geht, bindet Maria um so stärker an ihn und macht sie zu einer Abhängigen. Oberflächlich erhält sie von Hermann die Freiheit, in Wirklichkeit ist sie aber zu einer Unfreien geworden. Ihre Liebe wird ihr zur Wahn-idee, sie will ihre Schuldigkeit abarbeiten.
Wie eng Liebe und Schuld zusammenhängen und in eine Abhängigkeit führen können, wird auch in Sirks *Written on the Wind* und Godards *Pierrot le fou* (1965) thematisiert. In *Pierrot le fou* verläuft die Liebesgeschichte zwischen den beiden

Hauptfiguren Marianne und Pierrot fast identisch zu Marias und Hermanns Liebesgeschichte. In beiden Filmen ist die Liebesgeschichte über die melodramatischen Leitmetaphern Liebe, Flucht und Tod charakterisiert. In *Pierrot le fou* wird die Flucht der beiden Liebenden beschrieben, in *Die Ehe der Maria Braun* ist die Flucht metaphorisch zu sehen:

Pierrot: „Wenn wir tot sind, werden wir wissen, ob wir uns immer geliebt haben."
Marianne: „Ich weiß, daß ich dich immer liebe. Aber bei dir wäre ich mir nicht so sicher."
Pierrot: „Frank hat Schlüssel. Bist du in ihn verliebt?"
Marianne: „Ich werd' dir alles erklären."
Pierrot: „Hat er dich geküßt?"
Marianne: „Ich werd' dir alles erklären."
Kurz darauf erschlägt sie Frank mit einer Flasche und flieht mit Pierrot gen Süden.

In Written on the Wind läßt Sirk seine Figuren direkt von Liebe und Schuld sprechen. Marylee, die Mitch verzweifelt liebt, läßt sich mit vielen Männern ein, um Mitchs Eifersucht zu errregen.
Marylee: „Ich liebe dich. Ich bin dir verfallen, deshalb muß ich mich mit solchen Kerlen trösten."
Mitch: „Ich bin schuld."
Marylee: „Ich hab' ja gar nicht von Schuld gesprochen. Ich sprach von Liebe. Liebst du mich?"
Mitch: „Wie ein Bruder."

Hermann läßt Maria die 'Freiheit' draußen und entzieht sich somit der Wiederbegegnung und einem Leben mit ihr. Er überläßt ihr alle Verantwortung, die das Leben stellt. Dafür hat sie das Gefühl, sie muß ihm etwas zurückgeben. Es ist wie ein unsichtbares Band, das sie an Hermann fesselt. Sie verpflichtet sich ihm völlig. Alles, was sie macht, ist nur für ihn. Ihre Arbeit, das Geld, das sie verdient, daß sie etwas aufbaut, die Werte, die sie sich jetzt aneignet, alles geschieht in Gedanken an Hermann.
Die neue Seite in sich kann sie in der Beziehung zu Oswald nach außen kehren. Oswald liebt sie. Dafür, daß sie ihm ihren Körper gewährt, muß Oswald ihr viel zurückgeben: die hohe Stellung in seiner Firma und die damit verbundene Macht und das gesellschaftliche Prestige. Sie erwirbt demnach die käuflichen Werte, die die Bundesrepublik Deutschland in diesen Jahren konstituierten und maßgeblich wurden.

Fassbinder: „Liebe bewirkt immer Gewalt und umgekehrt."[28]
Oswald schließt mit Hermann den Vertrag ab, Maria erfährt erst in der Schlußszene davon. Oswalds Vermögen wird so zwischen Hermann und Oswald, später Maria, aufgeteilt, wie ihr Körper. Oswald versucht, sich das Glück zu erkaufen. Da er das Geld besitzt, hat er die Macht, die Bedingungen zu diktieren. So glücklich verläuft die weitere Beziehung zu Maria aber nicht, wie er sich das erhofft hatte.

[28]Pflaum: 'Ich will nicht nur, ...; TV-Dokumentation 1992

Hermann tauscht ein weiteres Mal: ihre Liebe oder ein Leben mit Maria gegen seine finanzielle Unabhängigkeit. Maria, die immer daran dachte, das Tauschprinzip bestens für ihre Ziele auszunutzen, erliegt diesem Prinzip jetzt. Als Hermann ihr Geld im Gefängnis nicht mehr annehmen will und sie fassungslos vor einem Bündel Geld sitzen läßt, ruft sie ihm nach: „Ich habe dieses Leben für dich geführt, für uns." Hermann tauscht jetzt aktiv Freiheit und ein selbstbestimmtes Leben ein. Letztendlich wird aber auch er mit Maria dieses gemeinsame Leben nicht leben können. Hier zeigt Fassbinder wieder beispielhaft, wie vorgegeben Lebensläufe sind, daß niemand wirklich ausbrechen kann. Oswald hat zwar die Macht, diesen Vertrag aufzusetzen, Marias Liebe kann er sich aber nicht erkaufen.

Auch die männlichen Figuren im Fassbinder-Kosmos haben in der dargestellten Gesellschaft nur die Freiräume, die sie sich selbst geben. Daraus ausbrechen können sie auch nicht. Die Erklärung findet sich auch schon bei Godard in *Pierrot le fou*. Pierrot wähnt sich in Freiheit auf seiner und Mariannes Flucht in den Süden:

Pierrot: „Ich habe plötzlich das Gefühl, daß ich frei bin, daß ich machen kann, was ich will: links, rechts, links, rechts, ..."
Marianne: „Du kannst gar nicht machen, was du willst. Du fährst auf einer geraden Linie und die mußt du weiterfahren, bis zum Ende, immer geradeaus."

In der letzten Filmszene, in der es für Hermann und Maria nun endlich darum gehen sollte, ihre jahrelang aufgeschobene Ehe zu vollziehen, beziehungsweise sich zu lieben, debattieren sie wieder über Geld, ihr angehäuftes Vermögen und Tausch:

Hermann: „Wenn ich dich nur lieben kann als dein Mann, nicht als einer, dem du erst das Leben schenken mußt."
Maria: „Ich hab' dir doch nicht das Leben geschenkt, es war ein Scheckbuch. Wir machen einen Vertrag, daß alles dir gehört."
Hermann: „Auch dein Herz?"
Maria: „Das gehört dir doch längst."
Hermann: „Abgelehnt, wir machen einen Vertrag, in dem ich dir alles schenke, ..."
Maria: „Was willst du mir denn schenken?"
Hermann: „...weil ich heute dein Mann werde und dann nichts mehr brauche."

Hermann will Maria nun endlich küssen, aber als logische Konsequenz dieses Dialogs folgt die Testamentsverlesung, in der Maria von Hermanns und Oswalds Vertrag über sie erfährt. Sie ist von beiden Männern, denen sie ihr Leben gewidmet hat, hintergangen worden. Sie ist zu einer Ware in der Tauschaktion geworden.
Dieses verinnerlichte Tauschprinzip kann nur noch in den Tod führen. Die Liebe ist zerbrochen, die einzig verbleibende Möglichkeit ist der Tod. Hier läuft die Liebesgeschichte wieder parallel zu der von Pierrot und Marianne. Godard hat in sei-

ner fiktiven Liebesgeschichte ganz offen zwei Linien gezogen, eine Lebens- und eine Todeslinie. Pierrot erwähnt oft den Tod und Inserts zwischen den Bildern weisen auf den nahen Tod. In sein Tagebuch schreibt Pierrot einmal: „Wir sind wie Tote, die Bewährungsfrist haben."

In *Die Ehe der Maria Braun* verläuft die Todeslinie unterschwellig zur Lebenslinie. Da die Protagonistin sich nicht mit sich selbst und dem, was um sie herum passiert, auseinandersetzt, ist sie dementsprechend nicht in der Lage, die Bedrohung zu erfassen.
In beiden Filmen, *Pierrot le fou* und *Die Ehe der Maria Braun*, werden die Figuren von der Sehnsucht nach dem absoluten Glück getrieben, wirklich eingelöst werden kann sie bei beiden Regisseuren nur im Tod. Denn nur durch den Tod können die Figuren ihre Idee der unsterblichen Liebe bewahren.
Pierrot und Marianne flüstern im Tod gemeinsam einen Rimbaud-Vers: „Sie ist gefunden, die Ewigkeit. Es ist das verschwundene Meer."

Maria steht kurze Zeit später geläutert vor dem Symbol ihres verfehlten Lebens. Sie berührt kurz und andächtig die vertrockneten, roten Rosen in der Vase, jene vertrockneten Rosen, die von ihrer Liebe übriggeblieben sind. Dabei ist ihr letzter Satz an Hermann gerichtet: „Ich hab' dir auch alles geschenkt, das ganze Leben."
Kurz vorher ist ihr mit diesen Rosen, ihrem Liebessymbol, ein folgenschwerer Irrtum passiert. Ein versehentlicher Tausch vermittelte ihren Geisteszustand. Als Maria eine neue Rose in die Vase stecken wollte, steckte sie gedankenverloren ihre Tasche mit dem ganzen Geld, Symbol der zweiten Kraft, die über sie herrscht, hinein. Beide Kräfte beherrrschen sie und ihr bleiben jeweils nur die Symbole übrig, als sie entdeckt, daß all ihr Lebensstreben umsonst war. Maria selbst wird zum Symbol der Verbindungen von Ersatz und Austausch, um die Fassbinder seine Geschichte konstruiert hat.

Diese Zeit, in der Maria Brauns Geschichte spielt, sind die kurzen Jahre, in denen verbrauchte Energien aus der Zeit des Nationalsozialismus unterdrückt wurden und etwas später im sogenannten Wirtschaftswunder wiederbelebt wurden. Das bisherige Wertesystem ist entzogen worden, ohne daß sich neue Werte konstituiert hätten.

Bei Maria Braun geht es darum, daß ihre Bedürfnisse und Wünsche niemals erfüllt, aber immer weiter aufgeschoben werden.

> „Wir haben die Welt wieder neu erobert, aber diesmal nicht mit Panzern, sondern mit Mercedes und unserer ökonomischen Kraft. D.h. diese Vorstellung, die Maria Braun ursächlich mal von einem Leben gehabt hat, ist damit

total zerstört worden. Der Mensch geht unter und die Macht beginnt wieder, und damit muß sie untergehen, ihre Seele."[29]

Diese ambivalenten Kräfte, die sie innerlich trennen, versucht sie geballt in ihre Arbeit zu stecken. Ihre Arbeit wiederum ist Teil des deutschen Wiederaufbaus. Hier leistet sie Bedeutendes. Die Kräfte, die Maria innerlich zerreißen, werden äußerlich durch den Vertrag besiegelt, jener Vertrag, in dem sie aufgeteilt wird, so wie sie sich zwischen den beiden Männern aufteilt. Marias ausgeklügelte Balance zwischen ihrem materiellen und emotionalen Leben bricht entzwei. Fassbinder zeigt hier eine gefährliche Mischung aus Kräften, die einerseits freisetzen, besonders die Gedanken, andererseits wird die volle Souveränität über das Selbst verweigert.

Marias Leben setzt sich aus kontinuierlich verschobenen Bedürfnissen zusammen, eine Serie von Wünschen, die ohne Erfüllung aufeinanderfolgen. Zwei gegensätzliche Motive erhalten Maria am Leben: die Unfähigkeit, die Basiswünsche zu erfüllen und ihre Hoffnung auf Rettung durch 'das Andere'. Ihr Lebensfluchtpunkt ist ihre beharrlich vorgebrachte Äußerung: „Verheiratet bin ich mit meinem Mann."

Molly Haskell nennt es:

> „the inability of the human emotions to keep pace with the 'isms' of social change. He [RWF] is primarily an ironist, and his humour and brilliance lie in an absurdist vision of the dicrepancy between what we want and what we get, and between what we want and what we think we want."[30]

Elsaesser zieht die Aktualität der Fassbinderschen Thematik bis heute weiter:

> „Denn obwohl das Thema von der Ausdifferenzierung der Wertesysteme kaum vielversprechend in dieser Zeit zu sein scheint, in der das Ideal eines alleinigen Welt-Wertsystems und des perfekten Tausches unangefochten und unkontrolliert regiert, kann die Notwendigkeit, daß Fassbinders Parabeln über nicht-unschuldige Opfer [...] uns ein weiteres Mal beschäftigen müssen, nicht leicht von der Hand gewiesen werden. Das »neue« Europa, dessen unerwartet blutige Geburt wir noch mitmachen, hat wieder eine jener von Fassbinder so scharf erkannten Krisenzeiten erzeugt, in der diesmal der Westen kaum weniger als die früheren Planwirtschaften zu »Schwarzmärkten« werden, indem sie versuchen, am »gemeinsamen« oder »globalen« Markt teilzuhaben."[31]

---

[29]M. von Trotta in: 'arte -Themenabend - RWF'; 19.02.1995

[30]M. Haskell: Seeing what Germany, Cuba, Hungary, France and Australia know about women that Hollywood doesn't; in: MS; New York; 8 June 1980

[31]Elsaesser: Fassbinder, *Lola* und die Logik...; a.a.O.; S. 87

1.5. Erzählstrukturen des Film-Melodrams
1. Gittermetaphorik

Marias Liebesgeschichte erzählt Fassbinder über die optischen Leitmotive der Gitter und ihrer Schatten. Über diese Bilder kann er seine Protagonistin immer weiter einengen, bis schließlich auch ihr klar wird, daß sie eine Verwandlung zur Eingesperrten durchgemacht hat.

Fassbinder bringt über die visuellen Metaphern eine weitere Ebene in seinen Film ein. Sie stehen konträr zur fiktiven Geschichte seiner Heldin und sagen mehr über ihr Schicksal aus, als es die erzählte Geschichte glauben macht.

Das Sichtbare ist das Ungewisse. Der Zuschauer muß selbst assoziieren. Hier bestimmt die Form den Inhalt. Fassbinder reproduziert kein Abbild von Wirklichkeit, sondern er läßt eine Vorstellung von Wirklichkeit entstehen, oder möglicher Wirklichkeiten. Er begegnet dem Offensichtlichen mit Mißtrauen. Die Bilder, besonders hier in *Die Ehe der Maria Braun*, könnten als durchlässig bezeichnet werden. Hinter dem sichtbaren Bild entstehen neue Bilder, die sich wieder zu neuen Wirklichkeiten zusammensetzen lassen. In seinen Interviews und Aufsätzen spricht Fassbinder häufig von 'Wirklichkeiten': seiner eigenen und den unterschiedlichen und vielfältig möglichen, die er bei seinen Zuschauern ansprechen will. Seine Intention war eine

> „Unterhaltung, die [...] nicht langweilt und nicht verdummt und nicht bestätigt, die in Frage stellt und Fragen provoziert, die im scheinbar Abgesicherten das »scheinbar« transparent zu machen fähig ist, [...] dem, der Spaß hat, Brüche und falsche Klebestellen in der eigenen Wirklichkeit zu entdecken, Lust macht, ein paar Widersprüche zu erkennen, aus denen unsere Wirklichkeit besteht."[32]

Fassbinders Liebesdarstellungen sind mit einem Eingesperrtsein zu umschreiben. Es ist ein Eingesperrtsein in eine Ordnung. Fassbinder wählt Gitter, hinter die er die Liebe verbannt, in *Die Ehe der Maria Braun* verdoppelt er sogar die Gitter. In manchen Filmen, wie in *Fontane Effi Briest* (1972/74) und in *Berlin Alexander-*

---

[32]RWF in: Filme befreien; a.a.O.; S. 39; in seinem Döblin-Essay formuliert RWF seinen Anspruch an die Kunst, den er in Döblins *Berlin Alexanderplatz* entdeckt hat: „ [...] wird jeder Leser, wie ich glaube, zu sich selbst, zu seiner eigenen Wirklichkeit, zur Analyse jeder Realität eines jeden fast gezwungen. Ein Anspruch im übrigen, den ich an jedes Kunstwerk stellen würde"; RWF in: a.a.O.; S. 82; vgl. auch: Döblin: *Berlin Alexanderplatz*; 34, Aufl; mit einem Nachwort von Walter Muschg; München 1995

platz (1979/80), hat er das Motiv des Vogelkäfigs zur Verdeutlichung der 'eingesperrten Liebe' genommen.[33]
Fassbinder: „Ich versuche zu verstehen, warum die Menschen kaputtgehen."[34]

> „Für die übliche Vorstellung von Liebe hat Fassbinder eine sarkastische Bildmetapher aufgenommen: den Vogelkäfig. Was die Menschen entzückt, ist in Wahrheit Schmerz und Einsamkeit. Der, der liebt, erhält kaum eine Antwort, jedenfalls nicht die, die er erwartet. Hinzu kommt, daß der Unterschied von Liebe und Sexualität nie geklärt wird. So geht die Empfindung von Liebe fast zwangsläufig mit dem Gefühl von Enttäuschung und Einsamkeit einher. Auch dafür steht der Vogelkäfig, für das Eingesperrtsein in die äußere Ordnung einer Beziehung, einer Ehe, eines Vertrags."[35]

Marias Liebesgeschichte mit Bill ist noch fast 'offen' gestaltet. Bestimmte Szenen finden im Freien statt, so z.B die Picknickszene. Fassbinder gibt diese Szene aber als Illusion zu erkennen, denn die Kamera fährt etwas zurück, der Zuschauer sieht, daß sie durch ein Fenster filmt. Somit grenzt er auch diese Liebesgeschichte schon wieder räumlich ein [zur räumlichen Begrenzung, s. B Kap.2.3.].
Marias große Liebe zu ihrem Ehemann Hermann ist von Anfang an vom Gittermuster überschattet.
Nach Hermanns überraschender Heimkehr, in der Entkleidungsszene mit Bill, werden beide Gatten, nachdem Maria Bill erschlagen hat, von den Schatten des Gittermusters markiert und vereinigt. Die beiden schauen sich endlich an, in Großaufnahmen schneidet Fassbinder zwischen ihnen hin und her. Marias Gesicht ist bis auf die Augen durch Schatten verdunkelt, Hermanns Gesicht ist frei, aber im Hintergrund zeichnet sich das Gittermuster an der Wand ab.

Die Parallelszene findet sich wieder bei Sirk. In *The Tarnished Angels* (1958) erzählt LaVerne dem Journalisten Burke Devlin, wie sie ihrer großen Liebe, dem Flieger Roger Shuman, auf Grund eines Plakates, das sie von ihm kannte, gefolgt ist. Für sie war es 'Liebe auf den ersten Blick'. Während sie dies erzählt, steht sie neben einer Jalousie, die ihre Schatten auf LaVerne wirft. In dieser Szene verdeutlicht Sirk, wieviel LaVerne sich hier vorgemacht hat. Dem Zuschauer ist nämlich längst durch die vorausgegangene Erzählung bekannt, daß ihre Ehe unglücklich verlaufen ist.

Je mehr *Die Ehe der Maria Braun* ihrem Ende zustrebt, desto mehr verlagert sich das Gitterzeichen auf Maria. Bedrohlich wird das Gittermotiv im Zusammenhang mit einer akzentuierenden Einstellung. Bei Marias erstem Besuch in der Haftan-

---

[33]Fassbinders *Berlin Alexanderplatz* ist mir nur in Teilausschnitten bekannt; u.a. der hier erwähnte Ausschnitt.
[34]RWF in P. Buchka. 'Es ist nicht gut, ...'; TV-Dokumentation; 1995
[35]P. Buchka in: ebd.

stalt sind Maria und Hermann durch dunkle Gitterstäbe voneinander getrennt. Die beiden sprechen über ihre Zukunft, sie werden im Gesprächsschnitt-Gegenschnitt-Verfahren gezeigt. Eine neue Einstellung zeigt das Paar so in der Aufsicht, daß das Sperrgitter mehr wie ein Gitterzaun anmutet. Die Schatten liegen über Maria. Diese Einstellung verwendet Fassbinder als eine Art Leiteinstellung, um Marias weitere Entwicklung zu kommentieren. Bezeichnenderweise wird sie zum ersten Mal von dem Gefängnisgitter überschattet, als sie zu Hermann sagt: „Und mit dem Leben fangen wir an, wenn wir wieder zusammen sind."
In der zweiten Gefängnisszene stehen beide Ehepartner und ein Wärter hinter einem Gitter. Sie umarmen sich hinter dem Gitter. Dazu plant Maria das Haus für ihre gemeinsame Zukunft. Wenn Hermann spricht, ist er in Großaufnahme zu sehen und das Gitter befindet sich in seinem Rücken. Die beiden umarmen sich zum Abschied wieder, hinter Gittern eingesperrt. Der Wärter sagt allgemein: „Ihre Zeit ist um." Schnitt auf Maria, die diesen Satz auf sich bezieht und antwortet: „Im Gegenteil, meine Zeit fängt erst an." Selbstbewußt bezieht sie diesen Satz auf ihre berufliche Karriere, die jetzt einsetzt. Hier sind ihr erstmal keine Grenzen gesetzt. Bis sie später selbst mitten in ihrer Dominanzsphäre, dem Büro gefährdet erscheint. Als ihr Anwalt Dr. Klaus die bevorstehende Haftentlassung Hermanns mitteilt, hebt sich links hinter ihr das Schattengitter ab.
Dem vorangegangen war eine Szene mit Maria und dem Rechtsanwalt. Seit dieser Szene zieht Fassbinder die Bilder um Maria ganz eng zusammen. Er zeigt die beiden Figuren aus der Aufsicht. Er filmt durch ein doppeltes Gitter. Direkt vor der Kamera befindet sich ein kleiner freier Ausschnitt zwischen den Gitterstäben. Die beiden Figuren sind nicht zu erkennen. Der Zuschauer hört sie sprechen und weiß aus dem Kontext, um wen es sich handelt. In dieser Einstellung, die recht lange dauert, weint Maria und beklagt Hermanns Fall als „hoffnungslos", und „an Geld soll's nicht scheitern, ich hab' genug, auf jeden Fall." Sie gibt ihre eigene Lage hier wieder, nicht die Situation Hermanns.

Als sie Hermann endlich abholen will, hat Fassbinder die Doppelgitter-Einstellung wieder aufgenommen. Zusätzlich werfen die Gitter Schatten an die Wände ringsherum. Daß es sich um Maria handelt, ist auch wieder nur aus dem Kontext ersichtlich. Die Gitter um sie herum sind endgültig zugezogen. Hermann ist in die 'Freiheit' entlassen, Maria dagegen befindet sich in einem 'Gefängnis', an dem sie selbst mitgebaut hat. Wiederum über den Kommentar des Wärters vollendet Fassbinder diesen Kreis: „Sie kommen zu spät, Frau Braun." Verständnislos muß Maria nachfragen. Der Gefängniskreislauf hat sich hier endgültig zusammengezogen.

Einen besonderen Stellenwert für Marias, aber gleichzeitig auch für die bundesdeutsche Geschichte, besitzt das Haus. Fassbinder arbeitet hier wieder auf unterschiedlichen Ebenen. Maria wird als stolze Hausbesitzerin gezeigt. Sie wähnt sich auf dem Höhepunkt ihres Strebens. Sie besitzt das Haus, das sie für Hermanns und ihre gemeinsame Zukunft bauen wollte, so wie sie es ihm anfänglich im Gefängnis

versprochen hatte. In diesem Haus manifestiert sich aber noch ein weiterer Höhepunkt, der endgültige ihrer eigenen 'Gefangenschaft'.
Auf dem ersten Bild liegt das Haus weiter weg, im Bildvordergrund, direkt vor der Kamera, befindet sich ein Ornamentzaun, das Haus wird auf diese Art von einerm Gitter eingezäunt gezeigt. Die Gefängnisgitter werden fortgesetzt und beziehen sich jetzt direkt auf Maria. Desweiteren wirkt das Haus wie eine Festung. Deutlich wird das in einer späteren Aufnahme, als Maria die Steintreppe vor dem Haus, die von einer zusätzlichen Mauer umgeben wird, hinaufgeht.

> „Das Haus, in das Maria sich zurückzieht, ist ein Zeichen von 'splendid isolation' oder Luxusgefängnis. Die Bilder um Maria Braun werden immer enger, ein Vorgang, daß die Blicke der Kamera während der Geschichte immer mehr verstellt werden, während sie am Anfang noch ziemlich frei sind. [...] In den 50er Jahren spielen die entscheidenden Szenen immer mehr in Innenräumen."[36]

Der Einzug in das Haus läuft disharmonisch ab. Maria und ihre Mutter streiten heftig über Marias derzeitiges Leben. Für einen kurzen Moment hält Maria inne, so als würde sie ihre Situation erkennen. Sie bewegt sich aber weiter auf ihrer Abwärtsspirale.
Maria ist mit der Arbeit des Möbelpackers unzufrieden. Sie regt sich grundlos über ihn auf:

> „Der Mann wird für seine Arbeit bezahlt. Da kann man auch erwarten, daß er sie anständig macht."
> Maria wird durch ein Fenster mit Gitter gefilmt, das ihren Körper zerteilt, hinter ihr wartet der Möbelpacker auf Trinkgeld. Maria:
> „Was steht der Mann da immer noch? Warum sagen Sie es nicht einfach? Was einem zusteht, das verlangt man. Dann brauche ich auch nicht danke schön zu sagen. Ich zahl' nämlich lieber, als daß ich mich bedanken muß."
> Schließlich schreit sie ihre Mutter an: „Ich lebe, wenigstens so gut ich kann!"
> Mutter: „Du lebst gar nicht. Leben wie in einem Gefängnis. Du mit deinen Rosen, deiner Prokura und deinem Geld. Jeden Monat eine Rose und sonst hört sie nichts von ihm. Das ist, als ob man jeden Monat einmal stirbt."

Der weitere Weg hin zur Explosion ist nur die Konsequenz der Erkenntnis ihrer Fehlentwicklung. Es bleibt ihr letzter Ausweg, um sich doch noch zu befreien und um ihre große Liebe zu ermöglichen, die im irdischen Leben noch nicht gelebt werden kann.
Es ist der kompromißlose Weg, den auch Pierrot für seine Liebe zu Marianne wählt. Er fühlt sich von ihr verraten, erschießt sie und sprengt sich dann selbst in die Luft. Erst im Tod kann ihre Liebe ewig bestehen.

---

[36]Pflaum in: 'arte-Themenabend-RWF'; TV-Dokumentation; 19.02.1995

Das gleiche Schicksal hat sich auch Kleists *Penthesilea* im gleichnamigen Theaterstück von 1806/7 für ihre ausweglose Liebe zu Achill gewählt. In diesem *Trauerspiel* Kleists sind alle Gründe für ein Liebesscheitern vorgezeichnet: Achill täuscht Penthesilea. Beide Liebenden haben unterschiedliche Ordnungen und Gesetze, gegen die sie verstoßen haben. Beide hatten kurzfristig ihre jeweilige Gemeinschaft verlassen. Als es zum entscheidenden Kampf kommt, tötet die bedingungslose Penthesilea Achill. Danach erdolcht sie sich.

> „Sie sank, weil sie zu stolz und kräftig blühte!
> Die abgestorbne Eiche steht im Sturm,
> Doch die gesunde stürzt er schmetternd nieder,
> weil er in ihre Krone greifen kann.“ (V3040)[37]

Christa Wolf nennt in ihrem Nachwort zur DDR-Ausgabe von 1983 das Stück: „ein geschlossenes Modell für die Verstrickung eines Menschen in unvereinbare Bedürfnisse und Pflichten, die ihn, mag er sie vernachlässigen oder strikt erfüllen, so oder so zugrunde richten müssen.“[38]

Das Haus im Melodram verfügt über eine besondere Konnotation. In Sirks Melodramen *Written on the Wind* und *All that heaven allows* stellen die Häuser einen gesellschaftlichen Mikrokosmos dar, der nicht zu durchbrechen ist. In *Written on the Wind* begrüßt Kyles Vater seine neue Schwiegertochter mit folgenden Worten: „Willkommen bei den Hadleys, der Stadt und der Familie. Haben Sie das Haus schon gesehen?“ Die Katastrophe, das seelische Chaos der Figuren entlädt sich später in diesem Haus.
In *All that heaven allows* geht es darum, daß Cary ihr Haus verlassen und zu Ron ziehen soll, der ein Heim extra für sie aufgebaut hat. Carys Haus und Welt sind in kaltem Pastellblau und Fahlgelb gezeichnet, Rons Haus dagegen in warmen Braun- und Orangetönen. Cary kann den Widerspruch zwischen diesen zwei Welten, hier ausgedrückt durch die unterschiedlichen Häuser, für sich nicht lösen. Scheinbar stellt es ihre höchste Pflicht dar, ihren beiden erwachsenen Kindern ihr Haus zu erhalten. Irgendwann sitzt sie hier ganz allein, ihre einzige Gesellschaft ist der Fernseher, in dem sie sich selbst widerspiegelt. Sie hat das Gerät von ihren beiden Kindern zu Weihnachten geschenkt bekommen. Der Fernsehlieferant preist sein Gerät an: „Sie brauchen nur an der Skala zu drehen und Sie haben so viel Gesellschaft, wie Sie wollen; Drama, Komödie, ein Fingerdruck und das ganze Leben gehört Ihnen.“[39]

---

[37]Kleist: Penthesilea, ein Trauerspiel; mit einem Nachwort von Christa Wolf und 15 Wiedergaben nach Pastellen von Gabriele Koerbl; Berlin DDR 1983; S. 155
[38]Christa Wolf: a.a.O.; S.165
[39]RWF kommentiert dieses Geschenk in seinem Aufsatz: „Und Jane [Jane Wyman] sitzt am Heiligen Abend da, die Kinder werden sie verlassen und haben ihr zu Weihnachten einen Fernsehappa-

So wie es für Maria Braun scheinbar die höchste Pflicht darstellt, dieses Haus für sich und ihren Mann zu errichten. Auch Maria verbringt hier die meiste Zeit allein. Die Innenarchitekturen der Häuser bei Sirk und Fassbinder sind Ausdruck der Gefangenschaft, in der sich die jeweilige Protagonistin befindet. „Sirk hat nach eigener Aussage seine Häuser und Einrichtungen gestalten lassen nach den Fotos in den »Home & Garden« - Magazinen, »vollgestopft mit glanzfarbigen Bildern« und jeden Ausweg mit Möbeln und Nippes verstellend."[40]

Die Protagonistinnen werden in diesen Häusern zum Material degradiert. Ein selbstverwirklichtes Leben, das sie suchen, haben sie hier verwirkt. Marias Karriere ist beendet. Oswalds Vermögen und ihr Ehemann Hermann können ihr das Glück nicht geben. Marias Haus ist in dunklen, bedrohlich wirkenden Brauntönen gehalten. In Carys Haus gibt es eine dunkle Stellwand mit Gittermuster, die die Sprechenden, es handelt sich um die Familienmitglieder selbst, visuell deutlich voneinander trennt.

Über den Hauserwerb kritisiert Fassbinder, wie sich eine enge und beschränkte Gesellschaftsordnung rekonstituiert hat, die sich weit von den einmal sehr freien und offenen Möglichkeiten, die der neue Staat gehabt hätte, entfernt hat. Diese, wie Fassbinder sie sieht, Entwicklung der Bundesrepublik ins Negative, hat er in seinem Gesamtwerk behandelt und sich stets damit auseinandergesetzt:

> „... mit diesem Land, seinen Fehlern, seinen Versäumnissen, seiner zum Geschenk erhaltenen Demokratie, [...], einer Demokratie, die deren Grundwerte, auf denen sie basiert, immer entschiedener zu Tabus verkommen läßt, [...] und das im blinden Einverständnis mit diesem Bürger, der unaufgeklärt gar nicht in der Lage ist, aufmerksam zu werden darauf, daß das Gebilde um ihn herum, daß dieser Staat von Tag zu Tag ein kleines bißchen totalitärer wird. Und das nächste Mal, Freunde, wird es nicht nur kindische tausend Jahre dauern, das nächste Mal hat schon begonnen, heimlich, still und leise, und das nächste Mal wird lang."[41]

Dieser Aufsatz Fassbinders stammt aus dem Jahr 1978, in dem er auch *Die Ehe der Maria Braun* gedreht hat. In Fassbinders Werksentwicklung ist als Wendepunkt der Herbst 1977 mit seinen Ereignissen zu beobachten. Nach dieser Zäsur setzt Fassbinder sich noch direkter mit seinem Land auseinander und antizipiert eine negative und rückläufige gesellschaftliche Entwicklung der Bundesrepublik. Die Geschichten, die er ab jetzt erzählt, sind eindeutig als deutsche erkennbar, eingebettet in eine bundesdeutsche Realität. Fassbinder spannt seinen Erzählbogen

---

rat geschenkt. Da bricht man zusammen im Kino. Da begreift man was von der Welt und was sie macht an einem." RWF in: Filme befreien; a.a.O.; S. 13

[40]Roloff/Seeßlen (Hg.): Kino der Gefühle. Geschichte und Mythologie des Film-Melodrams; Hamburg 1980; S. 129

[41]RWF in : Filme befreien; a.a.O.; S. 74

über die frühen 50er Jahre, explizit hier in *Die Ehe der Maria Braun*, über seine unmittelbare Gegenwart in den 70er Jahren bis in die Zukunft in seinen Interviews z.B., in denen er sich zukunftsweisend äußert. Über das Gespräch *Für uns Paradiesvögel wird es enger*, das ebenfalls 1978 geführt wurde, kann der Leser sich überlegen, inwieweit Fassbinders Zukunftsprognose eingetroffen ist:

> „... während diese Art, - und man darf das auch gar nicht Faschismus nennen, das ist zu verzerrt -, das was jetzt ist, halt viel schlimmer ist, weil es viel endgültiger sein wird. Es wird alles sehr freundlich aussehen, die Leute werden meinen, sie leben in einem freien Land usw. Ich finde diese Entwicklung, die da im Moment stattfindet, viel deprimierender, denn da kann man nicht mehr richtig gegen an. Es gibt keine großen Unterschiede mehr zwischen dem Nachbarn von schräg gegenüber und dem Bundeskanzler - das ist ein mittelmäßiger kleinlicher Mensch, genauso wie mein Nachbar. Die werden sich alle immer ähnlicher, und drum wird's für uns auch immer enger, für uns Paradiesvögel. [...] Obwohl Sozialkritik - das ist ja erlaubt. Aber selbst diese Leute sind feiger geworden, was ja nicht schlimm wäre, wenn sie es wüßten. Aber ich glaube, sie wissen es eben nicht, und das ist das Deprimierende. Und dann wird es lauter Leute geben, die das nicht wissen, und später werden sie dann auch alle gleich aussehen und in gleichen Wohnungen wohnen, und das ist dann Demokratie."[42]

Fassbinder spricht hier im negativen Sinn die Gleichheit der Demokratie an, die die Verschiedenheit ausschließt, ebenso wie der Rassismus.

Elsaesser erörtert das Haus im Filmmelodram als durch „klaustrophobe Atmosphäre [...] fixiert", stilistisch verstärkt „durch den komplexen Umgang mit Innenräumen."[43]

Zum melodramatischen Aspekt erhält das Haus eine zusätzliche Konnotation in der bundesdeutschen Nachkriegsgeschichte. Maria Braun hat mit ihrem Haus etwas Weiterführendes aufgebaut. Sie wollte ihre beiden Identitäten, die alte mit der neuen, hier verbinden. Sie nimmt sich aber noch die Freiheit, es wieder zu zerstören.

Das Haus als Metapher für einen Endpunkt in der Entwicklung der Bundesrepublik Deutschland wird auch im Film *Deutschland bleiche Mutter* (1980) von Helma Sanders-Brahms herausgestellt, bzw. für eine Schnittstelle, an der alte Traditionen sich wieder etabliert haben. Der Film wird rückblickend aus dem Off von Lenes Tochter kommentiert. Sie beschreibt die Zeit zwischen den „Wohnstuben". Die Mutter sitzt auf den Trümmern des ehemaligen, jetzt zerbombten Hauses, die

---

[42]RWF in: Anarchie; a.a.O.; S. 91f

[43]Elsasser: Tales of Sound and Fury; S. 39-131; in: Cargnelli/Palm (Hg.): Und immer wieder geht die Sonne auf. Texte zum Melodramatischen im Film; Wien 1994; S. 119

Tochter kommentiert den für beide einsetzenden Lebensabschnitt als befreiend: „Nach dem Ende der Wohnstuben wurdest du fidel. Da ging's uns erst richtig gut." Die Rückkehr der alten Ordnung inszeniert Sanders-Brahms über die Rückkehr der Männer auf die Trümmerberge. Die Stimme der Tochter übernimmt an dieser Stelle gleichzeitig den Kommentar für Maria Brauns Geschichte und die der Bundesrepublik: „Die Steine, die wir klopften, die wurden zu Häusern zusammengesetzt, die noch schlimmer waren, als die vorher. Lene, wenn wir das gewußt hätten ... Das war die Wiederkehr der 'Wohnstuben'. Da ging der Krieg innen los, als draußen Frieden war."[44]

Über die erst zerstörten, dann wieder aufgebauten 'Wohnstuben' thematisiert *Deutschland bleiche Mutter*, ähnlich wie *Die Ehe der Maria Braun* über das von Maria erworbene Haus, Kontinuität und vertane Chancen in der deutschen Geschichte. Gleichzeitig wird durch diese Perspektive auch eine abgebrochene Enwicklung sichtbar gemacht.

1.5.2. Zur Dreier-Konstellation des Melodrams Fassbinders figürliche Dreier-Positionierung

Fassbinder baut seine Figuren in der *BRD-Trilogie* entsprechend der Dreier-Konstellation des Melodrams auf [s. B Kap.3.1.]. In der *Ehe der Maria Braun* ist es die Konstellation, die sich jeweils um Maria gruppiert, z.B. Hermann - Oswald - Maria. Diese Konstellation ist variierbar. Sie ließe sich auch auf die Nebenfiguren ausdehnen, deren Aufgabe es ist, die Hauptfiguren zu unterstützen. Oder ihnen sind ähnliche Gemütsverfassungen zugedacht, in denen sich dann die Hauptfiguren spiegeln lassen.[45]

---

[44]Einen ähnlichen Titel: „Als wir wieder zusammen waren, ging der Krieg im kleinen weiter", trägt die auf Interviews basierende soziologische Untersuchung von Sibylle Meyer und Eva Schulze. Die Untersuchung thematisiert die unterschiedlichen männlichen und weiblichen Erfahrungen mit dieser Zeit, d.h. der Kriegs- und Nachkriegszeit. Bei den Männern stellen sie „Orientierungslosigkeit" fest, „konfrontiert mit der Orientierungsstringenz der Frauen, die sich aus der kontinuierlichen Alltagsbewältigung ergeben hatte. [...] Schließlich boten selbst das Geschlechterverhältnis und die innerfamilialen Strukturen keine ungebrochenen Verhaltensorientierungen mehr, da der Krieg vor allem die Verhaltensweisen der Frauen stark verändert hatte." Oder wie es einer der interviewten Männer ausdrückt: „Die Frauen haben sich ganz allgemein in der Zeit, wo wir nicht zu Hause waren, recht emanzipiert, obwohl sie den Ausdruck gar nicht kannten. Die mußten alles selber machen. Es fiel mir schwer, mich da reinzufinden." In: LUSIR; Bd. 3; Niethammer/von Plato (Hg.); Berlin, Bonn 1985; S. 305-322; S. 314f

[45]vgl. dazu Roloff/Seeßlen: Kino der Gefühle; a.a.O.; S. 20

Roloff/Seeßlen interpretieren das Melodram als „das Drama der weiblichen Initiation in der (klein-)bürgerlichen Gesellschaft.“[46]

Fassbinder hat Melodram-Techniken aber nicht einfach kopiert, sondern immer abgewandelt und seinen Intentionen entsprechend eingesetzt [s. auch *Lola*; Kap.3.1.]. In *Die Ehe der Maria Braun* zeigt er, wie Maria aus dem Zusammenbruch heraus tatkräftig an der neu entstehenden bundesdeutschen Gesellschaft mitwirkt und sich dann, nach diesen Erfahrungen, in die wiederhergestellte, gesellschaftliche Ordnung einfügen will, was ihr nicht mehr gelingt. Diesen Vorgang, das Mißlingen der Anpassung an eine Ordnung, die sie selbst mitaufgebaut hat, will Fassbinder verdeutlichen. Gleichzeitig will er auch zeigen, um wieviel voraus sie der übrigen Gesellschaft ist, wieweit sie sich äußerlich von ihr entfernt hat, innerlich aber doch in ihren Moralvorstellungen steckengeblieben ist. Äußerlich wie auch innerlich ist für sie ein Vorsprung entstanden, den sie nicht mehr rückgängig machen kann. Visuell setzt Fassbinder das in Szene, als Maria und Willy über die Ruinen der alten Schule klettern. Willy Klenze, dessen Ehe mit seiner Frau Betty, Marias „bester Freundin“ zerbrochen ist, sagt zu ihr:

Willy: „Die meisten Männer haben nicht das richtige Bewußtsein, weil das menschliche Bewußtsein immer der realen Entwicklung hinterherhinkt.“
Maria: „Bei mit ist es gerade umgekehrt, bei mir hinkt die reale Entwicklung immer meinem Bewußtsein nach.“

Zur visuellen Umsetzung dieses Problems verlagert Fassbinder die figürliche Dreier-Positionierung in einzelne Einstellungen. Er umstellt Maria derart mit den männlichen Figuren, daß diese den Rahmen für die Handlung vorgeben und ihr bildlich, vergleichbar mit den Gittern, den Weg verstellen: einerseits den Weg nach oben in ihrem Berufsleben, andererseits den freien Weg für ihr Gefühlsleben.

Fassbinder beginnt mit dieser visuellen Dreier-Aufteilung ab Marias Eintritt ins Berufsleben. Ein kleines Detail aus einer früheren Szene ist wert, erwähnt zu werden: Als Maria sich in der Suppenküche mit der Rotkreuzschwester über den Verbleib der Ehemänner unterhält, hat Fassbinder in diese Unterhaltung dreimal kurz in Großaufnahme das Gesicht des amerikanischen GIs einmontiert, von dem Maria dann die Zigaretten erhält. Diese Montage hat für den Zuschauer etwas Verwirrendes, kann er den Besatzungssoldaten nicht gleich in Verbindung setzen zu den weiblichen Gesprächen über Verlust und Tausch ringsumher.
Im Kontext weist Fassbinder aber antizipierend daraufhin, wer bald wieder die Macht übernehmen wird. Für eine kurze Übegangszeit sind es hier die Amerikaner, die die Geschäfte wieder in Gang bringen. Maria wird auf diese neue Kraft

[46]ebd.

setzen. Es handelt sich nur um ein Durchgangsstadium bis zu dem Zeitpunkt, als die deutschen Männer in der Mehrzahl wieder aus dem Krieg zurückgekehrt sind. Mit Marias Eintritt ins bundesdeutsche Geschäftsleben nach der Währungsreform beginnt Fassbinder, sie zwischen die jeweiligen Männer zu positionieren. Meistens befinden sich drei Figuren im Bild, die männlichen Personen sind um Maria gruppiert, sie stehen in einem bestimmten Verhältnis zueinander. Die visuelle Figuren-Aufteilung weist oft die Form eines nicht-symmetrischen Dreiecks auf. Maria wird dabei von den männlichen Figuren 'eingerahmt', denkt aber, sie beherrsche die jeweilige Szene.

Nachdem sie Oswald im Zug kennengelernt hat, sitzt sie in der folgenden Szene links im Auto zwischen Senkenberg, der rechts von ihr das Steuer hält und Oswald, der hinter den beiden auf dem Rücksitz sitzt. Es geht um Marias Zukunft, ihren neuen Beruf:

Maria: „Und wie ist die genaue Bezeichnung für meinen Beruf?"
Oswald: „Na sagen wir, persönlicher Referent."
Maria: „Wie persönlich?"
Senkenberg: „Das hängt ab vom Einsatz und den Fähigkeiten des persönlichen Referenten. Sie dürfen nur nie vergessen, daß es auch da immer auf Geld ankommt."

Das Gespräch ist in einer Einstellung, ohne Schnitt, gefilmt. Marias Konflikt, die Aufteilung zwischen ihren Gefühlen und dem Geld kündigt sich hier an. Der Endpunkt dieses Konfliktes wird die bundesrepublikanische Gesellschaft Mitte der 50er Jahre sein, wenn Maria ihr Leben beenden wird.

In der Geschäftsverhandlung mit den Amerikanern wird Marias neue Position genau determiniert. Entweder ist Maria gar nicht im Bild zu sehen oder sie wird eingerahmt von den amerikanischen Geschäftsleuten und von Oswald und Senkenberg. In einer langen Szene, kaum von Schnitten unterbrochen, folgt die Kamera den sprechenden Männern. Verhandlungsthema ist der Kauf amerikanischer Maschinen für die Nylonproduktion. Wenn Maria im Bild ist, lehnt sie meist an einem Möbel, etwas außerhalb des Bildzentrums. Nach einem Schnitt übernimmt Maria das Bildzentrum und die Verhandlungsführung, sie übersetzt nicht mehr alles. Sie steht in der Bildmitte, hinter ihr, in einer dreieckigen Anordnung stehen Oswald und Senkenberg. Maria kommt noch etwas weiter in den Bildvordergrund, gleichzeitig schiebt sich ganz vorn der Rücken des verhandlungsführenden Amerikaners ins Bild, bildet somit ein weiteres Dreieck in der Personenkonstellation. Über diese Bildaufteilung zeigt Fassbinder, daß eine männliche Infrastruktur besteht, die Maria nicht durchbrechen kann.
Maria spricht in diesem Moment nicht, sie besinnt sich auf ihre Verführungskünste, schickt Oswald und Senkenberg, die die Verhandlung bisher verzögert hatten, weg und blickt den Amerikaner mit einem verführerischen Augenaufschlag an. Maria benutzt hier wieder ihre sexuelle Ausstrahlung. Hinzu kommt ihr wachsender Geschäftssinn, um ihre Ziele, vor allem ihre persönlichen, finanziellen zu erreichen. Über einen Schnitt ist sie allein im Bild: „Aber ich versteh' was von der

deutschen Frau. Ich versteh' überhaupt sehr viel von der Zukunft, da bin ich sozusagen Spezialist."

Optisch gehört Maria auch nicht in dieses Bild, ihre geschäftliche Laufbahn ist analog zu der von Bohms in *Lola* aufgebaut. Von Bohms Farbe ist das Blau [s. B Kap.2.2.]. Maria trägt in dieser Szene ein hellblaues, tiefausgeschnittenes Oberteil. Die Kleidung der Geschäftsmänner sowie die Inneneinrichtung sind in Brauntönen gehalten. Marias mit kaltem Blau ausgestattete berufliche Karriere setzt hier ein. In *Lola* gehört von Bohm auch erst nach einem sehr schmerzlichen Anpassungsprozeß 'dazu'[vgl. in *Lola*].

In der folgenden Szene, nachdem die Verhandlungen für Oswalds Firma, dank Maria Braun, erfolgreich verlaufen sind, trinkt Oswald auf Marias Erfolg: „Maria Braun, Sie haben sich um das Wohl der Firma verdient gemacht." Zwischen Kamera und Figuren hat Fassbinder eine große Distanz gelegt. Sie sind erst im zweiten Raum, durch eine geöffnete Tür gefilmt, zu sehen. Maria sitzt mit dem Rücken zur Kamera.
Mit diesem Stilmittel arbeitet Fassbinder den filmischen Konventionen entgegen, die die Hauptfiguren immer gut sichtbar in den Vordergrund stellen. Etwas später in dieser Szene ergreift Maria die sexuelle Initiative. Oswald fragt sie, ob sie noch etwas trinken wolle. Sie antwortet: „Ich möchte mit Ihnen schlafen." Sie wähnt sich auf dem Höhepunkt ihrer Machtstellung, ihre neue Position in der Firma, ihr finanzieller Aufwärtstrend, ihr beruflicher Erfolg geben ihr diesen Glauben. Dazu gehört nur noch eine sexuelle Machtposition.

In einer weiteren Szene kündigen sich bereits die Schatten von Marias Niederlage an, im persönlichen wie auch im beruflichen Bereich, obwohl es hier scheinbar noch aufwärts geht.
Bei der Gewerkschaftssitzung ist Maria die einzige Frau unter vielen männlichen Kollegen. Im Laufe der Unterhaltung zwischen Senkenberg, Maria und Willy Klenze, dem Mann ihrer besten Freundin Betty, der jetzt die Gewerkschaft vertritt, stehen die Drei hinter einem Fenster mit Gitteraufteilung. Die Einstellung hat die Aufteilung eines Triptychons. Die Kamera steht davor. Es geht um Marias Verstellungskünste. Die beiden Männer nehmen den größten Teil des Bildes ein. Maria steht rechts außen, ihr Gesicht wird durch einen Schatten in Form eines Kreuzes aufgeteilt. Fassbinder übernimmt hier direkt die Symbolik des Christentums, als Anküpfung an das Sinnbild des Todes Christi wird das Kreuz auch auf Marias Gesicht zu einem unheilvollen Vorzeichen. In Verbindung mit ihren Worten ist es ein Todessymbol. Sie sagt: „Weil ich ein Meister der Verstellung bin. Tagsüber der Handlanger des Kapitals und in den Nächten der Agent der werktätigen Massen." Sie sieht sich als 'Handlangerin des Kapitals' und der Zuschauer sieht ihr Gesicht von der Kreuzsymbolik aufgeteilt. Als 'Handlangerin des Kapitals' hat sie demnach nicht mehr lange zu leben, 'das Kapital' wird sie zerstören.

Sie beugt sich dann etwas weiter nach vorn ins Bild, bis ihr Gesicht frei, ohne Schatten, zu sehen ist. Den Satz beendet sie mit: „Die Mata Hari des Wirtschaftswunders.“
Ihr Sprachrhythmus erinnert an Goethes Mephisto im *Faust*, als dieser sich Faust vorstellt:

> „Ein Teil von jener Kraft,
> Die stets das Böse will und stets das Gute schafft.
> Ich bin der Geist, der stets verneint!
> Und das mit Recht; denn alles, was entsteht,
> Ist wert, daß es zugrunde geht.“[47]

Fassbinder erzielt über Marias teil-epische Sprache eine Verfremdung und Mehrdeutigkeit der Aussage. Der Film soll sich teilweise wie ein Drama ‘lesen’.

Da Fassbinder die Figur der Maria vielschichtig angelegt hat und diese sich selbst an einer späteren Stelle als „vom Teufel besessen“ charakterisiert, hat Fassbinder ihr etwas Mephistophelisches eingegeben.

Mephisto erscheint als Illusionist und Meister der Anpassung. Er wechselt Aussehen und Charakter. Er ist Verführer und täuscht bewußt. Weiterhin ist er mit philosophischen Gaben ausgestattet und äußert Welterkenntnisse, die den anderen verborgen verbleiben. Ebensolche Einsichten äußert Maria, Fassbinder hat sie mit analogen Charaktereigenschaften ausgestattet. Zusätzlich zur tragischen Gestalt des Mephisto vergleicht sich Maria mit Mata Hari. (Anhang A)

Mephisto ist unfrei. Gott und er schließen im ‘Prolog im Himmel’ die Wette über Faust ab. Gott sagt ihm von vornherein, daß die Wette unnütz sei, daß er Faust nicht verführen könne:

> „Du darfst auch da nur frei erscheinen;
> Ich habe deinesgleichen nie gehaßt.
> Von allen Geistern, die verneinen,
> Ist mir der Schalk am wenigsten zur Last.
> Des Menschen Tätigkeit kann allzu leicht erschlaffen,
> Er liebt sich bald die unbedingte Ruh;
> Drum geb’ ich gern ihm den Gesellen zu,
> Der reizt und wirkt und muß als Teufel schaffen.“[48]

---

[47]Goethe: Faust. Der Tragödie erster Teil; herausgegeben und kommentiert von E. Trunz; Jubiläumsausgabe München 1999; folgender Text liegt zugrunde: Goethes Werke; Bd. III; (Hamburger Ausgabe); S. 47; V 1335-1340
[48]a.a.O.; S. 18; V 336 - 343

Mephisto selbst bezeichnet sich als „Knecht."[49] Von Anfang an ist evident, daß Mephisto verlieren wird, daß ihm Grenzen gesetzt sind, nur er selbst verwehrt sich diese Einsicht. Auch hier versieht Fassbinder Maria Braun mit dieser mephistophelischen Anlage, die sie dann ins Verderben führen wird.
Beiden tragischen Figuren ist aber ein positiver Grundzug inhärent, der sogar als Alternative zum Bestehenden aufgefaßt werden kann. Beide Figuren laufen der Sehnsucht hinterher, der Begrenzung der Welt zu entfliehen. Beide versinnbildlichen einen revolutionären Geist, Unruhe sowie die Unsicherheit in einer festgelegten Umwelt. Beide können als Zeichen einer existentiellen Verunsicherung gedeutet werden. Fassbinder hat eine weibliche Figur mit den Fähigkeiten Mephistos ausgestattet. In seiner Kunstfigur sind obendrein noch die Schicksale realer weiblicher Personen eingearbeitet, hier im Verweis auf Mata Hari.

Bei Maria Braun geht es um das absolute materielle Streben, das sie vorantreibt. Das materielle Streben soll aber nur als Fundament für ihr aufgeschobenes Gefühlsleben dienen. Im Grunde strebt sie nach emotionaler Vollkommenheit. Darauf arbeitet sie hin. In ihrer Vorstellung läßt sich nur so ihr Zusammenleben mit Hermann verwirklichen, dem Mann, von dem sie immer behauptet, nur ihn zu lieben. Maria kann nicht erkennen, daß ihre Fähigkeiten begrenzt sind.

In Godards *Pierrot le fou* scheint noch eine Wahlmöglichkeit zum Bestehenden auf, es ist das Gefühl. Pierrot und Marianne, die ihre kurzzeitige Utopie im 'Paradies' verleben, können auch nicht dauerhaft glücklich sein. Marianne langweilt sich und erklärt Pierrot den Unterschied zwischen seiner und ihrer Liebe: „Ich bin traurig, weil du nur Worte für mich hast, und wenn ich dich ansehe, dann empfinde ich." Für Pierrot gibt es diesen Unterschied gar nicht. Kurz darauf sagt Marianne, was sie schon immer wußte: „Man versteht sich niemals."

Bei Fassbinder kann das Gefühl keine Gegenposition mehr darstellen. Seine Realität heißt Bundesrepublik Deutschland in den späten 70er Jahren. Aus seiner Gegenwart heraus hat er die Realität seiner fiktiven Geschichte in die frühen Aufbaujahre der Bundesrepublik verlegt. In seinem Werk herrscht Gefühlsarmut, etwas ist unwiederbringlich verlorengegangen während der einseitigen Ausrichtung auf den materiellen Aufbau.
Emotion zeigt sich bei Fassbinder nur über verzweifelte, verhaltene 'Gefühlsausbrüche'. Maria Braun weint aus unerklärlichen Gründen, aber auch nur bei ihrer Freundin Betty, 'dem einzigen Menschen, dem sie immer alles sagen kann'.
Lola wird in einem verzweifelten, fast selbstzerstörerischen Wutausbruch gezeigt, weil sie von Bohm nichts von ihrer Doppelexistenz preisgeben kann und ihn gesellschaftlich aufgeben muß.

---

[49]a.a.O.; S. 49; V 1412

In *Warnung vor einer heiligen Nutte* (1970), einem „Schlüsselwerk in Fassbinders Karriere, ein Ende und zugleich ein Anfang, de[m] letzte[n] Film, in dem Fassbinder mehr oder weniger unverschlüsselt von seinen Obsessionen spricht"[50], geht es um das Filmemachen selbst. Fassbinder selbst spielt die Rolle des Produzenten Sascha. In dieser Rolle sagt er zum Regisseur Jeff, der wiederum als Fassbinder erkenntlich wird, weil er unter anderem dessen Lederjacke trägt. „Weißt du, das einzige, was ich akzeptiere, ist die Verzweiflung." Fassbinder filmt mit der Verzweiflung, sie durchzieht sein Gesamtwerk.

Über Maria Braun und seine Intention mit ihr, sagt er:

> „Sie ist nicht mittelmäßig. Sie ist absolut in ihren Forderungen an sich und an die Welt, in der sie lebt. Sie ist [...] konsequent. Sie ist nicht so stark, daß man sie fürchten müßte, und sie ist nicht schwach, daß man Mitleid mit ihr haben müßte ... und sie ist ganz sicher auch ein faszinierendes Geheimnis, eines, das man mit seinen eigenen Möglichkeiten vergleichen muß und dann mit Sicherheit herauskriegt, was alles an Lügen und Kompromissen in der eigenen Existenz steckt."[51]

1.5.3. Die Farbe als Erzählebene
Zur Rot-Dramaturgie

In der filmtheoretischen und -ästhetischen Geschichte der Farbe ging es der ganz frühen Filmtheorie darum, die Farbe im Film vehement abzulehnen. Die Reproduktion der wirklichkeitsgetreuen Farben der Natur wurde von jener zeitgenössischen Filmtheorie bei Balázs, Arnheim, Pudowkin und Kracauer unter der Fragestellung zusammengefaßt: Welcher Imaginationsraum verbliebe dem Film, entfernte sich das Abbild nicht mehr von der Wirklichkeit?
Balázs belegt in seinem *Der sichtbare Mensch* von 1924 die Unvereinbarkeit von Natur und künstlerischem Stil: „Denn Naturtreue ist nicht immer von Vorteil für die Kunst."[52] Er lehnt die Wiedergabe naturtreuer Farben im Film ab. Bis 1930 hat er seine negative Meinung gegenüber dem 'naturtreuen Farbenfilm' geändert, zugunsten eines Farbenfilms, dessen künstlerisches Moment sich in die Montage verschoben hat. In *Der Geist des Films* schreibt er:

> „Also auch die genaueste Naturwiedergabe des vollendeten Farbenfilms kann der künstlerischen Gestaltung des Films nicht hinderlich sein. Der Film

[50] Jansen/Schütte (Hg.; in Zusammenarbeit mit Deutsche Kinemathek): RWF; Reihe Film 2; 5. erg. und erw. Auflage; München, Wien 1985; S. 145
[51] RWF in H. Spaich: Fassbinder - Leben und Werk, Weinheim 1992; S. 306
[52] Balázs: Dem Farbenfilm zum Gruß; S. 141-143: in: Der sichtbare Mensch. Eine Film-Dramaturgie; 1924; 2. Aufl. 1926; Halle; S. 142

braucht der Natur nicht bei der Wiedergabe der einzelnen Bilder untreu zu sein. Er wird es ja zur Genüge in der Montage.[...]
Darum dürfen auch in der Farbe nicht die Einzelbilder bereits »gestaltet« werden, weil sie sonst zu abgeschlossenen Gestalten, zu Gemälden werden, die nicht zueinander hinüberleiten. Die eine Bewegungsgestalt zerbröckelt dann in tausend stehende Bilder."[53]

Farbe und Montage zusammen sind die Voraussetzung für die Befreiung der Farbe aus ihrer negativen Besetzung. Die Farbe läßt sich über die Montage aber auch wieder in eine zweitrangige Position zurückdrängen.

Wie bei Balázs konzentrieren sich auch Arnheims Überlegungen zum Farbenfilm in seinem Buch *Film als Kunst* von 1932 auf die Unvereinbarkeit von Montage und Filmfarbbild. Während jedoch Balázs sich eine „Farbenmontage"[54] ersinnt, um die Farbe doch als künstlerisches Potential verwerten zu können, lehnt Arnheim radikal jede Verbindung von Montage und 'bunten Bildern' ab. Er sieht die Wirklichkeitsillusion durch die Farbe als unüberwindbares Hindernis für die subjektiven Gestaltungsmittel von Kameraeinstellung und Montage:

> „Selbstverständlich würde die Montage so zwingend realer Bildräume als ein unerträgliches Aufeinanderplatzen heterogener Schauplätze wirken. Selbstverständlich würde der Wechsel des Kamerastandorts nun als reale Bewegung im Bildraum gewertet werden. Die Kamera wird zum unbewegbaren Aufnahmeapparat, jeder Schnitt ins Filmband eine Verstümmelung werden."[55]

Durch die Farbe sieht Arnheim die „traurige Zukunft"[56] einer Verfallsgeschichte des Films vom Ton- bis zum „stereoskopischen Komplettfilm"[57] sich vollenden.

---

[53]Balázs: Der Geist des Films; 1930; in: Schriften zum Film; Bd. 2; Hg.: H.H. Diederichs, W. Gersch; München, DDR-Berlin 1984; vgl: Farbenfilm und andere Möglichkeiten; S. 144-150; S. 145f

[54] „Mancher Schnitt und manche Überblendung, die von der Ähnlichkeit oder von dem Kontrast der bloßen Form angeregt war, würde sinnlos und falsch in einem Film wirken, wo die Farbe den entscheidenden Charakter dem Gegenstande gibt. [...] Hingegen würden besondere Beziehungen der Farben in der Montage offenbar werden. Farbenähnlichkeiten und Farbenkontraste werden noch tiefere Verbindung zwischen Bildern schaffen als die formalen. [...] Farben haben große Symbolkraft, Farben bewirken Assoziationen und emotionale Suggestion. Ungeheure Möglichkeiten für den Farbenfilm, der kommen wird." Balázs antizipiert hier die kommende Entwicklung mit all ihren Möglichkeiten; in: a.a.O.; S. 147

[55]R. Arnheim: Der Komplettfilm; in: Film als Kunst; 1932; S. 317-324; Hg.: H.H. Diederichs; Neuauflage 1979; 1. Aufl. 1974; München, Wien; S. 319f

[56]Arnheim: Die traurige Zukunft des Film; 1930: „Selbst wenn es gelingt, die Technik des Buntfilms so zu vervollkommnen, daß nicht mehr die Farbe den Regisseur, sondern der Regisseur die Farbe beherrscht - was noch lange dauern und die Produktion einigermaßen sehenswerter Tonfilme wieder auf Jahre hinaus verschleppen wird - selbst dann wird nichts gewonnen, sondern nur wieder eine der Kameraeigenheiten verlorengegangen sein, die eine Filmkunst erst möglich machen, weil jede künstlerische Formung den Abstand von der Wirklichkeit verlangt, den nach Möglichkeit

Kracauer sieht in seiner Filmtheorie die wesentliche Rolle des Farbenfilms in der Darstellung nicht naturgetreuer Schauplätze, um die Farbe im Film vor der Gefahr reiner Wirklichkeitsreproduktion zu bewahren. In seinem Essay *Zur Ästhetik des Farbenfilms* (1937) schreibt er:

> „Manchmal will es der Zufall, daß auch in den Filmen, die nicht wie die Trick- und Reklamefilme von vornherein auf den Schein der Imitation verzichten, sondern durchaus realistische Absichten verfolgen, die Farbe gleichsam aus der Verworrenheit des Klischees herausbricht und zu sich kommt. Es verhält sich allerdings nicht so, als ob sie plötzlich ihr Verlangen unterdrückte, eine Pseudowirklichkeit nachzuahmen; aber vorübergehend wird das vorgeformte Material selber transparent."[58]

Eine sachgerechte Verwendung der Farbe im Film sieht Kracauer, ähnlich wie seine beiden Vorgänger, in der „Farbenmontage."[59]

In den frühen Farbfilmen wurde der Farbe die Rolle der Verfremdung zugeschrieben. In Filmen, die Schwarzweiß und farbliche Momente aufwiesen, wurde die Beziehung von Realem und Imaginärem zugrunde gelegt. Der Farbe wurde die Rolle der Künstlichkeit zugewiesen. In frühen Farbfilmen beschränkte sich der artifizielle Farbeinsatz auf das Darstellen von Traumsequenzen oder Visionen, z.B. die farbige Alptraumszene in einem der ersten deutschen Farbfilme überhaupt, in Helmut Käutners *Große Freiheit Nr.7* (1943), hier zeigt der verstärkte Farbeinsatz die Flucht aus der Wirklichkeit.

Zur produktiven Freisetzung der Farbe kam es etwas später, u.a. bei Sirk, und über Sirk und Godard dann bei Fassbinder.

Eine zentrale Szene für Sirks Farbführung zeigt in *All that heaven allows* (1955) die innere Zerrissenheit einer „depperten"[60] Tochter, die hin- und hergerissen ist zwischen den gesellschaftlichen Konventionen und einem vermeintlichen Verständnis für das individualistische Ausbruchsbegehren ihrer Mutter. Je nach Kopf- und Körperbewegung taucht Sirk das Gesicht der Tochter in rot-orange und in blau-grüne Farbzonen, die als Farbstreifen das Gesicht durchschneiden. Sirk er-

---

aufzuheben die Entwicklung eben erst versucht!" In: Kritiken und Aufsätze zum Film; Hg.: Diederichs; 1979; 1. Ausg. München, Wien 1977; S. 17-19, S. 18

[57]Arnheim: Film als Kunst; a.a.O.; S. 317

[58]Kracauer: Zur Ästhetik des Farbenfilms (1937); in: Kino. Essays, Studien, Glossen zum Film; Hg.: K.Witte; Fankf./M. 1992; (1. Aufl. 1974; S. 48-53; S. 52f

[59] „[...] richtet sich diese grundsätzliche Analyse nicht gegen die Verwendung der Farbe überhaupt, sondern gegen eine billige Methode ihrer Verwendung. Worauf hingearbeitet werden muß, ist die Montage der Farbe. Der Farbenfilm kann sich erst unter der Bedingung zum Rang der besten Schwarzweißfilme erheben, daß er die Farbe zu montieren lernt"; a.a.O.; S. 52

[60]RWF in: Filme befreien; a.a.O.; S. 13

hebt die Farbe zur Erzählebene selbst. Die Farbe bestimmt den Handlungsraum maßgeblich. In *All that heaven allows* blenden mehrfach Gegenschnitte die Prismen eines Rundfensters ein, von dem aus die farbigen Lichtstreifen auf dem Gesicht von Mutter und Tochter den Zwiespalt ihrer Gefühlswelt legitimieren.

Fassbinder vollendet diesen Schritt, indem er die Farbe gegen die Erzählung autonomisiert. In seinem letzten Film *Querelle* (1982) beleuchten artifizielle Farben eine Kunstwelt. Sie bilden Farbzonen, die sich durch den gesamten Film ziehen. Die Figuren werden farblich fragmentiert und voneinander isoliert. Diese Entwicklung hat er bereits in *Lola* begonnen [s. B Kap.2.2.].
In Derek Jarmans letzem Film *Blue* (1993) setzt die Farbe Blau das bildproduzierende Mittel Kamera außer Kraft. Es gibt nur noch eine blaue Filmleinwand.

Die Farbe in *Die Ehe der Maria Braun* hat sich zweifach autonomisiert. Zum einen erzählt sie die Geschichte der Zeit, zum anderen kommentiert sie über die Farbwahl von Marias Kleidung deren Laufbahn.
Ballhaus beschreibt die Dreharbeiten:

> „Er [RWF] hatte immer ein Konzept für das Licht. Bei *Maria Braun* wollten wir ziemlich farblos anfangen, so daß wir fast keine Farbe hatten am Anfang. Nach und nach kam die Farbe, auch der Ton, es fing ja ziemlich ruhig an, dann kam der Baulärm, dann kam die Farbe. Das war vorher genau geplant.“[61]

Die ersten Bilder, besonders die Hausbilder, sind chamoisfarben, in der Farbe, die alte, leicht verblichene Photos aufweisen. Kein Farbton fällt heraus. Diese Chamoisbilder vermitteln dem heutigen Betrachter eine Atmosphäre von etwas längst Vergangenem. Über den warmen Farbton Chamois wird ein Gefühl der Geborgenheit assoziiert. Dementsprechend zeigen die ersten Szenen, die noch Marias Privatsphäre umfassen, Chamois als Grundfarbton. Maria hat ‘das Haus noch nicht verlassen’. Gemeint sind die ersten Szenen, die in der leicht zerstörten Wohnküche spielen, die anwesenden Personen sind der Opa Berger und Marias Mutter. Maria selbst wird immer als Heimkehrende gezeigt, die etwas von draußen mitbringt.

Zwei Farben zentrieren sich um Maria. Fassbinder setzt Farbakzente über ihre Kleidung. Sie vereint die gegensätzlichen Farben Rot und Blau, die in *Lola* die Figuren trennen. Beide Farben zieht Fassbinder Maria mit dem Eintritt in ihr Berufsleben an. Über die Farbe Blau, Maria trägt auf dem Höhepunkt ihrer geschäftlichen Laufbahn nur noch ein streng geschnittenes grau-blaues Kostüm, nimmt Maria auch schon das spätere Scheitern von Bohms in *Lola* vorweg.

---

[61]Ballhaus in: Pflaum: ‘Ich will nicht nur,...’; TV-Dokumentation 1992

Die Farbe Rot trägt Maria in bestimmten Szenen; sie spricht dann von Geld, zu Oswald oder zu Hermann im Gefängnis. Sie ist dann auch nicht völlig in ein leuchtendes Rot gekleidet, sondern es ist verdeckter eingesetzt. Sie trägt zuerst nur einen roten Hut, ihr roter Lippenstift wird auffälliger, schließlich trägt sie ein rotes Oberteil. In den frühen Büroszenen und bei ihren Besuchen im Gefängnis trägt sie Rot. Das Bürorot wird später vom kalten Blau abgelöst.

Fassbinder setzt das Rot analog zu Marias Semi-Prostitution ein, im Gegensatz zu *Lola*, wo die Prostitution offen thematisiert wird und Bilder als ganzes in Rottöne getaucht sind [vgl. B Kap.2.2.].
Fassbinder greift mit der Rot-Thematik direkt auf *Gone with the Wind* (1939) zurück.[62]
In *Gone with the Wind* wird Prostitution zweimal thematisiert. Einmal offen in der Figur Belle Watlings, der Prostituierten, die das Bordell der Stadt führt. Das zweite Mal versteckter über die Protagonistin Scarlett O'Hara selbst.

In den Auftritten, die Belle Watling im Film hat, ist sie in die unterschiedlichen Farbschattierungen, die die Farbe Rot bietet, gekleidet. Ihre Auftritte reichen vom tiefdunklen Lila über Orange-Gelb bis hin zu auffälligem Pink. Ihre Haare und Wangen sind künstlich gerötet. Als die farbige Haushälterin der O'Haras Belle Watling erblickt, sagt sie: „So eine Haarfarbe habe ich noch niemals erlebt."
Die schwarze Haushälterin selbst trägt den roten Unterrock, den sie von Rhett Butler geschenkt bekommen hat, verschämt unter den Stoffschichten ihrer langen Überröcke verborgen.

„Im Unterschied zu den meisten anderen Frauen im Film ist das 'Rouge', das Rotsein der gesellschaftlichen Außenseiterin Belle Watlings 'sichtbar'. [...] Sie verhüllt ihre 'Röte' nie, trägt sie öffentlich zur Schau."[63] In einer Szene verhüllt sie ihr 'Rotsein' jedoch dezent unter einem dunklen Schleier. Als Melanie, die Frau

[62]In *Gone with the Wind* und *Die Ehe der Maria Braun* ähneln sich inhaltlich die Schicksale der beiden Protagonistinnen Maria Braun und Scarlett O'Hara. Vgl. hierzu eine der wenigen wissenschaftlichen Analysen, die es zu *Gone with the Wind* gibt: W. Faulstich: Individuelle Versagung als gesellschaftlicher Appell: *Vom Winde verweht*; S. 263-281; in. Fischer Filmgeschichte; Bd. 2; 1925-44. Der Film als gesellschaftliche Kraft; Hg.: Faulstich/Korte; Frankf./M. 1991. Für Faulstich ist *Gone with the Wind* kein Melodram. M.E. läßt sich der Film in die von K. S. Woodward untersuchte Reihe des 'Anti-Melodrams' [s. Kap.] einordnen. Faulstich: „*Vom Winde verweht* ist kein Melodram, sondern eine bürgerliche Tragödie. [...] so fehlen für ein Melodram wichtige Bestandteile wie die Beschreibung der Menschen als Objekte von Schicksalsmächten, der Verzicht der Heldin auf die Leidenschaft zugunsten des Glücks, die Entlarvung des Geliebten als Bösewicht und vor allem natürlich das Happy-End. Im Aufbau der Handlung ebenso wie in der Charakterisierung und Konstellation der Figuren geht es primär um ein einzelnes Subjekt als Individuum, um Scarlett als scheiternde Heldin"; s. Faulstich: a.a.O.; S. 265

[63]R. Lippert: Rotlicht. Die Farbe Rot in *Vom Winde verweht* und *Marnie*; in: Frauen und Film; Heft 58/59; Frankf./M. 1996; S. 77-88; S. 81

Ashleys und dritte weibliche Figur, die wieder von den Charakteranlagen im Gegensatz zu Scarlett und Belle steht, sich bei letzterer bedankt. In dieser Szene beweist Belle den gebührenden Anstand und verhüllt ihre rote Kleidung.

Scarlett gehört zwar zur gesellschaftlichen Oberschicht im Film, daß sie aber durchaus mit Belle zu vergleichen ist, sagt ihr Rhett Butler: „Ihr seid beide nüchterne Geschäftsfrauen und habt es zu etwas gebracht." In diesem Satz spiegelt sich die private und gesellschaftliche Entwicklung Scarletts und analog dazu diejenige von Fassbinders Maria Braun. Sie haben beide ähnliches durchlaufen, um sich in diese 'nüchterne Geschäftsfrau' zu verwandeln:
Scarlett, wie Maria, durchläuft eine Phase der Semi-Prostitution aus wirtschaftlicher Not heraus. Scarlett wird von Anfang an mit der Farbe Rot besetzt. Sie sitzt vor einer Landschaft in Pastelltönen, vergleichbar den Landschaften bei Sirk, ist umgeben von jungen Männern, die sie kokett verbal austrickst. Sie trägt, der damaligen Konvention für junge Mädchen entsprechend, ein weißes Rüschenkleid.[64] Dazu hat sie aber zwei rote Haarschleifen sowie einen roten Gürtel bekommen. Von ihren beiden Verehrern erfährt sie, daß auf der Feier am nächsten Tag die Verlobung Ashleys bekanntgegeben wird. Scarlett ergreift daraufhin, wie Maria bei ihren Männern, die Initiative bei Ashley.[65]
In allen Szenen, in denen Scarlett Ashley ihre Liebe gesteht oder in denen sie ihn an sich binden will, trägt Scarlett einen dunkelroten Rock.

Paradigmatisch wird in einer Szene die Verbindung Geld, Prostitution, Liebe und Macht über den 'Geliebten' hervorgerufen. Scarlett hat gerade aus finanziellen Gründen Frank Kennedy geheiratet, weil sie sein Geld dringend für den Aufbau Taras benötigt. Sie trägt ein dunkelrotes Kleid und Ashley sagt zu ihr:

Ashley: „Du gehst und verkaufst dich an einen Mann, den du nicht liebst."
Scarlett: „Ich will einen Handel mit Bauholz anfangen. Ich rechne auf dich. Ich beteilige dich am Umsatz."
Ashley: „Wenn ich dein Angebot annehme, dann mache ich mich für alle Zeiten von dir abhängig."
Scarlett: „Wenn's weiter nichts ist. Du könntest ja nach und nach das Geschäft abzahlen."

Da Ashley sich immer noch weigert, auf ihr Angebot einzugehen, greift Scarlett zu einem letzten, sehr weiblichen Mittel, sie beginnt zu schluchzen. Über das Eingreifen Melanies willigt Ashley gezwungenermaßen in Scarletts Pläne ein. Rhett Butler bringt ihr Verhalten kurze Zeit später wieder auf den Punkt: „Du kaufst dir, wie ich sehe, sogar Mr. Wilkes."

---

[64]vgl. dazu auch den Anfang von *Fontane Effi Briest* (1972/74). Effi sitzt in ihrem weißen Jungmädchenkleid auf der Schaukel.
[65]scarlet - Scharlach(rot); in: Großwörterbuch Klett: Deutsch - Englisch

In einer weiteren Szene verwandelt sich Scarlett öffentlich in eine 'rote Frau'. Sie ist von ihrer Cousine in Ashleys Armen überrascht worden. Abends ist Ashleys Geburtstagsfeier. Scarlett hat sich ins Bett zurückgezogen und täuscht Unwohlsein vor. Sie wird von Rhett aus dem Bett gezerrt, sie trägt, das Motiv vom Anfang des Films aufgreifend und sich hier in einer Art Höhepunkt vollendend, ein weißes Nachthemd und ein rotes Haarband. Rhett wirft ihr ein dunkelrotes, sehr auffälliges Kleid vor die Füße: „Ein unauffälliges, schlichtes Kleid wäre hier nicht angebracht. Bemal' dich dick mit Rouge, damit alle sehen, was du bist." Auf der Schwelle zu Ashleys Haus läßt er sie dann alleine stehen.
Über einen abrupten Schnitt wird in der nächsten Szene das rote Farbmotiv übernommen. Scarlett kommt in einem dunkelroten Nachthemd die rotausgelegte Treppe herunter, um sich einen Drink zu holen. Sie trifft auf Rhett, der sie wie eine 'rote Frau' behandelt, zu der sie nun öffentlich geworden ist.

Scarlett und Maria prostituieren sich. Zuerst geschieht es aus einer Not heraus, sie kämpfen sich verbissen nach oben, werden beide zu einer berechnenden, kühlen Frau. Geld nimmt für beide den wichtigsten Stellenwert ein, beide wollen nicht mehr zurückblicken in die Misere, aus der sie sich herausgearbeitet haben und bei beiden scheitert auf dem Höhepunkt ihrer professionellen Laufbahn ihre Liebe. Ebenfalls ähnlich angelegt bei beiden ist, daß sie nicht erkennen, daß sie geliebt werden, und beide ziehen das Geschäftemachen dem Gefühlsleben vor. Maria erschlägt den Mann, der sie liebt, sie hintergeht die Liebe Oswalds, indem sie zumindest in Gedanken bei ihrem Mann ist und für den spart sie sich alles auf und kann es letztendlich nicht mehr ausleben.

Beide Protagonistinnen richten ihr ganzes Leben auf einen Mann aus. Bei Scarlett ist es Ashley. „Die Liebe zu Ashley verkörpert [...] etwas Heiliges. Scarlett ist zwanghaft damit beschäftigt, Ashley dazu zu bringen, ihr seine Liebe zu gestehen, wodurch sie sich einen Trost für immer erhofft."[66]

Beide haben diesen inneren Widerspruch auszutragen, daß sie ihr Streben auf etwas Unerreichbares richten, mit dem Erreichten nicht glücklich werden und schließlich scheitern. Scarlett bleibt allein zurück, Maria sprengt sich und Hermann in die Luft.

Faulstich analysiert das Scheitern der Liebesbeziehung zwischen Scarlett und Rhett. An dieser Stelle lassen sich wieder Parallelen zu Marias scheiternder Liebesbeziehung ziehen:

> „Rhett hätte die Gemeinsamkeit mit Scarlett in der bürgerlichen Ehe, als soziale Geborgenheit, auf Dauer nur verwirklichen können in einer bürgerlichen

---

[66]Lippert: Rotlicht ...; a.a.O.; S. 82

Gesellschaftsordnung, die der Frau als Hausfrau und Mutter, als Ehefrau, eine untergeordnete, funktionale Rolle zugewiesen hätte. Der Wert 'Treue' ist dabei auf bürgerliches Besitzdenken gegründet, und auf seinen Besitz kann man, wie in der letzten gemeinsamen Nacht von Rhett und Scarlett, notfalls auch mit Gewalt zurückgreifen. Der Status [...], den Rhett Scarlett hätte anbieten können, wäre mit der Rolle der bürgerlichen Ehefrau nur wieder eine neue Form der Unreife gewesen."[67]

Für beide, Scarlett und Maria, ist 'erfüllte Liebe' nicht möglich. Maria scheint diese Gründe zu erahnen in den letzten Minuten ihres Lebens, als Hermann endlich wieder zurück ist. Der eigentliche Zwiespalt ihres Lebens ist der zwischen Liebe und Arbeit, Gefühlen und Geld. Das Prinzip des Austausches ist allgegenwärtig. Erst durch den Austausch erhalten diese Verhältnisse eine Bedeutung. Arbeit wird sichtbar im Geld. Davon ist auch die Liebe betroffen. Sie ist zu einem Tauschmittel reduziert in ihrer Institutionalisierung durch die Ehe. Die Liebe wird in beiden, hier besprochenen Filmen ans Geld gebunden.

Die Abspaltung der Arbeit von Lebens- und Liebesvorgängen und die daraus resultierende menschliche Aufspaltung liegt auch vielen Godard-Filmen als Leitgedanke zugrunde.
Klaus Theweleit zitiert in seine Lobrede, anläßlich der Verleihung des Adorno-Preises der Stadt Frankfurt an Godard, Frieda Grafe:

„Prostitution ist für Godard eine Metapher für seine Arbeit, für die Arbeit der Schauspieler und, in Großaufnahme, das Prinzip der Tauschverhältnisse in unserer Gesellschaft. [...] Die Gelassenheit im Umgang mit den Kunden, die Isabelle Huppert als Prostituierte an den Tag legt, [in *Passion*, 1982], markiert nicht Unempfindlichkeit, sie gibt nur zu erkennen, daß sie einem ganz normalen Job nachgeht."[68]

1.5.4. Treppen als Symbol

H.-G. Pflaum, der 1995 die weltweite Fassbinder-Retrospektive durch die Goethe-Institute begleitete, schreibt, wie er auf die Treppensymbolik in Fassbinders Filmen hingewiesen wurde:

„Über die Spiegel in Fassbinders Filmen ist viel geschrieben worden. Aber Treppen? Ich habe das lange nicht bewußt gesehen - bis ein Student an der Filmschule von Ouagadougou, Burkina Faso, danach fragte. Der junge Mann,

[67]Faulstich: Individuelle Versagung ...; a.a.O.; S. 273
[68]F. Grafe zitiert nach: Theweleit: One plus One oder Wie man im Kino die Schönheit erträgt - Eine Lobrede auf den Film-Arbeiter Jean-Luc Godard, aus Anlaß der Verleihung des Adorno-Preises der Stadt Frankfurt am Main; in: Die Zeit; Nr. 39 vom 22.09.1995

> in der Savanne aufgewachsen, vertraut mit der Baracken- und Bungalow-Architektur der Stadt, hatte einen anderen Blick. Er wollte etwas über die Bedeutung von Treppen in den Filmen Fassbinders hören - und über den möglichen Symbolwert der vielen Auf- und Abwärtsbewegungen in *Ich will doch nur, daß ihr mich liebt* [1976]. Seither sehe ich mit verändertem Blick, wie Hanna Schygulla zum Finale von *Die Ehe der Maria Braun* in ihrem Korsett wie eine aufgescheuchte Henne auf einer Treppe herumirrt: Das ist bereits der Anfang von Ende."[69]

Der einzige, der bisher die Bedeutung von Treppen untersucht hat, ist Thomas Elsaesser. Er sieht die Treppe im Melodram als 'dramatischen Wendepunkt':

> „Dieses Verfahren, die Gefühle aufwallen und dann plötzlich mit einem Schlag abfallen zu lassen, ist ein extremes Beispiel für dramatische Diskontinuität. Ein ähnlich schwindelerregender emotionaler Temperatursturz interpunktiert nicht wenige Melodramen; er wird fast immer gegen die Vertikalachse einer Treppe ausgetragen."[70]

Als Beispiel führt Elsaesser dann gleich eine Parallelmontage aus *Written on the Wind* an:

> „In einer der explosivsten Montagesequenzen, die das amerikanische Kino kennt, läßt Sirk in *Written on the Wind* Dorothy Malone [Marylee] wie eine dem Untergang geweihte dionysische Göttin tanzen, während ihr Vater auf der Treppe zusammenbricht und an einer Herzattacke stirbt.."[71]

In dieser Parallelmontage vereinigt Sirk alles in der vorliegenden Arbeit Untersuchte:
Marylee, als die 'böse' Tochter[72], ist gerade mit dem Tankwart erwischt worden. Der Vater wird als gebrochener Mann gezeigt, der sich als Versager bei seinen Kindern sieht. Marylee beginnt oben in ihrem Zimmer zu dem überlauten Song *Temptation* wild und hemmungslos zu tanzen. Im Bildvordergrund sind das rote Telefon sowie die riesigen blutroten Blüten des Orchideenstraußes zu sehen.
In kurzen, schnellen Schnitten wird in einer Parallelmontage zwischen ihr und ihrem Vater mehrmals hin- und hergeschaltet: Sie tanzt ekstatisch in einem roten Morgenmantel, der Vater kommt schwerfällig die mit rotem Teppich ausgelegte Treppe hoch, über seinen Sequenzen liegt laut der *Temptation*-Song. Selbst als der

---

[69]Pflaum: Mit RWF um die Welt. Begegnungen mit dem anderen Blick: Erfahrungen in Goethe-Instituten; in: Süddeutsche Zeitung vom 14.12.1995
[70]Elsaesser: Tales of Sound and Fury; a.a.O.; S. 117
[71]ebd.
[72]Fassbinder beschreibt Marylee in seinem Aufsatz über *Written on the Wind*: „Dorothy [die Marylee darstellende Schauspielerin Dorothy Malone] macht etwas Böses, sie hetzt ihren Bruder auf [...]. Trotzdem liebe ich sie wie selten einen Menschen im Kino. [...] In *Written on the Wind* ist das Gute, das Normale, das Schöne immer sehr eklig, das Böse, das Schwache, Haltlose öffnet das Verständnis. Auch für die Manipulatoren der Guten"; in: Filme befreien; a.a.O.; S. 16f

Vater bereits zusammengebrochen und die Treppe heruntergefallen ist, liegt über seinen Bildern noch die Musik und Marylee hört nicht auf zu tanzen in ihrem feuerroten Umhang zwischen den roten Gegenständen in ihrem Zimmer. Der schwerfällige Treppenaufstieg des Vaters kontra Marylees wilden Tanz zeigt ihr letztes Aufbegehren gegen die Aussichtslosigkeit ihrer unerwiderten Liebe. Es ist eine mit starken Emotionen beladene Szene. Danach wird Marylee ruhiger, sie fügt sich in das Unvermeidbare, in das Leben, das das Schicksal für sie bereithält, d.h. ohne den Mann, den sie liebt.

In *Die Ehe der Maria Braun* handelt es sich in den korrespondierenden Treppenszenen nicht um ähnlich dramatische Ausbrüche, sie bleiben hier verhaltener. Über die Treppensymbolik kommentiert Fassbinder Marias Leben. Das symbolische Auf und Ab der Treppen, die Maria benutzt, verhält sich parallel zum Auf und Abwärts ihres Lebens. Pflaums eingangs zitierter 'Anfang vom Ende' setzt aber nicht erst in der Schlußszene ein, sondern viel früher. Zweimal geht Maria eine Treppe hinauf, dreimal hinunter.

Das erste Mal läuft Maria eine Treppe steil nach oben. In der nächsten Szene lernt sie Oswald im Zug kennen und ihr schneller ökonomischer Aufstieg beginnt. Die Szene ist wie folgt aufgebaut:

Marias alter Arzt, Vertrauter noch aus Kindertagen, begleitet sie zum Bahnhof. Sie unterhalten sich über das Kind, das Maria mutmaßlich hat abtreiben lassen. Es stammte aus ihrer Bziehung zu Bill. Maria hat ihre Verwandlung schon durchgemacht, hier holt sie aber über die Person des Arztes aus ihren Kindertagen die Vergangenheit noch einmal ein, zum letzten Mal. Sie wird wie zu Anfang als junge, mitfühlende Frau gezeigt. Fassbinder macht es über ihre Kleidung deutlich, außerdem lacht und scherzt sie sehr herzlich mit dem Arzt.
Arzt: „Das [Kind] ist jetzt ein schwarzes Engelchen."
Maria: „Das ist schön. Aber werden denn auch immer Blumen auf seinem Grab stehen?"
Maria ist bereits zwei Stufen der Treppe hochgegangen, die nun vor ihr liegt. Sie dreht sich noch einmal zu dem wartenden Arzt um.

Es ist als letzter Rückblick ihrerseits in die Vergangenheit zu werten. Fassbinder hat in der Figur des Arztes eine durch den Nationalsozialismus zerstörte deutsche Vergangenheit angelegt. Der Arzt hier ist parallel zu den Treibels, dem Antiqitätenhändlerpärchen in *Die Sehnsucht der Veronika Voss* zu sehen. Beide sind gebrochen, können und wollen in diesem neuen Staat nicht weiterleben. Beide erhalten sich nur noch mit Morphium am Leben. Sie gelten als letzte Vertreter einer vergangenen Zeit, in der noch andere, erahnungsweise menschlichere Werte galten. Sie hatten eine Identität, die ihnen zerstört wurde.

Als Maria den Arzt zum ersten Mal aufsucht, sagt sie: „Früher haben Sie mir immer einen Kuß gegeben." Der Arzt antwortet: „Dann habe ich es vergessen, oder habe gelernt, es zu vergessen. Wenn ich auch das habe vergessen müssen, das Glauben. Dir glaube ich."

Die Szene ist in Schwarzweiß aufgebaut. Der Zuschauer sieht den Arzt hinter einer Stellwand, er zieht eine Morphiumspritze auf und spritzt sie sich selbst. Dabei wirft er seinen riesigen Schatten an die Wand hinter sich.

In dieser Einstellung evoziert Fassbinder den expressionistischen deutschen Stummfilm [vgl. C Kap.2.2.]. Zur geschichtlichen Kontinuität, die er aufzeigen will, versucht er an eine filmische anzuknüpfen, die ebenfalls durch den Nationalsozialismus destruiert wurde. Über die gebrochenen Figuren aus dieser anderen, vergangenen Zeit, deutet Fassbinder an, daß es irgendwann einmal zwischenmenschliche Werte gegeben haben muß, die noch nicht vom Austausch diktiert wurden.

Diesem kurzen Verweilen im Rückblick auf etwas Vergangenes gibt sich Maria noch hin. Bis der Arzt sie fragt: „Und was wirst du tun, wenn du zurück bist, in deiner Welt?“ Marias sentimentales Rückbesinnen endet hier: „Das weiß ich noch nicht. Aber ich hab' sehr viel zu tun,“ betont sie. Sie sagt es, nimmt ihren Koffer und läuft die Treppe steil nach oben.[73]

In der nächsten Szene, in der Fassbinder Maria und eine Treppe symbolisch zusammen zeigt, geht sie diese bereits hinunter. Fassbinder demonstriert hier wieder, daß ihre Worte und damit ihre Selbsteinschätzung sowie sein Stilmittel, in diesem Fall die visuelle Abwärtsbewegung auf der Treppe, nicht kongruent sind. Es gibt für Marias Leben einen symbolischen Treppenabstieg.
Nach der Gewerkschaftssitzung, in der sie sich selbst gerade als 'Mata Hari des Wirtschaftswunders' bezeichnet hat und Senkenberg einem Journalisten erklärt hat, daß 'Frau Braun Prokura habe', steht sie ihrer Meinung nach ganz oben in der neu aufgebauten Wirtschaftsmacht. Passend dazu trägt sie ein rotes Oberteil [s. A Kap.1.5.3.] und gibt sich sehr selbstsicher.

Ihr langjähriger Vertrauter Willy Klenze, jetzt Gewerkschaftsvertreter, sagt bewundernd zu ihr: „Du hast dich gemacht.“ Kontrapunktisch zu den Worten läuft das Visuelle ab: Marias Abstieg beginnt, symbolisch über die Abwärtsbewegung auf der Treppe ausgedrückt. Maria und Willy unterhalten sich beim Abstieg über Willys gescheiterte Ehe mit Betty. Bei diesem Thema wird Maria zusätzlich eingeengt durch einen dicken Querbalken, der zwischen ihrem Körper und dem Kamera-Auge liegt. Sie halten kurz auf der Treppe inne und Maria gibt Willy eine stolze Antwort ob ihrer bisherigen Leistungen: „Schön ist auch, was du vorhin gesagt hast: 'Du hast dich gemacht'. Ich hab' mich gemacht. Das gefällt mir.“ Als logische Entwicklung und Fassbinders Intention gehorchend, steigt sie weiter hinab. Bezüglich Fassbinders Stilmittel könnte in diesem Fall fast von Ironie gesprochen werden. Jedenfalls bringt er in dieser Szene, von der bildlichen Triptychon-

[73]Wie eng die symbolische Bedeutung des Treppensteigens mit Erfolg gleichgesetzt wird, zeigen öffentliche Bilder von Wahlveranstaltungen der SPD im Jahr 1998. Deren Kanzlerkandidat Gerhard Schröder wird von den Bildmedien nur beim Aufstieg der Treppe gezeigt.

aufteilung bis zu diesem Moment des sinnbildhaften visuellen Treppeneinsatzes, in einer Art Zusammenfassung alle kommentierenden Kameramittel auf einen Punkt: Marias Aufstieg war ein Scheinaufstieg in eine Scheinwelt, die sie unglücklich werden läßt und in der sie auch nicht mitmachen kann. Dementsprechend legt Fassbinder über einen Schnitt ihren wahren Gefühlszustand offen. Der Schnitt in die nächste, ebenfalls bereits behandelte Szene, zeigt sie weinend aus der Aufsicht, vom Gitter verdeckt. Weinend offenbart sie dem Rechtsanwalt ihre verzweifelte Situation.

Die Schlußszene stellt sich als Synthese aller im Film aufgetretenen, sich widersprechenden Aspekte dar. Es handelt sich um die Schlußszene in ihrem Haus, in das Hermann endlich zurückgekehrt ist. In dieser Szene läuft sie zweimal die Treppe hinunter und einmal nach oben. Pflaum spricht über Maria

> „ ... in der Schlußsequenz, in der sie ihre Richtung verloren hat, auch im übertragenen Sinn. Sie hat alles erreicht, was sie erreichen wollte, ökonomisch ist sie abgesichert. Sie ist reich, hat ein Haus und auch ihr Mann ist wieder da. Was bleibt? Sie hat keine Utopie mehr, auf die sie sich zubewegen könnte. Sie hatte ihre Liebe idealisiert, wenn es denn so mit der Liebe aussieht, kann sie ihr Leben auch beenden.“[74]

Maria kommt in ihren schwarzen Spitzen-Dessous die Treppe herunter, dabei hört man sie Hermann fragen: „Hast du Hunger?“ Diese typische Hausfrauenfrage klingt bei ihr ungewohnt. Die Treppe nimmt nur einen kleinen Ausschnitt in der Mitte des Bildes ein. Die Kamera filmt wieder durch einen raumbeherrschenden Türrahmen. Als Maria die Treppe heruntergeht, wird ihr Unterkörper durch das dunkle Holzgitter der Treppe verdeckt und abgeteilt. Der Weg zu einem erfüllten Sexualleben ist ihr visuell verwehrt.
In *Lola* gibt es eine ähnliche Aufteilung von Lolas Körper. Kurz bevor Lola und Schuckert ihre verhängnisvolle Wette über von Bohm abschließen, sitzen beide hinter einem dicken Holzgitter. Lola ist sehr betrunken und ihr Unterleib ist hinter dicken Holzbalken verdeckt. Lola ist aber so sehr Herrin der Lage, daß sie ihr Problem zumindest artikulieren kann: „Mir geht's nicht gut.“
Maria handelt und spricht immer widersprüchlich zu ihrer eigentlichen Situation. Sie hat ihr Selbst verloren.

Einmal noch vollführt sie die halbe Treppenbewegung, jeweils ein Auf und Ab. Dabei spricht Hermann sie auf ihre Liebe an. Beide Beteiligten sind von hinten zu sehen. Maria dreht ihm dabei den Rücken zu.
Hermann: „Wir haben uns noch gar nicht geküßt.“
Maria: „Laß' uns Zeit. Wir waren zwei Tage verheiratet. Und unsere Tage sind lange Tage.“
Hermann: „Hast du Angst?“
Maria: „Ja.“

---

[74]Pflaum in: 'arte-Themenabend RWF' vom 19.02.95

Hermann: „Ich auch."
Maria ist die Treppe wieder heruntergekommen, weicht ihm, und damit einem Eheleben mit ihm aber aus.

Sie hat hier ihr Schicksal vollzogen. Das nächste Treppen-Auf und -Ab ist sinnbildlich mit ihrem Gang in den Tod verknüpft.

In *Fontane Effi Briest* gibt es eine analoge Szene, die bereits zu Anfang des Films passiert. Effi wird die Ehe mit Instetten als wirtschaftlicher und sozialer Aufstieg versprochen. Im Gegensatz zu dieser Ankündigung ihrer ehrgeizigen Mutter läuft sie in ihrem weißen Kleid die Treppe hinunter, auf Instetten zu. Die Symbolik der Treppenbewegung antizipiert ihr Scheitern. Unter religiösen Aspekten ist ihre Bewegung als Opfergang zu sehen.

Mit ihrem zweiten und letzten Treppenaufstieg vollendet Maria ihren Lebenslauf zum Tod. Senkenberg ist mit einer Partnerin gekommen, um Oswalds Testament zu verlesen.

Fassbinder offeriert in diesem Moment zwei verschiedene 'Lesarten' ihrer letzten Treppenbewegungen. Die eine wäre die, daß sie sich immer noch auf der Höhe ihrer Macht stehen sieht und von der Testamentsverlesung die Bestätigung ihres bisherigen Lebens erwartet.
Die zweite Lesart wäre die einer religiösen Symbolik. Maria steigt die Treppe zum letzten Mal hinauf. Es ist wie ein Aufstieg vom irdischen Leben zu deuten. Auf der Mitte der Treppe hält sie noch einmal inne, es ist wie ein letzter Rückblick aufs irdische Leben. Sie gibt Senkenberg die Anweisung, mit der Testamentsverlesung schon zu beginnen, auch in ihrer Abwesenheit. Über einen Schnitt sieht der Betrachter sie vor einem Spiegel, sie zieht sich ein weißes Kleid an. Fassbinder verweigert hier dem Zuschauer den Mitblick in den Spiegel. Der Spiegel ist nicht wie sonst als Brechung der Identifikation gedacht, sondern für Maria zur Erkenntnis. Danach geht sie sehr ruhig und gefaßt in ihrem weißen 'Hochzeits'-kleid die Treppe hinunter. Ihre Ehe, das Versprechen vom Anfang des Films, als sie im weißen Hochzeitskleid aus dem Standesamt vor den Bomben flüchten mußte, wird sich hier vollziehen, aber nicht im irdischen Leben, sondern im Tod wird sie diese Liebe mit Hermann leben können. In dieser Szene wird sie wieder zur verletzlichen jungen Frau des Anfangs. Sie hat ihre Identität wiedergefunden. Wie alle wahren Liebespaare, von Penthesilea und Achill über Pierrot und Marianne werden auch Maria und Hermann im Tod die Erfüllung finden, die sie im Leben gesucht haben.
Marias Liebesdefinition aus der 'Moonlight-Bar' hat doch bis zum Schluß ihre Gültigkeit für sie behalten: „Natürlich ist die Liebe ein Gefühl und eine große Liebe ist ein großes Gefühl und eine große Wahrheit." [vgl. noch einmal A Kap.1.4.]

1.6. Erzählmotive des Hollywood-Melodrams der 40er und 50er Jahre Das Melodramatische in *Die Ehe der Maria Braun*[75]

Fassbinder: „Weil alles Imitation ist, auch im Leben."[76]

Bei Fassbinder wird der Imitationseffekt zum Stilmittel. Im Melodram geht es um die Beziehung zwischen Dekor und Figur. Den Objekten ist eine symbolische Signifikanz zugewiesen, sie lassen die Figuren in bedrängte Situationen geraten, deren Leben immer schwieriger wird, weil es mit Hindernissen und Objekten zugebaut wird, die in ihre Persönlichkeit eindringen, sie teilweise ersetzen und wirklicher werden als die menschlichen Beziehungen, die sie nur symbolisieren sollten.[77] Stil und Technik sind im Melodram sehr eng miteinander verbunden.
Ein durchgängiges Melodram-Motiv visualisiert Fassbinder in einer charakteristischen Szene:

> „Wer die Familie auch nur zeitweilig verläßt, macht Veränderungsprozesse durch, die bei der Rückkehr zu ihr nicht ohne weiteres aufgefangen werden können. [...] Niemand darf sich so weit von ihr fortbewegen, daß er ihre Werte aus den Augen verliert, ohne dafür bestraft zu werden."[78]

Dieses Motiv setzt Fassbinder beim Geburtstag von Marias Mutter in Szene. Ein Familienphoto soll gemacht werden:

Mutter: „Und jetzt machen wir noch eins mit der ganzen Familie."
Maria gesteht jetzt ihre Außenseiterrolle ein: „Das mach' dann wohl am besten ich."
Mutter: „Unsinn, so weit kommt's noch. Die ganze Familie soll drauf sein."

Die Mutter holt sie zurück. Oswald soll das Photo machen. Dafür steht Maria jetzt aber seitlich außen im Bild, sie ist kaum noch zu sehen. Damit untermauert sie selbst ihren Status, den Weg, den sie eingeschlagen hat. Ihr Bruch zur traditionellen Gesellschaft, repräsentiert hier durch die Familie, wird sichtbar. Oder wie Roloff/Seeßlen es ausdrücken: „Ein Axiom des Genres ist, daß Erfolg im Beruf zum Unglück in der Familie wird. Auf einer anderen Abbildungsebene ist dieser Widerspruch kein anderer als der zwischen privater und politischer Sphäre."[79]

---

[75]zum Begriff des Melodrams s. den Aufsatz von K.S. Woodward: European Anti-Melodram: Godard, Truffaut and Fassbinder; in: Postscript; Vol.3; Nr. 2; Winter 1984; der in B Kap.3.1. behandelt wird und unter den m.E. Fassbinders Melodramen passen
[76]RWF in: Pflaum: 'Ich will nicht nur...'; TV-Dokumentation 1992
[77]vgl. auch Elsaesser: Tales of Sound and Fury; a.a.O.; S. 93 - 131
[78]Roloff/Seeßlen: Kino der Gefühle; a.a.O.; S. 50
[79]ebd.

Auf Fassbinder bezogen, handelt es sich um jene politisch-historische Sphäre, in die bei ihm die private Geschichte eingebettet ist und diese auch maßgeblich determiniert [s. A Kap.3.2.].

Das Melodram als Genre exploriert das Schicksal von Frauen, die aus den an sie gestellten Erwartungen ausbrechen, die für sich ein Glücklichsein reklamieren, gegen die herrschenden Moralvorstellungen, und die sich damit selbst aus ihrer Gesellschaft ausschließen.

Sirk arbeitet in *All that heaven allows* die inneren Konflikte Carys, der Witwe mit den zwei erwachsenen Kindern, heraus. Cary hat sich in den jüngeren Gärtner verliebt und beide wollen bei ihm ein neues Leben beginnen. Sie ist hin- und hergerissen zwischen seinem Leben und ihrem bisherigen sozialen Umfeld, das die Verbindung ins Lächerliche zieht. Schließlich verzichtet Cary zugunsten ihrer Kinder auf den Wechsel in ihrem Leben, und daraufhin sitzt sie einsam und unglücklich zu Haus. Die Kinder werden das Haus verlassen.

Fassbinder hat 1973 *Angst essen Seele auf* gedreht. Der Film basiert auf Fassbinders Sirk-Rezeption. Auch hier begegnet dem unkonventionellen Paar, der älteren Witwe Emmi und dem jungen marokkanischen Gastarbeiter Ali, tiefste Verachtung und Ablehnung ihrer Beziehung seitens des sozialen Umfeldes. Besonders Emmi erfährt die Ablehnung, ihre Kinder verlassen sie, die Nachbarinnen tratschen gehässig, ihre Arbeitskolleginnen schneiden sie und der Gemüsehändler verkauft Ali nichts. Diese Ablehnung von außen schweißt das Paar innerlich zusammen. Als dann aber ein Gesinnungswandel im Umfeld eintritt und Emmi wieder, aus egoistischen Gründen, in die Gemeinschaft einbezogen wird, bekommt das Paar mit sich selbst Probleme, die sich als unlösbar erweisen.
Den beiden Protagonistinnen in den hier erwähnten Filmen, geht es um nichts weiter als „die Suche nach Liebe, die sich [...] als Sehnsucht nach der Liebe zu *einem* [kursiv O] Menschen, schließlich als Sehnsucht nach einem Menschen abbildet.“[80]
Die Sehnsucht als Motiv durchzieht alle Filme Sirks und Fassbinders. Sie bestimmt das Denken und Handeln der Menschen. Wenn die Menschen diesem Leitmotiv für einen Moment nachgeben, sind sie für immer Außenseiter und unglücklich. Fassbinder schreibt in seinem Sirk-Aufsatz:

> „Kann man das so verstehen, daß der Mensch in dieser Gesellschaft nur dann o.k. ist für diese Gesellschaft, wenn er wie ein Hund mit heraushängender Zunge immer hinter etwas herläuft? Solange wird er sich doch an die Normen halten, die ihn brauchbar bleiben lassen. Nach Douglas Sirks Filmen scheint

[80]Roloff/Seeßlen: Kino der Gefühle; a.a.O.; S. 48

> mir die Liebe noch mehr das beste, hinterhältigste und wirksamste Instrument gesellschaftlicher Unterdrückung zu sein.“[81]

Douglas Sirk selbst charakterisiert die Grundlage all seiner Geschichten:

> „Ich habe niemals ein Meister des Melodrams werden wollen - noch wollte ich speziell Melodramen inszenieren. Geschichten, die überhöht sind, beherrscht werden von Gewalt und Zufall, von Irrtum und Blindheit und von der Unfähigkeit des Menschen, Einfluß auf Gestalten und Gang seines Lebens zu nehmen. Eine irreale und pessimistische Welt.“[82]

Daraus hat Fassbinder seine Leitmotive gezogen, die seine Filme durchziehen. In *Die Ehe der Maria Braun* kritisiert er die ungeschriebenen Gesetze einer Gesellschaft, die das Durchhalten propagiert, die Träume oder Utopien erlaubt, die Erfüllung aber versagt, was auch in den Wahnsinn führen kann. Oder wie es in der schweizer Filmrezension unter dem programmatischen Titel *Eine Welt der aufgeschobenen Gefühle* zur Aufführung des Films in Zürich hieß:

> „[RWF hat] jene Motive in den Film eingebaut, die sein bisheriges Schaffen wie ein roter Faden stets durchzogen haben: die Vergänglichkeit von Gefühlen und Beziehungen, der verzweifelte Wunsch nach Beständigkeit und dem damit verbundenen Besitz, das schicksalhafte, nicht nur eigenem Unvermögen entsprungene Scheitern.“[83]

Fassbinder zeigt über seine Protagonistinnen den Freiheitsverlust des Einzelnen in einer genau determinierten Gesellschaft. Fassbinder bedauert es, weil die deutsche, bundesrepublikanische Geschichte einen kurzen Moment lang offenstand und diese Möglichkeiten nicht genutzt wurden.

Anhand des ausgewählten weiblichen Lebenslaufes, explizit über die Figur der Maria Braun, gelingt es ihm, die gesellschaftlichen und sozialen Konflikte unmittelbar auszudrücken, d.h. das Überlebtsein der ‘neuen’ Strukturen und wie sehr sie dem Einzelnen nicht zum Glück sondern zum Verhängnis gereichen. Als Gerüst zur Darstellung des menschlichen Scheiterns dient ihm das Melodram.

---

[81] RWF: „Interlude“: in: Filme befreien; a.a.O.; S. 18

[82] zitiert nach: U. Kurowski: Die Panik der Zirkulationsagenten. 39 Abschnitte über das Melodram und das Melodramatische; S. 65-91; in: Cargnelli/Palm: Und immer wieder...; a.a.O.; S. 74

[83] Eine Welt der aufgeschobenen Gefühle. *Die Ehe der Maria Braun* von Rainer Werner Fassbinder; in: Neue Zürcher Zeitung vom 12.04.1979; (Kürzel ‘rn’)

2. Filmstil und Kameratechnik
1. Zur Mehrdeutigkeit der Schlußszene

Um den Film richtig 'lesen' zu können, legt Fassbinder gezielt die Technik in und zwischen den Bildern offen. Die bewußte Integration der Kameratechnik als eigenständigen Modus verändert die Darstellungs- und Erzählformen. Das Technische verändert schließlich das Filmbild selbst. Besonders deutlich wird dies am Einsatz der Kamerabewegungen und am Schnitt.

Fassbinder gestaltet den Schluß in *Die Ehe der Maria Braun* offen, öffentlich und vieldeutig. Der Film wird von zwei Explosionen eingeschlossen. Eine dritte findet noch im ersten Drittel des Films statt.
Über die Explosionen läßt Fassbinder die private Ebene Marias mit der öffentlichen deutschen synchron laufen. Deutlich wird dieses Zusammenlaufen der zwei Filmebenen bei der mittleren Explosion. Maria äußert bei dieser Explosion den Wunsch: „Es muß etwas geschehen, es muß sich etwas ändern." Ihr Wunsch trifft hier für beide Ebenen zu, auf beiden Ebenen setzt ein Aufbruch ein. Maria ändert ab jetzt ihr Leben, ihr Aufstieg beginnt.
Das in Trümmern liegende Deutschland ändert sich ebenfalls von diesem Moment an: Es verabschiedet sich von seiner jüngsten Vergangenheit.
Eine Off-Stimme verkündet auf amerikanisch, es wird nicht klar, woher die Stimme kommt, vom ursprünglichen Alliierten-Plan, Deutschland in ein Ackerland zu verwandeln:

„Two years ago one saw things in a different way: In 1944 Henry Morgenthau jun. recommended that the German nation should be changed into a farmland. In other words, the German nation should be broken up."

Bei 'broken up' explodiert die Granate, ab jetzt 'wird etwas geschehen' und vor allem, alles wird anders kommen, als auf beiden Ebenen geplant. Auf der historischen Ebene setzt der wirtschaftliche Aufstieg hier ein.

> „The economic miracle is associated with particular concepts. When one thinks of Germany's recovery, one naturally thinks of the Marshall plan and hard work. But one also has an image of a cold no nonsense people in which business tactics stress efficiency over compassion. Germany's rapid recovery, which is indeed miraculous, seems to have been bought not just with allied military and financial help but more importantly with the country's collective soul."[1]

[1] R.C. Reimer: Memories from the past: A study of R.W. Fassbinder's *The Marriage of Maria Braun*; in: Journal of Popular Film and Television; Vol. 9; Nr.3; Herbst 1981; S. 138-143; S. 140

Bei der ersten Explosion zu Anfang des Films geht sichtbar eine ganze Epoche zu Ende. Deren Ikone, das Hitler-Portrait, fällt von der Wand, die wiederum einstürzt und die umliegenden Häuser mit sich reißt. Der visuelle Niedergang einer Epoche in der deutschen Geschichte, den Fassbinder über die Explosion ausdrückt, trifft auf Marias private Geschichte, als sie zu diesem Zeitpunkt ihre Hochzeit mit Hermann standesamtlich besiegeln will. Eine bestehende Ordnung löst sich durch die Explosion auf. Papier und Blätter wirbeln durch die Luft, Menschen suchen Schutz, Chaos herrscht, Hermann muß den Standesbeamten festhalten, auf daß dieser die Heiratsurkunde noch unterschreibe. Darauf folgen die sehr ruhigen chamoisfarbenen Anfangsbilder des Films.

In Anlehnung an Sirks 'Zirkularitäts'-These [s. B Kap.2.1.], die jedem menschlichen Leben innewohnt, zeichnet Fassbinder das Kreisprinzip, wie auch in *Lola*, wieder filmisch nach. Niemand kann aus dem Kreis ausbrechen: Der Film endet auch mit einer gewaltigen Explosion.
Fassbinder hat konsequent auf diese Schlußexplosion in Marias Haus hingeführt. Er hat Marias desolate Gefühlsverfassung gezeigt, das Nichtverstehen mit Hermann zu Ende des Films.
Filmisch hebt er durch zwei Großaufnahmen den Gasherd hervor. In der ersten Großaufnahme dreht Maria, nachdem sie sich die Zigarette angezündet hat, den Schalter ab. Beim zweiten Mal dreht sie den Schalter nicht ab, ob bewußt oder unbewußt, bleibt offen. Die Kamera verweilt noch einen Augenblick auf der Herdplatte und der Zuschauer hört Gas entweichen, das wohl auch Hermann hören muß, der am Herd vorbeigeht. Bevor Maria die endgültige Explosion auslöst, ruft Hermann noch, nachdem er auf Marias Feuerwunsch für die Zigarette nicht eingegangen ist und sie in die Küche geht, in Vorahnung des Kommenden, erschrocken „nein, nein!" und hält sich die Hände über den Kopf.
Dieser Schlußexplosion liegt wieder Marias Begleitmotiv der zweiten Explosion zugrunde, ihr Wunsch, daß 'etwas geschehen möge', besonders hier in dieser festgefahrenen Situation. So löst sie selbst die todbringende Katastrophe aus.
Auch akustisch hat Fassbinder auf diese Explosion hingeführt. Maria und Hermann konnten sich gar nicht verstehen, weil über ihrem Wiedersehen störend die Radioreportage des Fußballendspiels der deutschen gegen die ungarische Mannschaft in der Schweiz 1954 lag.

Dieses Fußballspiel, von Fassbinder mit anderen Tönen zu einer Toncollage verarbeitet, läuft über die Endkatastrophe noch hinaus. Das Haus ist in Trümmern und Rauch aufgegangen, übrig bleiben die sich hysterisch überschlagende Stimme des Fußballreporters, sein „Aus, aus, Deutschland ist Weltmeister" - Gebrülle, der jubelnde Lärm aus dem Stadion und das Freizeichen des Telefons, das unangenehm laut weitertönt.

Über einen abrupten Schnitt folgen die Portraits der bundesdeutschen Kanzler im Negativ: Adenauer, Erhard, Kiesinger, Schmidt, dessen Portrait sich ins Positiv wandelt. Willy Brandt hat er, entsprechend der kontinuierlichen Linie, die er zu Anfang des Films etabliert hat, ausgelassen: „Er [Willy Brandt] war aber doch mal eine Identifikationsfigur für Reformwillen und trotz seines Scheiterns - das ist ja noch 'ne Story für sich - unterscheidet er sich doch noch von den anderen Kanzlern."[2]

Diese symmetrischen Bezüge auf Politik und Privatheit, Neubeginn und Niedergang verschränken sich hier in der existentiellen Explosion. In die Linie geschichtlicher Kontinuität greift Fassbinder wertend ein, indem er Willy Brandt wegläßt. Schmidts Transformation ins Positiv ist eine ambivalente Aussage über seinen historischen Stellenwert. Ebenso ambivalent verknüpft sich die erzählte Geschichtsphase mit der Gegenwart.

Pflaum charakterisiert den Schluß ebenfalls als

> „offen. Der Schluß beschäftigt den Zuschauer länger, die Geschichte hallt länger nach. Es ist ein Vorteil gegenüber der Eindeutigkeit. Der Zuschauer fragt sich, warum ist die Frau gestorben? Und wenn er eine Antwort finden will, muß er über den ganzen Film nachdenken."[3]

Fassbinder verläßt hier die Fiktion, Maria Brauns private Geschichte, und dringt so in die über-individuelle, deutsche Geschichte vor, die er im Film angelegt hat. Während Marias private Geschichte durch die Explosion ihr melodramatisches Ende nimmt, dringt die öffentliche Sphäre durch die simultan ablaufende Radioreportage in die Fiktion ein. Die letzten sieben Minuten dieses für die Wiedergewinnung deutschen Identitätsbewußtseins wichtigen Fußballspiels sind im Originalton ungekürzt eingeblendet. Sie fallen zusammen mit den letzten sieben Minuten im Leben von Hermann und Maria. Für sieben Minuten sind Erzählzeit und erzählte Zeit, fiktionale und historische Zeit, identisch. Das Geräusch der Radio-

---

[2]H.-J. Jagau: Gespräch mit RWF. Die Bundesrepublik macht eine rückläufige Entwicklung durch; in: Zitty; Nr. 5; 23.02. - 08.03.1979; vgl. dazu auch Kaes: Leiden an Deutschland: „Die Idealisierung Willy Brandts läßt sich auf Fassbinders Zentralerlebnis, die Protestbewegung nach Mitte der sechziger Jahre, zurückführen, als das intellektuelle und kulturelle Leben sich stark politisierte [...]. Der antifaschistische Widerstandskämpfer Willy Brandt galt Fassbinder und seiner Generation als Symbol und Hoffnungsträger dieser neuen Richtung in der deutschen Politik. Die Große Koalition vom Dezember 1966 - Fassbinder war gerade 21 - hatte durch ihr Ausschalten einer parlamentarischen Opposition zum erstenmal eine Krise der deutschen Nachkriegspolitik hervorgerufen [...]. Diese aus der Umbruchssituation von 1968 stammende kompromißlose Haltung gegenüber dem bundesrepublikanischen System hat sich Fasssbinder zu eigen gemacht und im Prinzip die nächsten fünfzehn Jahre nicht mehr aufgegeben. Die auf 1968 folgenden Ereignisse haben ihn in seinem Urteil nur bestärkt: Notstandsgesetzgebung (unter der Brandt-Regierung), Sympathisantenhetze, Berufsverbote und konstanter Kampf der Springerpresse gegen ihn"; a.a.O.; S. 101f

[3]Pflaum in: 'arte-Themenabend'; TV-Dokumentation

reportage beherrscht die letzten wesentlichen Szenen. Der Jubel über das entscheidende Tor mischt sich in das Getöse der Explosion. Das „Aus“ - Gebrülle des Reporters Herbert Zimmermann, dessen überhitzte Sportberichterstattung streckenweise von einer Kriegsberichterstattung nicht weit entfernt ist, bezieht sich direkt auf Marias Ende. Er kommentiert das Fußballspiel, aber synchron dazu Marias Leben. Die private Geschichte ist zu Ende, aber nach Fassbinder nicht die öffentliche. „Selbst den patriotischen Überschwang der Sportreportage nutzt Fassbinder, sowohl als ästhetischen Kontrast, als auch als Beleg einer Fehlentwicklung, von der er nur Willy Brandt exkulpiert.“[4]
Private Utopien und Gefühle gehen unter, doch die Nation ‘ist wieder wer’. Fassbinder sieht die Hoffnungen auf einen Neubeginn lange begraben, der Aufstieg Deutschlands vom Außenseiter von 1945 zum ‘Sieger und Weltmeister’ von 1954 hat jetzt begonnen.

Über die letzten Bilder des Films, die Photogalerie der Kanzlerportraits, wird der Zuschauer aus dem fiktionalen Illusionsraum, in den er eingeschlossen war, herausgeholt ‘in die Realität’. Das sich vom Negativ zum Positiv entwickelnde Schwarzweißbild Helmut Schmidts ist als Datierung des Films, seine Entstehungszeit, zu verstehen. Die Geschichte des Films gibt sich damit offen als Produkt einer späteren Epoche zu erkennen. Fassbinder blickt aus der Perspektive von Helmut Schmidts Amtszeit (1974 - 1982) auf die ersten zehn Jahre der Bundesrepublik Deutschland zurück. Die späten 70er Jahre bieten sich in Fassbinders Sichtweise als Produkt des Aufbaus aus den frühen 50er Jahren an.

Eine Verbindung zwischen dem ersten und dem letzten Portrait des Films herzustellen, welcher Art auch immer, bleibt jedem Zuschauer selbst überlassen. Eine Reflexion über mögliche Zusammenhänge stellt Fassbinder aber zur Disposition.[5]

---

[4]Buchka: Es ist nicht gut, ...; TV-Dokumentation

[5]Zur Rezeption des Schlusses: bezüglich dieser Rückschlüsse, die die Zuschauer [scheinbar automatisch] beim Betrachten der Portraitgalerie ziehen, die den Film ‘rahmt’, und die von der inländischen Kritik mit einer Leerstelle übergangen wird und von der ausländischen Rezeption, die sich sonst sehr objektiv mit dem RWF-Werk auseinandersetzt, mit heftigen Reaktionen bedacht wurde, gibt Robert C. Reimer in seinem Aufsatz einen Überblick über die Reaktionen amerikanischer Kritiker: „Renata Adler of The New Yorker writes ‘at the end of *Maria Braun* he [RWF] runs what amounts to a set of flash cards of political figures - Adenauer, Erhard, Schmidt - to no effect except to undercut what has gone before: the film’s most impressive scene.’ Frank Rich of Time writes of the final scene: ‘The final shot is a portrait of Helmut Schmidt, who is thus equated with the film’s opening image of Hitler. No sale. If Fassbinder wants to take such dangerous stands, he will have to abandon his facile mannerisms and arm himself with the most powerful tools of his art.’ [...]
Even defenders of the film react adversely to the final three minutes. Vincent Canby of the New York Times writes: ‘... the movie’s last three minutes remain to me utter confusion.’ In: Reimer: Memories from the Past; a.a.O.; S. 139. Bei Kaes findet sich noch 1987 folgender Satz: „Der Film selbst wird so von Bildern deutscher Kanzler eingerahmt; damit wird eine Kontinuität zwischen Hitler und den nachfolgenden Kanzlern der Bundesrepublik suggeriert, die ob ihrer unhistorischen Oberflächlichkeit eher irritiert als provoziert.“ In: Kaes: Deutschlandbilder; a.a.O.; S. 101

Marias Lebensaufbau ist zusammengebrochen, sie hat ihre Utopie verloren. In der negativen Utopie der *Ehe der Maria Braun* stellt sich 1954 durch die Explosion dieselbe Trümmerlandschaft her, wie sie auch 1945, zu Beginn des Films, zu finden war. Fassbinder deutet an, daß kein Neubeginn stattgefunden hat. Das, was stattdessen passiert ist, bricht er gewalttätig ab. Eine Chance ist nicht genutzt worden, im Gegenteil, restaurative Wertvorstellungen haben sich wieder etabliert. Denn die eigentliche Geschichte Maria Brauns, das, wofür sie gelebt hat, läuft nach dem Exitus der beiden Figuren weiter, Deutschlands Aufstieg als Weltmeister beginnt. Fassbinder zerstört im Film diese Haltung mit einem gewalttätigen Akt, der etwas von terroristischer Selbstvernichtung miteinschließt.[6]
Fassbinder zeigt in diesem Zusammenspiel von Bildern und Tönen, daß die Figuren glauben, es sei Liebe, die ihr Leben bewegt und dabei nicht verstehen, daß es die historischen und ökonomischen Kräfte sind, die die Beziehungen bestimmen.

Im persönlichen Ende Marias bleibt aber ein Stück Hoffnung bestehen. Fassbinder läßt Maria die Möglichkeit, ihr Leben zu beenden. Sie hatte noch die Wahl zwischen einem unglücklichen, sich nicht-erfüllenden Leben zusammen mit Hermann oder ihrem Leben ein Ende zu bereiten und mit Hermann im Tod vereint zu sein. Buchka nennt in seinem Filmessay Fassbinders „formulierte 'condition humaine': im irdischen Scheitern den geheimen Sinn der Existenz zwar zu erkennen, aber nicht zu akzeptieren.[7]

Lola, der nach der *Ehe der Maria Braun* gedrehte Teil der *BRD-Trilogie* endet demonstrativ glücklich, kontrapunktisch ist in dem Ende aber ein stark resignativer Charakter angelegt, ohne Explosion, dafür sind die Figuren hier viel zu realistisch geworden. [s. B Kap.2.1.].

---

[6]RWF: „Ich werfe keine Bomben, ich mache Filme"; in: Jansen: Berlin Alexanderplatz; der tip; Nr. 12 vom 04.-17.06.1992. Daß Fassbinder sich schwerpunktmäßig mit dem zentralen innenpolitischen Thema der 70er Jahre, dem sogenannten Terrorismus auseinandersetzt, war der Brisanz des Themas angemessen. Bei RWF umfaßt diese Beschäftigung alle Aspekte des Themas: von der Reaktion des Staates, insbesondere unter der sozialdemokratischen Schmidt-Regierung, unter der sich das Problem zuspitzt; desweiteren untersucht er in den Filmen *Die dritte Generation* und *Mutter Küsters Fahrt zum Himmel* die Motivationen der späteren Terroristengeneration. *In Deutschland im Herbst* stellt er seine eigene Betroffenheit zu den Ereignissen im Herbst 1977 aus. Bei RWF erweitert die persönliche Bekanntschaft mit Andreas Baader und Horst Söhnlein aus den frühen antitheater-Zeiten Ende der 60er Jahre noch die Bandbreite der Aspekte. Besonders erschrocken ist er über die Begleiterscheinungen der öffentlichen Fahndung, die mit Schickane und Denunziation bestimmter Menschen einherläuft. Und über den Umgang der Schmidt-Regierung, er findet eine Aufhebung des demokratischen Rechtsstaates vor, sieht sich Fassbinder verzweifelt und enttäuscht: „Was aber war der Effekt dessen, was bei uns in den letzten Jahren abgelaufen ist? Daß Gesetze durchgegangen sind, die sie (die Politiker) offenbar alle gerne ohnedies gehabt hätten. Ich meine, wenn der Bundeskanzler sagt: Ich danke den Juristen, daß sie die ganze Sache da in Mogadischu nicht verfassungsmäßig untersucht haben, das find' ich so schön, das ist so nett, das gefällt mir so gut, denn da sagt er doch genau das, was ich meine"; in: Anarchie; a.a.O.; S. 137
[7]Buchka: Es ist nicht gut...; TV-Dokumentation

Das Ende des zuletzt gedrehten Trilogiefilms *Die Sehnsucht der Veronika Voss* ist zynisch-resignativ. Der Journalist macht weiter in seinem Leben, im vollen Bewußtsein der ausweglosen moralischen Verdorbenheit, deren Zeuge er geworden ist.

Fassbinder hat sich für sein eigenes Leben und Schaffen dieselbe Wahlmöglichkeit offengehalten, die er seiner Filmfigur Maria Braun eingeräumt hat. Auf die Frage, woher er die Kraft nehme zum Weiterarbeiten, 1977 nach den persönlichen und politischen Einschnitten in seinem Leben sowie dem sogenannten 'deutschen Herbst', antwortete er:

> „Aus der Utopie heraus, der ganz konkreten Sehnsucht nach dieser Utopie. Wenn mir diese Sehnsucht ausgetrieben wird, werde ich auch nichts mehr machen; darum habe ich eben auch dieses Gefühl, in Deutschland als kreativer Mensch ermordet zu werden, wenn Sie das jetzt bitte nicht als Paranoia mißverstehen wollen. Diese Hexenjagd der letzten Zeit, von der ich meine, daß sie nur die Spitze eines Eisberges ist, wurde meiner Ansicht nach inszeniert, um die Utopien der einzelnen zu zerstören. Also auch meine Ängste, Schuldgefühle übermächtig werden zu lassen. Wenn es einmal so weit ist, dann werde ich Schluß machen. Nicht nur mit der Arbeit. [...] Es gibt keinen Grund mehr zu existieren, wenn man kein Ziel mehr hat."[8]

2.2. Zur Montage
1. Simultanmontage

Fassbinder führt zielstrebig auf Marias Ende hin. In einer Simultan- oder inneren Montage führt er alle Ebenen des Films zusammen: In einer Einstellung verbindet er das Bild mit dem Ton, Marias Schicksal mit der deutschen Geschichte.

Simultanmontagen dienen dazu, mehrere Szenen gleichzeitig in einer zu verbinden. Normalerweise werden zwei oder mehrere Bilder übereinanderkopiert. Fassbinder hat ein Bild in mehrere Ausschnitte aufgeteilt, in denen unterschiedliche Handlungen stattfinden.

Arnheim spricht in *Film als Kunst* von der „Montage des Nebeneinander, also innerhalb eines Bildes"[9], und daß sie „ein gutes Mittel [sei], um Wirrwarr und Chaos darzustellen."[10] Die Simultanmontage wird eingesetzt, um „auf den ideelichen Gehalt des Gemeinsamen dieser Szenen hinzuweisen; darauf, daß es sich

[8] RWF in: Anarchie: a.a.O.; S. 115f
[9] Arnheim: Film als Kunst; München 1974; S. 144
[10] a.a.O.; S. 142

nicht nur um Vorgänge sondern auch um deren Sinn, um deren Gefühlston handeln soll!"[11]

Gemeinsam ist Fassbinders Teilbildern in dieser Szene, daß sie sich auf Marias Zustand beziehen und ihn maßgeblich wiedergeben.
Maria befindet sich an einer Schnittstelle ihres Lebens zwischen den zwei Männern, die letztlich ihr Schicksal bestimmt haben. Oswald ist gerade an Herzversagen gestorben und nach dieser Szene wird Hermann zurückkommen. Maria ist allein speisend in der 'Bastei' zu sehen, d.h. der Zuschauer erahnt sie nur. Sie sitzt sehr weit im Bildhintergrund, mit dem Rücken zur Kamera. Der Zuschauer sieht nur die Kellner, die einen Halbkreis um ihren Tisch bilden. Die rechte Bildhälfte ist wieder durch einen Rahmen eingeengt und abgedunkelt. Über dem Bild liegt die Off-Radiostimme Adenauers: „Wir haben das Recht aufzurüsten, so viel wir können und so viel wir wollen." Die jetzt eingeblendete Ansprache bildet einen Gegensatz zur ersten Rede Adenauers im Film. Maria wohnte noch zu Hause und Adenauer verkündete über das Medium Rundfunk: „Ich wünsche keineswegs eine neue Armee. Wir wollen an keinem neuen Krieg teilnehmen", als öffentlicher Widerspruch der Zeit, des Films und in dem Marias Aufstieg stattgefunden hat und ihr Leben als solcher berührt. Bei dieser Ankündigung Adenauers erhebt sich Maria, kommt in den Bildvordergrund auf die Kamera zu und muß sich übergeben.
Die Kamera zieht im Bogen nach vorne links zurück. Sie gibt jetzt den Blick frei auf ein Bild, das als komplexe innere Montage nur einmal im Film vorkommt:

Auf der rechten Bildhälfte übergibt sich Maria, stumm bemühen sich die Kellner um sie, Maria ist fast hinter einem mittleren Längsbalken verborgen. Links daneben im Bild befindet sich ein anonymes Liebespaar, laut Drehbuch: ein Kellner und ein Mädchen. Das Liebespaar befindet sich hinter einer Glastür mit Gitteraufteilung und bleibt auch anonym, die Gesichter bleiben unerkannt. Der weibliche Teil des Paares steht etwas weiter im Hellen und bietet seinen entblößten Oberkörper dem Kamerablick dar. Fassbinder zeigt hier den auf reine sexuelle Erfüllung reduzierten Teil der Liebe. Währenddessen erhebt sich Maria in der rechten Bildhälfte, gibt den Kellnern stumm ein Trinkgeld und geht aus dem Bild. Die Kellner blicken ihr nach. Die Radiostimme wechselt von der Politik zum Sport: „Nun zum Sport, keine 24 Stunden mehr bis zum Anpfiff des Fußballspiels zwischen Deutschland und Ungarn, ..."

In dieser, durch keinen Schnitt unterbrochenen Einstellung, in der mehrere Bilder parallel stehen, faßt Fassbinder höhepunktartig Marias totales Scheitern zusam-

---

[11]a.a.O.; S.143; zur künstlerischen Verwendung der Simultanmontage schon im frühen Stummfilm s.u. Arnheim: „[...] in Friedrich Ermlers »*Mann, der das Gedächtnis verlor*« (Sowkino). Dort findet sich eine symbolische Kriegsszene: ein deutscher und ein russischer Soldat gehen mit dem Bajonett aufeinander los, plötzlich Großaufnahme und siehe, sie haben beide dasselbe Gesicht (beide sind vom selben Schauspieler gespielt). Und sie erkennen sich und lassen das Gewehr sinken. [...] Der Unsinn des Krieges, der »den« Menschen zwingt, in verschiedener Uniform sich gegen sich selbst zu wenden - dies Paradoxon ist kaum je so schlagend gestaltet worden"; in: a.a.O.; S. 145f

men. Hier offenbart sich ihr berufliches Scheitern sowie die gesellschaftlichen Zwänge, die dem Einzelwesen in verschiedenen Formen begegnen, hier z.B. stellt Fassbinder die Sexualfeindlichkeit in der Gesellschaft dar, die dem Menschen keine erfüllte Sexualität gewährt. Marias Leiden ist in dieser Szene bildlich dargestellt, durch ihr körperliches Unwohlsein.

2.2.2. Toncollagen

In Fassbinders Spätwerk, und *Die Ehe der Maria Braun* steht hier am Anfang, werden neben den Bildern die Töne immer wichtiger. In den auf *Die Ehe der Maria Braun* folgenden Filmen *Die Dritte Generation* und *In einem Jahr mit 13 Monden* schneidet Fassbinder Töne aus den verschiedensten Bereichen zu Toncollagen an- und übereinander. Die Dialoge, nach den Bildern zweiter Sinnträger für den Zuschauer, werden unverständlich. Die Rezeptionsfähigkeit des Zuschauers und -hörers wird stark beansprucht.

In *Die Dritte Generation* läuft ununterbrochen in den Wohnungen das Radio: Nachrichten von Umstürzen, Streiks, Krieg. Auf einer weiteren Tonebene laufen Fernseher, Musik und Buchzitate zusammen, hinzu kommen die Dialoge. Für den Zuschauer stellt sich die gleiche Verwirrtheit ob dieser Möglichkeiten dar, wie für die handelnden Filmfiguren. Sie hören nicht hin. In einem Gespräch über *Die Dritte Generation* wird Fassbinder auf den „Schallterror" angesprochen:

> „Der Film spielt in unseren heutigen Wohnungen, in unserem Alltag. Und was ist heutzutage schon typischer, als die Geräusche, der Lärm, das Geschrei, was aus Fernsehern, Radios und von der Straße her permanent auf uns einströmt? Irgend jemand hat über den Film geschrieben, daß man nicht immer versteht, was gesagt wird, weil es von den Hintergrundgeräuschen, den Lautsprechern, den Radio- und Fernsehdurchsagen zugedeckt wird ... Aber genau das war es ja, was ich herausstellen wollte, nicht etwa die Überlegungen der einzelnen Figuren, die völlig zweitrangig sind im Vergleich zu dem Klima von Lärm und Getöse, in dem sie leben. Der Terrorismus besteht nicht darin, daß ich alles so wiedergebe, es sind vielmehr die Medien, die pausenlos auf Leute einhämmern, die inzwischen schon so süchtig und entmündigt sind, daß sie es nicht mehr fertigbringen, einen Knopf zu drücken, um mit einem Handgriff die Stille zurückzuholen."[12]

Auch Godard hat dem Ton eine hohe Bedeutung eingeräumt:

> „[...] er hatte schon mit *A bout de souffle* die Semantik des Films zum Tanzen gebracht, indem er das Zeitkontinuum durchlöcherte, Worte (d.h. Bilder und

---

[12]RWF in: Anarchie; a.a.O.; S. 106f

ihre Anschlüsse) umstellte, Bild- und Tonaufnahmen öffnete für den Einbruch des zeitgeschichtlichen Dokuments und für den frischen Windzug der Wirklichkeit, der direkt von den Pariser Straßen in seine Bilder fegte. [...] Godard hatte in *A bout de souffle* auch den Tonschnitt hörbar gemacht, indem er mitten im Satz oder Wort schnitt."[13]

Godard hat später, in den frühen 70ern, zu seiner revolutionär-politischen Zeit des 'Groupe Dziga Vertov' gesagt: „Wir versuchen immer weniger Bilder zu zeigen und gleichzeitig mehr Töne zu produzieren."[14]
Fassbinder führt Godards frühe 'Tontechnik' weiter. In *Die Ehe der Maria Braun* bricht über die Tondokumente die Wirklichkeit in die Fiktion ein. Die Tondokumente datieren den Film. Fassbinder verbindet über die Off-Tonebene die persönlichen Konflikte seiner Figuren mit den öffentlichen Widersprüchen der 50er Jahre [vgl. vorangegangenes Kap.]. In den Bildern des Films manifestiert sich die Privatsphäre; der Ton, der vornehmlich aus den Radios dringt, offenbart die historische Zeit.

Fassbinder beginnt mit den monotonen Meldungen des Suchdienstes, die über den ersten Bildern in *Die Ehe der Maria Braun* liegen. Wenn diese in die Wohnküche von Maria und ihrer Mutter dringen, hört Maria hier noch bewußt zu, später ignoriert sie alle öffentlichen Meldungen oder Nachrichten. Zwei Reden Adenauers sind zu hören, er predigt gegen die Wiederaufrüstung. Über dieser Nachricht liegt die Unterhaltung Marias, ihrer Mutter, Bettys und Willy Klenzes. Maria erklärt, daß sie ausziehen und allein wohnen will. Für den Zuschauer ist es schwierig, den Inhalt beider Tonebenen auszumachen und bewußt zu trennen.

In der zweiten Adenauerrede, die übertragen wird, fordert der erste Bundeskanzler das Recht, aufzurüsten. Und während sich kurz vor dem Ziel Marias Lebenstraum in Nichts auflöst, liegt über allen anderen Ebenen die sich überschlagende Stimme Herbert Zimmermanns: die Reportage vom siegreichen Endspiel um die Fußball-

---

[13]Jansen/Schütte (Hg.): Jean-Luc Godard; Reihe Film 19; München, Wien 1979; S. 13; vgl. dazu auch Godards Produktionsfirma: SonImage, d.h. 'sein Bild' und auch 'Tonbild'.

[14]Godard in: a.a.O.; S. 35; Godard zitiert sich, d.h. seinen einst revolutionären Film- und Tonschnitt, heute ironisch selbst, besonders in seinen Auftragsarbeiten fürs Fernsehen. In *Lettre à Freddy Buache - à propos d'un court-métrage sur la ville de Lausanne* (1995/96) schreibt er einen Brief an Freddy Buache (Leiter der Cinématèque Suisse) zur Musik von Ravels *Boléro*. Die Musik läuft, Schnitt: Godard hält den Plattenspieler [!] an und dreht die Platte um, die Musik läuft weiter. Die Asynchronität oder das 'Nicht-Richtige' dieser Schnitte ist für jemanden, der mit den heutigen Werbe- und Musikvideobildern von MTV und Viva aufgewachsen ist, nicht mehr nachvollziehbar. Die moderne Werbe- und Musikvideoästhetik wäre ohne Godards revolutionäre Filmtechnik aus den frühen 60ern undenkbar. „Als ich *A bout de souffle* machte, glaubte ich, daß ich ein bißchen wüßte, wie man Filme macht. Als ich den Rohschnitt sah, stellte sich heraus, daß der Film zu lang war. Also haben wir geschnitten, systematisch geschnitten. Daraus ergab sich ein gewisser anderer Stil. Heute macht das auch die Werbung, aber sie macht es dumm, denn es gibt keinen Grund dafür, es immer so weiter zu machen." Godard in: a.a.O.; S. 41

weltmeisterschaft 1954. Die Tonmontage gliedert die Zeit, „die Zeit, welche diese Menschen wie ein Etui umgibt.“[15] Adenauers zwei Reden wider und für die Wiederbewaffnung markieren nach Fassbinder 'Bruchstellen' in seiner Darstellung der Nachkriegsepoche. Maria Braun und die anderen Personen leben darüber hinweg. Die Töne an sich sind objektiv, sie sind aber extrem subjektiv eingesetzt. Bei Fassbinder sind die Figuren von den Tönen abhängig. Es ist, als würden diese die Handlungen diktieren. Die Töne sind als akustische Präsenz der Zeitgeschichte anzusehen, die als Überereignis über den persönlichen Handlungen liegt. Sie läßt private Entscheidungen als bedeutungslos und beliebig erscheinen.

Maria Brauns Schicksal vollzieht sich „vor einem Hintergrund ausgesuchter Nebengeräusche.“[16]
Marias Schicksal wird auf der Tonebene von Detonationen begleitet. Die Detonationen sind als akustisches Leitmotiv zur progressiven visuellen Bedrohung Marias eingesetzt. Preßlufthämmer ertönen während der ersten Phase des Wiederaufbaus, als Maria und Betty, mit ihren Suchschildern behängt, eine Ruine passieren. Im letzten Viertel des Films ertönen sie abermals, als Maria und Betty in der Ruine ihrer alten Schule umhersteigen, hier laufen visuelle und akustische Assoziationen zusammen. Früher Wiederaufbau und wirtschaftlicher Fortschritt der fünfziger Jahre gehören zusammen. Das akustische Leitmotiv ist auch an Marias Arbeitsplatz unüberhörbar geworden, es liegt als öffentliche Sphäre und private Bedrohung über Maria. Es ertönt sogar überlaut, als Maria im Büro von der Entlassung Hermanns erfährt. Noch deutlicher wird die Verknüpfung des Privaten mit der historischen Situation der bundesdeutschen Gesellschaft, sobald der Zuschauer erkennt, daß die Geräuschfolge der des Bombenangriffs vom Anfang des Films entspricht.

Fassbinder läßt in *Die Ehe der Maria Braun* über die Tonfolgen eine geschichtliche Kontinuität entstehen. Bei ihm setzen sich die Kriegsgeräusche des Dritten Reiches im Wiederaufbau der Bundesrepublik Deutschland fort. In der vernichtenden Gasexplosion des Schlusses vermischen sich die private Bedrohung Marias mit dem Wiederaufbau, dem gesellschaftlich-industriellen Aufstieg, der Marias Karriere einschließt, und der Restauration. Über die Verkettung visueller und akustischer Leitmotive hier in der Schlußszene wird Marias privater Lebenslauf aus dem Rahmen des Individuellen herausgehoben. So wie Marias Aufstieg ihren Fall in sich beschließt, ist nach Fassbinder auch der bundesdeutsche Wiederaufbau mit dem Scheitern verflochten.

[15]Markgraf: Liebe, Treue, Verrat - Fassbinders *Die Ehe der Maria Braun* in den Kinos; Frankfurter Rundschau vom 30.03.1979
[16]Seidel: Die Kunst der Stereophonie; Stuttgarter Zeitung vom 30.03.1979

Fassbinder verbindet über den 'objektiven' Ton Dokumentarisches mit Fiktivem. Seine seit Ende der 70er Jahre komplexer werdenden Bild-Ton-Montagen entsprechen den vielschichtigen historischen Themen in diesen letzten Filmen. Sie setzen sich aus sehr diversen 'Stimmen' zusammen. Fassbinder sendet diese Stimmen simultan aus, sie beziehen sich aufeinander, widersprechen sich aber teilweise und dadurch erreicht er mehrschichtige Toncollagen, die zeitweilig bis zu vier Tonebenen übereinanderschichten: Musik, Dialog, Geräusche, Radio. Am Ende der *Ehe der Maria Braun* wird das Testament verlesen, die Fußballreportage läuft im Radio, Maria spricht mit Senkenberg und die Kamera versucht, durch Fahrten und Schnitte die verschiedenen, simultan ablaufenden Handlungselemente ins Bild umzusetzen. Der Zuschauer wird stark gefordert und muß sich für eine Lesart entscheiden.

Fassbinder vollendet hier eigentlich nur, was Balász schon in den frühen 30er Jahren für den Ton als „akustische Ergänzung“ gefordert hat:

> „Das Akustische soll nicht bloß die Natürlichkeitswirkung ergänzen, sondern mit dem Ton etwas betonen, worauf wir sonst nicht geachtet hätten. Es soll in uns Vorstellungen und Assoziationen wecken, die das stumme Bild allein nicht geweckt hätte. Tonmontage und Bildmontage werden dann kontrapunktisch wie zwei Melodien einander zugeordnet.“[17]

Balázs hat sich auch damals schon über eine „subjektive Tonmontage“ Gedanken gemacht, die „Assoziationen suggerieren“[18] sollte, also die Tonmontage, die Fassbinder 50 Jahre später verwenden sollte.

2.2.3. Subjektive Kamera

> „Wenn die Kamera längere Zeit mit einer Gestalt mitgeht, so wird aus den vorbeiziehenden Bildern eine subjektive Montage jener Eindrücke, die der Betreffende hat [...]. Die wirkliche Umgebung im realen Raum wird zur Montage dadurch, daß jemand an ihr vorbeizieht. Nicht die Bilder an dem Zuschauer wie sonst, sondern der Zuschauer zieht an den Bildern vorbei. [...] Einer wandert durch fremde Gegend oder schleicht durch unbekannte Räume. Die Kamera immer mit. Der Gang wird zum Montageerlebnis, und das Gehen selbst, [...], bleibt in nächster Nähe immer im Bild. Vor der mitfahrenden Kamera wird der Gang eines Menschen zu einer seiner bedeutendsten Gebärden.“[19]

---

[17]Balázs: Schriften zum Film; Bd. 2; a.a.O.; S. 168
[18]a.a.O.; S. 170
[19]Balázs: Schriften zum Film; Bd. 2; a.a.O.; S. 102

So beschrieb Béla Balázs bereits zwischen 1926 und 1931 in seinen *Schriften zum Film* über die vielfältigen Möglichkeiten der Montage, in diesem Fall der subjektiven Montage, d.h. der als subjektiv empfundenen Montage. Kurze Zeit zuvor erst war die Kamera aus ihrer Statik befreit worden. Karl Freund, der Kameramann Murnaus, hat sie in *Der letzte Mann* (1924) 'entfesselt'.

> „Die entfesselte Kamera, die aufeinanderfolgende Bildelemente so verknüpft, daß wechselseitig Licht auf sie fallen muß, entfaltet derart eine Aktivität, der der Fortfall der Zwischentitel und die Betonung der Objekte auf ganzer Linie entspricht: sie verstärkt die Kontinuität der Bilder."[20]

Kracauer schreibt weiter über die Kameraarbeit am *Letzten Mann*:

> „Als Murnau kurz darauf den *Letzten Mann* inszenierte, hatte er eine vollautomatische Kamera zur Verfügung, die erlaubt, jede erdenkliche Bewegung durchzuführen. Durch den ganzen Film hindurch vollführt diese Kamera horizontale und vertikale Schwenks und Fahrten mit einer Ausdauer, die eine visuelle Erzähltechnik vollkommener Fluidität ergibt und den Zuschauer zudem in die Lage versetzt, den Verlauf der Handlung aus verschiedenen Perspektiven zu verfolgen. [...] Der Portier betrank sich, aber keinesfalls so, wie man es von einem pantomimisch geschulten Darsteller erwarten durfte, - die Kamera tat nämlich seine Arbeit."[21]

In dieser Trunkenheitsszene des alternden Portiers wird nicht eine objektiv sichtbare Realität abgebildet, sondern eine subjektive, menschliche Verfassung wird wiedergegeben. Die subjektive Kameraposition, in Kombination mit ihrer Mobilität in allen Dimensionen des Raumes, wird zum visuellen Ausdruck der psychischen Verfassung des Protagonisten. Auf diesem Gebiet haben Murnau und Freund sich ausgezeichnet, indem sie die subjektiv-bewegte Kamera in die Filmgeschichte eingeführt haben. Sie verdeutlicht die Wahrnehmung der Figur.

Fassbinder hat zu Anfang der *Ehe der Maria Braun* die Wahrnehmung der Zeit auf seine Protagonistin übertragen, indem er sie mit der subjektiv-bewegten Kamera begleitet.[22]
Der subjektive Kamerablick wird für die ersten Außenaufnahmen genommen, abwechselnd zu den sehr ruhigen 'Haus'-bildern in der zerstörten Wohnküche von Marias Mutter. Die erste subjektive Montage befindet sich bezeichnenderweise auf einem Bahnhof. Maria, ausgestattet mit ihrem Suchschild, befindet sich in

---

[20]Kracauer: Von Caligari zu Hitler - Eine psychologische Geschichte des deutschen Films; Übersetzung von Ruth Baumgarten, Karsten Witte; 1. Auflage; Frankf./M. 1984; S. 114
[21]ebd.
[22]Im Drehbuch kann man die Regieanweisung: 'aus der Hand gedreht' lesen. Vgl. auch unter Monaco: „Nach der Einführung leichter Kameras [...] entwickelte sich im Dokumentarfilm und seit Anfang der sechziger Jahre auch im Spielfilm ein auf die Beweglichkeit und Direktheit der Handkamera abgestellter Bildstil"; in: Film verstehen; a.a.O.; s.u.: Fachbegriffe

dem Menschengewühl. Mit Hilfe der subjektiven Montage suggeriert Fassbinder, es wäre Marias Blick, den er wiedergibt.

Diese subjektive Montageszene zeichnet sich durch vier Einstellungen und drei Schnitte aus:

1. die Kamera folgt Maria auf dem Bahnsteig. Um Maria herum befindet sich eine Menschenmenge, die hektisch in Bewegung ist. Allen gemeinsam ist eine, wie zielgerichtet anmutende Bewegung. Alle wirken so, als suchten oder warteten sie auf etwas oder jemanden.
2. Schnitt zur zweiten Einstellung: die Kamera fährt parallel zu Maria, zwischen beiden befindet sich aber ein Bauzaun.
3. Schnitt zur dritten, längeren Einstellung: Maria ist gar nicht im Bild, die Kamera fährt langsam zwischen den Menschen, die mit ihrem Gepäck an ihr vorbeihasten, herum. Auf manchen Gesichtern verhält sie, wie beobachtend, einen Moment, so, als wolle sie etwas über das persönliche Schicksal z.B. des sehr jungen Mannes in Soldatenuniform erfahren, der mit ausdruckslosem Gesicht zwischen seinen Mitmenschen steht.
4. Schnitt: die Kamera gibt den Blick auf die Rotkreuzschwester frei und Maria kommt wieder ins Bild.

Der visuelle Eindruck wird durch den Ton verstärkt. Über den Bildern liegen die Laute der Lokomotive sowie zu Anfang der Szene noch die Suchmeldungen aus dem Radio.

Marias suchender Blick auf dem Bahnhof wird mit der subjektiven Kamera wiedergegeben, besonders deutlich wird dies in der dritten Einstellung. Die Kamera hat für einen kurzen Moment allein die Suche übernommen, diese Einstellung hat Marias Blick übernommen, der sich verselbständigt hat. Obwohl nur Blicke wiedergegeben werden, ist die Szene mit Emotionen beladen. Der Zuschauer weiß, wie verzweifelt Maria ihren Mann sucht. Alle auf dem Bahnhof sind in einer ähnlichen Position. Für einen kurzen Moment hat Fassbinder ihr die Erzählposition übertragen, bis zu jenem Moment, in dem sie beschließt, daß 'sich etwas ändern muß.'

Über die subjektiv-bewegte Kamera gelingt es Fassbinder, den kurzen Zeitabschnitt wiederzugeben, 'in dem noch alles offen war.' Der persönlichen Suche der Menschen entspicht übergeordnet die kollektive Suche Deutschlands nach einer Orientierung nach dem Nationalsozialismus und dem Krieg. Dieser Blick Marias auf die kurze Zeitspanne nach dem verlorenen Krieg entspricht Fassbinders subjektivem Blick. Hier 'hätte noch etwas passieren können'. Maria bewegt sich in diesen Szenen noch sehr ruhig und passiv durch die Bilder.
Über die Suche nach ihrem Mann verbindet Fassbinder aber die Vergangenheit mit der Zukunft. Maria will ihren Mann aus der Vergangenheit für eine gemeinsame Zukunft wiederfinden. Ohne darüber nachzudenken, vollzieht sie einfach Handlungen, die alle tun. Fassbinder sagt: „die Leute haben die Zeit nicht wirklich

gelebt. Sie haben sie irgenwie handelnd verbracht, aber sie haben sie nicht [...] gedanklich und psychisch erlebt."[23]
Hier wurde schon ein wirklicher Neubeginn verpaßt, und das bei jedem einzelnen durch seine ganz persönliche Geschichte. In Fassbinders Darstellung wirkt diese erste Nachkriegszeit sehr zerrissen, wäre sie als solches bewußt wahrgenommen worden, hätte vielleicht die Chance zu einem wirklichen Aufbruch und einer Neuorientierung bestanden.

2.2.4. Montageprozeß

Pudowkin beschreibt 1928 die Darstellung einer Explosion in seinem Film *Die letzten Tage von St. Petersburg:*

> „Zu Beginn jenes Teiles der Handlung, welcher einer Darstellung des Krieges gewidmet ist, wollte ich eine große Explosion zeigen. Um die Wirkung dieser Explosion vollkommen lebensecht darzustellen, ließ ich eine Menge Dynamit im Boden vergraben und sprengen und nahm die Sprengung auf. Die Explosion war wirklich fürchterlich - filmisch jedoch war sie nichts, eine leblose langweilige Angelegenheit. Später, nach vielen vergeblichen Versuchen, gelang es mir, die Explosion und die von mir gewünschte Wirkung zu »montieren«; allerdings verwendete ich dabei keine einzige Aufnahme der Explosion, die ich eigens zu diesem Zweck gefilmt hatte. Ich nahm einen Flammenwerfer, der dichte Rauchschwaden entwickelte; um den Einschlag wiederzugeben, montierte ich in raschem Hell-Dunkel-Rhythmus Aufnahmen eines Magnesiumblitzes und fügte dazwischen die vor längerer Zeit gemachte Aufnahme eines Flusses, die mir ihrer besonderen Lichtstimmung wegen passend erschien. In dieser Weise entstand langsam die Bildwirkung, die ich suchte. Die Bombenexplosion war nun auf der Leinwand; sie bestand aus allem möglichen, nur nicht aus den Elementen einer wirklichen Explosion."[24]

In diesem Essay formuliert Pudowkin auch sein künstlerisches Ziel mit der filmischen Montage. Es geht ihm darum, daß der aufgenommene Gegenstand „kinematographische Wirklichkeit"[25] erlangt. Dabei ist „die Montage das eigentliche schöpferische Moment, kraft dessen aus den leblosen Fotografien (den einzelnen Filmbildchen) die lebendige filmische Einheit geschaffen wird."[26]

Kracauer beschreibt rückblickend in seinem bereits zitierten Aufsatz *Zur Ästhetik des Farbenfilms* von 1937 die Montagearbeit Pudowkins. Der Film bei Pudowkin

---

[23]RWF in: Anarchie; a.a.O.; S. 186
[24]Pudowkin: Filmregie und Filmmanuskript (1928); S. 73-76; in: Albersmeier (Hg.): Texte zur Theorie des Films; Stuttgart 1979; S. 75
[25]a.a.O.; S. 74
[26]ebd.

sei „keine Imitation der Welt, sondern ihre Konstruktion durch Montage."[27] Laut Kracauer ging es Pudowkin darum, den „Oberflächenzusammenhang zu zerreißen. Die gewohnten Alltagsbilder müssen gesprengt werden, damit aus den Stücken Bilder montiert werden können, denen Bedeutung innewohnt."[28]

Godard sagte: „Inszenieren ist ein Blick, schneiden ein Herzschlag."[29] Godard hat beide filmischen Techniken für seine Arbeit und Theorie vereint. In seinem Werk fügte er beide Techniken zu einer „dialektischen Synthese"[30] zusammen. Er stellte sie in eine neue Beziehung zueinander. Er sah den Schnitt als integralen Teil der Mise-en-scène an und die Montage wiederum als besonders determiniert durch die Mise-en-scène.[31] Godard konzentriert sich auf die dialektische und kommunikative Beziehung zum Publikum. Fassbinder knüpft an dieser Zielsetzung an. Es ging beiden darum, aufrichtig bei der Filmarbeit zu sein, eine ehrliche Sprache zu sprechen.
Godard wandte sich in seinem gesamten Werk gegen die Manipulation des Zuschauers durch die filmische Sprache. Godards Arbeit ist eher darstellerisch als symbolisch. Da sich die Wirklichkeit nicht 'wirklich' reproduzieren läßt, kann Godard „sich selbst vielleicht ehrlich reproduzieren."[32] Aus diesem Grund hat Godard versucht, die Filmsprache zu zerstören, um daraus etwas Neues aufzubauen. Agnès Guillemot, die langjährige Cutterin Godards, spricht über dessen 'falsche Anschlüsse':

> „In *Les Carabiniers* z.B. gibt es einen sogenannten falschen Anschluß. Es ist die Szene mit den Partisanen im Wald, wenn einer der beiden Helden einem Partisanen die Mütze herunterreißt und feststellt, daß es ein Mädchen mit langen blonden Haaren ist. [...] Wie er die Mütze herunterreißt, wird in einer Totalen gezeigt, und dann noch einmal in der Nahaufnahme. Da gibt es einen falschen Anschluß: die Haare fallen zweimal auf die Schulter des Mädchens. Es wäre nicht schwierig gewesen, diese Szene »richtig«, das heißt realistisch

---

[27]Kracauer: Kino; a.a.O.; S. 49
[28]ebd.
[29]Jansen/Schütte: JLG; a.a.O.; S. 72
[30]Monaco: Film verstehen, a.a.O.; S. 427; vgl. auch S. 427ff
[31]In Godards filmischer Entwicklung, bei Fassbinder verlief es ähnlich, war die Rezeption des sogenannten klassischen Hollywoodkinos von ungeheurer Bedeutung. Godard hat diese Filme für die Cahiers du Cinéma beschrieben. Es handelte sich besonders um die B-pictures der Schwarzen Serie, die Western John Fords und die Melodramen D. Sirks. Die meisten Regisseure der Schwarzen Serie und der Melodramen der 40er und frühen 50er Jahre waren europäische Emigranten, viele von ihnen hatten in den 20er Jahren für die Ufa gearbeitet und waren geprägt vom hohen technischen Standard des expressionistischen deutschen Stummfilms. Die Beziehungen zwischen dem deutschen Stummfilm und der US-Schwarzen Serie hat Barbara Steinbauer-Grötsch in ihrer Dissertation *Der Schatten Caligaris - Die Adaption deutscher Stummfilm- früher Tonfilmtraditionen und die Rolle der deutschsprachigen Filmexilanten im amerikanischen 'film noir' der 40er und 50er Jahre* (1993); herausgestellt; vgl. auch C Kap.2.2.; 3.2.
[32]Monaco: Film verstehen; a.a.O.; S. 429

zu zeigen. Aber so war es viel schöner und machte deutlich, was Godard wollte. [...] Damit diese Szene nicht als beliebiger Einfall angesehen wird, haben wir noch zwei andere »falsche Anschlüsse« in diesem Film."[33]

Harun Farocki, dessen praktische, politische und theoretische Filmarbeit ein zeitliches Bindeglied zwischen Godard und Fassbinder darstellt, vergleicht die Filmarbeit, hier explizit den Schnitt, mit Sprach-Arbeit:

> „Das Arbeiten am Schneidetisch macht aus der Umgangssprache Schriftsprache. Die Bilder bekommen einen Aktendeckel, genannt Schnitt oder Montage. Am Schneidetisch wird aus Gestammel Rhetorik. [...] Drehbuch und Drehplan, das ist Idee und Geld, die Filmaufnahme, das ist die Arbeit und das Geldausgeben. Die Arbeit am Schneidetisch, das ist etwas dazwischen."[34]

Das filmische Prinzip in *Die Ehe der Maria Braun* setzt sich aus den verschiedenen Montagetechniken zusammen, von der Bild-Ton-Collage über die subjektive und Parallelmontage bis hin zu der Montage, in der sich sehr schnell kurze Bildfolgen mit längeren Einstellungen abwechseln. Fassbinder rekurriert beim Montageeinsatz direkt auf seine Vorgänger.
In *Die Ehe der Maria Braun* stehen paradigmatisch die Anfangs- und die Schlußexplosion für Fassbinders Montageeinsatz. Die Eröffnungsszene baut sich wie folgt auf:

1. Das erste Bild ist eine Großaufnahme auf ein Hitler-Portrait. Die darüberliegende Toncollage besteht aus Explosionsgeräuschen, die von den Bombeneinschlägen herrühren, und der Stimme des Standesbeamten. Das Hitlerportrait fällt von der Wand, die einstürzt und den Blick freigibt auf:
2. Maria im Hochzeitskleid und Hermann, die durch das entstandene Mauerloch herausschauen in Richtung Kamerastandort
3. Standesamttür von draußen
4. Einstellung wie unter 2.; Maria dreht den Kopf nach vorne und ruft „ja"
5. Standesamttür von draußen; s. 3.
6. Die Heiratsurkunde liegt auf dem Kopf als Großaufnahme im Bild.

Bis hierher fand eine schnelle Bildfolge statt. Jetzt folgt eine etwas längere Einstellung:

---

[33]Jansen/Schütte: JLG; a.a.O.; S. 74f

[34]Farocki: Was ein Schneideraum ist; S. 2-4; in: Filmkritik; Nr. 1; Januar 1980; S. 2f; zu Farockis Filmen, den politischen wie den Essay-Filmen, liegt seit 1998 eine umfassende Untersuchung vor: Rolf Aurich/Ulrich Kriest: (Hg.): Der Ärger mit den Bildern. Die Filme von Harun Farocki; Konstanz 1998; vgl. hier Jörg Becker, der eine von Farockis Montagetheorien zitiert: „Man muß gegen Bilder genauso mißtrauisch sein wie gegen die Wörter. Beide werden in Reden eingeflochten. Man muß die Praxis eines Bildes untersuchen. Mit welcher Bedeutung und in welcher Kette von Bedeutungen erscheint es? Es gibt keine Literatur oder Sprachkritik, ohne daß der Autor der vorhandenen Sprache gegenüber kritisch ist. Ebenso verhält es sich mit Filmen. Man muß keine neuen, nie gesehenen Bilder suchen, aber man muß die vorhandenen Bilder in einer Weise bearbeiten, daß sie neu werden. Da gibt es verschiedene Wege. Mein Weg ist es, nach verschüttetem Sinn zu suchen und den Schutt, der auf den Bildern liegt, wegzuräumen"; Farocki zitiert bei J. Becker: In Bildern denken; S. 73-95; in: a.a.O.; S. 76

7. Totale auf das Standesamt von draußen: die Mutter und andere Menschen laufen heraus, sie laufen weiter, aus dem Bild heraus; Hermann erscheint im Fenster, der Beamte in der Tür, Hermann ruft „nicht weglaufen“, springt aus dem Fenster, hält den Beamten fest; Maria läuft aus der Tür heraus; die Kamera fährt auf das Schild mit der Aufschrift ‘Standesamt’ zu, welches in diesem Moment herunterfällt.

Es folgt wieder eine kurze Bildfolge:

8. Maria fällt auf den Boden und greift nach der Urkunde
9. Seitlich vom Standesamt laufen Menschen weg; Papier flattert durch die Luft
10. Maria liegt noch am Boden, hält den Kopf in Deckung
11. wie 9: Menschen laufen weg, aus dem Off ist im Bombenlärm ein Babyschreien zu vernehmen, das immer deutlicher wird.

Es folgt wieder eine längere Einstellung:

12. Vor dem Standesamt: Leute laufen durchs Bild; Maria u.a. kommen heran, sie läuft eine Treppe hoch, wo Hermann und der Beamte noch am Boden liegen, Maria ruft dem Beamten „unterschreiben, unterschreiben“ zu; die Kamera befindet sich fast in Bodenhöhe, vor ihr fallen Papierfetzen herunter, der Standesbeamte läuft aus dem Bild.
13. Eine erneute Feuerexplosion ist direkt im Bild zu sehen; auf diesem unklaren Bild erscheint der Filmtitel in roter Schreibschrift, das Bild wird klar und erstarrt zum Standbild: Maria und Hermann liegen geduckt am Boden; der Vorspann in Rot wird darauf gedruckt.

Der Zuschauer hört immer noch das Babyschreien und die abklingende Explosion.

Über diese bildliche Inszenierung und Anordnung der einzelnen Teile, der Bilder, kommentiert Fassbinder diesen kurzen Zeitabschnitt; eine historische Epoche wird in Schutt und Asche gebombt, die sich auflösende Ordnung bewirkt ein öffentliches Chaos, das wiederum Rückwirkungen auf den einzelnen privat hat. Maria und Hermann versuchen in diesem Moment etwas Institutionelles festzuhalten.

In der Eröffnungsmontage verschränkt Fassbinder schon die öffentliche mit der privaten Sphäre. Es gibt für den einzelnen kein Entrinnen vor den öffentlichen Ereignissen. Über diese kurzen Bilder, die so wirken, als würden sie eine Geschichte nur anreißen, fordert Fassbinder den Rezipienten auf, die Geschichte jedes einzelnen Bildes weiterzudenken.

Balázs hatte schon die Bedeutungskraft von aneinandergesetzten Bildern erahnt: „Die tiefe Assoziations- und Deutungskraft der Montage ist nicht ausgewertet. Produktiv wird die Montage, wenn wir durch sie etwas erfahren, was in den Bildern selbst gar nicht gezeigt wird.“[35]

Fassbinders Bilder in dieser gerade beschriebenen Montageeinheit wirken, als seien sie ‘gekürzt’. Über den Schnitt schafft er sich einen Zwischenraum, wo er einen ganz persönlichen Ausdruck über das Geschehen, die deutsche Geschichte, zurückhalten kann. Er beläßt es im Ungesagten. Der Zuschauer wird explizit zum eigenen Assoziieren aufgefordert. Das Unbegriffliche des Zusammenhangs scheint

[35] Balázs: Schriften zum Film; a.a.O.; S. 85

hier auf, das sich in keine Aussage fügen läßt, das Fassbinder im Ungesagten beläßt.
Alexander Kluge spricht in *Die Macht der Gefühle* von einer „Lücke“. Unter der Überschrift *Bild, kinematographisch* erläutert er die Zusammenhänge zwischen den Bildern:

> „Bild bezeichnet hier nicht einen Substanzbegriff, sondern eine Beziehung. [...] Es ist also nicht wesentlich, ob etwas sichtbar oder unsichtbar ist, ob es abgebildet, nur angesehen oder unbeachtet bleibt. Vielmehr bezeichnet Bild einen Zusammenhang: die Kategorie der Vollständigkeit, Natürlichkeit, Struktur, Kohärenz [...]. Diese Qualität der Wahrnehmung liegt auch der Montage zugrunde. Sie setzt im schärfsten Maß Zusammenhang, Kontinuität voraus und braucht, weil sie den Zusammenhang auf bessere Weise organisiert, nicht alles zu erzählen. In der Montage organisiert die Erzählung gewissermaßen die Totale und die extreme Nahaufnahme. Auf diese Weise werden zwei Herausforderungen für das Verständnis, eben: die Auslassung, hergestellt. Diese Lücke wird jetzt durch jemand anders als den Erzähler ausfüllbar. Der durch die Auslassung hergestellte Freiraum ist aber kohärent. **Wer ihn nicht erzählen konnte, vermag auch nicht zu montieren** [fett O].“[36]

Fassbinder versucht sich über die eingesetzte Montage den Wirklichkeitsverhältnissen in der deutschen Geschichte zu nähern. Diese ‘Auslassungen’ zwischen den Anfangsbildern der *Ehe der Maria Braun* sind sicher mit Fassbinders persönlich ambivalentem Verhältnis zu seinem Land oder mit dem Titel des Kaes-Aufsatzes „Leiden an Deutschland“[37] zu deuten.

Es handelt sich um eine historische Epoche der deutschen Geschichte in *Die Ehe der Maria Braun*. Desweiteren handelt es sich um Fassbinders zeitgenössische Politik und Geschichte. Fassbinder blickt aus seiner Zeit auf einen Zeitraum zurück, der 30 Jahre vorher abläuft. Diese Arbeit blickt mit einem zeitlichen Abstand von 20 Jahren auf Fassbinders Lebens- und Arbeitszeit zurück. Fassbinders Werk ist dabei, historisch zu werden. Vielleicht werden seine Bilder mit noch längerem zeitlichen Abstand noch deutlicher. Vielleicht ist es zur Zeit noch zu früh, alle historischen Zusammenhänge und Auswirkungen auf den Menschen in der Zeit und für die Zukunft darin zu entdecken.
„Je mehr man sich aber zeitlich von einem Werk entfernt, desto mehr nähert man sich seinem eigentlichen Gehalt,“[38] stellte Kracauer schon 1938 über das Werk Pudowkins fest.

---

[36]Kluge: Die Macht der Gefühle; Frankf./M. 1984; S. 383
[37]Kaes: Deutschlandbilder; a.a.O., S. 75
[38]Kracauer: Kino; a.a.O.; S. 86

3.1. Die Ehe als Metapher über die Beziehung von Individuum und Gesellschaft zur eigenen Geschichte

Fassbinder hat sich in seinem Werk, dem filmischen wie auch in Interviews, mit dem Thema Ehe oder Beziehung beschäftigt, er hat auch keine Unterschiede gemacht zwischen einem hetero- oder einem homosexuellen Paar. Vielmehr unterscheidet er stark zwischen der „Keimzelle Ehe, die die Gesellschaft braucht, um sich zu erhalten“[39] und dem „Problem, daß Leute überhaupt Beziehungen haben“ und „daß die Leute mit ihren Beziehungen Schwierigkeiten haben.“[40]

In einer Filmkritik über Chabrols *A double tour* bringt Fassbinder seine Kritik an der Ehe als „staatstragender Institution“ auf den Punkt:

> „Chabrol ist gegen die Heuchelei in der Ehe, gegen den Besitzanspruch, statt gegen die Ehe zu sein. Es ist alles wohlfeil, die Gefühle sind es und die Bedürfnisse auch. Keine Frage nach den wahren Bedürfnissen und den wahren Gefühlen. Kein Hinweis, daß Bedürfnisse, die man für die eigenen hält, doch nur die sind, die man dafür halten soll.“[41]

Besonderes Interesse widmete er dem Thema ‘Ehen unserer Eltern’, hier wollte er ‘Heuchelei und Besitzansprüche’ aufdecken und die Schuld für diese Gefühle sah Fassbinder in der Erziehung, die sich ewig wiederholt; die Art, in der die Eltern erzogen wurden und die Erziehung, die sie selbst dann weitergeben.[42]

Nach *Deutschland im Herbst* hatte Fassbinder die Idee eines weiteren Kooperationsfilms, der sich mit der Elterngeneration unter eben diesem Titel ‘Die Ehen unserer Eltern’ auseinandersetzen sollte. Da diese Gemeinschaftsproduktion nicht zustande kam, wurden Fassbinders Ideen von den beiden Drehbuchautoren Peter Märthesheimer und Pea Fröhlich in dem Spielfilm *Die Ehe der Maria Braun* umgesetzt.[43]

Die Konstruktion von Marias fiktiver Geschichte basiert auf ihrer Erinnerung an ihre Ehe, die ‘einen halben Tag und eine ganze Nacht’ gedauert hat.

---

[39]Limmer: RWF; a.a.O.; S. 77

[40]ebd.; Fassbinder beschreibt hier auch selbstkritisch seine eigene kurze Ehe, die er mit der Sängerin und Schauspielerin Ingrid Caven geführt hat: „Meine Angst und mein Haß auf Institutionen war vorher schon so groß, daß ich mir eigentlich selber nicht verzeihen dürfte, daß ich gedacht habe, daß ich durch so eine Institution so einer Freundschaft einen Halt geben könnte“; in: a.a.O.; S. 81

[41]RWF in: Filme befreien; a.a.O.; S. 30

[42]vgl. ebd.

[43]vgl. Kaes: Deutschlandbilder; a.a.O.; S. 82

„Diese Ehe ist das geheime Zentrum und gleichzeitig der Fluchtpunkt ihrer Geschichte. Sie legitimiert ihren Ehrgeiz, ihr Ansammeln von Reichtum und ihr obsessives Planen im Hinblick auf die Zukunft. Eine wachsende Spannung zwischen Vergangenheit und Zukunft, die die Gegenwart entwertet, macht sie zerstreut und vergeßlich."[44]

Die Spannung ihres Lebens liegt zwischen Erinnern und Vergessen, bis hin zu ihrem Tod in der Katastrophe.
Marias Geschichte ist die Geschichte einer Niederlage, obwohl die Ehe kaum Realität wird. Sie nimmt aber einen wesentlichen Stellenwert in ihrem Leben ein, obwohl die gelebte Ehe nur von kurzer Dauer ist.[45]
Deshalb ist Marias Ehe metaphorisch zu sehen. Es geht um Marias Beziehung zu ihrer eigenen Vergangenheit und darüber stellt Fassbinder das Verhältnis von Individuum und Gesellschaft zur eigenen Vergangenheit her.

Die gegenwärtige Zeit im Film erinnert über zwei Verbindungen, Fassbinders filmischem Kreislauf gehorchend, an die vergangene. Die Rückkehr Hermanns erinnert den Betrachter an die frühe Kriegshochzeit, die Schlußexplosion an die Anfangsexplosion, in der die Ehedokumente unterzeichnet wurden. Die Filmgegenwart wurde über die Serie der Kanzlerportraits in Fassbinders Gegenwart verlängert, und darüber geht der Zuschauer aus seiner Zeit wieder in die ganz frühe Film- und reale Vergangenheit zurück. Gedanklich zieht der Zuschauer diese Verbindung über die finale Portraitserie zurück zum Anfangsportrait Hitlers, damit zurück in die deutsche Geschichte. Fassbinder zeigt über diese gedanklichen 'Zeitreisen', daß die Vergangenheit, die Gegenwart und die Zukunft eines Landes und seiner Menschen einander bedingen.

Das Ende des erzählten Melodrams unterstreicht die Bedeutung, die die Geschichte für den einzelnen hat, ebenso wie die Bedeutung für ein ganzes Land.
Maria hat ihr gesamtes Leben auf ein einziges Ereignis ausgerichtet, ihre Hochzeit mit Hermann, ein Ereignis von ungeheurer Bedeutung für sie, aber nur von kurzer Dauer. Dieses Ereignis hat für immer ihre Gedanken und Handlungen dominiert. In einem impulsiven Moment wollte sie die Erinnerung an ihre Vergangenheit

---

[44]a.a.O.; S. 92

[45]Über die Namensanalogie von Maria zu Eva Braun ruft Fassbinder letztere in Erinnerung. Eva Brauns Ehe war auch nur von kurzer Dauer. Sie lebte viele Jahre ohne Trauschein an Hitlers Seite. Hitler ehelichte sie in dem gleichen Explosions- und Trümmermoment, in dem auch die fiktiven Figuren Maria und Hermann heirateten; also in jenem Moment, in dem Hitlers Diktatur endgültig zusammenbrach. Eva Braun und Hitler töteten sich kurz darauf selbst. Beide Eheschicksale verliefen konträr, trafen sich aber an einem von Fassbinder sorgfältig ausgewählten Schnittpunkt, der fiktiven Explosion. Zum biographischen Verlauf der Beziehung zwischen Eva Braun und Hitler vgl. auch die N3 - Reihe 'Große Romanzen': Eva Braun und Hitler; vom 05.11.1997; und V.E. Pilgrim: »Du kannst mich ruhig 'Frau Hitler' nennen«. Frauen als Schmuck und Tarnung der NS-Herrschaft; Reinbek 1994

vergessen, als sie Hermanns Photo unter den Zug warf. An bestimmten Punkten tritt er aber wieder in ihr Leben und reklamiert die Erinnerung wieder für sich, „in the same way that memories keep recurring and haunting an individual's life."[46]

Maria selbst hält die Erinnerung aufrecht, indem sie ihn regelmäßig im Gefängnis besucht und auf seine Freilassung hinarbeitet. Ihre Ehe kann als Metapher für ihre Vergangenheit angesehen werden und dafür, welche Wirkung die Vergangenheit wiederum auf Menschen hat. Sie kontrolliert die Gedanken und Handlungen. Unerwartet tritt die Vergangenheit mit ihren Erinnerungen auf und behält die Macht über die Betreffenden, in diesem Fall über Maria.

Fassbinder zeigt, daß die politische und öffentliche Geschichte ein fester Bestandteil des Lebens jeder Einzelperson ist. Sie können der öffentlichen Geschichte nicht entkommen. Die Wiederholung historischer Ereignisse kann auch nicht durch die Erinnerung an sie als solche vermieden werden. Die deutsche Geschichte kann nicht vergessen werden, aber je weiter historische Ereignisse zurückliegen, desto wichtiger wird die Erinnerungsarbeit, d.h. der Umgang mit der Erinnerung.

Dieses kollektive deutsche Selbstbewußtsein, das Fassbinders Filmende, der Gewinn des Fußballweltmeisterschaftsspiels von 1954 beim Zuschauer evoziert, läßt ihn auch Parallelen zu einem deutschen Gefühl im Nationalsozialismus ziehen, als Deutschland sich selbstherrlich überschätzt hat.

Fassbinder zeigt, daß die Geschichte einen besonderen Umgang erfordert, und vor allem zeigt er die Macht, die sie über die Erinnerung auf das Einzelwesen ausübt. Fassbinder will die Leute:

> „sensibilisieren auch für das, was deutsche Geschichte ist [...]. Denn wenn das, was die deutsche Geschichte ist, wieder so verdrängt wird, dann fängt eben etwas wieder im Untergrund zu rumoren an. Denn durch das Dritte Reich ist das alles nicht verarbeitet. Das Dritte Reich ist meiner Ansicht nach kein Betriebsunfall der Geschichte, sondern es ist schon eine absehbare logische Entwicklung der deutschen Geschichte, und die Demokratie nach '45 ist mit sehr vielen Haltungen betrieben worden, mit denen auch im Dritten Reich gearbeitet worden ist, was Erziehung, was Autorität anbetrifft."[47]

---

[46]Reimer: Memories from the Past; a.a.O.; S. 141
[47]RWF in: Anarchie; a.a.O.; S. 184f

3.2. Realität als Medienrealität

Das konträre Verhältnis zwischen Öffentlichkeit und Privatheit durchzieht thematisch Fassbinders *BRD-Trilogie*. Öffentliche Ereignisse bestimmen das private Leben der Personen, sie werden aber als Bedrohung von den Betroffenen nicht wahrgenommen. In *Die Ehe der Maria Braun* zeigt Fassbinder, wie sich dieser Gegensatz kontinuierlich aus dem Nationalsozialismus in der Bundesrepublik Deutschland fortgesetzt hat.

Zwei Szenen in *Die Ehe der Maria Braun* belegen paradigmatisch den Widerspruch zwischen Öffentlichkeit und Privatsphäre:

Die Rotkreuzschwester erzählt Maria zu Anfang des Films, sie hätte, als ihr Mann im Krieg in eine Gletscherspalte gestürzt sei, von der Heeresleitung zum Trost ein Gemälde erhalten, „mit Wellen drauf. Ein Meer haben's mir geschickt und er ist in einer Gletscherspalte gestorben. Und drauf steht: Sie starben, auf daß Deutschland lebe."

In diesem Satz konstruiert Fassbinder den Widerspruch, der sich durch den gesamten Film zieht: das feindliche Verhältnis zwischen privater und öffentlicher Geschichte. In diesem Satz bricht die zynisch verfälschende, offizielle Darstellung der Geschichte in die leidvolle, persönliche Lebenserfahrung einer Betroffenen ein. Hier wird der Widerspruch noch direkt ausgedrückt.

Im zweiten Beispiel benutzt Fassbinder bereits das Medium Radio zur Nachrichtenübertragung. Ein Drittes, ein Medium, hat sich zwischen die direkten Erfahrungen der Menschen geschoben. Nachrichten oder Ereignisse werden als etwas Entferntes wahrgenommen, als etwas, das das private Leben nicht mehr berührt. Fassbinder zeigt anhand von Marias Lebenslauf, inwieweit diese offiziellen Darstellungen von immenser persönlicher Bedeutung sind.

In der zweiten Beispielsszene besucht Maria ihre Familie noch einmal zu Hause. Im Radio läuft laut eine Rundfunkreportage, die über der familiären Unterhaltung liegt. Adenauer, als Vorsitzender des Parlamentarischen Rates, lehnt vehement die Wiederbewaffnung Deutschlands ab: „Ich wünsche keineswegs eine neue Armee. Wir wollen an keinem neuen Krieg teilnehmen." Die Familie ist beim Essen. Das einzig Verständliche für den Zuschauer ist noch, daß Maria ausziehen will, 'sie brauche eine eigene Wohnung und ein eigenes Leben'. Von den anwesenden Personen hört niemand Adenauers Rede zu.

Die politische Dimension ist über das Medium Radio in der privaten Szene präsent, wird aber nicht beachtet.
Die zweite Adenauer-Rede im Film für die Wiederaufrüstung läuft mit Marias körperlichem Unwohlsein, ihrem Erbrechen, höhepunktartig in der inneren Montageszene parallel [s. A Kap.2.2.1.]. Insofern vollendet sich Marias Lebenskurve

innerhalb des von Adenauer öffentlich geäußerten politischen Widerspruchs. Die öffentliche Geschichte bricht intervallartig in die private ein. Das Wie dieser Wechselbeziehung zeigt Fassbinder.
Fassbinders Filme „*ergänzen* [kursiv O] die offizielle Geschichtsschreibung um die [...] alltagsgeschichtlich-private Dimension. Sie zeigen, wie Politik »unterhalb« der politisch-öffentlichen Ebene verarbeitet wird.“ [48]

Inwieweit die Einzelperson von öffentlichen Ereignissen und ihrer Medienvermittlung betroffen sein kann zeigt Fassbinder zugespitzt an seinem eigenen paranoiden Zustand in *Deutschland im Herbst*. Er spielt sich selbst, eingeschlossen in sein dunkles Appartement. Moderne Medien sind fast ausgeschaltet. Die einzig verbleibende Verbindung zur feindlichen Außenwelt ist das Telefon. Über das Telefon und feindliche Geräusche von der Straße (Polizeisirenen und schwere Stiefelschritte) beherrscht die Außenwelt die Atmosphäre im Privaten und wird als Angst, Paranoia und seelische Bedrückung aufgenommen. Das Medium Kamera hat Fassbinder hier umgekehrt: für den Zuschauer erweist sich das Eindringen der Kamera in die Privatsphäre dieses skandalumwitterten, für radikale Positionen bekannten Regisseurs als äußerst unangenehm.

Fassbinder verdeutlicht, daß ‘Geschichte’ nicht mehr real erlebt wird, sondern nur in ihrer medialen Vermittlung. Die Fiktion in *Die Ehe der Maria Braun* ist zugleich eine mediale Welt. Über die Kleidung und den Dekors hält der Zuschauer das Dargestellte für authentisch. Er kennt die Trümmerfrauenbilder aber selbst nur aus Zeitungen oder anderen Filmen. Das Hauptmedium in *Die Ehe der Maria Braun* und besonders auch in *Lili Marleen* (1980) ist das Radio. Mit dem Einsatz dieses Mediums ist eine starke Machtposition verbunden.

In beiden Filmen strahlen die durch die Medien geschaffenen Realitäten auf die fiktionale Welt aus und determinieren sie letztendlich. Fassbinder hebt in beiden Filmen die charakteristischen Merkmale von Öffentlichkeit und Privatsphäre hervor. In *Lili Marleen* benutzt er das Medium Radio, um zu zeigen, wie es in seiner nationalsozialistischen Verwendung als soziales Kontrollmittel eingesetzt wurde. Das Radio als Medium wird etwas später vom Fernsehgerät abgelöst.[49]

In *Lili Marleen* faßt Fassbinder die Geschichte des zweiten Weltkrieges und der einsetzenden Unterhaltungsindustrie, beides wird über das Radio vermittelt, in einer Geschichte zusammen.

---

[48] Kaes: Deutschlandbilder; a.a.O.; S. 83
[49] vgl. dazu *Lola*: dort bekommt von Bohm ein Fernsehgerät geliefert. Sirk hat das Medium Fernsehen Mitte der 50er Jahre ähnlich in seine Filme eingeführt, als Ausdruck der Realität in der US-amerikanischen Gesellschaft jener Zeit.

„Wenn die Entwicklung der Massenmedien dazu dient, ein ausgeklügeltes System von Übertragungsnetzen, Transport- und Kommunikationssystemen zu organisieren, wird der Nazismus auf der Darstellungsebene zu einer besonders aufwendigen, spektakulären Form des Kapitalismus. Der Zuschauer wird damit auf jene audio-visuelle Medienmacht verwiesen, die die familiären, materiellen und erotischen Beziehungen einer Gesellschaft am Schauspiel oder am nächtlichen Ritual des Klang- (und Bilder-) Konsums ausrichtet - eine Gesellschaft in Bewegung, die sich selbst »mobil« macht und dies für Vitalität und den Inbegriff von Jugendlichkeit hält.“[50]

In *Lili Marleen* zeigt Fassbinder den zweifach möglichen Einsatz des Radios als Medium. Zum einen wird das Radio zur Verbreitung der nationalsozialistischen Propaganda benutzt, über Hitler-Reden und auch über die emotionale Macht, die über ausgewählte Schlager erzielt wird, damit die Menschen im Sinne der Machthaber manipulierbar werden. Walter Benjamin hat diese verhängnisvolle Verbindung bereits 1936 in *Das Kunstwerk im Zeitalter seiner technischen Reproduzierbarkeit* festgestellt. Im 'Nachwort' beschreibt er die Faszination, die bestimmte Aspekte des Faschismus ausstrahlen können:

„Der Faschismus versucht, die neu entstandenen proletarisierten Massen zu organisieren, ohne die Eigentumsverhältnisse, auf deren Beseitigung sie hindringen, anzutasten. Er sieht sein Heil darin, die Massen zu ihrem Ausdruck (beileibe nicht zu ihrem Recht) kommen zu lassen. Die Massen haben ein Recht auf Veränderung der Eigentumsverhältnisse; der Faschismus sucht ihnen einen Ausdruck in deren Konservierung zu geben. Der Faschismus läuft folgerecht auf eine Ästhetisierung des politischen Lebens hinaus. Der Vergewaltigung der Massen, die er im Kult eines Führers zu Boden zwingt, entspricht die Vergewaltigung einer Apparatur, die er der Herstellung von Kultwerten dienstbar macht.“[51]

Zum anderen erinnert Fassbinder über seine eigene Kurzrolle in *Lili Marleen* an die politische Arbeit des Schriftstellers Günther Weisenborn. (Anhang B)
Im Film nutzt die Widerstandsgruppe um Weisenborn den nationalsozialistischen Einsatz des Mediums für ihre Zwecke aus. Auch die 'Organisation' (um Weisenborn) will bestimmte Meldungen an eine große Öffentlichkeit bringen, um Reaktionen, auch auf Seiten der Machthaber, hervorzurufen. Sie verbreiten bewußt Falschmeldungen. Im Film läßt die 'Organisation' über den BBC-Sender und den Freien Sender Calais verbreiten, die Sängerin des beliebten Schlagers *Lili Marleen* wäre in einem Konzentrationslager ermordet worden. Diese bewußte Falschmeldung rettet der Sängerin Willie das Leben. Die Nazigrößen haben sie fallengelassen, nachdem ihre Liebesgeschichte mit einem schweizer Juden, der auch in einer illegalen Hilfsorganisation arbeitet, bekanntgeworden ist. Sie selbst hatte filmi-

---

[50]Elsaesser: Fassbinder, *Lola* und die Logik ...; a.a.O.; S. 67
[51]Benjamin: Das Kunstwerk im Zeitalter seiner technischen Reproduzierbarkeit (1936); Frankf./M. 1963; S. 48f

sches Beweismaterial für die 'Organsiation' aus den Konzentrationslagern im Osten geschmuggelt.

In Georg Wilhelm Pabsts Film *Es geschah am 20. Juli* (1955) wird in zwei kurzen Szenen exemplarisch die Macht der Medien hervorgehoben. In einer Nachrichtenzentrale geht es entweder um die Weiterleitung von Stauffenbergs Meldungen oder um die Weiterleitung der Meldungen aus Hitlers 'Wolfsschanze', also derjenigen, die Stauffenberg vernichten wollte. Die Verantwortlichen der Nachrichtenzentrale, die als reine Befehlsempfänger gezeigt werden, bekommen von beiden Seiten Nachrichten, die sie über Fernschreiber und Radio vermitteln sollen. Sie sind unschlüssig, wessen Befehl sie gehorchen sollen: „Befördert oder erschossen, das ist jetzt die Frage. Ich glaube, Hitler schießt schneller", sagt ein Verantwortlicher. Etwas später erhält er die erhoffte Beförderung.

Das Radio nimmt dem Menschen die eigene Erfahrung ab. Es verhindert auch seine eigene Meinungsbildung. Der Mensch wird selbst zum Medium herabgesetzt. Ein Medium, das nur noch aufnimmt, Nachrichten und äußere Reize. Die geschichtlichen Ereignisse werden für ihn erst durch das Radio oder, etwas später den Fernsehapparat, zur Wirklichkeit. D.h. die Medien nehmen dem Menschen die Arbeit der Teilnahme ab. Als politisch denkender Mensch existiert er nur noch durch sie. Die Wirkung der audiovisuellen Kommunikation von Film und Fernsehen ist noch um ein Vielfaches gesteigert. Hier ist bereits eine künstliche Welt entstanden, die teilweise selbst Geschichte produziert, bevor sie überhaupt da ist. Für den Rezipienten dreht sich alles nur noch um reinen Konsum, keine eigene Meinungsbildung mehr, nur noch Bilderkonsum. Schließlich ist dem Menschen jedes kritische Bewußtsein aberzogen, und er ist in alle Richtungen manipulierbar. Fassbinder:

> „In dieser Mediengesellschaft, in der wir leben, ist es ja so, daß wir das Gefühl haben, irgendwie passiert das Leben woanders. Und das ist das Traurige, daß das Medium Fernsehen - womit unheimlich viel möglich wäre - letztlich nicht positiv benutzt, sondern eher als phantasietötendes Unterdrückungsmittel eingesetzt wird."[52]

Godard äußert sich in einem Interview von 1989 ähnlich pessimistisch über das Medium Fernsehen:

> „Man macht kein Fernsehen, man hat eine Arbeit beim Fernsehen. Eine Stelle. Das Fernsehen stellt Vergessen her, während das Kino Erinnerungen her-

[52]Limmer: RWF; a.a.O.; S. 59

stellte. Warum wollen sie vergessen? Sie müssen sich sehr schuldig fühlen, weil sie sich nicht schöpferisch fühlen; dann stellen sie irgendetwas her."[53]

Der finnische Regisseur Aki Kaurismäki kehrt das 'Vergessen' des Mediums Fernsehen in sein Gegenteil um, er produziert Erinnerung über Fernsehnachrichten, die normalerweise die Aufgabe haben, schnelle und kurze Informationen zu geben. In zwei Filmen hört der Zuschauer politische Ereignisse, die lange wieder aus den Medien verschwunden sind. Der Zuschauer hört einfach Fernsehnachrichten: in *Das Mädchen aus der Streichholzfabrik* (1989), einem Teil der 'Arbeitertrilogie' bei Kaurismäki, ist es die Nachricht von der blutigen Niederschlagung der Studentenbewegung in Peking 1989, auf dem Tienanmen-Platz. In Kaurismäkis vorletztem Film *Wolken ziehen vorüber* (1996) erinnert die Nachricht aus dem Fernseher an die Hinrichtung des Schriftstellers Ken Saro Wiwa und acht weiterer nigerianischer Oppositioneller.

Edgar Reitz beschreibt in seinem Aufsatz *Die Zukunft des Kinos im digitalen Zeitalter* „die multimediale Gesellschaft"[54], in der die totale Durchdringung von außen und innen stattgefunden haben wird:

> „Das Wohnzimmer, oder was immer wir als den eigentlichen privaten Rückzugsort empfinden, wird mehr und mehr der Ort sein, an dem wir mit der Welt in Verbindung treten. Wenn ich von einer Reise nach Hause komme und ich öffne meine Haustür, habe ich nicht mehr das Gefühl, in einen behüteten, geschlossenen Raum zurückzukehren. [...] Jetzt wartet die Welt zu Hause auf mich: Ich höre erst einmal meinen Anrufbeantworter ab, dann schaue ich nach, ob ein Fax angekommen ist, dann schalte ich meinen Computer ein und sehe nach meiner e-Mailbox. Viele Leute schalten sofort das Radio oder den Fernseher ein, so daß die Welt wirklich durch ihre Wohnung flutet. [...] Insofern ist das Zuhause nicht mehr ein Ort des Rückzugs alleine. Es ist zwar der Platz, an dem wir nicht mehr teilhaben an der direkten Öffentlichkeit, aber wir sind zu Hause nicht mehr in dem Maße geschützt, wie wir das einmal waren."[55]

Reitz charakterisiert hier unsere Gegenwart. Fassbinder hat diesen Zustand antizipierend in *Die Ehe der Maria Braun* und *Lili Marleen* entworfen. Die Gefahren, die diese Entwicklung für das Leben des Individuums bedeutet, hat er anhand der Lebensläufe der weiblichen Protagonisten herausgearbeitet. Die Gefahren wurden nicht wahrgenommen, sie sind Normalität. Die Wurzeln hierfür sieht Fassbinder in den Inszenierungen und der Unterhaltungsindustrie des Dritten Reiches. Sie sind im und vor der Zeit des Dritten Reiches zum ersten Mal aufgetreten. Die so-

[53]Interview mit Godard: „Wenn die Wälder absterben, dann, weil die Clips aufblühen"; S. 16-26; in: filmwärts; Nr. 13; Frühjahr 1989; S. 19
[54]Reitz: Die Zukunft des Kinos im digitalen Zeitalter; S. 115-132; in: Der zweite Atem ...; a.a.O.; S.130
[55]ebd.

genannten neuen Medien sind nur eine technische Weiterentwicklung, und in der Zeit des Nationalsozialismus hat sich die damit verbundene Macht zum ersten Mal herauskristallisiert.

> „In Zukunft wird eine wahnsinnige Schlacht um diese Teilnahme an der Welt entbrennen [...]. Die Politik spielt sich ohnehin mehr im Fernsehen als in irgendeiner anderen Wirklichkeit ab, und natürlich wird auch unsere Teilnahme am Staat, an der Gesellschaft, im Wohnzimmer erfolgen. Das Wohnzimmer der Zukunft ist ein Schlachtfeld."[56]

Das Verhältnis zwischen den Medien und der demokratischen Staatsform Ende der 70er Jahre beurteilt Fassbinder kritisch als mißlungen. In seinem Aufsatz über *Die Dritte Generation* schreibt er:

> „[...] die Verweigerung auch und vielleicht gerade der Medien des Umgehens mit der Wirklichkeit für mich zumindest auch einer der Gründe ist, warum es eben dieser Wirklichkeit, dieser spezifisch bundesrepublikanischen Wirklichkeit nicht gelungen ist, das, was ich unter demokratischen Grundideen verstehe, dem einzelnen Bürger so zu vermitteln, daß eine Demokratie hätte entstehen können, die nicht nur dem Namen nach demokratisch ist und in der das Phänomen von fast nicht mehr verstehbarer Gewalt gegen Gewalt und wieder Gewalt gar nicht hätte entstehen können."[57]

[56] a.a.O.; S. 131
[57] RWF in: Filme befreien; a.a.O.; S. 71

Anhang A)

Die Parallelen zwischen beider Frauen Aufstieg, der fiktiven wie der realen Biographie, sind eindeutig. Fassbinder läßt Maria den Vergleich zu Mata Hari selbst ziehen. Er könnte als Lebenswarnung für Maria stehen.
Marias fiktiver Lebenslauf orientiert sich an den biographisch auffälligen Fakten, die auch das Schicksal Mata Haris bestimmten.

Beide schaffen einen gesellschaftlichen Aufstieg, beide erliegen der Illusion, es wäre aus eigenem Antrieb geschenen. Bei beiden verläuft das Scheitern tödlich.

Der einzige Unterschied sind die gesellschaftlichen Ebenen, die die fiktive Figur und die reale Person für ihren Aufstiegswunsch gewählt haben: Mata Hari sucht sich die künstlerische Bühne für ihren Lebensaufbau, entsprechend den Konventionen zu Beginn dieses Jahrhunderts, die ihr auch nur diese Möglichkeit ließen. Zu Maria Brauns Zeit kam die Möglichkeit, auf dem ökonomischen Sektor den Aufstieg zu planen, hinzu.

In den Mata Hari-Biographien von Sam Waagenaar[1] und Fred Kupfermann[2] geht es um ihren Mythos, um sie als „Symbol“[3], niemals um die reale Person.

In der 1997 herausgegebenen Aufsatzsammlung *A propos - Mata Hari* wird der Mythos definiert:

> „Der Mythos aber schert sich nicht um Fakten. Mata Hari steht für Sex und Verruchtheit und da passen ein wenig Spionage und das Ende im Morgengrauen wunderbar ins Bild. Für die einen, vor allem wohl für Männer, bleibt sie eine Frau von zweifelhaftem Ruf, die am Ende bekam, was sie verdiente - die Strafe für exzessive gelebte weibliche Sexualität.“[4]

An anderer Stelle wird Mata Haris Lebensaufbau charakterisiert, der für Maria Brauns Lebenswerk gleich lauten müßte. Gleichzeitig ist es eine Charakterisierung des kapitalistischen Lebenszwanges:

> „Sie lebt nur von der Außenwirkung, von ihrem Ruhm; sie ist nur mit sich selbst beschäftigt, sie denkt nur an ihren Aufstieg. Ihr Leben ist ein einziger

---

[1] Sam Waagenaar: Sie nannte sich Mata Hari; Bergisch-Gladbach 1983
[2] Fred Kupfermann: Mata Hari - Träume und Lügen, dt. Übersetzung; 1. Aufl.; Berlin 1992
[3] Kupfermann: „Mata Hari war also immer ein Symbol. Zuerst verkörperte sie Indien und seine Mysterien, dann die Schändlichkeit der deutschen Kriegsführung, und schließlich hinterließ sie der Nachwelt das ewig verwirrende Bild der spionierenden Tänzerin, die sich im Netz ihrer Lügen verfing“; a.a.O.; Vorwort S. 9
[4] Christine Lüders (Hg.): A propos - Mata Hari; Frankf./M. 1997; S. 53

Auftritt. Sie pflegt nur die Freundschaften, von denen sie sich Gegenleistungen erhofft. Selbst Männer spielen in ihrem Leben eigentlich eine untergeordnete Rolle. Sie braucht sie, ihre zahlreichen Geliebten, da sie selbst zu ihren Glanzzeiten ihren exzessiven Lebensstil nur mit deren finanzieller Unterstützung aufrechterhalten kann."[5]

[5] a.a.O.; S. 23

Anhang B)

Weisenborn läßt in *Memorial* (1947), seinen „autobiographischen Skizzen"[1], seinen Ich-Erzähler sein Leben nacherzählen in Form von Tagebuchnotizen: von seiner schriftstellerischen Laufbahn und den ersten Theatererfolgen vor der Zeit des Natioanlsozialismus; z.B. mit dem „Antikriegsdrama"[2] *U-Boot S 4*, sowie von seiner Zusammenarbeit mit Brecht an Gorkis *Die Mutter.*[3] Desweiteren erzählt die Figur des Ich-Erzählers von ihren Auslandsaufenthalten in den frühen 30er Jahren, u.a. war sie als Journalist in New York tätig bis zu ihrer Rückkehr 1939 nach Deutschland. Hier leistete der Ich-Erzähler politische Arbeit gegen Hitlers Naziregime. Diese Zeit hat Weisenborn später in seinen Dramen *Die Illegalen*[4] und *Der lautlose Aufstand* verarbeitet.

Memorial thematisiert auch seine dreijährige Zuchthausinhaftierung bis zur Befreiung 1945. Im *Vorwort für die Nachgeborenen* stellt der Autor sein Werk als „Biographie"[5] vor, in der er der eigenen Rückschau, dem Erinnern Priorität einräumt: „Jeder Mensch findet rückschauend in seinem Leben bestimmte Augenblicke, [...], wichtige Momente der inneren Biographie, die er nicht vergißt."[6] Das Werk berührt die persönlichen Erinnerungen des Autors/Ich-Erzählers und die übergeordneten deutschen, historischen Ereignisse/Erinnerungen, die seinen Lebenslauf determiniert haben. Im *Vorwort* äußert sich der Autor enttäuscht über die Richtung, die sich in der politischen Entwicklung in der Bundesrepublik bereits früh abzeichnete. Hier trifft Fassbinders Anschauung, der die zweite Hälfte des Jahrhunderts künstlerisch mitgestaltet hat, auf die Weisenborns, der in beiden Jahrhunderthälften künstlerisch präsent war.

> „Nur mag den Nachgeborenen noch berichtet werden, daß die tiefe Melancholie, in die uns Überlebende der furchtbare Tod so vieler Freunde gestürzt hat, vergrößert wurde durch die umfassende Enttäuschung, die uns die Entwicklung der Welt nach dem Krieg aufzwang."[7]

1947, in einer Zeit, als in Deutschland der Blick ausschließlich auf die Zukunft gerichtet war, blickt Weisenborn in seinem Prosawerk *Memorial* zurück und ver-

---

[1] Kindlers Neues Literaturlexikon; Hg. Walter Jens; München 1992; Bd. 17

[2] Autorenlexikon deutschsprachiger Literatur des 20. Jahrhunderts; Hg. Manfred Brauneck; 3. Aufl.; Reinbek 1988

[3] ebd.

[4] G. Weisenborn: Die Illegalen - Drama der deutschen Widerstandsbewegung; in: Theater; Bd. 2; Stücke und Komödien; München, Wien, Basel 1964

[5] Weisenborn: Memorial; München, Stuttgart 1947/48; Vorwort S. 9

[6] ebd.

[7] a.a.O.; S. 12

sucht, seine Erinnerungen mit dem spezifisch deutschen, historischen Zeitabschnitt zu verbinden.
Aus *Memorial* sei hier ein Ausschnitt beigefügt, der Beispiel von der politischen Widerstandsarbeit des Autors/Ich-Erzählers liefert. Es geht um seine journalistische Arbeit beim Großdeutschen Rundfunk. Weisenborn hat dort bewußt Falschmeldungen ausgegeben. Diesen Aspekt hat Fassbinder in *Lili Marleen* herausgestellt:

> „Der Abteilungsleiter im Funkhaus gab mir eine der üblichen Greuelmeldungen und sagte: 'Dies muß unbedingt gebracht werden. Anordnung von oben!' Die Nachricht besagte, daß im letzten Jahr in der Sowjetunion 32 000 Ärzte getötet worden seien, um damit die Vernichtung der bürgerlichen Intellektuellen dort zu dokumentieren.
> Ich diktierte die Nachricht, fügte jedoch eine Null hinzu, wie man das in der Zerstreutheit eben tut. Die Sekretärin merkte nichts. Die Nachricht ging auf Wachs und über den Sender. Abends verkündete der Großdeutsche Rundfunk also in sechs Sprachen, daß in einem Jahr nicht weniger als 320 000 Ärzte in Rußland getötet worden seien.
> Jeder Dummkopf mußte merken, daß es soviel Ärzte in einem Land nicht gibt, daß unmöglich jeden Tag 800 Ärzte getötet werden können, daß diese ganze Meldung eine gemeine Lüge war, daß der Großdeutsche Rundfunk gemeine Lügen verbreitete.
> Es gab natürlich ein heftiges Nachspiel, aber es blieb beim Diktierfehler. Diese Meldung wurde prompt von Moskau und London aufgegriffen und diente als Beweis für die Lügenhaftigkeit des Berliner Rundfunks. Der gewaltige Großdeutsche Rundfunk wurde bloßgestellt durch eine einzige Null.“[8]

[8] a.a.O.; S. 23

B *Lola* (1981)

wird im Vorspann von Fassbinder *Lola - BRD 3* genannt.

Der Film bildet chronologisch den Abschluß der Trilogie, der sich mit 1958 datieren läßt. Wieder hört der Zuschauer zum Ende des Films aus dem Off den Kommentar eines Fußballweltmeisterschaftsspiels der deutschen Mannschaft, 1958 in Schweden.

1.1. Thematische Einführung und Hintergrund zur Entstehungsgeschichte des Films

Lola war ursprünglich als Remake von Josef von Sternbergs *Der Blaue Engel* (1930) gedacht. Peter Märthesheimer, Fassbinders Drehbuchautor für die Trilogiefilme, beschreibt die Idee: „[Das] scheidet aus, weil Fassbinder selbst kein Duplikat, kein Remake von *Der Blaue Engel* wollte, sondern er wollte einen *Professor Unrat* umgesetzt haben. [...] Er wollte diesen Roman von mir [...] in die Adenauer-Zeit übertragen haben.“[1]

Fassbinder selbst äußerte sich im Interview dazu:

> „Wir sind schnell darauf gekommen, daß diese Geschichte in den 50er Jahren nicht mehr funktioniert. Wir fragten uns, wenn man den Grundgedanken der Geschichte nimmt, wie kann man das in der Zeit des sogenannten Wirtschaftswunders in Deutschland erzählen? Wir haben uns entschlossen, es nicht in der Schule spielen zu lassen, weil wir fanden, daß die Schulen in den 50er Jahren nicht so spannend und interessant waren, wie sie vielleicht in der Wilhelminischen Zeit waren oder später wieder geworden sind. Also war klar: wir erzählen nicht die Geschichte eines Lehrers. Also kamen wir darauf, jemanden zu nehmen, der etwas mit dem Wiederaufbau zu tun hatte - einen Baudezernenten.“[2]

Auch in diesem Film untersucht Fassbinder wieder, wie Staat und Gesellschaft zu dem geworden sind, wie er die Gesellschaft in den 70er Jahren, seinem Arbeitsjahrzehnt, wahrnimmt. Er beobachtet und kommentiert kontinuierlich die politische und damit auch gesellschaftliche Entwicklung, die sich ihm zunehmend als

---

[1]P. Märthesheimer in: Podiumsdiskussion mit Barbara Baum, Juliane Lorenz, Peter Märthesheimer, Xaver Schwarzenberger; S. 89-115; in: A. Rost (Hg.): Der zweite Atem des Kinos; Frankfurt/M. 1996; S. 99
[2]RWF zitiert nach: Klaus Eder: Wirtschaftswunder ironisch; Deutsche Volkszeitung; Nr. 37; 10.09.1981

„eine Entwicklung nach rückwärts" darstellt, als „einen Staat, in dem ich nicht so gern leben möchte"[3] oder als ein „Gesellschaftsgefüge", das „nicht durch Glück und Freiheit geprägt wird, sondern eher durch Unterdrückung, Angst und Schuld. Was einem als zu erlebendes Glück beigebracht wird, ist meiner Ansicht nach ein Alibi, das eine von Zwängen geprägte Gesellschaft dem Einzelwesen anbietet."[4]

Fassbinder untersucht in *Lola* die Auswirkungen des materiellen Aufschwungs anhand von exemplarischen Einzelschicksalen. Es geht wieder um persönliche Geschichten in der Geschichte. Er blickt auch wieder auf Privates und deckt das Katastrophische, das unter der Oberfläche verborgen liegt, auf. Er zeigt in diesem Film, der in den späten 50er Jahren spielt, daß allein der Erfolg zählt und jene materiellen Güter, die als Lohn dieses Erfolges der Umwelt zur Schau gestellt werden können.[5]

Die späte Adenauerära sieht Fassbinder als eine Zeit großer Heuchelei, in der einzig der Marktwert zählt. Denken und Handeln der beteiligten Figuren im Film zentrieren sich um den wirtschaftlichen Aufschwung. Alles, was ihn bremsen könnte, wird bekämpft oder gekauft. Fassbinder: „Wir haben herausgefunden, daß diese Jahre von 1956 bis 1960 quasi die amoralischsten Jahre waren, die es je in Deutschland gegeben hat. Es gab zwischen den Leuten eine stillschweigend ausgemachte Amoralität."[6]

Fassbinders Leitthema, das Handeln mit Gefühlen und menschlichen Beziehungen, die nur auf ihren Marktwert hin überprüft und dementsprechend eingesetzt werden, verfolgt er auch in *Lola* weiter:

> „Jeder vernünftige Regisseur hat nur ein Thema, macht eigentlich immer denselben Film. Bei mir geht es um die Ausbeutbarkeit von Gefühlen, von wem auch immer sie ausgebeutet werden. Das endet nie. Das ist ein Dauerthema. Ob der Staat die Vaterlandsliebe ausbeutet, oder ob in einer Zweierbeziehung einer den anderen kaputt macht. Das kannst du in immer neuen Variationen erzählen."[7]

---

[3]RWF in: Buchka: Es ist nicht gut,...; Filmessay 1995
[4]RWF in: Anarchie; a.a.O.; S. 115
[5]vgl. dazu auch Godards *Pierrot le fou*. Godard stellt die einseitige Ausrichtung auf das Materielle deutlich 'zur Schau': Ferdinand geht auf die Party des Fernsehproduzenten. Die Partygäste unterhalten sich dort nur in Werbespots. Die Männer sprechen Autowerbung, die Frauen Kosmetikwerbung nach. Die Bilder sind tableauartig angeordnet. Jedes Tableau ist vollständig in eine Farbe getaucht: blau, rot, oder gelb. Ferdinand wandert von Tableau zu Tableau.
[6]RWF in: Helmut Schmitz. Die Lage war keineswegs so ernst; Frankfurter Rundschau vom 21.08.1981
[7]RWF in: Anarchie; a.a.O.; S. 179

1.2. Zum Aufbau der Filmfiguren

Die Figuren sind vordergründig angelegt, sie sind nicht differenziert geschildert, psychologische Motivationen sind in diesem Film nicht gefragt. Die Personen sind keine individuellen Persönlichkeiten, sondern typisierte Vertreter von Positionen in der Gesellschaft, sie sind als Rollenträger angelegt. Darüber hinaus werden die Figuren bei Fassbinder nie so gezeigt, wie sie sind, sondern so, wie sie sich repräsentieren, in dem Bild, das sie von sich haben, oder das sie sich von sich für andere machen: die Fremdbestimmung wird zur eigenen Bestimmung, zum eigenen Ich und hört damit auf, fremdbestimmt zu sein.

Auch bei Godard steht das Thema der persönlichen und der fremdbestimmten Identität an zentraler Stelle:
In *Pierrot le fou* sitzt Pierrot im Kino und hört aus dem Film-im-Film-Off: „Es ist schwierig, herauszufinden, in welchem Augenblick man seine fiktive Persönlichkeit aufgegeben hat, um wieder die eigene, wahre anzunehmen, wenn eine solche überhaupt je existiert hat." Im Bild sieht der Zuschauer zusammen mit Pierrot Jean Seberg, die mit einer Super-8-Kamera filmt. Bereits in *A bout de souffle* (1959) hat Godard die Realitäten vermischt, die persönliche und die über die Medien vermittelte: der Schauspieler Belmondo, der in *Pierrot le fou* und in *A bout de souffle* die männliche Hauptrolle spielt als Michel Poiccard alias Laszlo Kovacz, der mimisch und gestisch Humphrey Bogart imitiert. Michel Poiccard ist auf der Suche nach seiner Identität.

> „Michel Poiccard [...] ist ein Mann, der sich und die Rolle, die ihm seine Zeit zu rezitieren aufgibt, nicht liebt und deshalb sich vage einem durch das Kino kultivierten Mythos nähert - einer Fiktion von sich selber -, dem Mythos des unabhängigen großen Einzelgängers, des gegen jeden realen Eingriff gefeiten Außenseiters, des Gesetzlosen."[8]

Als von Bohm sich in *Lola*, mit sich selbst zufrieden, vor dem Spiegel in seinem neuen Wanderanzug bewundert, möchte er von Frau Kummer Komplimente hören. Frau Kummer, seine Haushälterin und Lolas Mutter, meldet aber Zweifel an seiner neuen Identität an.

Von Bohm: „Das ist ein Sportanzug."
Frau Kummer: „Er hat eine ausgesprochen sportliche Note. Er ist sicher sehr praktisch - zum Wandern."
Von Bohm: „Sagen Sie's offen, Frau Kummer, ich gefalle Ihnen nicht?"
Frau Kummer: „Ach, so hab' ich's nicht gemeint. es ist nur, Sie sehen so anders aus."
Von Bohm: „Anders als was?"
Frau Kummer: „-als sonst."

---

[8]Jansen, Schütte (Hg.): JLG; a.a.O.; S. 97

Von Bohm: „Ein Mensch hat viele Gesichter: das Alltagsgesicht, das Sonntagsgesicht. Heute will ich mal nicht alltäglich sein. Für wie alt halten Sie mich eigentlich?"
Frau Kummer: „- 45 -."
Von Bohm: „Ich wollte von Ihnen nicht wissen, wie alt ich bin, sondern wie alt Sie mich schätzen."
Frau Kummer: „Ja also, auf jeden Fall jünger, sehr viel jünger wahrscheinlich, als sie aussehen."
Von Bohm: „Kleider machen Leute."

Einige Szenen später sitzen von Bohm und Lola zusammen in Lolas rotem Sportwagen:

Lola: „Die Menschen hier haben ein Innenleben und ein Außenleben. Das eine hat mit dem anderen nichts zu tun."
Von Bohm: „Das ist völlig normal. Ich habe auch ein Innenleben und ein Außenleben."
Lola: „Aber Sie heucheln nicht oder jedenfalls nur ein ganz kleines bißchen."
Von Bohm: „So, zum Beispiel?"
Lola: „Ihr Anzug, zum Beispiel: Wie Sie sonst gekleidet sind, sind Sie mir lieber."
Von Bohm: „Sie finden also meinen Anzug nicht schön?"
Lola: „Schön schon, aber eben geheuchelt. Ihre anderen Anzüge sind ehrlicher. Sie verstekken nicht, was für ein Mensch Sie sind."

Die Figurenkonstellation ist wieder die typische Dreier-Aufteilung aus dem Melodram [vgl. B Kap.3.1.]: zwei völlig gegensätzlich angelegte Figuren finden ihre jeweilige Synthese in der dritten Figur: Schuckert - von Bohm - Lola.

In diesem Film sind die Konstellationen jedoch vielfältiger. Die beliebig austauschbaren Dreierkonstellationen definieren sich untereinander durch ihre Abhängigkeitsverhältnisse. Es geht um die Abhängigkeit vom Geld einerseits und von Gefühlen andererseits. Der Film zeigt, wo Menschen käuflich und anfällig für die 'Ausbeutbarkeit' werden, um sich dann, schwach geworden, in das jeweilige System integrieren zu lassen.[9] Fassbinder spricht von „eine[r] Gesellschaft, die auf der Ausbeutung des Menschen basiert."[10]
Esslin, laut Schuckert „ein kleiner Angestellter, nicht weiter wichtig" im städtischen Baudezernat, verkörpert ein teil-demokratisches Prinzip. Er teilt seinem neuen Chef von Bohm mit, daß er „in einem Arbeitskreis gegen die Wiederaufrüstung ist und in einem anderen Arbeitskreis beschäftigen wir [Esslin] uns mit Bakunin". Etwas später schreibt er auf von Bohms Büroschreibmaschine den Satz: 'Der Faschismus wird siegen'- als politischen Kommentar Fassbinders: 1945 wur-

---

[9]vgl. dazu RWF in: Anarchie; a.a.O.; in den Interviews *Ich habe mich mit meinen Filmfiguren verändert* (1977); S. 108-129; und *Für uns Paradiesvögel wird es enger* (1978); S. 90-94; hier beschreibt Fassbinder ein geistiges Klima in der Bundesrepublik, das Angst fördert und Menschen, „denen die Phantasie abgeschnitten wird, die nur noch auf das Funktionieren hingetrimmt sind, denen die Kreativität ausgetrieben wird. [...] Wir leben in einem Land, wo das begünstigt wird"; a.a.O.; S. 110
[10]a.a.O.; S. 126

de nicht der Faschismus besiegt sondern die Hitlerdiktatur. Die faschistischen Gedanken ließen sich nicht vertreiben. Sie haben sich auf andere Art durchgesetzt. Sie überleben im Alltag, überall dort, wo es hierarchische Strukturen gibt. Sie überleben auch in dem Ausbeutungsprozeß, auf dem die 'neue', in *Lola* dargestellte, Gesellschaft beruht und auf dem die menschlichen Beziehungen innerhalb dieser Gesellschaft aufbauen.[11] Fassbinder untersucht am Faschismus das 'Normale', den die meisten Menschen als 'natürlich' erlernt haben.

In *Angst essen Seele auf* (1973) erzählt Emmi, die ältere Putzfrau, dem jungen marokkanischen Gastarbeiter Ali, den sie zum Kaffee in ihre Wohnung gebeten hat, in ganz beiläufigem Ton, als wäre es das Natürlichste auf der Welt: „Vater hat alle Ausländer gehaßt. Na ja, Vater war auch in der Partei, beim Hitler. Ich war auch in der Partei, eigentlich alle, oder fast alle."

In *Chinesisches Roulette* (1976) deckt Fassbinder innerfamiliäre und damit gesellschaftliche Abhängigkeitsverhältnisse noch schonungsloser auf. Im Chinesischen Roulette, einem Gesellschaftsspiel, müssen sich die Familienmitglieder, zusammen mit ihren jeweiligen Liebhabern, gegenseitig charakterisieren: Ariane, die Mutter, als die Person, die es zu erraten gilt, stellt die Frage: „Was wäre die Person im Dritten Reich gewesen?" Gerhard, ihr Mann, antwortet: „Nichts weiter, sie wäre, was sie heute ist."

Fassbinder zeigt in seinen Filmen kontinuierlich ein System der Unterdrückung auf, er zeigt eine Ausbeutung, die letztendlich dazu führt, daß menschliche Beziehungen immer zynischer, wie eine Geschäftsaktion, behandelt werden.
In seinem Beitrag zu *Deutschland im Herbst* geht er noch einen Schritt weiter. Er formuliert den 'alltäglichen Faschismus' in zwischenmenschlichen Beziehungen und damit auch wieder in Beziehungen, die nach außen getragen werden: „Sympathisantenhetze ist ja auch wieder etwas, das mehr bei dir selber passiert, dadurch, daß du ständig weißt, die wissen, daß es dich gibt. Also wirst du vorsichtiger, ängstlicher. Und diese Angst hat natürlich auf das, was du machst, Auswirkungen."[12]
In *Deutschland im Herbst* scheint Fassbinder beweisen zu wollen, daß die Wurzeln des Faschismus in jeder individuellen Psyche selbst liegen - in diesem Fall - in seiner individuellen Psyche. Er bekennt hier, schonungslos und offen, persönliche Mittäterschaft an autoritären politischen Strukturen innerhalb der Gesellschaft.

---

[11]Fassbinder hat sich in bestimmten Filmen mit dem Thema: Gruppe - Führerposition auseinandergesetzt, wie Führerpositionen entstehen und wie sie ausgenutzt werden. In *Warnung vor einer heiligen Nutte* (1970) versucht er, die Gruppenstruktur innerhalb seiner eigenen Arbeitsgruppe, die seit den anti-theater-Zeiten bestand, herauszuarbeiten. Jeff, der Regisseur sagt im Film: „Wenn Ihr nicht mal selbst was entscheidet, werdet Ihr auch nie Spaß an Eurer Arbeit haben."
[12]RWF in: Anarchie; a.a.O.; S. 92

1.2.1. Esslin - filmzeit-genössische Kritik am Wirtschaftswunder

Esslins Verhältnis zu Schuckert ist eine der zentralen Verbindungslinien im Film. Esslin leidet unter Eifersucht gegenüber dem mächtigen, sexuell potenten Schukkert. Esslin neidet ihm vor allem die erfolgreiche Beziehung zu Lola.

Die Esslin - Schuckert - Linie ist der Haupterzählstrang, über den Fassbinder die Intrige aufbaut, die zur Katastrophe, schließlich aber auch zu ihrer Beilegung führt. Filmisch weist Fassbinder auf die Dreiecksbeziehung Schuckert - Lola - Esslin hin, indem Esslin jedesmal kurz zwischen das Paar geschnitten wird. Als Lola zu Anfang des Films zum ersten Mal im Puff aufgetreten ist und von Schukkert aufgefangen und wegetragen wird, sieht der Zuschauer Esslin, zweimal eingeblendet, im Orchester sitzend. Esslin hebt sich farblich kaum vom verwirrend bunten Hintergrund ab, sein Gesicht ist wutverzerrt und er schlägt auf sein Instrument ein.

In den zwei Sitzungsszenen, in denen der Bauausschuß tagt, umkreist die Kamera die Teilnehmenden hinter deren Rücken. Die Kamera ruht zweimal in ihrer Kreisfahrt: einmal hinter Schuckert und Esslin ist im Bild, das zweite Mal ruht sie hinter Esslin und Schuckert ist im Bild zu sehen. Die beiden sitzen sich in den korrespondierenden Szenen gegenüber.

Esslin versucht auf legalem Weg, Schuckert Schaden zuzufügen, indem er von Bohm über Schuckerts Stellung in der Stadt aufklärt: „Der Bauausschuß ist in seiner personellen Verquickung ein verkleinertes Abbild der sogenannten guten Familien der Stadt. [...] Wenn die anderen die Krähen sind, ist er [Schuckert] ein Raubvogel.“ Er weist von Bohm auf Schuckerts korrupte und illegale Methoden, zu Geld zu kommen, hin: „Und Schuckert profitiert.“

Schuckert wiederum ahnt, daß Esslin bestechlich ist, auch wenn dieser Schuckerts Annäherungsversuche über einen langen Zeitraum vehement zurückweist: „Mit Ihnen möchte ich nie gleich werden.“ Dennoch errät Schuckert Esslins Schwäche, dessen unerfülltes Verlangen nach Lola.
Schuckert umgarnt ihn bildlich und hält ihm jedesmal, wie zur Belohnung, die Zigarre hin: „Na, Esslin, gut geschlafen?“ Dabei umrundet er ihn, diesmal nicht die Kamera, und bietet ihm die Zigarre an.[13]

---

[13]vgl. dazu auch das öffentliche Bild der Zigarre als Symbol für Macht, Kapitalismus und als Phallussymbol. Männliche Politiker, egal welcher politischen Richtung, und Künstler lassen es gleichermaßen gern zu, daß öffentliche Bilder von ihnen als Zigarrenraucher bekannt sind. Ludwig Erhard ist undenkbar ohne Zigarre, sie steht hier „für die beharrenden Kräfte des Establishments“, in diese Tradition fügt sich auch nahtlos der neue Bundeskanzler Gerhard Schröder ein. Che Guevara, Fidel Castro, Bertolt Brecht und Heiner Müller haben ebenfalls das Statussymbol geschätzt

Als Esslin schließlich die Zigarre akzeptiert, deutet die Kameraperspektive an, daß er jetzt zur Randfigur wird. Bisher hat die Kamera aus Esslins Perspektive, aus leichter Obersicht, auf Schuckert heruntergefilmt. Jetzt wechselt die Perspektive und zeigt aus Schuckerts, also leichter Untersicht, einen Esslin, der lächelnd die Zigarre annimmt, sie anzündet und demnächst in Schuckerts Firma anfangen wird. Damit fällt Esslin aus dem Erzählstrang heraus, der weiterlaufen und sich gerade jetzt für die Zukunft neu konstituieren wird. Fassbinder verläßt an dieser Stelle auch die filmische Fiktion. Der Zuschauer muß sich überlegen, was Esslins Überlaufen auf Schuckerts Seite für die weitere Entwicklung der Bundesrepublik zu bedeuten hat.
Esslin ist zum „besten Mitarbeiter in Schuckerts Firma“ aufgestiegen und wird von Bohm nur noch zum „Gedankenaustausch überlassen - hin und wieder.“
Esslin begibt sich aber schon viel früher in ‘Schuckerts Lager’. Er liebt Lola, aber auch nur als Hure. Er bietet mit Schuckert um Lola in deren tiefviolettem Schlafzimmer. Bereits hier handelt er nach Schuckerts Gesetzen. Er muß vor Lola aber eine Niederlage einstecken. Schuckert macht ihm deutlich klar: „und mitbieten können Sie sowieso nicht.“ In der Konkurrenz zu Schuckert kann er nicht mithalten, sexueller Neid klingt mit, er „zieht den Kürzeren“, worauf Schuckert ihn bereits in der zweiten Filmszene hingewiesen hat.
Das Gespräch zwischen Schuckert und Esslin vor dem Spiegel der Herrentoilette des Puffs, jenes „establishment of the Establishment“[14], nimmt die gesamte kommende Entwicklung ironisch vorweg. Die möglichen ‘Lesarten’ des Films werden ebenfalls hier vorgeschlagen: „The political text and the sexological subtext of the film jockey for position around the urinals, and the viewer is relatively free to go in one direction or the other.“[15]

Deshalb besiegelt Esslin durch das Annehmen von Schuckerts Zigarre nur noch öffentlich, auf wessen Seite er ab jetzt stehen wird, von wem er sich nun die Vorteile erhofft. Er ist im Sinne der Gesellschaft einsetzbar geworden. Er will ab jetzt mitmischen unter den Mächtigen und bemerkt nicht, daß das Gegenteil eingetreten ist. Er ist durch einen kleinen Anteil am ‘großen Kuchen’ Wirtschaftswunder ruhiggestellt worden.

---

und ein öffentliches Bild als Zigarrenraucher hinterlassen. Lola Montez und George Sand bewiesen bereits im 19. Jahrhundert ihre Unabhängigkeit, indem sie mit „dem männlichen Machtsymbol“ spielten; in: Georg Diez: Die Zigarre - mehr als ein Genußmittel; Der siebente Tag; HAZ vom 14.12.1996; vgl. auch Gero von Randow: Anzünden, bitte. Ein Blick über die Zigarrenspitze; Die Zeit; Nr. 2; 03.01.1997

[14]Andrew Sarris: The Lola - Lulu - Lilith Complex; in: Village Voice; 10.08.1982; New York

[15]ebd.

Fassbinder charakterisiert Esslin. „»Ein übrig gebliebener Wolfgang Borchert, der nicht gestorben ist, also einer, den das Kriegserlebnis schon sehr kaputt gemacht hat, aber der, weil er leben muß, letztlich auch überlebt.«“[16]
Über die Figur des Esslin kritisiert Fassbinder eine politische Bewegung in den frühen Jahren der Bundesrepublik, die sich ‘humanistisch’ nannte, gegen ‘die Wiederaufrüstung’ demonstrierte, letztlich sich aber doch nur affirmativ in den restaurativen Adenauer-Staat eingegliedert hat. Esslin: „Revolutionen lehne ich ab. Ich bin Humanist.“ Damit nimmt Fassbinder das Scheitern des Entwurfs Bundesrepublik auf der politischen Ebene vorweg. Von Bohm: „Da werden Sie die Raubvögel und die Krähen wohl erdulden müssen.“ Fassbinder nennt das „Modell“ Bundesrepublik eine

> „geschenkte Demokratie, [...] deren Verteidigung über das Stützen von unkritisierbaren Werten geht. [...] Demokratisch wäre doch gerade, daß Demokratie durch ständiges Infragestellen und Kritik am Leben bleibt. Aber es hat sich doch im Laufe der Zeit ergeben, daß die Demokratie bei uns so autoritär gehütet wird, wie es in einem autoritären Staat nicht besser geschehen könnte. Ich würde jedenfalls nicht sagen, daß das ‘Modell Deutschland’ eines für die ganze westliche Welt ist.“[17]

1.2.2. Von Bohm - als „erotisch repressiver“[18] Charakter

Die Handlungsführung von Lola macht Fassbinder anhand der Figur des von Bohm sichtbar. Baudezernent von Bohm erleidet dasselbe Schicksal wie Maria Braun: unaufhaltsamer Aufstieg und Fall, der sich hier nur nicht mehr spektakulär durch eine alles vernichtende Explosion bemerkbar macht. Die Figur des von Bohm wird Stück für Stück demontiert und dann wieder zusammengesetzt. Fassbinder zeigt hier einen ‘Fortschritt’, der aus ‘alten’ wie aus ‘neuen’ Kräften besteht.

---

[16]RWF zitiert nach: Töteberg: Die fröhliche Verlogenheit der Fuffziger; S. 139-152; in: Märthesheimer, Fröhlich: *Lola* - Ein Drehbuch für RWF; hg. und mit einem Nachwort von M. Töteberg; München 1997; S. 150
[17]RWF in: Anarchie; a.a.O.; S. 138
[18]Adorno: Tabus über den Lehrerberuf; in: Neue Sammlung; 5. Jg.; Heft 6; Göttingen 1965; S. 487-498: „In den Romanen und Stücken aus der Zeit um 1900, welche die Schule kritisieren, erscheinen die Lehrer vielfach als erotisch besonders repressiv, [...]; als verkrüppelt gerade auch als Geschlechtswesen. Dies Bild des quasi Kastrierten, wenigstens erotisch Neutralisierten, nicht frei Entwickelten; das von Menschen, die in der erotischen Konkurrenz nicht vollgenommen werden, deckt sich mit der wirklichen oder vermeintlichen Infantilität des Lehrers. [...] Seine Würde wird weithin als der unzulängliche Kompensationsversuch für diese Diskrepanz erfahren“; S. 493

Von Bohm, der von Schuckert als „beruflich modern, privat altmodisch" charakterisiert wird, muß nicht mehr korrumpiert werden, er ist es längst, er ist von der Idee des Wachstums besessen. Er stellt Esslin die bezeichnende Frage: „Wollen Sie unser Wirtschaftssystem revolutionieren?"
Das wirtschaftliche Wachstum ist an die Stelle der nationalsozialistischen Ideologie getreten. Das ideologische Vakuum, das nach dem Krieg entstand, wurde einseitig aufgefüllt mit der Ideologie des Wirtschaftswunders: zuerst dem Wiederaufbau, bei Fassbinder dargestellt in *Die Ehe der Maria Braun* und dann der Anhäufung und Zur-Schau-Stellung von Luxusgütern, dem Thema in *Lola*. Fassbinder stellt die Ideologie des Wirtschaftswunders heraus. Er mißbilligt es als Teil einer Politik mit der alleinigen Ausrichtung auf den Warentausch. Das Wirtschaftswunder ließ den Menschen keine Zeit, sich geschichtlich und emotional nach dem Zweiten Weltkrieg und dem Dritten Reich zu reorientieren.
Fassbinder:

> „Ich glaube nicht, daß da eine wirkliche Euphorie war, ich glaube, daß durch sehr viel äußerliche Dinge die Leute sich am Leben gehalten haben, aber eben nicht wirklich die Zeit gelebt haben. Oder sie haben sie irgenwie handelnd verbracht, aber sie haben sie nicht gedanklich und psychisch erlebt."[19]

Feinstein charakterisiert von Bohm als „a cultured German of faded aristocratic background, [who] surrenders to the combined forces of the postwar class alliance of the 'nouveaux riches' (Schuckert) and the archaic aristocrats (Mrs. Schuckert), as well as to the economic alliance of government and industry."[20]

Von Bohm scheint doppelt erfolgreich zu sein. Er ist verliebt und wähnt sich zugleich auf der beruflichen Karriereleiter nach oben. Er ahnt nicht, daß sich beides gegenseitig zerstören wird. Die Machenschaften des korrupten Bauunternehmers Schuckert hat er früh akzeptiert, denn nur so läßt sich das Land wiederaufbauen: „Unser Staat, hier und heute, fordert von uns den Aufbau und die Expansion - wir werden in diesem Sinne handeln. Wir müssen das Unsere tun, daß der Fortschritt auch fortschreiten kann, zum Segen aller", so betont er in seiner Antrittsrede. Er wird erst, und auch nur für einen kurzen Zeitraum, zum radikalen Umstürzler, als ihm aufgeht, daß der 'Aufbau und die Expansion' direkt in sein intimes Gefühlsleben eingreifen und nicht nur abstrakte, vielleicht sogar nützliche gesellschaftliche Phänome sind. Diese Erfahrung macht er, als er entdeckt, daß Lola, die Auserkorene seines naiven Herzens, die Attraktion im städtischen Bordell und obendrein noch Schuckerts „Privathure" ist, wie dieser ihm stolz mitteilt.
Nachdem von Bohm solchermaßen über die wahren kleinstädtischen Verhältnisse aufgeklärt ist, lehnt er sich, von persönlicher Rachgier getrieben, und einzig aus diesem Grund, gegen Schuckert und dessen korruptes System auf. Er will jetzt

---

[19]RWF in: Anarchie; a.a.O.; S. 186
[20]Feinstein: BRD-1-2-3; a.a.O.; S. 50

„zerstören und vernichten". Sein Problem ist aber, daß er selbst Teil dieses Systems ist. Mit seiner Arbeit hält er es in Gang, mit seinen Gefühlen unterliegt er ihm. Er ist so integriert, daß die „Krankheiten" des Systems auch die seinen sind:

Von Bohm: „Wie sollen sie einen zurückhalten, der die Wahrheit entdeckt hat? Das Ganze ist schlecht, nicht der einzelne. Deswegen muß das Ganze bekämpft werde. [...] Die Spielregeln werde ich lächerlich machen. Das ganze verlogene System, weil es die Menschen entstellt und verzerrt und krank macht. [...] Krank, krank, krank, warum sollte ich davon ausgenommen sein? Wie könnte ich meinen Frieden mit einer Welt machen, die mich krank werden läßt?"
Zur visuellen Bestätigung seines aufgewühlten Inneren gestikuliert von Bohm wild und drohend mit seinem Schirm.

An diesem Punkt findet die Figur des von Bohm deutliche Parallelen bei Heinrich Manns Charakter Professor Unrat im gleichnamigen Roman von 1905. Professor Unrat, der als funktionierendes Mitglied seiner Zeit und Gesellschaft gilt, er gehört zur „herrschenden Klasse"[21], wird durch die Bekanntschaft mit der Nachtclubsängerin Rosa Fröhlich aus seinem gesellschaftlichen Rahmen geworfen. Die, im Vergleich zu von Bohm, ebenfalls infantilen Emotionen, die die Sängerin bei Professor Unrat hervorruft, kippen an einem Punkt in ihr Gegenteil um. Dann wird sein Zustand mit „leidenschaftlicher Entschlossenheit"[22] beschrieben, als es darum geht, seinen drei jugendlichen Nebenbuhlern das Handwerk zu legen. Es geht ihm auch lediglich darum, die „drei Verbrecher »hineinzulegen«."[23] Unrat verhält sich der Nachtclubsängerin gegenüber genauso wie seine Gymnasiasten:

> „Er gleicht ihnen, [...], seinem ganzen seelischen Horizont und seiner Reaktionsform nach: ist eigentlich selber ein Kind. Die Mißachtung des Lehrers hätte demnach auch den Aspekt, daß man ihn, weil er in eine Kinderwelt eingespannt ist, die entweder ohnehin die seine ist oder der er sich anpaßt, nicht ganz als Erwachsenen wahrnimmt, während er ein Erwachsener ist, und seine Ansprüche aus seinem Erwachsensein ableitet."[24]

Die o.e. Szene über von Bohms Gefühlsausbruch auf dem Marktplatz findet ihre direkte Korrespondenzszene im *Professor Unrat*:

> „Und am Sonntag ging er mit dem Artisten Kiepert zur politischen Wahl, an den Kohlmarkt, ins sozialdemokratische Hauptquartier. Es war die Ausführung eines jähen Entschlusses. Die Macht der Kaste, der Lohmann angehörte, war, so entdeckte er, eine zu brechende. [...] Heute war er auf einmal entschlossen, [...] gemeinsame Sache zu machen mit dem Pöbel gegen die dünkelhaften Oberen, den Pöbel in den Palast zu rufen und den Widerstand einiger in allgemeiner Anarchie zu begraben. Im Dunst des Volksgemüts, der

[21]Heinrich Mann: Professor Unrat; Hamburg 1951; Neuauflage 1996; S. 33
[22]a.a.O.; S. 66
[23]ebd.
[24]Adorno: Tabus über den Lehrerberuf; a.a.O.; S. 493

schwer unter der Decke des Wahllokals hing, verfing sich Unrats Besinnung, und er entbrannte in hektischer Zerstörungssucht. Er schlug mit geröteten Knöcheln zwischen die Biergläser und verlangte: 'Vorwärts nun also! Ich bin nicht gewillt, dies alles noch länger zu dulden! ...'"[25]

Auch von Bohm schlägt sich für kurze Zeit auf die Seite der gegen die Wiederaufrüstung Demonstrierenden auf dem Marktplatz.
Von Bohm, wie auch Professor Unrat, sind als 'erotisch repressive' Charaktere zu definieren. Ihr Handeln, ihr Ausbruchsversuch aus den an sie gestellten Erwartungen, stellt einen Kompensationsversuch dar, für die erfahrene Diskrepanz zwischen ihrer Eigenansicht und der Tatsache, daß sie als erotische Konkurrenten nicht für voll genommen werden. Dies zeigt deutlich Schuckerts Meinung über von Bohm, als er ihm direkt sagt:

„...mit dem nicht, Schuckert, mit dem nicht, der ist anders, der macht seine Geschäfte vom Schreibtisch aus, der geht keinen saufen, damit es zu einem angenehmen Gespräch kommt, in guter Atmosphäre, der macht alles vom Schreibtisch aus, alles andere interessiert den nicht. Der geht auch nicht in ..., na ja, ist ja egal."

Daß von Bohm sich querstellt zu den bisher so reibungslos funktionierenden Geschäften, hängt mit seiner persönlichen Befriedigung von Machtbedürfnissen zusammen, um sein inneres Gleichgewicht wiederherzustellen. Sein Rang- und Maßgefühl ist gestört, die Wahrnehmung seiner Realität verzerrt.

Schuckert hingegen hat die wahre Ursache des Problems erkannt. Er begibt sich zu von Bohm auf den Marktplatz und bietet ihm Lola an: „Nehmen Sie sie sich, ziehen Sie sie aus, machen Sie mit ihr, was Sie wollen. Sie ist 'ne Hure."

Fassbinder hat hier in eine Zeit hineingespürt, die, ähnlich wie die wilhelminische des frühen Heinrich Mann, wirtschaftlichen Expansionsdrang mit hochgeschlossener Scheinmoral und einer Statik der Gesellschaftsordnung verband. „Auch in der Adenauer-Restauration kochte ein wirtschaftlicher Riese auf geistiger Sparflamme. [...] Das flotte Leben hat eine Ventil-Funktion."[26]

Schuckert, als der eigentliche Held dieses Systems und des Films, stellt von Bohm die Heirat mit Lola in Aussicht. Die Geschäfte innerhalb des dargestellten Mikrokosmos waren an empfindlicher Stelle gestört worden. Durch die Heirat rückt Schuckert die Verhältnisse wieder gerade. Er hilft von Bohm aus seiner Isolation heraus. Lola kann in die 'bürgerliche Anständigkeit' zurückkehren und Schuckert wird selbst wieder ungestört seinen Geschäften nachgehen können.

---

[25]a.a.O.; S. 93
[26]Anon.: Der Blaue Engel der Adenauer-Zeit; S. 190-197; in: Der Spiegel; Nr. 36; 31.08.1981; S. 194

Letztendlich war auch von Bohm nur käuflich, wie alle hier Dargestellten. Diese Erkenntnis beruht auf einer Grundüberzeugung Fassbinders. In *Faustrecht der Freiheit* (1974) spielt Fassbinder selbst die Rolle des Fox alias Franz Biberkopf, der sagt: „Ach was, zu haben ist jeder."

Von Bohm liebt die Ordnung. Er schaut aber nicht hinter die oberflächlichen Erscheinungen der Ordnung. Insofern ist er die richtige Person, einerseits für Lolas Weg in die 'bürgerliche Anständigkeit' und andererseits für die Bedürfnisbefriedigung des materiellen Strebens im Nachkriegsdeutschland. Fassbinder zeigt hier deutlich, daß die direkt Beteiligten lieber nicht so genau hinschauen, auf welchen Fundamenten ihr angeblich so solides und bürgerliches Leben aufgebaut ist.

Von Bohms „gebremster Amoklauf"[27] ist allerdings nicht zu vergleichen mit dem „interessanten Anarchisten", den der Schüler Lohmann in Professor Unrat „im Ausbrechen"[28] sieht. Unrat entledigt sich seines bürgerlichen Lebens. Er verspottet die Gesellschaft, in der er bisher unauffällig gelebt hat und befriedigt seine Rachegelüste, indem er seine ärgsten Feinde in den finanziellen Ruin treibt und ihren bürgerlichen Ruf nachhaltig schädigt.
Von Bohm hingegen wird erst durch seine 'unstandesgemäße' Beziehung zur städtischen Nachtclubsängerin in der Gesellschaft als vollwertiges Mitglied aufgenommen.

Unrat läßt in seinem Haus vor der Stadt Glücks- und Pfänderspiele zu. Die Beschreibung seines Hauses trifft genau auf die Villa Fink in *Lola* zu.[29] Beiden, Heinrich Mann und Fassbinder, ging es darum, die „Entsittlichung einer Stadt" zu zeigen, die „von keinem zu unterbrechen, weil zu viele darin verwickelt waren."[30]

Schuckert setzt im Film die Grenzen. Innerhalb seines festgelegten Systems hat alles zu funktionieren. Seine Regeln sind zum „Segen aller" aufgestellt. Der Journalist Weizmann, von dem sich von Bohm Unterstützung im Kampf gegen dieses System erhofft, beschreibt das System unter dem Überbau der Sozialen Markt-

---

[27]Günther Kriewitz: Gebremster Amoklauf; in: Stuttgarter Zeitung; 22.08.1981
[28]H. Mann: Professor Unrat; a.a.O.; S. 131
[29]vgl. H. Mann; a.a.O.; S. 160. „ ... die Villa vorm Tor, wo hoch gespielt, teuer getrunken wurde, wo man mit weiblichen Wesen zusammentraf, die nicht ganz Dirnen und auch keine Damen waren, wo die Hausfrau, eine verheiratete Frau, die Frau des Professors Unrat prickelnd sang, unpassend tanzte und, wenn man es richtig anstellte, sogar für Dummheiten zu haben sein sollte. [...] Vermögende Phalbürger, [...] ahnten auf einmal eine unverhofft genußreiche Verwendung für ihr Geld. Blendend zeigte sich ihnen der Lohn ihrer Mühen, und sie wußten nun, wofür sie gelebt hatten. [...] Sodann fanden kleinere Mitbürger [...] sich geschmeichelt und sozial befördert durch den allein bei Unrats möglichen Verkehr mit den Spitzen."
[30]a.a.O.; S. 165

wirtschaft: „Wenn die einen reich werden, werden die anderen doch auch reich. Vielleicht nicht richtig reich aber auch nicht arm. Deshalb nennen wir unsere Marktwirtschaft doch sozial, weil für jeden etwas hängenbleibt. Das sind die Spielregeln."

Daß diese 'Spielregeln' zu brechen sind, hat Fassbinder anhand der Figur des von Bohm deutlich gemacht. Von ihm wird erwartet, daß er die 'Spielregeln' beherrscht, daß er funktioniert. Er soll durch seine Arbeit den anderen den Profit garantieren.
Der Beginn der Zusammenarbeit zwischen von Bohm und Schuckert verlief auch wie erwünscht nahtlos, trotz Schuckerts Anfangsskepsis und -ängsten. Begeistert erklärt er Lola zu Anfang die reibungslose Zusammenarbeit mit von Bohm: „Der will, daß Wohnungen gebaut werden, und er kann sie nicht selber bauen, weil er nur ein kleiner Baureferent ist. Er braucht uns, das Saupack. Der weiß, was Fortschritt ist."
Als von Bohm jedoch plötzlich nicht mehr mitmacht in diesem einträglichen Spiel, als er sich quer gegen das System und gegen Schuckert stellt, stört er die Geschäfte an empfindlicher Stelle. Der Kreislauf funktioniert nicht mehr reibungslos und der persönliche Gewinn könnte für die Beteiligten ausbleiben. An diesem Punkt erweist sich das 'kapitalistische Wirtschaftssystem' als Illusion. Realität ist, daß es ohne ökonomisches Wachstum auch keinen persönlichen Gewinn für die direkt Beteiligten mehr gäbe, d.h. ihre eigene Macht und privilegierte Position würden unterlaufen.

Im Film wird von Bohm „aber schließlich - durch die von Schuckert eingefädelte Heirat mit Lola - von ihr integriert und damit unschädlich gemacht."[31]

Die Korruption von Macht und Gefühlen wird von Fassbinder als ideale Grundlage für das Wirtschaftswunder beschrieben.

Fassbinders Figur von Bohm ist eine Sirksche Figur mit einer „Erziehung zu was und manipulierten Träumen im Kopf."[32]

1.2.3. Schuckert - Verkörperung des Machtprinzips

Bauunternehmer Schuckert, die Filmfigur, die alles bestimmt und alles zu sagen hat, wird am wenigsten durchleuchtet. Alle anderen Figuren durchlaufen eine

---

[31]Mario Adorf in: Ansichten eines Beteiligten. M. Adorf über den Film *Lola* und die Zusammenarbeit mit RWF, Stuttgarter Zeitung; 21.08.1981
[32]RWF in: Filme befreien; a.a.O.; S. 16

Entwicklung. Schuckert ist gleichbleibend gutgelaunt und jovial und bemüht sich, für alle zum besten zu sorgen. In ihn ist keine Innerlichkeit hineinprojiziert.
Schuckert spendet großzügig „hier und dort“, damit sind die Kirche sowie Esslin und seine Mitdemonstranten gegen die atomare Wiederaufrüstung gemeint, weil „ein freier Unternehmer eben überall seinen Anteil haben muß.“
Lolas Mutter würde er auch noch bezahlen, ginge diese nicht „bei fremden Leuten putzen“. Lola sagt ihm, daß er nur beliebt sei, weil er überall viel Geld zurücklasse. Frau Fink, die Nachtclubbesitzerin, würde ihn nur mögen, weil er „ihr so viel Sekt abkauft“. Woraufhin Frau Fink entgegnet, daß sie ihn mag, weil „er eine Lebenslust hat, der Herr Schuckert. Die anderen saufen, weil es ihnen nicht gut geht. Der Herr Schuckert, weil's ihm gut geht.“

Schuckert verkörpert die Erfüllung jener Sehnsucht, die Fassbinders Mutter, die sich selbst in *Deutschland im Herbst* spielt, formuliert: ein Diktator, der gut und freundlich und ordentlich ist, ein 'faschistischer', in westeuropäische Normalität umgesetzter Traum: „Das beste wäre so'n autoritärer Herrscher, der ganz gut ist und ganz lieb und ordentlich.“[33]
Fassbinder: „Ich finde das gefährlich. Ich finde es besser, wenn ein Führer auch angreifbar ist.“[34]

Mit Hilfe der Filmfigur Schuckert zeigt Fassbinder die Verflechtung von Wirtschaft und Politik als Herrschaft. Letztlich ist sie nur noch als Politik wahrnehmbar.
Fassbinder visualisiert diese These über den Platzwechsel im Büro des Bürgermeisters. Schuckert hat den Platz des Bürgermeisters hinter dem Schreibtisch übernommen, der Bürgermeister sitzt ihm auf der Besucherseite gegenüber. Die beiden besprechen 'den Fall' von Bohm. Der Bürgermeister fragt: „Ja, was kann ich denn tun?“ Schuckert: „Bin ich der Bürgermeister oder du?“
Fassbinder:

> „Politik finde ich - abgesehen davon, daß mit Politik oftmals Machtmechanismen gegen Menschen eingesetzt werden, die sehr grausam und sehr furchtbar sind - etwas unheimlich Lächerliches und Kindisches. Ich kann gar nicht verstehen, wie man auf die Idee kommen kann, Politiker zu werden.“[35]

In der Person Schuckert werden alle Machtformen vereinigt: Geld, repräsentiert durch den lokalen Vertreter der Stadtsparkasse; die institutionalisierte, staatliche Macht wird über die Figur des Bürgermeisters ausgedrückt; und die ausführenden Machtorgane, wie den lokalen „Chef der Polizei“, und von Bohm, den bei der

---

[33]vgl. dazu das Streitgespräch zwischen Fassbinder und seiner Mutter aus *Deutschland im Herbst*; in: Anarchie; a.a.O.; S. 214-218
[34]Limmer: RWF - Filmemacher; a.a.O.; S. 62
[35]a.a.O.; S. 58

Stadt angestellten Baudezernenten, der in seinem Ressort nur die vorher getroffenen Entscheidungen offziell zu bestätigen hat. Schuckert selbst repräsentiert die freie Macht des Marktes. All diese verschiedenen Repräsentanten der Macht vereinigen sich unter Schuckerts Überbau der freien Marktwirtschaft. Ohne ihn läuft nichts. Alle sind von seinen Entscheidungen abhängig. Und Schuckert selbst geht „immer dahin, wo das Geld ist."

Die Figur Schuckert als Wirtschafts- und Kapitalfaktor steht stellvertretend für die Machtverhältnisse und die Machtausübung in der Gesamtgesellschaft des sich damals noch entwickelnden neuen deutschen Staates.

> „[...] in *Lola* ist der Unternehmer, verkörpert von Mario Adorf, ein plebejischer Aufsteiger, der suggestive Macht über die Kleinbürgergesellschaft der Adenauer-Ära besitzt. Dieses Beispiel einer einzelnen Figur aus dem Spektrum von Fassbinders Konstellationen zeigt seine Strategie, dem melodramatischen Personal einen engen Bezug zur Wirklichkeit zu unterlegen, die Zuschauer jedoch durch die Ambivalenzen der Figuren aus ihren soziologisch präformierten, objektiven Haltungen herauszukatapultieren und ihnen ihre Verführbarkeit durch die Macht sinnlich erfahrbar zu machen. In diesem Sinn war Fassbinder der antiautoritäre Aufklärer der 68er-Generation und zugleich einer der radikalsten Vertreter der Sprache der Subjektivität."[36]

1.2.4. Lola - Tausch und Anpassung

Lolas Verhältnis zu Schuckert sowie ihr Standpunkt im neuen Staat Bundesrepublik lassen sich in einer Szene zum Ende des Films erklären, die auf Schuckerts Gartenterrasse stattfindet. Hier wird deutlich, innerhalb wessen Systems die Frauen „zusammenhalten" dürfen. Der neue Zusammenhalt zwischen Lola und Frau Schuckert findet in Schuckerts System und unter seinem Schutz statt. Die Frauen unterhalten sich über Lolas neue gesellschaftliche Stellung:
Lola: „Ich gehöre jetzt zu Ihnen, gewissermaßen."
Frau Schuckert nuanciert: „Ja, gewissermaßen, gehören Sie jetzt zu uns."
Schuckert, der sich abseits des Gespräches aufhält, wird, wie beobachtend, mehrmals dazwischengeschnitten. Als die beiden Frauen sich ihr gegenseitiges Vertrauen aussprechen und obendrein mit dem 70er Jahre-Schlagwort: 'Wir Frauen müssen zusammenhalten' beschließen, hört der Zuschauer dies nur noch aus dem Off. Bildbeherrschend, in amerikanischer Einstellung, ist Schuckert zu sehen, der breitbeinig und vor Lachen prustend auf einer Hollywoodschaukel sitzt und sich auf die Oberschenkel klatscht.

[36]Lenssen: Film der siebziger Jahre; in: Jacobsen, Kaes, Prinzler (Hg.): Geschichte des deutschen Films; a.a.O.; S. 272

Lolas gesellschaftlicher Aufstieg, ihre Entwicklung, haben innerhalb von Schukkerts System stattgefunden. Schuckert hat ihre Rolle zu Anfang der filmischen Fiktion vorgeschrieben und auch jetzt diktiert er sie noch.

Bei Lola „weiß der Verstand mehr als die Seele", in *Die Ehe der Maria Braun* gab es diesen Unterschied noch nicht. Lola befindet sich zu Anfang des Films in einem selbstzerstörerischen Prozeß. Sie ist meist betrunken und versucht vergeblich, sich gegen Schuckert aufzulehnen. Einerseits ist sie finanziell von ihm abhängig, andererseits nimmt sie ihn auch aus. Einerseits ist sie selbst Geschädigte der Scheinwelt, der Welt des Wirtschaftswunders in den ausgehenden 50er Jahren. Andererseits versucht sie, über ihre sexuelle Macht das Größtmögliche für sich herauszuholen. Lola ist wieder an dem Punkt angekommen, an dem Maria Braun zu Anfang ihrer Karriere stand.
In einem Augenblick der Wahrheit gibt Lola zu, daß sie genauso korrupt ist, wie alle anderen Figuren, weil sie sich ständig anpaßt. Der Wunsch, sich anzupassen, einer Gemeinschaft anzugehören, ist ein menschliches Bedürfnis, dem Fassbinder sehr skeptisch gegenüberstand, weil es immer dazu führt, Dinge zu akzpetieren, die man nicht akzeptieren darf, wie den 'Faschismus' im Alltag.[37] Fassbinder:

> „Ich habe nur gesagt, es ist eine Tendenzwende in Deutschland, daß diese Leute, die die Macht haben, sie auch so benutzen. Ein paar Jahre vorher hätten sie das nicht getan, da hätte es noch eine mutigere, [...] Opposition gegeben, die sich dagegen gewehrt hätte. Die Tendenzwende geht Hand in Hand mit einer ziemlich traurigen Anpassung vieler Leute."[38]

Zu Beginn des Films hat Lola noch die Hoffnung, über von Bohm, der ihre wahre Identität noch nicht kennt, sich eine neue Identität aufzubauen, jenseits von Schuckert und der Villa Fink. Sie will ihn verführen, in aller Unschuld zunächst, wie sie vorgibt. Die Verführung beruht allerdings auf einer 30-Champagnerflaschen-Wette, die sie mit Schuckert abgeschlossen hat. Mit von Bohm geht sie daraufhin wandern und Kanon singen in der Kirche.

Als Lola aber entdecken muß, daß von Bohm ihre wahre Identität aufgedeckt wurde, Esslin hat ihn mit in den Puff genommen, muß auch sie einsehen, daß sie zum Tauschobjekt zwischen Schuckert und von Bohm geworden ist. Für von Bohm ist sie natürlich nur ein Trostpreis, denn der wahre Sieger heißt Schuckert und der

---

[37]vgl. hierzu noch einmal die betreffenden Kap. in *Maria Braun* und *Veronika Voss*: „1933 war den Leuten, die emigriert sind, klar: Das wird sich ändern, das muß sich ändern. [...] während diese neue Art - und man darf das auch gar nicht Faschismus nennen, das ist zu verzerrt - das, was jetzt ist, viel schlimmer ist, weil es viel endgültiger sein wird. Es wird alles sehr freundlich aussehen, die Leute werden meinen, sie leben in einem freien Land"; in: Anarchie; a.a.O.; S. 91
[38]Limmer: RWF - Filmemacher; a.a.O.; S. 136

behält den ersten Preis für sich. In diesem Augenblick führt sie ihren selbstzerstörerischen Striptease auf. Nach diesem Einschnitt in ihrer Entwicklung ist sie wie geläutert für das kommende Wirtschaftswunder. Als Esslin sie fragt, ob „sie denn in einer Welt leben möchte, die keine Moral mehr hat, die nur noch schlecht ist und verdorben und korrupt?", antwortet Lola: „Das möchte ich gern. Mein Problem ist eher, daß sie mich nicht so richtig mitmachen lassen."
Aber genau hier ist sie auf Frau Schuckerts Terrasse zum Nachmittagskaffee angekommen, zwar nur 'gewissermaßen', Frau Schuckert bestätigt ihr aber noch, daß sie „eine ernstzunehmende Person" sei.
Schließlich garantiert sie, daß „von Bohm ruhig bleibt" und „diesmal in einem konstruktiven Sinn die Arbeit am Projekt 'Lindenhof' wiederaufnimmt."

Lola hat Schuckerts 'Spielregeln', also seine Gesetze, jetzt völlig für sich angenommen. Sie handelt ausschließlich danach und vergibt nur, wenn sie zu einem hohen Preis zurückbekommt. Als von Bohm ihr den Verlobungsring schenkt, 'schenkt' sie sich ihm im direkten Gegenzug. Für ihren Einsatz zu Schuckerts Gunsten bekommt sie von ihm den Puff, in einer „Schenkungsurkunde" zur Hochzeit vermacht. Dafür bleibt sie weiterhin seine Geliebte und bedankt sich auch bei ihm noch im Hochzeitskleid. In dieser Szene schaut sie selbsterkennend in den Spiegel und bekennt ganz ehrlich: „Ich bin eine ziemlich teure Geliebte, nicht wahr? [...] So soll es auch sein."

Fassbinder zeigt hier, wie die Anpassung oder das Sich-Arrangieren funktionieren. Lola ist die Heldin des Sich-Arrangierens: „Ich paß' mich an", bekennt sie von Bohm gegenüber.
Über die Frauenfigur Lola beleuchtet Fassbinder die gesellschaftlichen Verhältnisse in den späten 50er Jahren. Lola hat es geschafft, nach ganz oben aufzusteigen, in der korrupten Gesellschaft. Sie ist zur Edelprostituierten aufgestiegen. Sie wird aber nicht verdorbener dargestellt, als es ihrer Umwelt entspricht.
Wenn die entscheidenden Geschäfte für den wiederaufzubauenden Staat im Puff getroffen werden, dann sitzt Lola jetzt an wichtiger Stelle im Staat, da wo sie schon immer 'mitmachen' wollte.

Fassbinder sieht die Prostitution nicht als „exotisch", sondern „eher parallel zum bürgerlichen Leben."[39]
Fassbinder hat hier die metaphorische Bedeutung der Prostitution als versteckte Ausbeutung im bürgerlichen Leben ganz krass nach außen gekehrt und an die erste Stelle des Staates gesetzt.

Fassbinders Film *Lola* findet auf filmischer Ebene sowie in bezug auf die weibliche Protagonistin seine Entsprechung in Rolf Thieles Film *Das Mädchen Rosema-*

---

[39]Limmer: RWF; a.a.O.; S. 65

rie von 1958. Der Schauspieler Mario Adorf, der in Thieles Film ebenfalls mitspielt, zieht in dem bereits weiter oben erwähnten Interview die Parallele von Fassbinders *Lola* zu Thieles Figur der Rosemarie Nitribitt:

> „[...] in der Wirtschaftswunderatmosphäre, wo es nur darum ging, erfolgreich zu sein. In dieser Männergesellschaft hat Lola eigentlich keine Funktion. Aber letztlich ist sie diejenige, auf deren Rücken alles ausgetragen wird. [...] ist Lola eine Art Vorreiterin der Emanzipation, wie es auch Rosemarie Nitribitt war. Doch da endete es tragisch, denn die Nitribitt wollte mitbestimmen, und deshalb bekam sie natürlich eins aufs Dach, während Lola in dem Sinne noch keine Kämpferin ist. Sie versucht lediglich, sich in dieser materialistischen Männerwelt zu integrieren.“[40]

Thieles sarkastische Verfilmung bereits ein Jahr nach dem Tod der realen Person Rosemarie Nitribitt, der Frankfurter Edelprostituierten, war zu jener Zeit, in Adenauers Staat, ein Skandal. Das damalige deutsche Außenministerium versuchte, die Premiere des Films bei den Festspielen in Venedig zu verhindern. Der Film gelangte auf Umwegen zum Festival und wurde ein Erfolg. Er charakterisiert treffend die wirtschaftliche und politische Verzahnung in den Aufbaujahren der Republik. Der Schriftsteller Erich Kuby, der das Drehbuch für Rolf Thieles Film geschrieben hat, äußert sich rückblickend sehr kritisch über jene Jahre und die Rolle des Films:

> „Das war keine Heldenfeier für die Bundesrepublik, sondern es war ein sehr kritischer Film für eine Schicht, die dort das Sagen hatte, nämlich die Großindustrie. Als die merkten, daß an dem deutschen Image gekratzt wurde, da wurde es, vorübergehend, in Verbindung mit Venedig, ein politischer Skandal.“[41]

In einer Parallelmontage zeigt Thiele, wie er die späten 50er Jahre sieht: Die beiden Straßenmusikanten und Kleinganoven tragen die neuen Luxusgüter, TV-Gerät und Küchenmaschine, in Rosemaries Wohnung. Dabei geben sie singend das Wirtschaftswunder aus ihrer Perspektive wieder, erinnern an den scheinbar vergessenen Nationalsozialismus. In dieses sehr ironische Lied sind Bilder von Soldatenstiefeln sowie eine den Soldaten zujubelnde Menge montiert. Der Filmemacher läßt somit offen, wem die Menge zujubelt: den Luxusgütern des Wirtschaftswunders oder den marschierenden Soldaten.
Dieses ist der filmhistorische Hintergrund, vor dem sich der Aufstieg und Fall der Rosemarie Nitribitt vollzieht. Beides wird auch bei Thiele als ein Komplott aus Wirtschaft und Politik beschrieben. Der fiktive französische Wirtschaftsspion Fribert will Rosemarie als Mittel zum Zweck einsetzen, um Informationen aus der

---

[40]Adorf in: Ansichten eines Beteiligten; a.a.O.

[41]Tamara Duve: Der Fall Nitribitt. Tod einer Edelhure - Mythos um Rosemarie Nitribitt; Spiegel-TV-Reportage vom 08.12.96

Wirtschaft zu bekommen. Fribert charakterisiert die deutsche Wirtschaft und die Verbindung zu Rosemarie:

„Ich bin im Begriff, dir den Zusammenhang zwischen deinem Bett und dem Wirtschaftswunder zu erklären. Du siehtst aus, als hättest du alle Anlagen zu einer großen Kokotte. Ungewöhnlich für diese Gegend, große Kokotten waren bisher französisches Exportmonopol. Ich könnte dich soweit bringen, daß du aussiehst wie eine Dame, aus einem pariser Vorort, genau das Richtige für diese Wundermänner. Du brauchst nur etwas internationalen Lack, dann werden diese Herren sich in deinem Bett fühlen wie große Europäer. Und sie werden dir erzählen, was für tolle Burschen sie sind, von ihren Fabriken natürlich. Und sie werden reden.“

Fribert wie auch Schuckert wissen, wie und wo sie die gewünschten Informationen ihrer Gegenspieler aus der Wirtschaft bekommen. Über das Bett ausgewählter weiblicher Prostituierter bekommen sie Gegeninformationen, die sie wieder einsetzen können, um Macht auszuüben oder, wie im Fall von *Das Mädchen Rosemarie*, um zu erpressen.

Thiele zeigt über die Figur des französischen Spions, wie zynisch er das deutsche Wirtschaftswunder und besonders seine ‘Köpfe’ sieht. Ebenfalls zeigt er hier, genau wie auch Fassbinder in *Lola*, die Parallelen zwischen wirtschaftspolitischen Entscheidungen und Prostitution. Fassbinder geht noch einen Schritt weiter, indem er die äußere, reale Welt in den Puff verlegt, alle Unterschiede zwischen beiden Welten aufhebt und alle Entscheidungen dort treffen läßt.

In *Das Mädchen Rosemarie* zeigt Rosemaries prompte Gegenfrage, „was würde für mich dabei herausspringen?“, auf Friberts Ausführungen, daß sie „eine kühle, sachliche Geschäftsfrau war, die sich anpassen konnte.“[42] Hier zeigen sich die Parallelen zwischen Rosemarie und Lola, nachdem letztere begriffen hat, welches kapitalistische Prinzip sie einsetzen muß, um in ‘die Gesellschaft’ aufzusteigen.

Erich Kuby beschreibt Rosemaries Aufstieg als etwas, das nur in jener Zeit möglich war: „Es gab ungeheuer viele Neureiche. Sie saß in einem Lift, den sie nicht kurbeln mußte, der Lift fuhr von selber nach oben. Das hat sie gesehen.“[43]

Die fiktive Rosemarie scheitert aber im Gegensatz zu Lola daran, daß sie Gefühle zuläßt. Lola setzt ihre Tränen lediglich zu von Bohms Verführung ein: „weil ich so glücklich bin.“ Rosemarie will geheiratet werden, von ihrem Freier und früheren Geliebten Hartog, der ihr auch ihre erste Wohnung eingerichtet hat. Sie glaubt, er würde sie noch lieben. Rosemarie verwechselt hier „Geschäft und Privates“[44], in ihrem Beruf ist das lebensgefährlich. Außerdem verwechselt sie noch etwas, sie glaubt, daß sie mitreden könnte in der oberen Gesellschaftsschicht, mit der sie geschäftlich zu tun hat. Sie glaubt, sie könnte Bedingungen stellen. Diese Gesellschaftsschicht erweist sich aber als undurchlässig. Sie ist nicht ‘ebenbürtig’. Har-

---

[42]Duve: Der Fall Nitribitt; TV-Reportage; a.a.O.

[43]Duve: Der Fall Nitribitt; TV-Reportage; a.a.O.

[44]ebd.

togs Schwester, deren Begleitung aristokratischer Abstammung ist, verkörpert im Film dieses rigide Klassenbewußtsein. Rosemarie und Lola, bei beiden ist die Herkunft nicht durch die jeweilige lokale, bürgerliche Gesellschaft abgesichert, werden in ihr geduldet, solange sie die 'Spielregeln' einhalten, aber sie werden in ihr niemals aufgenommen. In *Lola* setzt sich Frau Schuckert, deren Abstammung adelig gewesen sein muß, entschieden und in diskriminierender Weise von Lolas Mutter ab, die sie als 'Flüchtling und Haushälterin' herabwürdigt.
Über die aristokratischen Figuren in beiden Filmen, die durch ihr Verhalten und in Zusammenarbeit mit der Großindustrie weiterhin ihren Einfluß sichern wollen, zeigt sich eine historische Kontinuität, die bis ins Wilhelminische Kaiserreich zurückreicht.

Die fiktive Rosemarie hat ihren Einfluß überschätzt. Sie hat nicht gesehen, daß sie in dieser Gesellschaftsschicht niemals als vollwertiges Mitglied gegolten hätte, geschweige denn ernsthaft und gleichberechtigt hätte mitreden können.
Als sie in dem 'Ware-gegen-finanzielle-Leistung-Kreislauf' nicht mehr funktioniert, in dem Moment, als sie kein Geld mehr akzeptiert, sondern die Ehe mit Hartog fordert, wird sie umgebracht. Ihre Eheforderung an Hartog zeigt einerseits, daß sie noch eine gefühlsmäßige Bindung an ihn verspürt. Andererseits will sie durch diese Ehe mit ihm ihre neue gesellschaftliche Stellung öffentlich besiegeln. Sie würde dann auch 'ganz oben' dazugehören, so wie Lola, der dieser Aufstieg über die Heirat gelungen ist, 'gewissermaßen'. Rosemarie war in dem Kreislauf zum ernsthaften Störfaktor geworden, ihre Beseitigung durch Mord schließt den Kreis wieder.

Filmisch zeigen Fassbinder und Thiele die festen Kreisbewegungen der Gesellschaft, die undurchlässig sind, in den jeweiligen Schlußszenen. In Thieles Film setzt sich die junge Straßensängerin, wie zuvor Rosemarie, in gleicher Kleidung ins Foyer des Nobelhotels und wird mit den gleichen Worten des Hoteldirektors vor die Tür gebeten, wie Rosemarie zu Beginn ihrer Karriere.
In *Lola* legt sich die Tochter in gleicher Position wie zuvor Lola, als diese sich bei von Bohm für die Verlobungsringe 'bedanken' wollte, in den Heuschober. Die Kamera beschreibt wiederholend exakt die Kreisbewegung aus der vorausgegangenen Referenzszene, die Tochter fragt von Bohm, 'ob er jetzt glücklich sei'.

„Bring nie Geschäft und Privates durcheinander" - Lola hat diese Leitidee verinnerlicht. Maria Braun und Rosemarie dachten ebenfalls, daß sie nach dieser Maxime leben würden. Maria beschreibt ihr neues Verhältnis zu ihrem Chef: „Ich empfinde etwas für Sie, daß Sie mein Chef sind, daß ich da nichts durcheinanderbringen möchte, Ihretwegen. Ich muß immer ganz genau wissen, um wen es mir geht, um Sie oder um meinen Chef." Im Gegensatz zu Lola scheitern Maria und Rosemarie aber doch an ihrer selbst gewählten Maxime. An einer Stelle hat sich der Leitfaden als brüchig erwiesen. Die unterdrückten Gefühle treten hervor und lassen das mühsam aufgebaute Lebensgerüst zusammenbrechen. Rosemaries und Marias Schicksale sind tragisch, bei Rosemarie endet es mit dem gewaltsamen Mord, bei Maria noch mit dem selbst gewählten Unglücksfall.

Lola hingegen hat die Zeichen der Zeit erkannt, nichts wirklich an sich herankommen zu lassen, keine Gefühle, die Schwäche wären, zu zeigen. Nur so schafft sie den Aufstieg in der Aufbaugesellschaft. Ließe sie Schwächen zu, könnte ihr Fall noch tiefer sein.
In der Verführung von Bohms setzt sie auf das Gefühl. In einigen Momenten scheint echte Verzweiflung durch: Als sie z. B. von Bohm die Essenseinladung abschlagen muß, da sie erkennt, daß sie ihm ihre wahre Identität doch nicht offenbaren kann.
Sie ist auch nur einen kurzen Moment erstaunt und gerührt, daß von Bohm sie „wirklich liebt", nachdem er auf ihrem Bett zusammengebrochen ist, weil er sie kurz vorher „kaufen" wollte.

Dieses Gefühl, diese 'Schwäche' von Bohms, nutzt Lola um so rücksichtsloser und desto gewinnbringender für sich aus. Damit kann sie alles erreichen.
Sie hat Schuckerts Regeln gelernt, handelt nach seinen Gesetzen. Sie muß sich anpassen, um im Wirtschaftswunder zu überleben. Gefühle würden sie nur hindern, da wo es angebracht erscheint, kann sie sie einsetzen.
„Liebe darf nur Mittel zur Herrschaft über Menschen, zum gesellschaftlichen Erfolg sein,"[45] dieser Satz Heinrich Manns über die Protagonistin der *Liaisons Dangereuses* trifft auf Lola und die dargestellte Zeit zu.

Lola weiß, wo sie Einfluß nehmen kann. Sie will ein Optimum aus ihren Möglichkeiten schöpfen und paßt sich deshalb den Wünschen und Vorstellungen der sie umgebenden Männer perfekt an. Von Bohm kann sie 'beruhigen', durch den geregelten, ehelichen Sex ist von Bohm an sie gebunden. Schuckert, den das außereheliche Abenteuer reizt, fesselt sie auf diese Weise an sich. Sie weiß, wie sie Geld, Macht und Einfluß bekommen kann. Die anderen Frauenfiguren wollten darüberhinaus mitreden und einen 'ebenbürtigen' Platz in der Gesellschaft, der ihnen verwehrt blieb. Lola hingegen, die sich angepaßt hat und Kompromisse eingegangen ist, die Schuckerts wirtschaftspolitischen Einfluß niemals in Frage gestellt hat, ist jetzt die Besitzerin eines strategisch wichtigen Hauses der Stadt, dort, wo die Geschäfte vorbereitet werden. Sie beherrscht jetzt die erste Adresse des wiederaufzubauenden Staates, den Puff, oder 'Salon' und hier kann sie jetzt die 'Spielregeln' bestimmen. In der Hierarchie des neuen Staates steht sie an der Spitze.

---

[45]H. Mann: Choderlos de Laclos; S. 21- 39; in: Essays; a.a.O.; S. 21

Das Wettbewerbsverhalten aus dem öffenlichen Leben, der Politik und der Wirtschaft, wird ins Private verlegt. Das Gesetz des Wettbewerbs, Markt, Macht, Konsum ist bis ins letzte menschliche Detail vorgedrungen, bestimmt die zwischenmenschlichen Verhaltensformen. Wer versucht, sich dem zu entziehen, wie Maria und Rosemarie, ist gnadenlos dem Untergang geweiht. Lola muß doppelt schlau sein, weil sie genau zwischen den beiden Konkurrenten steht, über die sie nur zu Geld und Ansehen kommen kann. In diesem Wettbewerb, der mit harten Mitteln geführt wird, ist sie der Preis. Sie ist aber als 'Siegerin' hervorgegangen und ist jetzt 'ebenbürtig' mit Schuckert.

Macbean beschreibt in seinem Aufsatz von 1983 über Fassbinders letzte Filme ihren Erfolg: „Lola, who has resented her dependance on Schuckert, finds that, once securely married to von Bohm, she can happily jump back in bed with Schuckert, this time as his e q u a l [hervorgeh. O], or, better yet, on h e r [hervorgeh. O] terms."[46]

---

[46]Macbean: The Cinema as Self Portrait; a.a.O.; S. 16

2. Filmstil und Kameratechnik

1. Happy End

Näher an ein Happy End ist Fassbinder in kaum einem anderen Film gekommen. Statt vom Unmöglichen zu träumen, das System abzuschaffen, in dem einige von anderen profitieren, realisiert er filmisch das mögliche, ein System, in dem alle von allen profitieren. Jeder scheint das zu bekommen, was er oder sie erträumt hat. Es waren nur einige kleinere Kompromisse zu schlucken.

Das Ende von *Lola* ist ein demonstratives Happy End: Lolas Tochter Marie fragt von Bohm in derselben Position, in der Lola zuvor von Bohm zum ersten Mal verführt hat, ob von Bohm 'glücklich sei'? Dieser bejaht, obwohl er ahnen dürfte, daß Lola ihn in diesem Moment mit Schuckert betrügt. Diese Szenenwiederholung beweist einerseits die filmische Symmetrie, andererseits ist sie ein Beleg für Fassbinders historische Kontinutiätsthese: Lolas Tochter Marie wird den gleichen Weg einschlagen wie ihre Mutter. Zudem wird sie noch die Nachtcluberbin. Schuckert hat sie großzügig in seiner „Schenkungsurkunde" mitbedacht: „Mariechen soll's mal leichter haben als ihre Mutter." Diese Szenenverdoppelung beweist, daß bereits alles festgelegt ist in der deutschen Nachkriegsgesellschaft. Desweiteren steht sie für den unveränderlichen Charakter der Gesellschaft.
Auch hier greift Fassbinder auf Referenzszenen in Heinrich Manns *Professor Unrat*. Dort sammelt die Künstlerin Fröhlich „Anhängsel und Feststecksel", die sie von ihren Verehreren bekommt, „wenn Mimi erst mal 'ne Mitgift braucht."[47] Sie will „für Mimi verdienen. Daß Mimi mal anders wird als ihre Mama."[48] Auch hier schließt sich der Kreislauf. Das Leben der Tochter ist bereits vorgezeichnet.

Unspektakulär endet *Lola* ohne Explosion und den Tod der Protagonistin. Alle Figuren haben sich bestens eingerichtet. In Lolas Salon, zum Schluß in hellen Tönen gefilmt, fährt die Kamera aber kurz, mahnend an einer Gasarmatur vorbei. Es sieht wie eine unmerkliche Warnung aus. Die beteiligten Personen bemerken sie jedenfalls nicht. Hier verweist Fassbinder auf das dramatische Ende Maria Brauns und auf das, was seither in der Bundesrepublik geschehen ist. Ein Aufbruch ist in Resignation und Restauration steckengeblieben. Er erinnert hier an das Schicksal Maria Brauns, die entschlossen den Aufbau begonnen hatte und in den frühen 50er Jahren sich nicht mit einem Kompromiß abfinden wollte, und dann auch lieber ihren Tod selbst in die Hand genommen hat. In *Lola* geht es schon wieder um die Zerstörung nach dem Aufbau. Die Zerstörung wird hier aber nicht mehr spektakulär sichtbar gemacht, sie verläuft unterhalb des Sichtbaren.

---

[47] H. Mann: Professor Unrat; a.a.O.; S. 145
[48] a.a.O.; S. 168

Dieses 'glückliche' Ende bewirkt bei Fassbinder dasselbe wie ein tragischer Schluß: Der Zuschauer verläßt unzufrieden das Kino und wenn er an den Schluß denkt, muß er, Fassbinders Intention entsprechend, den gesamten Film überdenken. In Anlehnung an sein Vorbild Douglas Sirk beschreibt er die Technik des ambivalent angelegten Endes: „ ... und dann ist alles gut - oder doch nicht? Gute Regisseure können Happy Ends liefern, so daß man mit dem Schluß des Films trotzdem nicht zufrieden ist. Man weiß irgendwie, da stimmt was nicht - so geht das eben doch nicht."[49]

Der finnische Regisseur Aki Kaurismäki, dessen Filmhelden meistens scheitern, gleichfalls oft mit dem Tod enden, wie bei Fassbinder, wurde zum auffälligen Happy End seines Films *Wolken ziehen vorüber* (1996) befragt:

> „Mein einziges Happy End ist mir in *Hamlet goes business* gelungen: Am Ende sind alle tot, keiner muß mehr leiden. *Wolken ziehen vorüber* hat ein Happy End, bei dem alles offen bleibt: Niemand weiß, was am nächsten Tag geschieht. Am ersten Tag ist das Restaurant voll, aber vielleicht ist das Essen schlecht und morgen kommt keiner mehr. Oder die 30 betrunkenen Ringer, die einen Tisch bestellt haben, tauchen auf!"[50]

Mit diesem Ende, das Fassbinder kreisförmig angelegt hat, inhaltlich wie auch visuell durch die Kreisbewegung der Kamera ausgedrückt, die einen Halbkreis um den Rücken von von Bohm vollzieht, kommt Fassbinder der filmischen Intention Sirks sehr nahe. Auch Sirk hat die amerikanische kleinstädtische Gesellschaft durch 'Kreisförmigkeit' charakterisiert: „Ich interessiere mich für Zirkularität, für den Kreis - für Menschen, die an den Ort zurückkkehren, von dem sie ausgegangen sind. Sie werden deshalb in vielen meiner Filme das finden, was ich tragische Rondos nenne, Menschen, die im Kreis gehen."[51]

Fassbinder beschreibt das offene Ende von *All that heaven allows* in seinem Aufsatz über den Film:

> „Aber jetzt, wo sie [Cary, die ältere Witwe] da ist, da ist das kein Happy End, obwohl sie [Cary und der jüngere Gärtner] zusammen sind die beiden. Wer sich so Schwierigkeiten macht mit der Liebe, glücklich wird der nicht sein können später. [...] Drum ist das Happy End auch keines. Jane paßt in ihr Haus besser als in Rocks Haus."[52]

---

[49]RWF in: Anarchie; a.a.O.; S. 38

[50]Marcus Rothe: Der Griffith in mir ist zu kurz gekommen. Ein Gespräch mit dem finnischen Regisseur Aki Kaurismäki; in: Frankfurter Rundschau vom 30.05.1996

[51]Douglas Sirk: Imitation of Life. Ein Gespräch mit Jon Halliday; dt.Ausg. hrsg. von Hans-Michael Bock und Michael Töteberg; aus dem Engl. von Robert Wohlleben; Frankfurt/M. 1997; S. 66f

[52]RWF in : Filme befreien; a.a.O.; S. 13

Mit dem offenen Ende intendiert Fassbinder, daß das Publikum 'fühlen und denken' soll. Er äußerte sich 1977 dazu in einem viel zitierten Interview mit Norbert Sparrow: „With Brecht you see the emotions and you reflect upon them as you witness them but you never feel them. That's my interpretation and I think I go farther than he did in that I let the audience f e e l and t h i n k [hervorgeh. O]."[53] Über das traditionelle amerikanische Melodram beschwerte er sich: „The American method of making melodramas, however, left the audience with emotions and nothing else."[54]

Sirk zeigt in seinen Filmen das Endgültige einer Situation. Dieses hat Fassbinder in *Lola* übernommen. Die Situation, in der sich die Figuren befinden, ist ausweglos. Aus ihrem vorgezeichneten Weg können sie nicht mehr ausbrechen. Sie bemerken es nicht einmal mehr. Sie glauben, sie hätten den Schlüssel zum Glück in der eigenen Hand. Sie haben den äußeren Zwang so sehr verinnerlicht, daß sie eigentlich Marionetten sind. Gelenkt werden sie von ihrem eigenen materiellen Streben sowie der unbestimmbaren Sehnsucht nach einem besseren Leben, von der alle Figuren bei Sirk und Fassbinder besessen sind. [vgl. *Die Sehnsucht der Veronika Voss*] Sirk beschreibt seine Figuren in *The Tarnished Angels* und *Written on the Wind*:

> „Dasselbe Paar Charaktere auf der Suche nach ihrer Identität; dieselbe Stimmung, in der Verzweiflung, Suff und Zweifel am Sinn des Lebens zusammenkommen, und zugleich der fast hysterische Versuch, diesen Sinn zu greifen, den Wind zu greifen. Beide Filme sind Studien des Scheiterns - von Menschen, die ihr Leben nicht erfolgreich gestalten können: nicht die Superreichen wie in *Written on the Wind* und nicht die abgerissene Flugartisten-Truppe in *The Tarnished Angels*."[55]

Für Sirks Melodramen gilt die Maxime: „Glück ohne Scheitern ist wie ein schlecht geschriebenes Gedicht."[56] Das Scheitern bei Sirk und Fassbinder bedeutet den Endpunkt aller Hoffnungen, der den Figuren nicht bewußt ist. Sie haben sich damit abgefunden.

Happy Ends beweisen bei Sirk und Fassbinder die Unmöglichkeit des Menschen, wesentlichen Einfluß auf die Gestaltung seines Lebens zu nehmen, obwohl er in dem Glauben belassen wird, daß er es selbst ist, der sein Schicksal bestimmt.

---

[53]Norbert Sparrow zitiert nach: Caryl Flinn: Music and the Melodramatic Past of the New German Cinema; S. 106-118; in: Jacky Bratton, Jim Cook, Christine Gledhill (Hg.): Melodrama Stage, Picture, Screen; London; British Film Institute (BFI); 1994; S. 109
[54]ebd.
[55]Sirk: Imitation of Life; a.a.O.; S. 164f
[56]Norbert Grob: Kino ohne Komplexe. Zum 100. Geburtstag des Regisseurs Douglas Sirk; in: Frankfurter Rundschau; Nr. 97; 26.04.1997

In Sirks *Written on the Wind* gewinnt Mitch, der Liebende, schließlich doch die Frau, Lucy, die er von Anfang an geliebt hat, die Frau seines besten Freundes Kyle. Dafür bleibt Marylee, die Frau, die Mitch stets begehrt hat einsam und verzweifelt zurück, in der Hand die Miniatur eines Ölbohrturms: Zeichen des Reichtums, den sie vom Vater ererbt hat, und Zeichen für die unerfüllte Liebe, für all das, was sie von ihrem Geliebten ersehnt und wofür sie gekämpft hat.

2.2. Die farbliche Stilisierung

Nach Georg Seeßlen sind die Farben in *Lola*:

> „beinahe unerträglich. Sie haben ein Vorbild nicht nur in den Farben der Republik in jenen Tagen sondern auch im Horrorfilm der sechziger und siebziger Jahre, besonders bei Roger Corman und seinen Poe-Verfilmungen, wo es auch um möglichst essentielle Darstellungen des Weiblichen und des Männlichen, des Lebendigen und des Toten geht. Auch die komischen Überdeutlichkeiten kommen vielleicht aus solchen Filmen, der Geldregen über der Sängerin Sukowa, die Zigarre des Spekulanten, ..."[57]

Die Farben sind extrem unrealistisch. Dazu nehmen Fassbinders ehemalige Mitarbeiter in dem Interviewband *Das ganz normale Chaos*, der anläßlich von Fassbinders 50. Geburtstag herausgegeben wurde, Stellung. Die Kostümbildnerin Barbara Baum zitiert Fassbinder: „Bei *Lola* hat er gesagt, der Film müsse wie ein 'früher amerikanischer Buntfilm' aussehen. Er sagte oft: 'Wir machen einen bestimmten Film über eine bestimmte Zeit - aber aus unserer Sicht'."[58]

Fassbinders Sichtweise drückt sich durch Überhöhung oder im Fall von *Lola* durch farbliche Überstilisierung aus. Xaver Schwarzenberger, Fassbinders Kameramann bei *Lola* und den übrigen letzten Filmen, nennt drei Filmvorbilder für *Lola*: „Er hat gesagt, wir sollten uns drei Filme anschauen: *The Barefoot Comtessa* [Joseph Mankiewicz, 1954], *Johnny Guitar* [Nicholas Ray, 1954] und *Written on the Wind*. Da war die Farbe ein sehr extremes Moment."[59]
Töteberg erklärt, daß dieser Effekt „auf technischen Unzulänglichkeiten [beruhte], Fassbinder machte ihn zum ästhetischen Konzept. [...] Farbdramaturgie und Lichtsetzung interpretieren aufdringlich jedes Bild."[60]

Alle drei Filme weisen unnatürliche Farben auf. Bezüglich der Farbdramaturgie in *Lola* referiert Fassbinder auf Sirks *Written on the Wind*. Den Figuren sind eindeutig Farben zugeordnet. Sirks Außenaufnahmen sehen aus wie kitschige Postkartenlandschaften. Die Farben sind künstlich und überdeutlich. Sirk erreicht dadurch eine extreme Stilisierung, über die er die inneren Zustände seiner Charaktere hervorkehrt. Fassbinder beschreibt Sirks Farbeneinsatz:

---

[57]Seeßlen: Fassbinder revisited - *Lola*; in: epd-Film; 6/92; 9. Jhrg.
[58]Baum in: J. Lorenz: (Hg.): Das ganz normale Chaos; Berlin 1995; S. 289
[59]Schwarzenberger in: Das ganz normale Chaos; a.a.O.; S. 387
[60]Töteberg: Die fröhliche Verlogenheit der Fuffziger; S. 139-152; in Märthesheimer, Fröhlich: *Lola* - Ein Drehbuch für RWF; hg. und mit einem Nachwort von M Töteberg; München 1997; S. 147

„Das Licht bei Sirk ist immer so unnaturalistisch wie möglich. Schatten, wo keine sein dürften, helfen Empfindungen plausibel zu machen, die man sich gern fremd halten möchte. [...] Das ist wie auf dem Oktoberfest, wo alles bewegt und bunt ist und du bist einsam wie sie [Sirks Figuren].“[61]

Die farbigen Hintergründe, die stilisierte Künstlichkeit der Bilder, sind einzig dazu da, die emotionale Ebene herauszustellen. Eine naturalistische Wirkung hat Sirk nie gesucht. Durch diesen starken Stilwillen hat er die Hollywood-Konventionen untergraben. Fassbinders Ansicht nach „ist diese Künstlichkeit die einzige Möglichkeit, einem breiten Spektrum von Zuschauern den Eintritt in den speziellen Kosmos eines Werkes zu gewähren.“[62]

Fassbinder überdehnt grotesk den Einsatz des Kunstmittels Farbe. In *Lola* erzählt er in Farben von der Welt zwischen tiefstem Rot und kältestem Blau. Die Gesichter sind in Rot, Blau, Violett und Gelb getaucht. Lolas Schlafzimmerwand ist in Violett, Gelb, Rot und Grün geschichtet, in von Bohms Schlafzimmer ist alles in Violett gehalten, im Bordell finden sich alle dunklen Lila- und Rottöne, meistens gedämpft.

Hauptsächlich ist *Lola* ein Dialog zwischen den Farben Rot und Blau. Die Farben sind undurchlässig, teilweise ordnen sie Gewißheiten zu, Rot für die weibliche Seite, von Bohm wird mit dem kalten Blau assoziiert. Teilweise trennen die Farben Personen, die gerade glauben, sie seien sich sehr nah. Zu Ende des ersten, glücklich verlaufenen, Treffens zwischen Lola und von Bohm sitzen beide in Lolas rotem Sportwagen. Sie unterhalten sich über das Außen und Innen des Menschen, daß beides nichts miteinander zu tun hat. Die Farben erzählen währenddessen, wie getrennt die beiden in diesem Moment voneinander sind. Lolas Gesicht ist rosa, von Bohms Gesicht ist in blaues Licht getaucht. Der Kamerablick erfaßt die beiden zunächst im Wechsel, dann zusammen in einem Bild. Auch da werden sie noch immer durch die Farben getrennt. Als sie das Auto verlassen und endlich bereit sind, sich zu küssen, ist es das grelle, ‘natürliche’ Scheinwerferlicht des Busses, das die beiden farblich vereint, sie aber aus ihrer Intimität und Glückssuche aufschreckt, die sie auch im folgenden nicht finden werden.[63]

Lolas Farbendialog zwischen Rot und Blau findet seine direkte Entsprechung in Godards *Pierrot le fou.* Es gibt dort zwei identisch aufgebaute Szenen: Auch Ma-

---

[61]RWF in: Filme befreien; a.a.O.; S. 17
[62]RWF in: Anarchie; a.a.O.; S. 118
[63]Zur Verdeutlichung dieser Situation, in der den beiden Figuren in einem intimen Moment durch etwas Äußeres die Erfüllung versagt wird, sei Fassbinders Drehbuch zitiert: „Von Bohm sieht Lola an, dann küßt er sie zärtlich. Im Hintergrund kommt der Bus und sein Scheinwerferkegel erfaßt das Liebespaar mit brutaler Helligkeit, so daß es erschrocken auseinanderfährt, als sei es ertappt worden.“

rianne und Pierrot sitzen im Auto und sprechen über ihr Leben, ihr 'zufälliges' Wiedertreffen nach einigen Jahren. Sie sitzen im Dunkeln, die Kamera erfaßt sie zuerst im Schnitt-Gegenschnitt-Verfahren und dann beide zusammen im Bild. Dabei flimmern blau-rote Scheinwerferlichter über ihre Gesichter, tauchen die Gesichter kurz in Rot, Blau oder Weiß. Die Farben sind hier zu Anfang noch nicht so eindeutig festgelegt wie in *Lola*. Im weiteren Verlauf des Films bekommt Marianne das Rot und Pierrot das Blau. In einer Szene wird Pierrot sogar mit Mariannes hellrotem Kleid gefoltert. Zum Schluß finden Rot und Blau ihre Vereinigung - im Tod: Pierrots letzte Tagebuchaufzeichnungen bekommen abwechselnd einen blauen und roten Hintergrund. Er erschießt Marianne, die wieder ihr hellrotes Kleid trägt. Bevor er sich in die Luft sprengt, malt er sein Gesicht mit blauer Farbe an, er trägt ein rotes Hemd, die zweite Dynamitrolle, die er sich um das Gesicht bindet, ist rot. Nach der Explosion schwenkt die Kamera in die Totale, über das blaue Meer. Ganz eindeutig vereint Godard die beiden Liebenden, aber erst im Tod läßt er sie ihre Übereinstimmung finden. Im Leben waren sie unfähig, sich zu lieben.

Bei Fassbinder geht es schon nicht mehr nur um die Liebe an sich. Dunkelrot sind die Puffszenen, also dort, wo die körperliche Liebe käuflich zu erwerben ist. Von Bohms Blau ist dort fremd. In Innenräumen sind die Farben Blau und Rot klar gegeneinander gesetzt. In der gesellschaftlichen Öffentlichkeit verblassen sie zu Rosa und Hellblau, setzen hier versteckter ihren Dialog fort.

„Das Blau der Ordnung“[64] ist zugleich auch als 'Blau der Täuschung' zu sehen:

> „Blau ist nicht nur die Farbe der Knaben (Mädchen: rosa) und der Treue, sondern auch der Täuschung. So hängten flämische Maler (Bruegel) den gehörnten Ehemännern auf ihren Bildern einen 'blauen Mantel' um, während die Redensart 'Das Blaue vom Himmel herunterlügen' auf eine Erkenntnis des Dichters Abraham a Sancta Clara zurückgeht: 'Du wirst zu Hof sehen lauter Maler, aber nur solche, die einem was Blaues vor die Augen malen'.“[65]

Von Bohm läßt sich blenden. Er bekommt extra einen blauen Lichtbalken vor die Augen, zum Beispiel im Gespräch mit Esslin, mit dem Journalisten Weizmann und als er mit Lola in der Kirche singt. Die jeweiligen Gesprächspartner sind in ihren Farben, selbst wenn die Kamera beide zusammen in einem Bild erfaßt.

Von Bohms Verhältnis zu Lola kann über die Farbe Blau erklärt werden. Sie täuscht ihm Verliebtheit vor. Das ist es genau, was er möchte, getäuscht werden und nichts hinterfragen. Ähnlich ist sein Verhältnis zu den übrigen Filmfiguren

---

[64]Seeßlen: Fassbinder revisited; a.a.O.
[65]Peter Arnold: Blau wie das Blut und die Badewanne; HAZ vom 31.08.1996

geprägt. Er belügt sich selbst und hat auch niemals die Absicht, das Lügengeflecht, das ihn umgibt, zu durchbrechen.

In *Written on the Wind* thematisiert Sirk über die Farbe Blau, daß die Liebe zwischen den beiden Figuren Lucy und Kyle auf einer Lüge beruht. Beide machen sich etwas vor, genau in dem Moment, als sie sich ihre Liebe gestehen: Kyle, der Millionärserbe, der unverhältnismäßig trinkt und ein Leben als Playboy führt, trifft Lucy. „Die ist natürlich anders als alle anderen Frauen. Das ist eine einfache Frau, die steht im Arbeitsprozeß, ist sanft und verständig.“[66]
Kyle will mit ihr nach Miami fliegen: „Wenn ich erst oben im 'Blau' bin, bin ich ein anderer Mensch. Einer, der sich von hier unterscheidet wie Tag und Nacht.“
Als sie sich ihre Liebe gestehen, ist alles in Blau gehalten. Vor einem tiefblauen Hintergrund verspricht Kyle ihr, daß er 'mit ihr neu anfangen möchte, mit ihr in einer bürgerlichen Ehe leben möchte', alles, worüber er bis vor kurzen noch gelacht hat.
Auch Lucy glaubt, diese momentanen Gefühle seien wahr: „Es war der Flug, oben im Blau, wie Sie es nennen. Ich habe mir eingeredet, es war Mitleid, aber es war mehr.“
Das Fundament ihrer Ehe ist eine Lüge. Nach kurzer Zeit gewinnt das Katastrophische die Oberhand und führt zur totalen Auflösung jeglicher Bindungen.

Fassbinders Kommentar zu *Written on the Wind* ist gleichzeitig eine Charakterisierung seiner Figuren in *Lola*: „Das muß lächerlich sein, wenn unter Leuten, die ihre Ersatzhandlungen für das Eigentliche halten, einem ganz klar wird: was sie tun, tun sie nur, weil sie das Eigentliche nicht haben können.“[67]
Daher kommt auch ihre Verzweiflung. In *Lola* bemerken die Figuren aber schon gar nicht mehr, daß sie verzweifelt sein müßten. Die Ersatzhandlungen, die sie begehen, womit sie ihrem Nächsten Ersatzbefriedigungen verschaffen, lassen sie nach außen hin glücklich und zufrieden erscheinen. Es geschieht alles an der Oberfläche. Seeßlen nennt *Lola* „eine Farce, alles ist schon von Anfang an verfehlt.“[68]
Die Farben in *Lola* bezeichnen einen übergeordneten, von der Wirklichkeit abgelösten, Sinnzusammenhang.

Zum Ende des Films werden die Farben fast natürlich. Fassbinder zeigt selten Außenaufnahmen in seinem Gesamtwerk, meistens ist es beherrscht von beklemmenden Innenaufnahmen. Die letzten Filmszenen in Lola, die die Beilegung der Gegensätze und die Happy End-Auflösung bezeugen, sind in natürlichem Außenlicht gefilmt. Fassbinder zeigt so eine ganz natürliche Rückkehr zu ganz normalen

[66]RWF in: Filme befreien; a.a.O.; S. 15
[67]ebd.
[68]Seeßlen: Fassbinder revisited; a.a.O.

Geschäften, die jetzt in aller Öffentlichkeit stattfinden können. Der Schluß ist in Fassbinders Sinn nur teilweise ironisch zu sehen. Die Besiegelung der voranschreitenden Geschäfte, die von nun an nicht mehr aufzuhalten sind, wird in der Feier des Richtfestes zum einstmals umstrittenen Projekt Lindenhof verdeutlicht. Draußen auf dem Bau hält der Bürgermeister die Ansprache. Die Farben sind ganz normal. Von Bohm wird gelobt: „Das Handeln ist auf die Zukunft ausgerichtet. An diesem Bau werden einst kommende Generationen ablesen können, was die Väter für die Söhne getan haben.“
Diese pathetische, einzig auf die Zukunft ausgerichtete Ansprache, definiert den Standpunkt der Gesellschaft. Wirtschaftlich blickt sie voran, seelisch und emotional herrscht eine Stagnation.

Als Lola von Schuckert den Salon geschenkt bekommt, direkt nach ihrer kirchlichen Trauung mit von Bohm, befinden sich Lola und Schuckert schon wieder in einem unnatürlich wirkenden, hellen Raum. Die dunklen, gedämpften Rottöne, die zuvor den Puff beherrschten, haben ihre Auflösung gefunden zugunsten eines hellen, freundlichen Weiß. Leichte Pastelltöne, die hier aber auch nicht hingehören, herrschen jetzt, trüben aber bereits wieder die scheinbare Idylle.
Von Bohms und Lolas Vereinigung wird doch noch visualisiert, allerdings auf sehr ironische Art. Fast unmerklich, der Filmzuschauer muß sehr aufmerksam schauen, zeigt Fassbinder einen rosa und einen blauen Ballon in Schuckerts Swimmingpool auf seiner Terrasse 'vor Anker liegen', zur nochmaligen Unterstreichung von Schuckerts Macht. Metaphorisch liegen sie 'in seinem Hafen' sicher zusammen.

Mit der Irrealität der Farben unterstreicht Fassbinder die Fiktion. Die Farben sind ein Hinweis darauf, daß *Lola* ein Kunstwerk und kein reales Abbild der Natur ist. Noch weniger will der Film zeigen, wie es tatsächlich gewesen ist. Er will keinen realistischen oder dokumentarischen Blick auf die fünfziger Jahre werfen. Mit der Verkünstlichung seiner Bilder akzentuiert Fassbinder die Fiktion des Films und überläßt dem Betrachter die Entscheidung darüber, wie er den Inhalt *Lolas* im Zusammenhang zur Geschichte der Bundesrepublik sehen will. Hier manifestiert Fassbinder, daß es sich um seine persönliche Sichtweise auf die deutsche Geschichte handelt. Mit dieser stilistischen Überhöhung erzielt Fassbinder seine persönliche Handschrift, die für ihn wichtig ist, weil für ihn „die Filme, je persönlicher sie sind, um so mehr über das Land aussagen in dem sie entstanden sind.“[69]

Das Blau der Ordnung und der Täuschung und das Rot der Leidenschaft finden ihre farbliche Referenzdramaturgie in *Professor Unrat*. Als Unrat zum ersten Mal das Lokal sucht, in dem er seine Schüler vermutet, läßt Heinrich Mann die sozia-

[69]RWF in: Anarchie; a.a.O.; S. 71

len Gegensätze, die zwischen Unrat und der Künstlerin Fröhlich bestehen, ebenfalls durch die Farben aufeinanderprallen:

> „Er [Unrat] kam in immer lüsternere Spannung. Die unbestimmten Formen im Schatten erregten ihm Furcht und Kitzel; jede Straßenecke lockte schauerlich. [...] Hier und da ging eine Tür bei seinem Nahen leise auf, einmal streckte sich ein rosa bekleideter Arm nach Unrat aus. [...] steuerten sie [zwei Arbeiter] im Bogen auf ein weitläufiges Haus, mit ungeheurem Scheunentor, wo über dem Bilde eines blauen Engels eine Laterne schaukelte. [...] Auf einmal riß er [Unrat] sich los und stürzte sich in das Haus wie in einen Abgrund.“[70]

Die Garderobe der Künstlerin Rosa Fröhlich ist durch eine „rote Gardine“ zu erkennen. Eine „von innen rot verhängte Scheibe“[71] erlaubt es Unrat nicht, hindurchzublicken. Die Künstlerin Fröhlich erscheint Unrat als „bunte Frauenperson.“[72]
Die Berührung mit ihr läßt sich für Unrat nur in ‘bunten’ Farben, die Rottöne spielen auch hier wieder eine entscheidende Rolle, ausdrücken. Er wirft ihr „Verführung“[73] seiner Schuljungen vor.

Lola findet in einer speziellen farbigen Beschreibung ihre direkte Referenz in Rosa Fröhlich. Fassbinders Film eröffnet mit einer Detailaufnahme auf Lolas Haare. Der Zuschauer sieht, wie die Haare durchgekämmt werden. Die Haarfarbe ist braunrot und darauf liegen rosa und violette Farbzonen.
Im Vergleich dazu beschreibt Unrat Rosas Haar als „rötlich, eigentlich rosig, fast lila.“[74] Ihre ‘Buntheit’ verwirrt ihn immer wieder.

Als Lola im Puff zum ersten Mal die *Caprifischer*, jenen 50er Jahre-Schlager von Rudi Schuricke, gesanglich interpretiert, ist sie in alle nur erdenklichen dunklen Rotschattierungen getaucht. Die Einstellung auf sie bewegt sich zwischen Nah- und Großaufnahme. Ihr Haar leuchtet wieder rosa. Ihr Dekolleté unter dem Tüllkleid schimmert gelb. Das Licht um sie herum changiert zwischen kälterem Lila und Blau. Hier findet Lola ihre Referenz in Rosa Fröhlich, auch sie wird zur ‘bunten Frauenperson’.

Bei Lola jedoch wirken die Verführungsszenen kalt und unnahbar, laut Seeßlen

> „eine Metapher. [...] Die Frage nach der sexuellen Identität entlarvt sich als Manöver der Macht. [...] So steigt Lola ins (rote) Auto wie Rosemarie Nitri-

---

[70]H. Mann: Profesor Unrat; a.a.O.; S. 36f
[71]a.a.O.; S. 38
[72]a.a.O.; S. 40
[73]a.a.O.; S. 43
[74]a.a.O.; S. 48

bitt, ikonisch, zeremoniell; Fortschritt und Prostitution sind eines und finden sich in der öffentlichen Inszenierung des Luxus.“[75]

In *Lola* erklären die Farben, daß das öffentlich-politische Leben und die Liebe der Personen nicht zusammen passen.

2.2.1. Formenmuster

Die Farbmuster werden abgelöst von wilden Formenmustern, die dann den Blick des Zuschauers lenken.
Im Puff und in Lolas Zimmer verbreiten die Formenmuster noch mehr Unruhe, als ohnehin schon durch die intensiv-dunklen Rottöne und das teilweise auf- und abflackernde Licht hervorgerufen wird.
Weder die Figuren noch die Rezipienten sollen die Ruhe finden, genauer hinzuschauen. Je genauer man schaut, desto weniger sieht man. Oder wie Lola zu von Bohm sagt; „Sie werden nichts entdecken. Es liegt ja alles im Dunkeln. Aber das ist tagsüber auch nicht anders.“

In den Verführungsszenen trägt Lola einen Netzschleier vor den Augen [vgl. A Kap.1.3.]. Dessen Muster findet sich fortgesetzt in von Bohms Anzug. Ihr verschleierter Blick und die dramaturgische Hinwendung zur völligen Veräußerung deuten das gesellschaftliche Scheitern der Beziehung vorab.

[75]Seeßlen: Fassbinder revisited; a.a.O.

2.3. Zur Rahmenstruktur

Über die farbliche Stilisierung hinaus gibt es ein weiteres Fassbinder-Charakteristikum, das seine Handschrift erkennen läßt: die Doppelrahmung seiner Filmbilder. Es gibt den Cache, den äußeren Filmrahmen, sowie den inneren, von Fassbinder gezogenen Rahmen, der die Handlung der Figuren zusätzlich visuell eingrenzt. Dieser innere Rahmen schränkt die Handlungsmöglichkeiten der Figuren ein.

In *Die Ehe der Maria Braun* sind die Rahmen noch als solche erkennbar. Dunkel, fast drohend, engen sie das Bild ein. In *Lola* sind die Rahmen schwerer auszumachen. Hier sind sie in freundlich-hellen Pastelltönen gehalten, hellrosa und hellila, oft sind sie leicht oval gerundet. Der Zuschauer blickt mehrmals durch ein solcherart abgerundetes Bild auf die dahinter stattfindende Handlung. Diese inneren Rahmen korrespondieren mit dem Raum dahinter, den sie begrenzen sollen. In *Die Ehe der Maria Braun* drücken diese harten, dunklen Rahmen noch eine Veränderungsmöglichkeit aus: in dem Raum dahinter könnte sich noch eine andere Perspektive für die Figuren befinden. Maria Braun hatte noch verschiedene Lebensalternativen, unter denen sie auswählen konnte. Zu Anfang des Films stand dort noch alles offen und es war noch nicht klar, für welchen Weg sich die Figuren entscheiden würden.

In *Lola* drücken diese freundlich gestalteten Begrenzungen ein weiteres Mal nur noch die Auswegslosigkeit aus, in der sich die Figuren befinden. Es gibt kein Entrinnen mehr. Selbst wenn sie es schaffen sollten, den Rahmen zu durchbrechen, würde auch im Raum davor nur das gleiche, bereits wieder festgelegte Lebensprinzip auf sie warten. Ihnen wird jede Möglichkeit genommen, sich aus diesem festgefahrenen Kreislauf zu befreien.

Jane Schattuc sieht Fassbinders Rahmeneinsatz auf die filmischen Opferfiguren bezogen: „[...] the characteristic use of frames within frames especially in the staging of victimized characters [...]“[76] Opferfiguren, aber „nicht-unschuldige Opfer“[77] wie Elsaesser Fassbinders Figuren benennt, durchziehen Fassbinders Ge-

---

[76]Jane Schattuc: R.W. Fassbinder's Confessional Melodrama: Towards Historicizing Melodrama within the Art Cinema; S. 45-59; in: Wide Angle; Vol. 12; No.1; Jan. 1990; New York; S. 51

[77]Elsaesser: Fassbinder, *Lola* und die Logik; a.a.O.; S.87; vgl. auch: a.a.O.; S. 77: „Dem könnte man nun eine ganz andere Lesart der Opferfiguren entgegenhalten, die von der Annahme ausgeht, daß »Opfersein« bei Fassbinder nicht notwendigerweise den negativen Status besitzt, [...]. Angenommen, bei Fassbinder wäre »Opfersein« nicht der Zustand, dem die Protagonisten zu entfliehen versuchten (um dann darin zu scheitern), sondern gäbe bereits eine Lösung vor? Damit würde sich die gesamte Dialektik aus Unterdrücker und Unterdrücktem verschieben und somit auch die Komplizenschaft in den Machtkämpfen um eine doch immer wieder illusionär bleibende Identität - illusionär auch bei der »aufgeklärten« Emanzipationsbewegung. Einige Protagonisten Fassbinders suchen Erlösung und Integrität nicht außerhalb der vorgegebenen Schranken, die sexuelle Neigung

samtwerk. Ihre Lebenssituation wird über den inneren Filmrahmen ausgedrückt. Innerhalb dieses Rahmens bewegen sie sich. Sie können ihn nicht durchbrechen. Er verwehrt ihnen den Weg in die Freiheit.
In einigen, besonders den frühen Fassbinder-Filmen wird die Trostlosigkeit, in der die Figuren leben und versuchen müssen, sich zu behaupten, viel dramatischer aufgezeigt. Als Beispiele hierfür stehen die Lebensschicksale in *Faustrecht der Freiheit*, *Händler der vier Jahreszeiten* und ganz extrem in *In einem Jahr mit 13 Monden*, der gar keine Hoffnung mehr zuläßt. In den Trilogiefilmen, besonders den zwei zuerst gedrehten, läßt Fassbinder seinen Figuren Einsichten und auch Möglichkeiten, ihr Leben zu ändern oder eine Situation zu akzeptieren, dies im Fall von Veronikas Lebensschicksal in *Die Sehnsucht der Veronika Voss*.

Zur Verdeutlichung des Rahmeneinsatzes in *Lola* dient eine Szene aus *Angst essen Seele auf*:

Ali und Emmi wollen, nachdem sie geheiratet haben, zur Feier essen gehen. Sie gehen in die 'Osteria Italiana':
Emmi: „Das ist das Lokal, wo der Hitler immer gegessen hat, so von 1929-1933. Da wollte ich immer wahnsinnig gern mal hin."

Fassbinder kommentiert das 'Glück', in dem das Paar sich in diesem Moment wähnt, durch einen massiven dunkelbraunen Türrahmen, der nur einen schmalen Ausschnitt auf das Paar freigibt. Das Hochzeitspaar ist weit im Hintergrund zu sehen und wird noch von einem arroganten Kellner angestarrt. Dieser verengt zusätzlich die Sicht auf Ali und Emmi, da er als Rahmen-im-Rahmen, im dunklen Türrahmen steht. Auf den Zuschauer wirkt die Hochzeitsfeier traurig und verloren. Dem Paar, das sich Glück fürs gemeinsame Leben erhofft, wird durch Fassbinders visuelle Inszenierung jede Intimität genommen. Das Glücksgefühl, das Ali und Emmi sich für diesen speziellen Moment, ihr Hochzeitsessen, erhofft haben, wird ihnen nicht gewährt. Sie werden vergeblich nach Zweisamkeit, nach einem ausgefüllten Gefühlsleben suchen. Die Vergeblichkeit der Glückssuche zeigen diese Szenen ganz deutlich.

Drei Schlüsselszenen aus *Lola* belegen Fassbinders Einsatz der Rahmentechnik aus *Angst essen Seele auf*:
Über die Dramaturgie, die Fassbinder auf die Figur der Frau Kummer, Lolas Mutter, anwendet, veranschaulicht er auch hier wieder die Kluft zwischen den Wunschträumen der Figuren und der Realität, die das Leben schließlich für sie bereithält und daß ihnen dazwischen kein Raum für den Ausdruck ihrer Gefühle gelassen wird. Über Lolas Mutter, die sich durchaus als die richtige Frau für von Bohm sieht, zeigt Fassbinder exemplarisch die Vergeblichkeit der Glückssuche.

---

und Klasse setzen, sondern dadurch, daß sie ein Leben der Ausbeutung bewußt innerhalb der Ausbeutungsverhältnisse leben."

Lolas Mutter vergleicht von Bohm mit ihrem verstorbenen Mann. Bei ihrer Arbeit als von Bohms Haushälterin in seinem Haus unterhalten sich die beiden über ihre Herkunft aus der gleichen Gegend, dem ehemaligen Ostpreußen, und über die persönlichen Verluste im Krieg. Frau Kummer sagt zu von Bohm: „Sie sind ein guter Mensch."
Der Anfang der Unterhaltung ist im Schnitt-Gegenschnitt-Verfahren gezeigt. Als Frau Kummer dann um Anweisungen für die Haushaltsführung bittet, überläßt von Bohm ihr die Aufgabe ganz: „Ich habe ein Recht, mich in Ihre Hände zu begeben. Hier in der Wohnung geben sie die Anweisungen. Ich bitte Sie, für mich zu sorgen."

Damit beherrscht er sie, über das Gefühl, das sie für ihn hegt. Die Kamera visualisiert dieses Ausnutzen, indem sie den typischen Gesprächsschnitt-Gegenschnitt aufgegeben hat. Sie steht jetzt vor dem Raum und filmt Frau Kummer, von Bohm und Lolas Tochter durch einen hellen und damit freundlich aussehenden Türrahmen. Der Aufbau der Szene erinnert an die oben beschriebene Szene aus *Angst essen Seele auf*: fast zwei Drittel des Bildes nimmt die Wand im Vordergrund ein, welche den Raum beschließt, durch den schmalen Türausschnitt sind die Figuren zu sehen. Nur diesmal sind die Rahmen leichter zu übersehen, da sie nicht dunkeldrohend und massiv sich im Vordergrund vor das Geschehen legen, sondern licht und freundlich erst auf den zweiten Blick als Begrenzung zu erkennen sind.
Der Rahmen wirkt als Kommentar zur Handlung. Er beschränkt die Handlungen an sich. Als Lola ihre Mutter bei deren Arbeit in von Bohms Haus besucht, sind alle Einstellungen auf die beiden Frauen hell gerahmt: hellgelb, weiß, hellila, durch die sie umgebenden Wände, Türrahmen etc. Als Mutter und Tochter sich von Bohms Schlafzimmer anschauen, stehen beide im violetten Türrahmen. Die Kamera schwenkt dann durch das in pastellila eingetauchte Schlafzimmer, als Ziel ihrer beider Wünsche. Lola wirkt in diesem, in hellen Tönen gehaltenen Haus, schon äußerlich als Fremdkörper. Ihr enges, schwarzes Kostüm und der schwarze Gesichtsschleier passen farblich sowie von der Dezenz her nicht in dieses 'lichte' Haus. Sie nennt sich dann auch eine „aussätzige Hure" und ihrer Tochter erklärt sie 'Hure': „Das kann man kaufen wie Ming-Ding, aber das darf man anfassen und nicht so selten."
Auffällig ist, daß oft Lola und ihre Mutter wenn sie sich in Bezug zu von Bohm setzen, hell gerahmt sind.
Die gerahmten Einstellungen verdeutlichen hier ebenfalls, daß die Liebe unmöglich sein wird. Lola erträumt sich zu diesem Zeitpunkt ganz schwach wohl noch, daß von Bohm sie in ein 'anständiges', geachtetes Leben führen könne. Dieser Wunsch ist von vornherein zum Scheitern verurteilt. Nur die Beteiligten bemerken nicht, daß sie eigentlich Gefangene sind. Hier sieht alles schön hell und freundlich aus.

Parallel dazu steht noch die Szene, in der Schuckert Lola die Schenkungsurkunde überreicht. Der weitere Lebenslauf ist nun endgültig festgelegt. Das drücken die pastellfarben eingefärbten Türen, Fensterrahmen und Wände aus, sogar die Möbel sind jetzt hell und dienen der räumlichen Begrenzung zwischen denen Lola und Schuckert sich 'glücklich' in die Arme fallen.

Diese freundlich wirkende Farbwahl sowie die räumliche Eingrenzung des Handlungsspielraumes der Figuren setzen Fassbinders kritischen Schlußkommentar. Die Figuren sind Gefangene in einem System, das sie sich selbst aufgebaut haben. Das sarkastische, fassungslose an diesem Ende ist, daß sich alle eingerichtet haben und sich nichts mehr verändern wird, weil alle glauben, der erreichte Zustand sei zu ihrem Besten. Die Oberfläche erscheint glatt und freundlich. Wenn Emotionalität zugelassen wird, dann nur innerhalb eines 'festgefügten Rahmens'.

Fassbinders Rahmentechnik, die es dem Handelnden innerhalb des Films nicht erlaubt, ein Gefühl der Privatheit oder der Intimität zu entwickeln, verweigert ebenso dem Zuschauer die Identifikation mit den dargestellten Personen oder Ereignissen. Der innere Rahmen im äußeren Filmrahmen bedeutet dem Zuschauer, daß er einen Film sieht. Er befindet sich außerhalb desselben und statt emotionaler Identifikation wird intellektuelles Mitdenken verlangt. Durch wiederholten Einsatz der Rahmentechnik wird dem Zuschauer bewußt, daß er Filmbilder sieht.

Diese Form der Distanzierung wird besonders in der britischen und amerikanischen Rezeption diskutiert. Hier wird Fassbinder oft in Brechts Tradition der Verfremdung gesehen.[78] Er nimmt dazu Stellung, auf die Frage, ob er sich mit Brecht verwandt sieht:

> „Nein, eher mit dem Österreicher Ödön von Horváth, der interessiert sich, im Gegensatz zu Brecht, direkt für den Menschen. Ich würde eher Alexander Kluge mit Brecht vergleichen und mich selbst mit Horváth. Kluges Verfremdung ist intellektuell wie Brechts, während meine stilistisch ist."[79]

Das Offenlegen der filmischen Stilmittel setzt Fassbinder für seine Ziele ein. Ihm ging es mit jedem Film darum: „daß das Publikum die eigenen, ganz privaten Ge-

[78]vgl. dazu besonders den Aufsatz von Thomas E. Erffmeyer: *I only want you to love me*: Fassbinder, Melodrama and the Brechtian Form: „I would argue that Fassbinder adopted many thematic concerns of domestic melodrama, [...], but presented them within modernist or Brechtian forms." Erffmeyer geht auf Fassbinders Interviews mit Norbert Sparrow ein, daß Fassbinder sein Publikum 'fühlend und denkend' wollte. Erffmeyer kommt zu dem Schluß: „Fassbinders's stylistic presentation of this scene potentially functions to distance the audience from a generically emotional identification scene, and allows/encourages a dispassionate (possibly Brechtian) analysis of social behavior. [...] Fassbinder introduced the possibility of a radical social commentary through the use of modernist and Brechtian elements of film form"; in: Journal of the University Film and Video Association; Vol. 35; No. 1; 1983; S. 37-43; S. 42
[79]RWF in: Anarchie; a.a.O.; S.41

fühle überprüft. Es soll nicht so sein, daß da Gefühle, die die Leute schon haben, aufgefressen oder aufgesogen werden, sondern der Film soll neue machen."[80]
Er fand dieses direkte Ansprechen seines Publikums „politischer oder politisch aggressiver und aktiver, als wenn ich [RWF] jemandem die Polizei als die großen Unterdrücker zeige."[81]

[80]a.a.O.; S. 34f
[81]ebd.

2.4. Der 'Adenauer-Rahmen'

Lola wird zusätzlich gerahmt: Zu Anfang und zum Ende des Films stehen jeweils ein Standphoto in Schwarzweiß, auf dem Adenauer in nachdenklicher Pose einer Musiktruhe lauscht. Darüber laufen der Vor- und der Abspann in den bunten Farben, die dazwischen den Film bestimmen. Das Adenauerphoto repräsentiert ikonisch die 50er Jahre.

Die Vorspannsequenz weist eine weitere Besonderheit auf: Über dem Standphoto Adenauers liegt ein Fünfziger-Jahre-Schlager von Freddy Quinn *Fährt ein weißes Schiff nach Hongkong*. Adenauer scheint diesem Titel zu lauschen. Fassbinder bringt auf diese Art wieder zwei Realitäten zueinander, die private, persönliche Realität mit der der 'großen' Politik, die obwohl völlig unterschiedlich, sich doch als zueinandergehörig erweisen [vgl. A Kap.3.1.]. Die eine könnte nicht ohne die andere existieren. Fassbinder zieht hier sein Thema, das Gegenüberstellen und Durchdringen von Privatsphäre und Öffentlichkeit weiter.

Das Adenauerphoto, das die Erzählung rahmt, stellt wieder die historische Kontinuität her, die Fassbinder aufzeigen will. Es symbolisiert die gesamte Nachkriegsepoche der Bundesrepublik. Mit Hilfe dieses Anfangs- und Endphotos zwingt Fassbinder den Zuschauer, über Adenauers öffentliches Bild in Beziehung zu der politischen Geschichte seiner Kanzlerschaft nachzudenken und diese wiederum in Beziehung zu setzen zu der filmischen Fiktion, die von seinem Photo gerahmt wird.

Fassbinder hat auch hier wieder in seinen Filmbildern und -ereignissen die Zeitgeschichte integriert. In seine Fiktion montiert er historische Begebenheiten aus der jüngeren deutschen Geschichte, um die er seine Kontinuitätsthese aufbaut.[82]

---

[82]Zu Adenauers politischer Karriere vgl.: Arnulf Baring: Im Anfang war Adenauer; München 1969; Peter Schwarz (Hg.): Konrad Adenauer - Reden 1917-1967 - Eine Auswahl; Stuttgart 1975; Alfred Grosser: Geschichte Deutschlands seit 1945 - Eine Bilanz; München; 7. Auflage 1979: „1917 wird er zum Oberbürgermeister von Köln gewählt und wird es [...] bis 1933 bleiben. [...] Im März 1933 wird er abgesetzt. [...] Er wird mehrfach belästigt und zweimal eingesperrt. [...] 1945 fordern ihn die amerikanischen Behörden auf, das Bürgermeisteramt in Köln zu übernehmen. [...] Die Briten entheben ihn seines Amtes. [...] Er kann nun keinesfalls als »Kollaborateur« gelten. [...] Das Verbot wird aufgehoben und von nun an wird seine Karriere gleichbedeutend mit dem Aufstieg der CDU [...] schließlich mit der Regierung der Bundesrepublik. [...] Seine Popularität ist ein wesentliches Element der deutschen Politik geworden. [...] Sie ist von der etwas infantilen Art wie die Popularität anderer alter Männer, die in besiegten Ländern die Führung übernahmen. [...] Man lädt seine Sorgen auf eine verehrte väterliche Figur ab. Man schenkt ihr Vertrauen"; a.a.O.; S. 172ff. Hervorgehoben werden in allen drei oben erwähnten Werken sein Katholizismus und sein Konservatismus. Dies unterstreicht er selbst durch seinen Wahlslogan von 1958 'Keine Experimente', der als seine Staatsdoktrin angesehen werden kann. In den Protestkundgebungen von 1958 gegen die

In *Lola* wird nachdrücklicher als in den Trilogievorläufern Zeitgeschichte präsentiert. Fassbinder stellt sie hier fast plastisch aus. Bestimmte historische Ereignisse läßt er direkt erwähnen, er gibt ihnen den Stellenwert, der ihnen in einer objektiven Geschichtsschreibung zukommen müßte [in *Maria Braun* erfuhr der Zuschauer über eine Nebenfigur in einem Nebensatz, daß die Währungsreform bereits stattgefunden hatte].

Fassbinder weist deutlich auf die historischen Ereignisse hin, die für ihn maßgeblich zu einer negativen Entwicklung der Bundesrepublik beigetragen haben. Er benennt sie in seiner filmischen Fiktion und der Zuschauer muß sie für sich überdenken. Fassbinder bringt dem Zuschauer politische Entscheidungen unter Adenauer in Erinnerung, deren Wirkungen weit über dessen Zeit hinausreichten und zu Grundlagen für das politische Klima der kommenden Jahrzehnte in der Bundesrepublik wurden, ein politisches Klima, das Meinungsvielfalt Schritt für Schritt einschränkte und schließlich nicht viel Freiheit mehr übrigließ: „Mir sind Zensuren, die auf dem Papier stehen, lieber als die eingebildete Freiheit, wo ich Zensur selber mitliefere.“[83]

Fassbinders allegorische Vergangenheitsbeschäftigung weist immer in die Zukunft, in das Jahrzehnt, in dem er hauptsächlich gearbeitet hat. Sie weist aber auch in die Vergangenheit, sucht die Wurzeln für ein bestimmtes Verhalten und zieht immer Verbindungen zu bereits aufgetretenem historischen Verhalten. Er versucht, den roten Faden in der deutschen Geschichte als solchen erkennbar zu machen. Oder wie Alexander Kluge es visuell umsetzt in seinem Beitrag zu *Deutschland im Herbst*: die Geschichtslehrerin Gaby Teichert, die „nach deutscher Geschichte gräbt.“

In *Lola* erwähnt Fassbinder das KPD-Verbot von 1956: ‘Wittig von der Stadtsparkasse’ sagt über von Bohm: „Wenn er wenigstens Kommunist wäre! Daß man ihn verhaften könnte!“
Desweiteren spielt Fassbinder auf ein Vorhaben Adenauers an, das, wenn es umgesetzt worden wäre, einschneidende Konsequenzen für die Meinungsfreiheit des

---

Atomaufrüstung der Bundeswehr zitieren die Demonstrierenden ironisch diesen Slogan aus Adenauers Wahlkampf; vgl. hierzu: Kraushaar: Die Protestchronik 1949-1959; Bd.3 - 1957-1959; Hamburg 1996
Christoph Schlingensief geht soweit, dieses Adenauer-Motto bis heute weiterzuziehen. „Konrad Adenauers ‘Keine Experimente’ ist einfach in den Köpfen drin. Wir wollen lieber im Stillstand verharren. Aber unser Stillstand ist so abgefedert und so entfremdet, daß die Leute mittlerweile gar nicht mehr wissen: Sind sie selber beruhigt worden, oder hat sich die Umgebung einfach mal kurz dazu entschlossen, ein bißchen ruhiger zu werden. Äußerlich haben wir überall Höchstgeschwindigkeit: im Fernsehen, auf den Straßen, im Geschäftswesen. Aber hinter dieser äußeren Höchstgeschwindigkeit verbirgt sich absoluter Stillstand“; in. Markus Grill: ‘Sind wir auf Sendung? Sind wir noch da?’ Interview mit Christoph Schlingensief; in: die taz; 15.01.1998
[83]RWF in : Anarchie; a.a.O.; S. 97

einzelnen Bürgers gehabt hätte. Es handelt sich um das von Adenauer geplante Staatsfernsehen 'Deutschland-Fernsehen GmbH', das später vom Bundesverfassungsgericht verboten wurde. Daran erinnert von Bohm, als er das Fernsehgerät geliefert bekommt: Der amerikanische GI klärt ihn über die Programmvielfalt in den USA auf: „In America we have twelve channels and they run around the clock." Von Bohm: „In Germany we have auch bald two programs." [vgl. A Kap.3.2.]

In der Trilogie thematisiert Fassbinder die Debatte um die Wiedereinführung der Bundeswehr sowie deren Aufrüstung mit nuklearen Waffen. In *Die Ehe der Maria Braun* gab er Tonprotokolle von Adenauer-Reden zu hören, in denen dieser sich zuerst gegen das Aufstellen eines deutschen Heeres ausspricht, kurze Zeit später dafür.
Zur filmischen Zeit von *Lola*, Ende der 50er Jahre, wurde die Debatte um die Ausrüstung der seit 1956 wieder existierenden Bundeswehr mit Atomwaffen geführt und schließlich 1958 auch wieder beschlossen.

Daß es Demonstrationen von Hunderttausenden dagegen gab, den Gegenbeschluß 'Kampf dem Atomtod', der von Politikern, Gewerkschaftern, Künstlern und Gelehrten getragen wurde, ist u.a. nachzusehen im *Tagesschau-Jahresrückblick* von 1958, einer von N3 zusammengestellten Reihe, die das Jahrzehnt dokumentiert.[84]

Fassbinder hingegen untertreibt ironisch das Ausmaß der Protestbewegung und öffentlichen Diskussionen zum Beschluß Adenauers und seines damaligen Verteidigungsministers Strauß zur nuklearen Bewaffnung der Bundeswehr. Fassbinder zeigt in jeder Protestszene in *Lola* nur ein Häuflein Demonstrierender, drei an der Zahl, mit ihren Plakaten. Er untertreibt ihre tatsächliche Bedeutung und übertreibt, wie sehr sich diese oppositionelle Bewegung in einer Minderheitenposition befand und gegen den Beschluß einiger weiniger nichts auszurichten vermochte. Fassbinders Meinung spiegelt ein britischer Journalist wieder, der 1958 in der FAZ zitiert wurde: „Ihr Deutschen seid nicht für Revolutionen, sondern auch für Demonstrationen ungeeignet."[85]

---

[84]vgl. dazu Kraushaar: Die Protestchronik; Bd. 3; hier dokumentiert Kraushaar ausführlich das heute fast nicht mehr vorstellbare Ausmaß der Protestbewegung im gesamten Bundesgebiet, einschließlich der DDR. Er erwähnt Demonstrationen in London und den Versuch, die Bewegung zu internationalisieren. Er berichtet über dieVielfalt der Willenskundgebungen und daß sie in allen gesellschaftlichen Schichten aktive Unterstützung fand, von spontanen Arbeitsniederlegungen in Fabriken, über die 1. Mai-Demonstrationen des DGB bis hin zu Studenten- und Professorenprotesten, die sich aus den Unis heraus formierten. Er geht auf die Volksbefragungen ein, welche einzelne Städte und Bundesländer zur atomaren Aufrüstung abhalten wollten, ihr Verbot durch die Bundesregierung vom Bundesgerichtshof. Diese massiven Proteste durchziehen laut Kraushaar das gesamte Jahr 1958; a.a.O.; S. 1760ff

[85]zitiert nach: Eberhard Bitzer: Keine Frage wie hundert andere; Frankurter Allgemeine Zeitung; 25.03.1958; in: Kraushaar; a.a.O; S. 1823

Fassbinder verbindet die Filmgegenwart wieder mit der historischen Vergangenheit, indem er in der Filmöffentlichkeit, auf dem städtischen Marktplatz, die verschiedenen Interessengruppen aufeinandertreffen läßt. Während einer Denkmalsenthüllung für den Grafen Stauffenberg sieht der Zuschauer 'die gute Gesellschaft' der Stadt, sie sind ihm als regelmäßige Puffbesucher bekannt, das Häuflein Demonstrierender wird dazwischengeschnitten. Der Zuschauer hört die Ansprache: „Und weil der deutsche Soldat nicht mit demjenigen Nationalsozialisten verwechselt werden darf, hat die Stadt Coburg beschlossen, der deutschen Wehrmacht und dem deutschen Widerstand, dem Grafen Stauffenberg, ein Denkmal zu setzen", d.h. dem militärischen Widerstand wird gedacht.

An dieser Stelle weist Fassbinder den Zuschauer an, sich über ein anderes Deutschland Gedanken zu machen: Wie hätte dieses Deutschland unter von Stauffenberg und seiner Gruppe ausgesehen, hätte ihr Attentatsversuch auf Hitler Erfolg gehabt?

Eine Antwort auf diese Frage gibt Georg Wilhelm Pabsts Film *Es geschah am 20. Juli* (1955). Eindeutig macht Pabst hier klar, daß das 'neue' Deutschland nicht demokratisch aufgebaut worden wäre. Zu Anfang des Films ist „die neue Regierung gebildet". Stauffenbergs 'Organisation', die sich aus höheren militärischen Dienstgraden, bei teilweise adeliger Abstammung zusammensetzte, ging es vorrangig darum, „Deutschlands Ehre und Ansehen in der Welt zu retten". Hinter dieser Motivation verbirgt sich auch der Wunsch, in Deutschland wieder eine 'standesgemäße' Regierung einzusetzen und das Land vom 'geschichtslosen' Adolf Hitler zu befreien.
Die „Übergangsregierung", von der in Pabsts Film die Rede ist, sollte „kein militantes Gepräge" bekommen. Jedoch Stauffenberg und seine 'Organisation' hätten die 'neuen' Machtpositionen übernommen. Die alte Klassengesellschaft wäre wieder eingesetzt worden, ein Rückschritt in die vordemokratische Weimarer Zeit hätte stattgefunden.[86]
Hier auf dem Film-Marktplatz, zur Denkmalsenthüllung, präsentiert sich Lola in ihrem unpassenden, engen, schwarzen Kostüm der Öffentlichkeit und von Bohm, um sich von ihm den Handkuß abzuholen, um den sie mit Schuckert gewettet hatte.

Fassbinder hat die Demonstrierenden auf dem Marktplatz geradezu unter die Schirmherrschaft Adenauers gestellt. Auf dem Marktplatz fehlen natürlich die

---

[86]zum biographischen Hintergrund Stauffenbergs, seiner 'Organisation' sowie des Kreisauer Oppositionskreises vgl. den arte-Dokumentarfilm von 1994, *Stauffenberg und der 20. Juli* von Armin D. Steuer, in dem auf die Bedeutung von Stauffenbergs adeliger, katholischer Familientradition für seine Entwicklung eingegangen wird. Hervorgehoben werden seine Republikfeindlichkeit, d.h. die Ablehnung der Weimarer Demokratie, die er mit den meisten adeligen Offiziern teilte, sowie die Wichtigkeit, die er selbst einer militärischen Führungselite beimaß.

Plakate mit seinem Konterfei nicht. Adenauer benötigte für seine politischen Ziele eine starke Oppostion, die er einerseits denunzieren konnte, andererseits konnte er anhand dieser öffentlichen Opposition seine politischen Meinungen formulieren und durchsetzen.

Für Fassbinder führt diese Entwicklung konsequenterweise in eine Radikalisierung der Verhältnisse. Er behandelt das Thema in *Die Dritte Generation* (1978/79), der auch in seiner realen Zeit spielt, zu Ende der 70er Jahre. Eine Gruppe junger Leute wird gezeigt, die politisch unmotiviert, terroristische Taten begeht und dem System, das sie vorgibt, zu bekämpfen, sehr gelegen kommt. Peter Lenz, Leiter einer Computerfabrik, er wird später von den Terroristen entführt, teilt seinen Auftraggebern in den USA zu Anfang des Films mit, in der Bundesrepublik 'lasse sich leider gar kein Computer mehr verkaufen, seitdem es keine terroristischen Anschläge mehr gäbe. Das werde sich aber bald ändern'. „Leute, die keine politische Motivation mehr haben, lassen sich - so Fassbinder - ohne Schwierigkeiten von anderen benützen."[87]

> „[...] welch ein Geschenk Gottes muß diesem Staat ein Terrorismus sein, der ohne Motivation geschieht und so keine Gefahr in sich birgt, und sei es im Negativen auch nur, verstehbar zu sein. Und tatsächlich, gäbs sie nicht, die Terroristen, dieser Staat in seiner jetzigen Entwicklung müßte sie erfinden. Und vielleicht hat er das sogar?"[88]

Adenauer wollte gegen die öffentliche Meinung seine Pläne über die deutsche Remilitarisierung durchsetzen. Wie er die Öffentlichkeit darauf vorbereitete und mehrmals seine ursprüngliche Meinung revidierte, läßt sich in seinen *Reden* sehr gut nachvollziehen.[89]
Das Endergebnis dieser Diskussion zeigt Fassbinder in *Lola*.

Fassbinder zieht Parallelen zwischen einem politischen Ausnutzen der öffentlichen Meinung, um seine Gegner zu entwaffnen und der Manipulation, die Schukkert auf Politiker anwendet, um seine kommerziellen Interessen durchzusetzen und um jeden Widerstand, der sich seinen Plänen zur Wirtschaftsentwicklung und

---

[87]Jansen/Schütte: RWF; a.a.O.; S. 228

[88]RWF in: Filme befreien; a.a.O.; S. 75; in diesem Zusammenhang zieht Fassbinder eine Parallele zum „Reichstag, der so fotogen brannte"; ebd.

[89]Noch 1946 in seiner Grundsatzrede in der Kölner Universität über die deutsche geschichtliche Fehlentwicklung nennt Adenauer u.a. den „Militarismus, [der] zum beherrschenden Faktor im Denken und Fühlen breiteseter Volksschichten [wurde]"; S. 85; im Mai 1950 sagt er anläßlich einer Pressekonferenz zum 'Schuman-Plan': „Ich bitte Sie, daran festzuhalten, daß die Remilitarisierung Deutschlands durch den Eintritt in den Europarat in keiner Weise beschlossen ist"; S. 178; im Herbst desselben Jahres beginnt er langsam und vorsichtig, die Deutschen auf eine Militarisierung einzustimmen: „daß ich aber für die Beteiligung eines deutschen Kontingentes in einer europäischen Armee [bin]"; in: Schwarz: (Hg.): Konrad Adenauer - Reden; a.a.O.; S. 188

persönlichen Bereicherung entgegenstellt, aus dem Wege zu räumen. Schuckert arbeitet bekanntlich in bestem Einverständnis mit dem Bürgermeister, dem Bankdirektor der lokalen Sparkasse und dem Polizeichef zusammen, um Skandale gar nicht erst aufkommen zu lassen, und um seine Bauprojekte, bei denen es nicht legal zugeht, verwirklicht zu sehen.

Fassbinder stellt 'Verschwörungen', wie von Bohm die Geschäfte gegenüber dem Journalisten Weizmann benennt, als bezeichnend für die Absprachen zwischen Regierung und profitsüchtigen Bauunternehmern unter der Adenauer-Regierung dar. Es ging rücksichtslos um Aufbau, deshalb stellt Fassbinder seine Handlung in diesen Kontext.

Daß es um Aufbau und Geschäftemachen ging, wenn nötig auf Kosten anderer, findet sich deutlicher artikuliert in der angelsächsischen Rezeption der Filme Fassbinders:

> „Germany needed a vast amount of capital for reconstruction, especially just after the war. The government provided half of the housing costs as loans and tax remissions, in order to keep interest rates down. The tax remissions also encouraged the channeling of earnings into development. By 1967, more than half of the housing units in Germany had been built since the war."[90]

Adenauer selbst gab den Wohnungsbau als vorrangiges Ziel aus, anläßlich seiner Rede zur Wahl des ersten Bundestages 1949: „Meines Erachtens ist der Wohnungsbau die wichtigste Aufgabe, die wir in Deutschland zu lösen haben. (Starker Beifall)." In derselben Rede geht er noch auf die Wirtschaftspolitik ein, die von der CDU/CSU „radikal umgestellt wurde. [...] Wir haben diese totale Zwangswirtschaft - man kann sie nennen eine Korruptionswirtschaft; denn jeder von uns weiß, wie korrupt sie war, von oben bis unten - umgestellt in eine sozialverpflichtete Martkwirtschaft."[91]
Den *Tagesschau-Jahresrückblick 1952-1958* durchzieht der Wohnungsbau, von den Anfängen bis zu den späteren sichtbaren Erfolgen in der zweiten Hälfte des Jahrzehnts. In seiner Neujahrsansprache von 1952/53 spricht der damalige Bundespräsident Theodor Heuß davon, daß „gebaut wird, große Brücken haben die Ruinen des Krieges ersetzt." Der Rückblick 1955 zeigt eine Rückblende: 10 Jahre vorher: die Stimme kommentiert: „Trümmer, Ruinen, wir sollten das nicht vergessen. - Aber zurück in das Jahr '55". In der folgenden Sequenz tritt die Bundesrepublik der NATO bei. Die Rückblende auf die Trümmerlandschaft diente nur der Gegenüberstellung, was seither schon wieder alles erreicht wurde.

---

[90]Michael Balfour zitiert nach: Feinstein: BRD-1-2-3-; a.a.O.; S. 56
[91]Schwarz: Adenauer - Reden; a.a.O.; S. 140f

Das Bildnis von Theodor Heuß, der zusammen mit Adenauer und Erhard zum politischen Dreiergespann gehört, das das gesamte Jahrzehnt geprägt hat, ist von Fassbinder in den Film eingebaut worden. An signifikanter Stelle hängt es an der Wand, in dem Raum, in dem der Bauausschuß tagt. Es ist erst bei sehr genauem Hinsehen erkenntlich. Paradigmatisch wacht Heuß über den Bauausschuß in *Lola.*[92]

Fassbinder stellt diese drei frühen bundesrepublikanischen Politiker, Adenauer, Erhard, Heuß, wieder in einen größeren deutschen, historischen Kontext, den er über die Trilogie aufzeigt: Es beginnt mit Hitlers von der Wand fallendem Portrait in *Die Ehe der Maria Braun*, den Adenauerbildern bis hin zum Heußbild, die in *Lola*, und Adenauer auch noch in *Die Sehnsucht der Veronika Voss*, an den Wänden in öffentlichen Gebäuden hängen. Fassbinder fordert hier wieder explizit den Zuschauer zum Überdenken dieser Bildnisse auf.

[92]zu Heuß' politischer Biographie sowie seinem Vorsitz in der FDP, als „Partei der bürgerlichen Rechten, die für einen uneingeschränkten Wirtschaftsliberalismus eintrat"; vgl.: Grosser: Geschichte Deutschlands; a.a.O.; S. 243ff; vgl. auch: Ludwig Erhard: „Mit der wirtschaftspolitischen Wendung von der Zwangswirtschaft hin zur Marktwirtschaft haben wir mehr getan, als nur eine engere wirtschaftliche Maßnahme in die Wege geleitet; wir haben damit unser gesellschaftswirtschaftliches und soziales Leben auf eine neue Grundlage und vor einen neuen Anfang gestellt. (1948); S. 69; [...] denn ich habe seit 1948 unbeirrt eine Wirtschaftspolitik verfolgt, die den Verbraucher in den Mittelpunkt des wirtschaftlichen Geschehens stellt und ihn durch die Sicherung der freien Konsumwahl erst wieder zum Bewußtsein seiner selbst, seiner Würde und seiner Macht brachte. (1953); S. 222; [...] liegt uns aber im besonderen noch daran, dem Begriff 'Wohlstand für alle' über seine materielle Auslegung hinaus noch einen neuen und höheren Inhalt zu geben. Wir treten damit sozusagen in eine neue Phase der Sozialen Marktwirtschaft ein, in der Wohlstand dem einzelnen mehr als nur Befreiung von materieller Not und soziale Sicherheit bringen, sondern ein neues Lebensgefühl wecken soll. Zu der materiellen Befreiung soll sich die geistige und seelische Befreiung des Menschen gesellen. (1957)" S. 341; in: L. Erhard: Deutsche Wirtschaftspolitik: Der Weg der Sozialen Marktwirtschaft; Düss.,Wien, New York, Moskau 1992; vgl. auch Meggy Steffens: Ludwig Erhard und das deutsche Wirtschaftswunder; arte-Portrait; 1997

2.5. Blenden

In *Lola* sind die einzelnen Szenen entweder aneinandermontiert oder zwischen den Szenen befinden sich Überblendungen: „In *Lola*, a zoom goes rapidly out of focus, accompanied by an irritating, monotonous chord; this marks the gap between shots.“[93]

Fassbinder macht mit Hilfe der Überblendungen die Schnittstellen zwischen den Einstellungen bewußt. Er betont so den Episodencharakter und das Künstliche der Form.
In diesen Überblendungsmomenten versinkt alles in Unschärfe. Das deutet auf das Fragmentarische der einzelnen Episoden hin. Er deutet an, daß es keinen Zusammenhang mehr gibt, im Ungezeigten könnte dieser höchstens noch liegen [vgl. A Kap. 2.2.4.].

Als Lola und von Bohm das zweite Mal in der Kirche gesungen haben, gibt es zwischen dieser und der folgenden Szene im Heuschober eine Überblendung, dem Liebespaar wird kein freier Raum gewährt, in den es sich hineinbewegen könnte. Zwischen der kirchlichen Enge und der Enge im Heuschober liegt diese Überblendung, die zwei zueinandergehörende Szenen bewußt trennt und das Geschehen im Unscharfen versinken läßt. Die einzelnen Handlungsfragmente könnten auch an anderer Stelle wieder zusammengefügt werden. Die Überblendungen von Szene zu Szene bestimmen die Handlungsführung des Films. Der Zuschauer wird so gezwungen, den Inhalt der Geschichte auf einer weiteren Handlungsebene nachzuvollziehen.
Derart unterbindet Fassbinder auch wieder eine emotionale Identifikation des Zuschauers mit der Fiktion.

[93]Feinstein: BRD 1-2-3; a.a.O.; S. 54; Juliane Lorenz erklärt die Technik der Blenden in der ‘Podiumsdiskussion’ 1995 im Filmmuseum München. „Während der Fertigstellung [von *Lola*] haben wir mal *Das Mädchen vom Moorhof* (1958) von Gustav Ucicky gesehen - ein Film mit ganz tollen Blenden. [...] Mit Hilfe der Bavaria-Trickabteilung haben wir solche Blenden dann einbezogen. [...] Das ist kein Kameratrick, sondern entsteht durch Scheiben, die man im Kopierwerk aneinander vorbeifahren läßt. [...] Auch die Blenden in *Die Sehnsucht der Veronika Voss* sind so entstanden“; in: Rost: Der zweite Atem; a.a.O.; S. 106

2.6. Parallelmontage

Ein Stilmerkmal des Films ist die Montage: die teilweise nur angedeuteten Szenen werden durch abrupte Schnitte abgebrochen [vgl. A Kap.2.2.4.]. Monaco unterscheidet drei verschiedene Montagetechniken. Typisch für Fassbinders Arbeit ist der „dialektische Prozeß, der eine dritte Bedeutung aus den beiden ursprünglichen Bedeutungen zweier aufeinanderfolgender Aufnahmen schafft.“[94]

Auch hier soll sich der Zuschauer durch eigenständige Assoziationen einen Sinn in der Beziehung der Bilder zueinander sowie auch zu sich selbst als Rezipienten erschaffen.

Innerhalb der Montagetechnik arbeitet Fassbinder in *Lola* mit der Parallelmontage, um „die Gleichzeitigkeit zweier räumlich voneinander entfernter Aktionen auszudrücken, und zwar durch abwechselnde Einstellungen der einen und der anderen Aktion.“[95]

In *Lola* benutzt Fassbinder die Parallelmontage, um eine emotionale Verbindung zwischen den Figuren herzustellen. Das Verhalten der einzelnen Filmfiguren untereinander bedingt sich gegenseitig. Das Verhalten einer Figur bewirkt die Abhängigkeit ihrer Mitfigur. Deutlich wird dies in einer Szene:

Frau Kummers Essensvorbereitung für von Bohms Einstandsabend, auf dem er seine Verlobung mit Lola, die er als Marie-Luise kennt, bekanntgeben will. Die erste Szene endet mit dem Lob von Bohms. Er will Lolas Mutter trösten, deren Hoffnung auf eine Ehe mit von Bohm hier endet: „Wunderschön, Frau Kummer, wie Sie den Tisch gedeckt haben, für Ihre eigene Tochter hätten Sie es nicht schöner machen können.“
Es folgt ein abrupter Schnitt auf eine verzweifelte Lola, die vor ihrem Spiegel sitzt und Esslin anschreit. In diesem Moment weiß sie, daß sie von Bohm nichts mehr vorspielen kann. In ihrer Verzweiflung streicht sie ihr Abbild im Spiegel mit ihrem Lippenstift durch [vgl. C Kap.2.1.].
Über den folgenden abrupten Schnitt folgt die Essensszene bei von Bohm, in der Frau Kummer, und indirekt auch von Bohm, gedemütigt werden.

Auf der Verbindung dieser Szenen liegt ein besonderer Schwerpunkt. Die Parallelmontage wirkt wie ein verstärktes Hindeuten auf eine wichtige Tatsache, einerseits die Gefühle und auf der anderen Seite die gesellschaftlichen Barrieren, die sich zerstörerisch gegenüberstehen. In dieser Parallelmontage verwebt Fassbinder

---

[94]Monaco: Film verstehen; a.a.O.; S. 218

[95]Bazin: Die Entwicklung der kinematographischen Sprache (1958); S. 259-278; in: Albersmeier (Hg.): Texte zur Theorie des Films; a.a.O.; S. 260f; Bazin schreibt die Erfindung der Parallelmontage dem amerikanischen Filmpionier D.W. Griffith (1875-1948) zu; zur Parallelmontage vgl. auch die technische Erklärung bei Monaco; a.a.O.; S. 221

die Handlungsstränge aller Figuren ineinander, ihr Abhängigkeitsverhältnis zeigt er auf.

Arnheim sieht in der „Parallelitätsmontage“ das Mittel, eine „frappierende“ Wirkung zu erzielen, „wenn plötzlich eine inhaltliche Beziehung (Parallelität oder Kontrast) zwischen ihnen besteht. Und umso stärker wird dies Gemeinsame betont.“[96]

[96]Arnheim: Film als Kunst; a.a.O.; S. 141f

2.7. Kamerafahrten

Die Kamera fällt nur selten bewußt auf; zweimal jedoch übernimmt sie die Handlungsführung: in den Sitzungsszenen verläßt sie die Statik. Sie umkreist die 'angesehenen Bürger der Stadt', die um den Tisch sitzen. Sie fährt einen schnellen Kreis hinter dem Rücken der Sitzenden. Sie kreist sie mehrmals ein. Schuckert und Esslin, die sich gegenübersitzen, verweilen jeweils kurz im Bild, die anderen werden nur überflogen, sind unscharf, bis von Bohm ins Bild kommt und die Bewegung endet.
In der ersten Szene spricht sich von Bohm ausschließlich für das Wirtschaftswachstum aus, in der zweiten Szene will er es platzen lassen.

In Fassbinders Filmen wird die Geschichte über die Kamera erzählt. Oft herrscht dann ein Gegensatz zwischen der Kamera und dem, was die Schauspieler ausdrücken. In *Chinesisches Roulette* erzählt Fassbinder die Geschichte nicht mehr über die Schauspieler, sondern die Kamera drückt die zwischenmenschliche Entfremdung aus. Fassbinder: „Ich bin ziemlich sicher, daß es in der Filmgeschichte keinen einzigen Film gibt, der so viele Kamerabewegungen, Kamerafahrten und Gegenbewegungen der Schauspieler enthält wie dieser."[97]

In *Lola* handeln die Menschen hektisch, sind permanent in Bewegung. Die Kamera ist fast statisch, mit Ausnahme der zwei erwähnten Bauausschußsitzungen, in denen die 'Geschichte' der 50er Jahre 'gemacht' wird. Die Kamera agiert als Subtext zur Erzählung, sie erzählt davon, daß eine Erstarrung in der dargestellten Geschichte und Gesellschaft herrscht. D.h. die Kamera erzählt die wahre Geschichte in *Lola* über die ausgehenden 50er Jahre.

Fassbinder legt immer das Filmtechnische in seinen Bildern offen. Die Kameratechnik wird als eigenständiger Modus in die Bilder integriert. Godard hat ähnlich gearbeitet. Er bezieht die Kameraarbeit in seine philosophischen Reflexionen explizit mit ein. Godard stellt sich immer die Frage: Wie reagieren er selbst und die Kamera auf seine Umwelt/Realität? Radikal stellt er seine Reflexionen über den Vietnamkreig mittels seiner Kamera und seiner Überlegungen zur Kameraarbeit in *Loin du Vietnam* (1967), einem französischen Kompilationsfilm, zur Schau.
Fassbinders und Godards Filme sind auf zwei Ebenen zu lesen. Das Bildliche und das Verstehen treffen sich auf einer Ebene über dem direkt Dargestellten.

---

[97]RWF in: Anarchie; a.a.O.; S.88

2.8. Großaufnahmen

Fassbinder arbeitet in *Lola* viel mit Großaufnahmen, besonders die Protagonistin wird derart hervorgehoben. Die Großaufnahmen auf *Lola* sind unterschiedlich eingesetzt.

Laut Béla Balázs, der sich in seinen filmtheoretischen Werken mit den unterschiedlichen Aufnahmetechniken auseinandersetzte und hierbei besonders auf die Nah- und Großaufnahme einging, ist die Großaufnahme „die Kunst der Betonung. Es ist ein stummes Hindeuten auf das Wichtige und Bedeutsame, womit das dargestellte Leben zugleich interpretiert wird."[98]

Großaufnahmen werden in Liebes- oder Schockszenen eingesetzt, um die Emotionen der Filmfiguren zu verdeutlichen.

Fassbinder kehrt den Einsatz um. Die Einstellungen sind satirisch gedacht, entsprechend Fassbinders Leitmotiv, daß mit Gefühlen Spekulation betrieben wird und in den meisten zwischenmenschlichen Beziehungen keine Liebe sondern Berechnung herrscht.

Ganz deutlich zeigt er das in der ersten Verführungsszene zwischen Lola und von Bohm. Lola, die in der Bücherei, auf von Bohms Stammplatz auf diesen wartet, sieht schön und naiv aus. Sie gibt sich den Anschein eines jungen Mädchens. Sie schlägt die Augen auf und nieder als von Bohm erscheint. Dieser fällt natürlich auf das unschuldige Bild, das sie vorgibt, herein. Bis jetzt weiß er, im Gegensatz zum Zuschauer, nichts von ihrem Doppelleben. Ihr Bild erinnert gewollt an Marylin Monroe, die in ihren erfolgreichsten Filmen immer reiche, etwas weltfremde Männer verführen mußte.[99] Die Szene ist im Schnitt-Gegenschnittverfahren aufgenommen, jeweils Großaufnahmen auf die beiden sprechenden Personen. Von Bohm hofft, daß für ihn eine Liebesgeschichte beginnt. Der Zuschauer, der mehr weiß, erkennt, daß bei Lola Heuchelei im Spiel ist. Fassbinder wendet die Großaufnahmen dazu an, satirisch den Mißbrauch der Gefühle und die damit verbundenen Manipulationen darzustellen.

---

[98]Balázs: Zur Kunstphilosophie des Films; S. 149-171; in K. Witte (Hg.): Theorie des Kinos. Ideologiekritik der Traumfabrik; Frankf./M.; 1972; S. 158

[99]Barbara Sukowa auf die Frage, wie sie spielen sollte: „Ich erinnere mich, das fand ich ganz merkwürdig, daß er zu mir sagte:»Spiel' das doch einfach so wie Marylin.« Das fand ich ganz blöd damals. [...] Als ich, später erst, ihre Filme gesehen habe, war ich begeistert und wußte nun auch, warum Rainer das zu mir gesagt hatte, und was ich mir daraus hätte nehmen sollen. [...] daß dieses Clowneske, etwas Stilisierte, dieses Spielerische, daß das drinblieb"; in: Lorenz (Hg.): Das ganz normale Chaos; a.a.O.; S. 338f

Der Dialog zwischen den beiden läuft dann auch den Bildern zuwider: von Bohm fragt Lola, ob sie 'sich für ostasiatische Kunst interessiere'. Lola erwidert darauf mehrmals mit 'indirekt'. Schließlich steht sie auf, ihr Gesicht befindet sich in Großaufnahme vor seinem, sie schlägt verführerisch und siegessicher ihre Augen zu ihm auf und sagt ihm ihre wahre Absicht: „Direkt habe ich ein starkes Interesse an Ihnen."
Von Bohm kann nicht wissen, daß ihre Verführung geplant und berechnend ist, daß keine Gefühle bei ihr dahinterstecken, die bei ihm gerade im Entstehen begriffen sind.

In einer weiteren Szene karikiert Fassbinder paradigmatisch den normalen Einsatz des Stilmittels Großaufnahme. Hier kontrastiert er die Wirkung, die die Großaufnahme evoziert, mit einem lächerlich kleinlichen Gefühlsausbruch, der lediglich auf verletzter Eitelkeit beruht.
Esslin will Schuckert 'die Maske vom Gesicht reißen'. Er benachrichtigt von Bohm, dem er 'die verborgene Seite der Stadt zeigen will'. Er klingelt bei von Bohm Sturm, die Kamera zoomt auf sein aufgewühltes Gesicht zu. Er fordert von Bohm auf: „Kommen Sie mit, ich werde Ihnen etwas von der Stadt zeigen." Dabei ist, fast in Detailaufnahme, seine rechte Gesichtshälfte zu sehen, die andere Gesichtshälfte liegt im Dunklen. Die Aufnahme erzeugt Spannung, die hier nicht recht angebracht ist, wenn man sich den lächerlichen Grund für seinen 'Amoklauf' ins Gedächtnis ruft.

Fassbinder setzt hier die Großaufnahme kontrapunktisch ein, um Befindlichkeiten überdeutlich darzustellen, auch im Gegensatz zu seinen eigenen Filmen. In *Die Ehe der Maria Braun* hat er die Großaufnahmen sparsamer eingesetzt und ganz im Sinne des zitierten Balázs. Märthesheimer beschreibt die Großaufnahmen: „Bei *Maria Braun* gibt es nicht viele Großaufnahmen, aber die sind dann ganz bewußt und ganz besonders beleuchtet und ganz präzise eingesetzt. Übrigens sind es meistens stumme Großaufnahmen, im richtigen Licht."[100]
Juliane Lorenz erklärt die Großaufnahmen: „Die Psychologie der Figuren, die Ursache ihrer Emotionen, ist ihm immer wichtiger geworden, und diese wurden nachvollziehbar durch den Schnitt, zum Beispiel in eine Großaufnahme."[101]

Der satirische Griff auf die Gegenwart, den Fassbinder in *Lola* vornimmt, soll krass die herrschenden Mißstände darstellen. Eine realistische Darstellungsweise wäre unangebracht, den Betrachter aufzurütteln. Fassbinder legt den Blick frei auf eine rastlose, zerrissene Zeit, in der nur noch das egoistische Streben nach individuellem Glück zählt.

---

[100] Märthesheimer in: Das ganz normale Chaos; a.a.O.; S. 147
[101] ebd.

Fassbinder rührt zeitweilig in *Lola* zum Lachen an, es ist aber ein Lachen, das im Halse steckenbleibt, entsprechend seiner Intention: „weiterwirkende Irritationen im Bewußtsein des Zuschauers auszulösen.“[102]

[102]RWF in Anarchie; a.a.O.; S. 10

3.1. Fassbinders Griff auf das Melodram
Fassbinders Darstellung der Bundesrepublik Deutschland in *Lola*

Fassbinders Intention entsprechend, „die herrschenden Verhältnisse durchschaubar darzustellen, damit bewußt wird, daß sie überwunden werden können“[1], setzt er die Kameramittel, plakativ als solche erkennbar, ein. Sein bevorzugtes Genre, in dem er arbeitet, ist das Melodram.[2]
Teilweise übernimmt Fassbinder Melodram-Konventionen, die er aber wieder bricht, um mit diesem Genre seine Ziele zu erreichen.

Fassbinders frühe Filme, wie z.B. *Liebe ist kälter als der Tod* (1969), sind sogenannte Gangsterfilme, beeinflußt von der amerikanischen Schwarzen Serie, von der auch der frühe Godard begeistert war. Dem Melodram wendet sich Fassbinder nach der Begegnung mit Sirk und seinen Filmen zu. Auch Sirks Filme wurden vorher enthusiastisch von Godard und Truffaut in den Cahiers du Cinéma gewürdigt. [zu Sirk vgl. auch C Kap.3.2.2.]

Fassbinders erster Film, der diesem für ihn neuen Genre zuzuordnen ist, ist *Händler der vier Jahreszeiten* (1971). Fassbinder beschäftigt sich hier zum ersten Mal mit der deutschen Geschichte. Der Film ist in den 50er Jahren angesiedelt. Die Hauptfigur ist männlich. Aber es geht bereits um Irritationen, die die Beschäftigung mit der deutschen Geschichte bei Fassbinder notwendig hervorruft. Die erzählte Geschichte im *Händler der vier Jahreszeiten* spielt zwar in der späten Nachkriegszeit, weist aber schon auf weiter zurückreichende Wurzeln, die noch nicht überwunden sind.

Fassbinder hat nicht einfach Sirk-Filme kopiert, sondern er hat das, „was [er] bei Sirk gelernt hat“[3], umgesetzt. Er hat versucht, „mit der Filmerfahrung [s]eine Geschichte zu erzählen.“[4]

---

[1]RWF in: Anarchie; a.a.O.; S. 46
[2]zur Entwicklung des Melodrams sowie seiner Hauptcharakteristika vgl. den Aufsatzband von Palm/Cargnelli (Hg.): Und immer wieder geht die Sonne auf - Texte zum Melodramatischen im Film; Wien 1994; hier besonders die Aufsätze von Peter Brooks: Die Melodramatische Imagination; S. 35-65; Brooks untersucht die bürgerliche Tradition des Genres; Elsaesser: Tales of Sound and Fury; S. 93-131; vgl. auch Roloff/Seeßlen: Kino der Gefühle - Geschichte und Mythologie des Film-Melodrams; Hamburg 1980; Seeßlen und Roloff widmen ein ganzes Kapitel den Sirk-Melodramen aus den 50ern. Zum transatlantischen Austausch in der Geschichte des Melodrams vgl.: Bratton, Cook, Gledhill (Hg.): Melodrama, Stage, Picture, Screen; London; BFI 1994; hierin besonders den Aufsatz von Laura Mulvey: It will be a magnificent obsession - The Melodrama's Role in the Development of Contemporary Film Theory; S. 121-134
[3]RWF in: Anarchie; a.a.O.; S. 49
[4]a.a.O.; S. 142

Mit dem Griff aus Melodram geht es Fassbinder darum, seine eigene Sicht auf seine Welt auszudrücken.

Katherine S. Woodward spricht von den 'Anti-Melodramen' bei Godard, Truffaut und Fassbinder. In ihrem Aufsatz von 1984 *European Anti-Melodrama* charakterisiert sie diese Weiterentwicklung des klassischen Hollywood-Melodrams [vgl. A Kap.1.6.]:

> „The anti-melodrama centers on the assumption that today's society is suffused wih a false melodramatic outlook and that a film should lead viewers to scrutinize their own melodramtic inclinations. [...] the anti-melodrama insists on creating an aesthetic distance between the film text and viewer; [...] like virtually all modernist films, the anti-melodrama combats the passive emotional identification elicited by the melodrama. [...] is its attempt to make viewers explicitly aware of the melodramtic perspective and then to give them new insight with which to reconsider that perspective."[5]

Mit der Begriffsbestimmung Anti-Melodram ist Fassbinders Arbeit zu fassen. Bei Fassbinder handelt es sich aber nicht nur darum, eine vorgegebene Realität emotional aufzuladen, d.h. durch den Appell an die Gefühle einem großen Publikum nahezubringen oder durch die Übertreibung als künstlich zu kennzeichnen und damit zu verfremden. Das Melodram geht bei ihm über die Funktion des Stilmittels weit hinaus. Er bringt über das Stilmittel Melodram eine weitere Erfahrungsebene heinein: die Handlungsführung im Fall von *Lola*, der unaufhaltsame Aufstieg und Fall von Bohms, der Dialog, der etwas anderes meint, als er aussagt, besonders zwischen Lola und von Bohm; die Musik, z.B. der monotone Laut, der jedesmal die Überblendungen begleitet; oder auch Lolas Gesang auf der Bühne, der bis auf den einmaligen Ausbruch recht verhalten bleibt, sind Melodram-Stilmittel. Sie dienen hier zur Ausdifferenzierung einer inneren und einer äußeren Wirklichkeit. Es sind subjektive Erfahrungen, die sich auf die Handelnden gegenläufig auswirken. Hinter all dem steht die bundesrepublikanische Wirklichkeit wie Fassbinder sie sieht und vermitteln will.
Die Figuren erscheinen nicht als geschlossene, einheitliche Charaktere, die von einem Wunsch oder einer Idee beherrscht werden, wie sie meistens im Hollywood-Film anzutreffen sind. Fassbinders Figuren stehen mit sich selbst im Widerspruch, wie auch Sirks innerlich zerrissene Figuren. Über das Melodram stellen beide Regisseure diese inneren Spannungen dar.

Die Struktur des Melodrams läßt sich über eine unmögliche Liebesgeschichte vergegenwärtigen. Im traditionellen Melodram stehen den Liebenden Kräfte gegenüber, die die herrschende soziale Ordnung verkörpern. Bei Fassbinder sind es eher

---

[5]Woodward: European Anti-Melodrama: Godard, Truffaut and Fassbinder; S. 34-37; in: Postscript; Vol.3; Nr. 2; Winter 1984; S. 34

unmögliche Paare: Emmi und Ali in *Angst essen Seele auf*, Anton Seitz und Elvira in *In einem Jahr mit 13 Monden*. In *Lola* und *Die Ehe der Maria Braun* kommt die Unmöglichkeit zwischen den Liebenden aus einer Ungleichheit, die dem Paar meistens nicht bewußt wird. Es ist eine Ungleichheit in bezug auf die innere Motivation und das jeweilige Wertesystem, die immer asynchron zueinander verlaufen in Fassbinders Dreiecksgeschichten. Die Dreieckskonstellation ist auch eine typische für das Melodram: Heldin - Schurke - Held.[6]
In *Lola* erzeugt die Unvergleichbarkeit der drei Hauptfiguren die erotische Spannung untereinander.

Bei Fassbinder findet sich das Melodram im Inszenierungsstil. Darüber hinaus weist es den Weg zu den unterschwellig vorhandenen, unausgesprochenen Momenten des Schmerzes, der Verzweiflung oder des Glücks der Figuren.
Das Melodram erlaubt es den Figuren, zu ihrer persönlichen Widersprüchlichkeit zu stehen, was wiederum als Zeichen von Ehrlichkeit sich selbst gegenüber zu bewerten ist. Die Handlungsfähigkeit der Figuren wird so vorangetrieben.

Fassbinder unterdrückt jedes narrative Ende, das der Erwartungshaltung des Publikums entspräche, indem er die Genreregeln umkehrt. Er bietet keine Lösungen an, vielmehr offeriert er dem Zuschauer seine Vision. Er legt Probleme offen, die er beobachtet.

Seine über das Melodram ausgedrückte Gesellschaftsananlyse sieht Fassbinder in einer Fontane verpflichteten Arbeitsweise. In der Herangehensweise an Probleme und ihrer fiktionalen Umsetzung zieht er Parallelen. Auch Fontanes Position in seiner Zeit und Gesellschaft kann Fassbinder auf seinen Standpunkt anwenden. In den TV-Dokumentationen von Strauven und Pflaum erklärt Fassbinder die Parallelen:

> „Über Fontane habe ich entdeckt, daß da jemand ist, der an seiner Realität und Gesellschaft sehr wohl alles das erkennt, was kaputt und faul und falsch ist, aber der wie ich nicht in in der Lage ist zu sagen, wie es besser und richtiger wäre, sondern der das nur beschreiben kann, wobei nur in '...' ist, weil ich schon meine, daß es das Maximale ist, was man überhaupt machen kann, weil ich finde, daß Romane und Filme, die so Lösungen parat hatten, dann waren die schlecht."[7]

---

[6] „ergänzt durch die Figur des despotischen, letztlich aber verzeihenden Vaters, durch eine Reihe komödiantisch angelegter Figuren und durch Träger von Nebenhandlungen, in die sich die Gemütsverfassungen der Helden spiegeln lassen", in: Roloff/Seeßlen: Kino der Gefühle; a.a.O.; S.20; was die Nebenfiguren anbetrifft, folgt Fassbinder der Tradition; vgl. von Bohms Sekretärin Frl. Hettig oder Lolas Mutter; die Vaterfigur ist abwesend bei Fassbinder.

[7] Strauven: 'Etwas wovor ich Angst habe,setzt micht in Gang'; TV-Dokumentation 1982; Pflaum: 'Ich will nicht nur, ...'; TV-Dokumentation von 1992

Verbindungen zieht Fassbinder auch zwischen Fontanes Sprache und seiner eigenen Film-Sprache. Fontanes Sprache sei „niemals eindeutig“[8]. Fontane lege sich ebensowenig fest wie Fassbiner selbst:

> „Er [Fontane] sagt, Effi ist sehr glücklich, obwohl man auch denken könnte, daß sie es vielleicht nicht ist. [...] das finde ich schon sehr faszinierend, daß er eben nicht so eindeutig ist, und nicht sagt, etwas ist so und damit basta, sondern daß er dadurch schon einen Freiraum läßt.“[9]

Fassbinder zieht über seine Fontane-Rezeption eine Verbindungslinie vom Ende des letzten Jahrhunderts in seine Zeit, auch damals befand sich die Gesellschaft bereits in einer festgefahrenen Sitution. Gerade mit *Fontane Effi Briest* zeigt er eine Kontinuität, die nicht erst im Nationalsozialismus einsetzt, sondern bis zu einer bürgerlichen Gesellschaft zurückreicht, wie sie Fontane Ende des letzten Jahrhunderts beschrieben hat. Die Wertvorstellungen sind die gleichen geblieben. In *Fontane Effi Briest* kann der Zuschauer in einigen Einstellungen Fernsehantennen entdecken, aber nur wenn er sehr genau hinschaut. Damit zieht Fassbinder die erzählte Geschichte in seine Zeit weiter. Er erzählt dort nicht ausschließlich von der Vergangenheit, sondern eindeutig von der Gegenwart.

---

[8]RWF in : Anarchie; a.a.O.; S. 61
[9]ebd.

3.2. Wertebörse 50er Jahre

Fassbinder stellt sich in *Lola* die Frage: Wie und warum funktioniert eine Gesellschaft wie die der Bundesrepublik?
Die Antwort, die es hierauf zu suchen gilt, fällt sehr viel ambivalenter aus, als nach oberflächlicher Betrachtung anzunehmen wäre. Fassbinders Antwort erschöpft sich nicht in der Aussage, daß die herrschende Klasse korrupt, zynisch und unmoralisch, weil käuflich, ist. Elsaesser formuliert die zentrale Frage so: „Warum ist die Bundesrepublik so erfolgreich, wenn sie es doch gar nicht sein dürfte in ihrer Verlogenheit, ihrer Provinzialität, ihrem Mangel an Zivilcourage, was die Vergangenheit angeht, und ihrer Ängstlichkeit und Heuchelei sich selbst gegenüber?“[10]

In einer der Schlüsselszenen im Puff unterhalten sich die Huren über den Unterschied zwischen ‘dem der zählt und dem der zahlt’. Das Thema ist Bestechlichkeit, das aber nicht nur negative Seiten hervorbringt:

Frau Fink: „Freilich kann die Gigi ein weißes Kleid tragen. Wenn eine Frau sich ihrem Zukünftigen hingibt, kommt's ja nicht darauf an, ob sie sich vorher auch schon anderen hingegeben hat, sondern ob die gezählt haben für sie, darauf kommt's an.“
Gigi: „Gezählt hat keiner von ihnen.“
Susi: „Aber gezahlt haben doch alle, oder?“
Gigi: „Ich hab' ja schließlich auf die Tankstelle sparen müssen.“
Susi: „Ausreden sind das.“
Gigi: „Das ist keine Ausrede. Das ist eine Wahrheit.“
Frau Fink: „Eben, sag' ich ja. Weil das ja geradezu der Beweis ist, daß einer nicht gezählt hat, wenn er gezahlt hat. Daß eine Frau sich anderen Männern hingeben muß, das ist ja heutzutage praktisch unvermeidbar. Und wenn sie dabei noch an eine Tankstelle denkt, dann ist sie erst recht aus dem Schneider.“

Die Frauenfiguren lassen hier ihre 50er Jahre Realität weit hinter sich zurück, die sich in der Prinzipientreue und den konventionellen Moralvorstellungen der Frau Schuckert ausdrückt. Sie setzen das Gespräch mit Überlegungen zu Gigis Hochzeitstermin fort, der erst in einem Monat stattfinden soll.

Lola sagt mit einem höhnischen Lachen: „Weil du dann rein bist.“
Lola selbst hat 'Kopfweh'.
Frau Fink. „Dann kann die Lola ja schon in drei Tagen heiraten, dann ist sie ja schon in drei Tagen rein und dann kaufst du mir den Salon hier ab. Dann darfst du die Witze machen.“
Lola bekommt eine Großaufnahme vor kalt-blauem Hintergrund: „Wollen Sie denn verkaufen?“
Frau Fink: „Wenn du mir ein gutes Angebot machst, sofort.“
Lola: „Sofort nicht, später ... vielleicht.“

---

[10]Elsaesser: Fassbinder, *Lola* und die Logik; a.a.O.; S. 70

Die Moralvorstellungen an dieser Stelle lassen alle herkömmlichen Prinzipien vergessen. Gleichzeitig erscheint Lola als korrupt und käuflich.

Hier entstehen neue Wertbestimmungen für das Individuum, für sich selbst, aber auch im Verhältnis zum anderen. Die Beziehungen sind darauf aus, vom anderen etwas über seinen eigenen Wert zu erfahren. Die Figur des Esslin, die zwischen dem Bakunin-Kreis, Lola, von Bohm, dem Bürgermeister und Schuckert hin- und herpendelt, hat ihren jeweiligen Nutzwert genau austariert.

In der Beziehung zwischen Lola und von Bohm verhalten sich die Wertgewinne asymmetrisch zueinander. Anfänglich interessiert sie sich nur deshalb für ihn, weil er die Lokalgrößen in Unsicherheit versetzen kann. Sie hofft, über sein erotisches Interesse an ihr, stellvertretend, sie nennt es 'indirekt', an seiner politischen Macht teilzuhaben. Sie entscheidet sich aber für ihn, weil er ihr Respekt entgegenbringt.

Fassbinder stellt die 50er Jahre als Wertebörse dar, die sich ständig neu definiert. Er läßt sich diese Wertebörse frei entwickeln, passend zur Gesellschaft der 50er Jahre, die sich oberflächlich durch Umbruch und Aufbruch auszeichnete.

In diesem Zusammenhang sind die Verträge in *Lola* und auch in *Die Ehe der Maria Braun* zu sehen, sie ergänzen komplementär Fassbinders Geschichten. In *Lola* wird die Ehe erkauft mit einem Handel, von dem der Betroffene nichts weiß, im Hintergrund läuft wieder eine Radioreportage von einem Fußballweltmeisterschaftsspiel, das diesmal sehr viel weniger spektakulär verläuft. Maria Braun muß am Ende erkennen, daß ihre Ehe eine Täuschung war, und daß sie zum Tauschobjekt in einem Handel geworden war. Die Szenen ereignen sich vor dem überlauten Hintergrund des dramatischen Endspiels um die Weltmeisterschaft von '54.
Lola ist von Anfang an illusionslos, sie wird sich nicht verkalkulieren. Sie weiß auch, daß ihre Ehe ein Geschäft mit einem Dritten ist. Darüber hinaus weiß sie, daß nur sie die Garantie geben kann, daß das Machtgefüge erhalten bleibt, an dem sie jetzt sogar teilhat.

Fassbinder beharrt immer auf der Gleichheit eines jeden Menschen und seines perönlichen Wertes. Diesen setzt er aber nicht als gegeben voraus, sondern als offenen Prozeß eines sich immer wieder neu zu bestimmenden Tauschwerts.

Damit reiht Fassbinder auch *Lola* ein in seine Darstellung der neueren deutschen Geschichte als „einer Serie von Krisen der gesellschaftlichen Tauschwerte."[11] Sie erscheint als „Schwarzmarkt."[12]

---

[11]Elsaesser: Fassbinder, *Lola* und die Logik; a.a.O.; S. 74
[12]ebd.

Damit sind die Inflation nach dem Ersten Weltkrieg, dargestellt in *Bolwieser* (1976/77) und *Despair* (1977) gemeint, und der Faschismus, dargestellt in *Lili Marleen* (1980). *Lili Marleen* ist Fassbinders einziger Film, der zur Zeit des Dritten Reiches spielt. Fassbinder hat die Zeit des Dritten Reiches mit seinen Filmen eingekreist.

In die Darstellung der neueren deutschen Geschichte gehören desweiteren die Nachkriegszeit, die in den Trilogiefilmen behandelt wird und die siebziger Jahre, die in einer Reihe von Filmen vorkommen. Direktes Aufarbeiten von Fassbinders Arbeitsjahrzehnt findet besonders in *Deutschland im Herbst*, *Die Dritte Generation* und *In einem Jahr mit 13 Monden* statt.

An dieser Stelle ist auch die Verbindung zu Fassbinders eigener Rolle als Schwarzmarkthändler in *Die Ehe der Maria Braun* zu sehen [vgl. A Kap.1.2.]. In der Schwarzmarktzeit sind tradtionelle Werte außer Kraft gesetzt. Fassbinder stellt die Chronologie der neueren deutschen Geschichte als eine 'Serie von Schwarzmärkten' dar, d.h. das Prinzip des Tausches steht an oberster Stelle. Zum Werteverfall und zur äußeren Anpassung an ständig neue Gegebenheiten kommt zwangsläufig eine innere Anpassung an diese neuen Werte. Das Tauschprinzip mußte verinnerlicht werden. Die nationalsozialistische Ideologie wurde von der Ideologie des Warentausches abgelöst, die sehr schnell aufgenommen werden konnte, da das Innere durch die verschiedenen 'Schwarzmarktkrisen' vorbereitet war.

3.3. 'Machtelite - Spekulationsgewinn - personelle Verquickung'

Diese drei Wörter, die von Bohm sich gesondert notiert, stellen Fassbinders Kommentar zur Bundesrepublik dar. Sie charakterisieren, wie der Aufbau geschafft wurde.

Esslin:
„1. Das Projekt Lindenhof ist ein Komplott. Die Grundbuchauszüge zeigen: Außer durch Vererbung hat in diesem Gebiet seit der Jahrhundertwende kein nennenwerter Besitzerwechsel stattgefunden. In den letzten fünf Jahren häufen sich die Umschreibungen auffällig. Einige der neuen Eigentümer sind mir bekannt. Sie gehören zur Machtelite der Stadt.
2. Die Grundstückspreise haben sich gegenüber 1952 verdreifacht, gegenüber 1938 verzehnfacht. Wenn der neue Bebauungsplan in Kraft tritt, wird sich der Spekulationsgewinn noch mal verdoppeln.
3. Der Bauausschuß ist in seiner personellen Verquickung ein verkleinertes Abbild der sogenannten guten Familien der Stadt."

Esslin erklärt hier, wie die Gesellschaft der Bundesrepublik aufgebaut wurde.

Seit der verhinderten Aufführung seines Theaterstücks *Der Müll, die Stadt und der Tod* sowie der danach erfolgten Ablehnung seines Filmprojektes *Soll und Haben*, in beiden Werken ging es, bzw. sollte es um bürgerliche Werte und bürgerliches Verhalten gehen, hat Fassbinder in seinen folgenden Filme das Thema der Bauspekulation explizit eingearbeitet.

In dem Theaterstück *Der Müll, die Stadt und der Tod*, das bis heute nicht in Deutschland aufgeführt wurde, gibt es die Figur Der Reiche Jude, die in einem Monolog detailliert erklärt, was Fassbinder in *Lola* mit den o.g. Leitwörtern für den Wiederaufbau kennzeichnen will. Die Figur erklärt in diesem Monolog das Zusammenwirken der herrschenden Kräfte, die nach außen einen legalen Schein bewahren und sich nach innen gegenseitig decken. Die drei Leitwörter stehen für den Profit einiger weniger:

> Der Reiche Jude: „Wissen Sie, daß ich manchmal Angst habe? [...] Die Geschäfte gehen zu gut, das will bestraft sein. [...] Ich kaufe alte Häuser in dieser Stadt, reiße sie ab, baue neue, die verkaufe ich gut. Die Stadt schützt mich, das muß sie. Zudem bin ich Jude. Der Polizeipräsident ist mein Freund, was man so Freund nennt, der Bürgermeister lädt mich gern ein, auf die Stadtverordneten kann ich zählen. Gewiß - keiner schätzt das besonders, was er da zuläßt, aber der Plan ist nicht meiner, der war da, ehe ich kam. Es muß mir egal sein, ob Kinder weinen, ob Alte, Gebrechliche leiden. Es muß mir egal sein. Und das Wutgeheul mancher, das überhör ich ganz einfach. Was soll ich auch sonst. Mit schlechtem Gewissen mir Krankheiten auf den Buckel laden? [...] Ich glaube an Gott, aber an die Gerechtigkeit zwischen den Mauern? Soll meine Seele geradestehen für die Beschlüsse anderer, die ich nur ausführe mit

dem Profit, den ich brauche, um mir das leisten zu können, was ich brauche. [...] Die Stadt braucht den skrupellosen Geschäftsmann, der ihr ermöglicht, sich zu verändern."[13] Anhang A)

Die Figur Der Reiche Jude benennt deutlich die Rücksichtslosigkeit, die vonnöten war, um diesen Staat wiederaufzubauen. In seinem Monolog charakterisiert Der Reiche Jude auch gleichzeitig 'die Honoratioren' in *Lola.* Oder wie es die drei Frauenfiguren aus dem Stück ausdrücken:

Frl: Emma von Waldenstein:	„Die Stadt garantiert die Gleichheit der Chancen nicht mehr."
Roma B.:	„Sie hat sie nie garantiert."
Asbach-Lilly:	„Aber die Unterschiede waren nie so erschreckend wie jetzt."14

Hier erweist sich Fassbinder als politisch Vorausschauender. Er weist auf die Konsequenzen des rücksichtslos egoistischen, einzig auf den Profit ausgerichteten Verhaltens. Er antizipiert eine Verstärkung dieses Verhaltens.

In *Lola* treffen sich Schuckert und der Bürgermeister in dessen modernem Büro und besprechen ihren möglichen Profitverlust. Die Szene spielt vor einem riesigen Wandbild, das eine moderne Hochhäuserkulisse zeigt. Das Bild wirkt als Synthese ihres beiderseitigen Profitstrebens. In dem Aufsatz zu seinem radikal-persönlichen Film *In einem Jahr mit 13 Monden* spricht Fassbinder ganz deutlich aus, wo er diese Realität sieht:

> „Frankfurt, eine Stadt, deren spezifische Struktur, Biographien wie die folgende fast herausfordert [...]. Frankfurt ist kein Ort des freundlichen Mittelmaßes, der Egalisierung von Gegensätzen, nicht friedlich, nicht modisch, nicht nett, Frankfurt ist eine Stadt, wo man an jeder Straßenecke, überall und ständig den allgemeinen gesellschaftlichen Widersprüchen begegnet, zumindest wenn man nicht gleich über sie stolpert, den Widersprüchen, an deren Verschleierung sonst allerorten recht erfolreich gearbeitet wird."[15]

In *In einem Jahr mit 13 Monden* betätigt sich Anton Seitz, die große Liebe von Erwin/Elvira, ebenfalls als Häuserspekulant. Fassbinder:

> „Anton Seitz, der mit seinem Bordell mittlerweile soviel Geld verdient hatte, daß er begann, Häuser zu kaufen, und zudem mit Häusern handelte. In dieser Sparte war in der Stadt Frankfurt Hochkonjunktur. Man wurde reich und reicher, indem man alte Häuser billig aufkaufte, die Mieter, so sie nicht von allein gingen, mit den sonderbarsten Tricks vertrieb, und wenn alle draußen waren, abreißen ließ und dann entweder mit den Grundstücken hoch handeln

[13]Fassbinder: Der Müll, die Stadt und der Tod; S. 665-715; In: RWF: Sämtliche Stücke; Frankf./M. 1991; S. 680f

[14]a.a.O.; S. 702

[15]RWF in: Filme befreien; a.a.O.; S. 43

konnte oder aber selber baute. Anton Seitz war bald einer der Großen in diesem Gewerbe.“[16]

Dieser Teil aus Fassbinders Aufsatz liest sich wie eine Anleitung zur Bauspekulation. Der 'große, reiche Häusermakler' Anton Seitz wird in *In einem Jahr mit 13 Monden* als egoistische, debile Person gezeigt. Das Gebäude, in dem Elvira endlich zu Anton vorgelassen wird, entspricht dem in steinerne Realität umgesetzen Bild aus dem Büro des Bürgermeisters in *Lola*. Der mächtige Anton, der hier herrscht, führt einen kindischen Jerry-Lewis-Tanz auf.

Fassbinder verbindet in der zweiten Phase seines Gesamtwerkes verschiedene Ebenen, die alle ineinander verwoben und auch untrennbar sind. Es handelt sich um seine persönliche Wahrnehmung einer Realität, die er fiktionalisiert. Dann gibt es noch eine bundesdeutsche und eine übergeordnete deutsche Realität. Fassbinders Fiktion schließlich führt den Zuschauer in dessen eigene deutsche Realität.

Ab Mitte der 70er Jahre wurde Fassbinders Arbeit mit Hindernissen konfrontiert. Trotz der Absetzung seines Theaterstücks, der darauffolgenden Ablehnung des *Soll und Haben* - Projekts, hat Fassbinder sein Thema, eine deutsche politisch-historische Entwicklung wiederzugeben, weiterverarbeitet.

Er hat an Tabus gerüttelt in *Der Müll, die Stadt und der Tod* und von allen akzeptierte Tatsachen offengelegt wie in *Lola* das rücksichtslose Streben zugunsten des deutschen Wirtschaftswunders, das aber auf Kosten von zwischenmenschlichen Werten ging. Er wollte alles zur Diskussion und Kritik freigeben. Es waren Tatsachen, die lieber totgeschwiegen und allgemein akzeptiert wurden.

In *Lola:*

„the relations between the political issues and the personal issues of the fictional characters are cleverly interwoven. Although, as in all Fassbinder's films, the plot tends to pose the issues in schematic terms, in *Lola* there is enough subtlety and complexity of characterization to hold our interest both in the individuals and in the larger issues.“[17]

---

[16]a.a.O.; S. 60f

[17]Macbean: The Cinema as Self Portrait; a.a.O.; S. 15

Anhang A)

Zu den gegen ihn erhobenen Vorwürfen gab Fassbinder folgende Stellungnahme ab, die in demselben Band wie das Stück abgedruckt ist:

„Gegen mein Stück *Der Müll, die Stadt und der Tod* wird der Vorwurf erhoben, es sei »antisemitisch«. Unter dem Vorwand dieses Vorwurfs wird von einzelnen Gruppen etwas ausgetragen, das ich in seiner Absicht und in seiner Konsequenz noch nicht begreifen kann, was aber mit mir und meinem Stück nichts zu tun hat.
Zum Stück: Es gibt in der Tat unter der Vielzahl von Figuren in diesem Text auch einen Juden. Und das sicher nicht zufällig, gewiß. Dieser Jude ist reich, ist Häusermakler, trägt dazu bei, die Städte zuungunsten der Menschen zu verändern; er führt aber letztlich doch nur Dinge aus, die von anderen zwar konzipiert wurden, aber deren Verwirklichung man konsequent einem überläßt, der durch Tabuisierung unangreifbar scheint. Der Ort, wo man diesen Sachverhalt auch in der Realität entdecken kann, heißt Frankfurt am Main.
Die Sache selbst ist zwar nichts anderes als eine Wiederholung, auf anderem Niveau zwar, aber doch eine Wiederholung der Zustände im 18. Jahrhundert, als den Juden allein Geldgeschäfte erlaubt waren, und diese Geldgeschäfte, oft die einzige Möglichkeit der Juden zu überleben, zuletzt wieder nur denen Argumente lieferten, die sie quasi zu dieser Tätigkeit gezwungen hatten und die ihre eigentlichen Gegner waren. Nicht anders hier: Die Stadt läßt die vermeintliche notwendige Drecksarbeit von einem, und das ist besonders infam, tabuisierten Juden tun, und die Juden sind seit 1945 in Deutschland tabuisiert, was am Ende zurückschlagen muß, denn Tabus, darüber sind sich doch wohl alle einig, führen dazu, daß das Tabuisierte, Dunkle, Geheimnisvolle Angst macht und endlich Gegner findet.
Anders und vielleicht genauer gesagt, die, die sich gegen ein Aufreißen dieser Vorgänge wehren, sind die wahren Antisemiten, sind die, deren Motive man genauer untersuchen sollte; die, wann hat es das zuletzt gegeben, gegen den Autor eines Stückes mit Sätzen argumentieren, die er - um sie kritisierbar und transparent zu machen - für seine Figuren erfunden hat.
Und natürlich gibt es in diesem Stück auch Antisemiten, leider gibt es sie nicht nur in diesem Stück, sondern eben beispielsweise auch in Frankfurt. Ebenso natürlich geben diese Figuren, und ich finde es eigentlich überflüssig, das zu sagen, nicht die Meinung des Verfassers wieder, dessen Haltung zu Minderheiten aus seinen anderen Arbeiten eigentlich bekannt sein sollte. Gerade einige hysterische Töne in der Diskussion um dieses Stück bestärken mich in der Angst vor einem »neuen Antisemitismus«, aus der heraus ich dieses Stück geschrieben habe.
RWF, Paris, 28.03.1976"
In: RWF: Sämtliche Stücke; a.a.O.; S. 728f

C *Die Sehnsucht der Veronika Voss* (1982)

Für diesen, Fassbinders vorletzten Film, erhielt der Filmemacher 1982 auf der Berlinale die höchste Preisauszeichnung, den Goldenen Bären.

Der Film ist im Vorspann mit *BRD 2 - 1955* als Mittelstück in die bundesdeutsche oder „Wirtschaftswunder - Trilogie“[1] eingereiht.
Die Filme sind demnach nicht in der 'richtigen' Reihenfolge gedreht. Fassbinder hat sich diese Freiheit gegen eine auferlegte Zwangsläufigkeit herausgenommen, die *Sehnsucht der Veronika Voss* als letzten der Trilogie - Filme realisiert, ihn aber zeitlich zwischen die beiden Vorläuferinnen *Die Ehe der Maria Braun* und *Lola* gestellt.

James Roy Macbean erachtet in seinem Aufsatz über Fassbinders letzte Filme die Herangehensweise in dieser, von Fassbinder intendierten, Reihenfolge an dessen Werk, als zu respektieren: „Not only does this order enable them to 'respect' the chronology of Fassbinder's creative output - and thereby to encourage viewers to approach the work via the 'auteurist' path which seeks to place each film within the filmmaker's overall artistic development.“[2]
Macbean sieht in dieser Reihenfolge auch Fassbinders Werk, explizit diesen Film *Die Sehnsucht der Veronika Voss*, mit dessen eigenem Leben zu diesem Zeitpunkt verbunden: „But also, by allowing *Veronika Voss* to round out the historical trilogy (instead of *Lola*), this inverted order invites viewers to associate the trajectory of the historical trilogy with the tragic trajectory of Fassbinder's own life.“[3]

In *Die Sehnsucht der Veronika Voss* ist Zeitgeschichte zwar auch wieder durch Radio-Off-Kommentare, z.B. über die NATO und Fußballreportagen, präsent. Sie sind aber diesmal kaum hörbar und sehr zurückhaltend eingesetzt. Es ist, als ob der Film sich in einer Art zeitlichem Schwebezustand oder Zwischenstadium befindet.

Fassbinder thematisiert wieder den Fußball und zieht eine Verbindungslinie aus den beiden Filmvorläufern weiter. Der Sportjournalist Robert Krohn hat im gesamten Film den Auftrag, nach Kaiserslautern zu fahren, um Fritz Walter zu interviewen. Fritz Walter war der Kapitän der Nationalmannschaft, die 1954, also filmzeitlich ein Jahr zuvor, die Weltmeisterschaft für Deutschland gewonnen

---

[1]Michael Töteberg (Hg.): Das süße Sterben; Nachwort zu P. Märthesheimer, Pea Fröhlich: *Die Sehnsucht der Veronika Voss* - Ein Drehbuch für RWF; München 1998; S. 135
[2]James Roy Macbean: The Cinema as Self Portrait: The Final Films of RWF; in: Cinéaste; Vol. 12; Nr. 4; 1983; S. 9-16; S. 10
[3]ebd.

hatte und damit zu einem nationalen Symbol für Deutschlands 'Auferstehung' geworden war. Jener 'Auferstehung', die Fassbinder mit Maria Brauns persönlichem Niedergang verbunden hatte.

1.1. Thematische Einführung und Hintergrund zur Entstehungsgeschichte des Films

Fassbinder hat über das Schicksal der Ufa-Schauspielerin Sybille Schmitz 1981 eine Krimifiktion verfaßt: *„Sybille Schmitz - Geschichte für einen Spielfilm*".[4] Bereits 1972 wollte er eine Rolle in *Die bitteren Tränen der Petra von Kant* mit ihr besetzen. Über ihr tragisches Ende wußte er damals noch nichts. Als er nach ihr forschte, stellte er fest, daß sie unter mysteriösen Umständen Selbstmord begangen hatte. Ihr Schicksal beschäftigt ihn weiter, bis er 1982 Teile ihres Lebens in *Die Sehnsucht der Veronika Voss* verarbeitete:

> „Die Geschichte der Sybille Schmitz versandet so merkwürdig in den Akten der Münchner Justiz und in den Archiven der Münchner Zeitungen; zu einem Zeitpunkt, da es eigentlich erst interessant geworden wäre, hören die Informationen auf, man kann sich das nur noch irgendwie zusammensetzen. Die weiteren Akten sind aus den und den Gründen verschwunden. Aber ich hatte nichts, an das ich mich direkt halten konnte. Es gibt für mich - und das habe ich schon oft gesagt - nie nur einen Anlaß, um einen Film zu machen, sondern immer mehrere."[5]

Sybille Schmitz spielte zur Zeit des Dritten Reiches und schon kurz vorher für die Ufa meist rätselhafte Frauen mit undurchsichtiger Vergangenheit, z.B. 1935 in Frank Wysbars *Fährmann Maria,* oder sie wurde mit sehr androgynen Rollen besetzt, z.B. 1932 in *F.P.1 antwortet nicht* an der Seite von Hans Albers.[6]
Nach 1945 geriet Sybille Schmitz in Vergessenheit, drogenabhängig beging sie 1955 Selbstmord. Die Umstände verschafften ihr noch einmal Schlagzeilen. Die sie behandelnde Ärztin wurde erst wegen Arzneimittelmißbrauchs angeklagt, dann aber aus Mangel an Beweisen freigesprochen.
Mehrere Anlässe verbindend setzt Fassbinders Film hier ein. Er hat in *Die Sehnsucht der Veronika Voss* sein Leitthema der Ausbeutbarkeit von Gefühlen mit dem Schicksal der realen Person Sybille Schmitz vor einem deutschen Hintergrund verarbeitet. In diesem Abschnitt deutscher Geschichte verbindet er wieder die Vergangenheit mit der Filmzeit Mitte der 50er Jahre. Die Auswirkungen des Gezeigten reichen in Fassbinders eigene Gegenwart. An diesem Film ist der besondere Bezug zur Vergangenheit auffällig, im Gegensatz zu den beiden Vorläufern, die

---

[4]In: Hans Ludwig Arnold (Hg.): RWF; Text und Kritik; Heft 103; Juli 1989, S. 11-20

[5] „Frauen haben in dieser Gesellschaft mehr Freiheiten" - H.G. Pflaum sprach mit RWF über *Veronika Voss*. In: FILM-Korrespondenz Nr. 6/16.März 1982

[6]vgl. Herbert Spaich: RWF - Leben und Werk; Weinheim 1992; S. 309 f; und Friedemann Beyer: Das Leben der Sybille Schmitz - Schöner als der Tod; München 1998. Im Frühjahr 1998 veranstaltete das Berliner Zeughauskino die erste Retrospektive mit Sybille Schmitz-Filmen. Mir sind die Filme, mit Ausnahme von *Titanic* (1943), *Zwischen Gestern und Morgen* (1947) und *Vampyr* (1932) bisher leider unbekannt; ich stütze mich auf Photomaterial im o.e. Band von F. Beyer.

jeweils in ihrer Filmzeit spielten und vorgaben, auf die Zukunft gerichtet zu sein. In *Die Sehnsucht der Veronika Voss* werden gesellschaftliche Krisen als nach innen gewandte gezeigt.

Die Sehnsucht der Veronika Voss handelt von Veronikas ganz privaten, unerfüllten und unerfüllbaren Sehnsüchten, von der Ausbeutung ihrer Gefühle und ihrem Scheitern an sich selbst und der Gesellschaft; daß all diese Faktoren ineinandergreifen, hat Fassbinder in seinen Filmen immer versucht zu verdeutlichen.

In seinem Exposé über Sybille Schmitz stellt er die verschiedenen, einander aber bedingenden, Aspekte leitmotivisch voran:

> „So beginnt der Reporter Zweig sich in zwei Richtungen zu informieren, in kriminalistischer, das Rauschgift betreffend, in menschlicher, das Leben und die Karriere des Menschen und der Schauspielerin Sybille Schmitz betreffend. Daraus ergibt sich ein spannendes, buntes und dramatisches Kaleidoskop eines Individuums und der Gesellschaft, dem dieses Individuum ausgesetzt ist, eines Systems auch, das den Einzelnen an sein eigenes Schicksal glauben läßt, während es in Wirklichkeit jedes Dasein im Eigentlichen bestimmt.“[7]

Die hier angesprochenen unterschiedlichen Einzelaspekte führt Fassbinder in *Die Sehnsucht der Veronika Voss* zusammen, einschließlich der Wechselwirkungen, die sie untereinander ausüben und schließlich seine Figur Veronika Voss scheitern lassen.
Im Gespräch mit Frank Ripploh über *Veronika Voss* sagt Fassbinder: „Ich versuche zu verstehen, warum Menschen kaputtgehen.“[8]
Um diesen Vorgang dreht es sich hauptsächlich in *Die Sehnsucht der Veronika Voss*. Fassbinders Gesamtwerk ist von diesem Motiv durchzogen.

Veronika Voss ist von Anbeginn eine gescheiterte, tragische Figur, ein Gegenentwurf zu ihren beiden Vorgängerinnen Maria Braun und Lola. Bei diesen beiden verlief das Scheitern unterschwellig zu ihren sichtbaren Erfolgen. Veronika paßt auch nicht in diese neue Zeit, die die beiden anderen verkörperten. Veronika ist ein Relikt aus der Vergangenheit, mit dem in der Filmzeit, 1955, niemand mehr etwas anfangen kann und will.

Von der direkten Biographie der Sybille Schmitz hat Fassbinder nur das Motiv der vergessenen Künstlerin in einer neuen Zeit übernommen, ihre Vereinsamung und den plötzlichen Tod.

---

[7]RWF: Sybille Schmitz - Geschichte für einen Spielfilm; Text und Kritik, a.a.O.; S. 11
[8]"Ich bin ein romantischer Anarchist“. Ein Gespräch mit Frank Ripploh über *Die Sehnsucht der Veronika Voss* und *Querelle;* in: RWF: Anarchie; a.a.O.; S. 187

Ronald Hayman faßt die Begegnung verschiedener Themen in diesem Film zusammen: „*Veronika Voss* combines the interrelated themes of loneliness, Angst and addiction, with the theme of corruption in ostensibly democratic societies."[9]

Veronika Voss ist als Figur zugleich aber auch die konsequente Fortsetzung ihrer beiden filmischen Vorläuferinnen, keine der drei Protagonistinnen hat jemals Fragen gestellt, es ging lediglich um die persönliche optimale Anpassung an ein System, in Veronikas Fall, die in einer früheren Zeit systemkonform war und die sich in diesem neuen System nicht mehr anpassen kann, geht es um ihr Scheitern an diesem neuen System. Oder wie es Robert Krohns Kollegin Grete aus der Kulturredaktion ausdrückt: „Ich interessiere mich nur für die Verlierer. Während sie verlieren, sind sie für mich interessant. Wenn sie erstmal verloren haben, nicht mehr."

Den Vorgang des Verlierens zeigt Fassbinder hier auf.

[9]Ronald Hayman: Fassbinder - filmmaker; London 1984; S. 111

1.2. 'Film - im - Film' und die Referenzszene in Veronikas Leben

> „1937, in einem Berliner Filmstudio: die Schauspielerin Sybille Schmitz dreht gerade eine ausgesprochen schwierige Szene, die sichtlich an ihre physischen Grenzen geht. [...] Die Szene, um die es geht, zeigt den körperlichen und seelischen Zusammenbruch einer offensichtlich drogensüchtigen Frau, die weinend, kreischend, wimmernd, wütend, hysterisch eine Ärztin um eine, eine einzige Spritze anbettelt, fordert, anfleht, mit ihrem Selbstmord droht, daraufhin die Spritze erhält, spritzt und sich völlig verändert, wie ein unglaublicher Ruck geht es durch ihren Körper, friedlich wird ihr Gesicht, kindlich fast, und endet mit einem befreiten, glücklichen Weinen, das auch schon etwas von einem Lachen hat, zuletzt fühlt sich die Frau stärker, bis ihre Haltung aufrecht und stolz ist."[10]

So beschreibt Fassbinder in seinem Spielfilmentwurf die Arbeit und Abhängigkeit der Schauspielerin Sybille Schmitz. Filmisch setzt er dieses Abhängigkeitsverhältnis in zwei korrespondierenden Szenen um. *Die Sehnsucht der Veronika Voss* beginnt mit einer Film-im-Film-Szene. Der Zuschauer der *Sehnsucht der Veronika Voss* sieht genau die gleichen Bilder wie die eingeblendeten Film-im-Film-Zuschauer Veronika Voss und Rainer Werner Fassbinder selbst.

Für den Film-im-Film arbeitet Fassbinder mit Iris- oder Schwarzblenden. Über diese, im frühen Stummfilm häufig angewandte Technik, zeigt Fassbinder seinem Zuschauer auch gleichzeitig, daß es sich um einen 'alten' Film handelt, dessen Zeit längst überholt ist. Nicht vergangen scheint diese Zeit aber für einen der beiden dazwischengeschnittenen Zuschauer zu sein. Der heutige oder Fassbinder-Zuschauer identifiziert die Film-im-Film-Zuschauerin mit der Leinwandprotagonistin: hier fleht diese eine Ärztin um eine Spritze Morphium an, fällt vor ihr auf die Knie, überschreibt ihr gesamtes Vermögen der Ärztin und bekommt dann die ersehnte Spritze.

Um die Filmzeit sowie die Handlung mit einer vergangenen Zeit und Handlung zu verbinden, wendet Fassbinder diese, wie schon erwähnt, heute überholte Technik der Irisblenden an. „Gefühls- oder Zeitblenden"[11] nennt Fassbinder die Schwarzblenden, die er hier für seinen Schritt in die deutsche Vergangenheit einsetzt, im Gegensatz zu den „Weißblenden" aus *Fontane Effi Briest*, die für ihn „Wachblenden sind, denn allein durch das Weiß erschrickt man ein bißchen, kriegt einen kleinen Schock und bleibt wach, [...], wach im Verstand."[12]

---

[10]RWF: Sybille Schmitz - Geschichte für einen Spielfilm; a.a.O.; S. 12
[11]RWF in: Anarchie; a.a.O.; S. 55
[12]ebd.

Die Irisblenden können als Vorläufer der Großaufnahme angesehen werden, d.h. schon mit ihrer Hilfe sollte ein Gesicht oder ein Handlungsablauf besonders hervorgehoben werden.

Fassbinder führt somit über diese kurzen Irisblenden auf, was für seine Protagonistin lebenskonstituierend ist. Die einzelnen Blenden hat er durch Schnitte getrennt:

1. Veronika kniet vor der Ärztin
2. die Ärztin stößt sie weg
3. Großaufnahmen-Blende auf Veronikas Gesicht
4. die Ärztin geht an den Schreibtisch
5. die Ärztin in einer Großaufnahme
6. Veronika krabbelt auf Knien an den Schreibtisch
7. Veronika unterschreibt den Vertrag
8. Großaufnahmen auf den Vertrag
9. die Ärztin zieht die Spritze auf
10. Veronika legt ihren Arm, bereit für die Spritze, über den Vertrag
11. die Ärztin hält die fertige Spritze hoch

Ab hier verbindet Fassbinder die Irisblenden durch einen Kameraschwenk. Von der Ärztin schwenkt die Kamera noch einmal auf Veronikas ausgestreckten Arm weiter auf ihr Gesicht, das sich völlig entspannt und danke sagt. Mit der Kamera vollführt Fassbinder die Bewegung der Spritze und verbindet so die Ärztin mit Veronika über ihre gegenseitige Abhängigkeit.

Durch diese Kamerabewegung sowie den eingesetzten Ton überschreitet Fassbinder die Stummfilmtechnik, die er verfremdet und damit seine eigene Handschrift erkennbar macht.

Er verbindet hier auch wieder die unterschiedlichen Zeitebenen. Über den Ton erfährt der Zuschauer, daß Veronika vom „Schmerz vernichtet" wird, daß sie „alles gibt, was sie geben kann", und daß die Ärztin sie beim Wort nimmt. Bei der Schmerzerwähnung werden die beiden Film-im-Film-Zuschauer das erste Mal eingeblendet und Veronika schließt ihre Augen. Nach den Irisblenden gibt es den zweiten Schnitt in den Zuschauerraum, Veronika hält ihre Augen noch geschlossen, und aus dem Off ist zu hören: „Jetzt gehört Ihnen alles, was ich besitze, jetzt kann ich Ihnen nur noch meinen Tod schenken." Diesen Satz wiederholt sie tatsächlich kurz vor ihrem Tod gegenüber ihrer Ärztin Dr. Katz.
An dieser Stelle findet eine Rückblende statt, Veronika versetzt sich gedanklich zu den Dreharbeiten zu diesem Film zurück.

Fassbinder blickt über diesen Filmanfang in die Vergangenheit, die bei ihm mehrere Komponenten aufweist: Er erinnert über die Technik an eine historische Film-

Epoche, die 20er Jahre, Zeit des expressionistischen Stummfilms, als die Filmkunst in Deutschland eine Hochzeit erlebte, die sie bis heute nie wieder erfahren sollte. Zu dieser Zeit feierte also auch seine Protagonistin Veronika Voss ihre größten Filmerfolge. Über die Film-im-Film-Handlung verbindet er die Vergangenheit mit der Gegenwart und Zukunft Veronikas, das von ihr Dargestellte ist bereits ihre traurige Realität geworden, und sie wird auch tödlich enden, wie sie in ihrer Rückblende ankündigt und wohl schon erahnen kann.

Fassbinder hat für sie einen exponierten Beruf ausgewählt, den der gefeierten Schauspielerin. Dazu muß sich der heutige Zuschauer überlegen, in welchen Epochen der deutschen Geschichte sie diesen Beruf ausgeübt hat und vor allem, warum jetzt, in der filmischen Jetzt-Zeit, offensichtlich ihr Erfolg ausbleibt. Fassbinder verbindet seine fiktive Erzählung wieder mit historischen Epochen in Deutschland: hier explizit mit der Zeit des Dritten Reiches und der darauf folgenden, Mitte der fünfziger Jahre.

Durch seine eigene Anwesenheit im Film untermauert er diese Verbindungslinien noch einmal, er zieht sie aber auch weiter in die Zukunft: die bundesdeutsche, die auch seine eigene war.

Im Nachhinein, aus der Perspektive des Zuschauers der neunziger Jahre, könnten Parallelen gezogen werden zu Fassbinders eigenem, frühen Tod, im selben Jahr, 1982, als er auch *Die Sehnsucht der Veronika Voss* drehte:

> „We can see this symbiotic relationship between Fassbinder's artistic vision and his personal life in *Veronika Voss*. [...] While Veronika watches the old film, Fassbinder sits behind her, observing her screen persona. The set of references at work here points to the way in which Fassbinder asserts himself as actor at particular nodal points in an axis of continuity in both art and history. It is important to look not only at his place in the narrative, but also at his life outside of it.“[13] [vgl. auch A Kap.1.2.]

Fassbinder hat sich hier die gleiche Rolle gegeben wie seiner Protagonistin. Beide sind Zuschauer; Veronika schaut eine Rolle in einem ihrer alten Filme an; Fassbinder sieht sich ebenfalls diesen alten deutschen Film an. In dieser Filmrolle schauen sie nur noch zu, sie nehmen nicht mehr teil. Bei Veronika assoziieren sich über diesen Film ihre Erinnerungen, die sie wiederum noch einmal eine Handlung freisetzen läßt, wie ein letztes Aufbäumen auf ihrem Weg in den Tod: „ ... wie manche Menschen, wenn sie wissen, daß sie bald sterben und vorher noch alles mögliche regeln“, erklärt sie später Robert Krohn ihr eigenes Verhalten, kurz vor ihrem Selbstmordversuch mit Tabletten.

---

[13]H.Feinstein: BRD 1-2-3: Fassbinder's Postwar Trilogy and the Spectacle; S. 44-56; in: Cinema Journal; Vol. 23; Nr. 1; Herbst 1983; S. 55

Diese kurze Film-im-Film-Episode wirkt fast wie ein Vorspann: die eigentliche Filmhandlung um Veronika Voss setzt danach ein. Hier ist in knappen Einstellungen die kommende Entwicklung vorweggenommen. In einer direkten Referenzszene im Film verhalten sich Veronika und ihre Ärztin ähnlich wie in den Irisblenden, nur daß es sich jetzt um Veronikas Realität handelt und die Szene sehr viel bedrohlicher wirkt.

Die angesprochene Referenzszene spielt in Dr. Katz' Praxis: Kurz bevor Veronika wieder drehen will, ruft sie die Aufnahmeleitung an, die ihr zu verstehen gibt, daß sie kein Taxi bekommt, da sie nicht die Hauptrolle, sondern nur eine kleine Nebenrolle spielt. Veronika, im Bildvordergrund, die am Telefon wieder in ihre Schauspielerinnen-Rolle geschlüpft ist und sehr exaltiert spricht, fällt bei dieser Nachricht in sich zusammen.
Dr. Katz hat das Ende des Gespräches mitgehört und nutzt sofort die Situation, um Veronika noch mehr zu demütigen, indem sie sie immer wieder an ihre Abhängigkeit erinnert.

Veronika und Dr. Katz bewegen sich im Raum, die Kamera ebenfalls. Nicht immer verlaufen die Bewegungen synchron zueinander. Die beiden weiblichen Figuren bleiben im Bildvordergrund. Hinzu kommt, das Fassbinder-Figurendreieck vervollständigend, eine dritte Figur, der mit Drogen dealende Amerikaner. In allen drei Filmen gibt es einen Amerikaner, er hat jedesmal unterschiedliche Funktionen. In *Die Ehe der Maria Braun* und in *Lola* hat er nur Kurzrollen. Er wird immer von demselben Schauspieler, Günther Kaufmann, gespielt. In *Die Ehe der Maria Braun* spielt er den betrunkenen amerikanischen GI, der Maria Braun und Oswald im Zug mit obszönen Anspielungen belästigt. In *Lola* ist er regelmäßiger Besucher des Bordells und wohnt auch im selben Haus wie von Bohm. In *Die Sehnsucht der Veronika Voss* hat er eine größere und, von der Bedeutung her, wichtigere Rolle. Er zieht sich somit als Bindeglied durch die Trilogie.

In *Die Sehnsucht der Veronika Voss* beteiligt er sich an keiner Diskussion. Er kommentiert aber trotzdem die Handlung durch ein amerikanisches Lied *I owe my soul to the company store*, das er entweder singt oder laut vor sich hinsummt. In allen Praxisszenen ist er anwesend, er bewegt sich durch die Räume, damit durch das Film-Bild, öffnet Schränke und bedient sich daraus.

In dieser Referenzszene ist er immer mit im Bild zu sehen. Er sitzt während des Gespräches zwischen den beiden Frauen im Bildhintergrund. Die Figurenaufteilung ergibt ein symmetrisches Dreieck. Der Amerikaner sitzt als konstanter Punkt im Hintergrund, die beiden Frauen vorne bewegen sich unmotiviert viel hin- und her. Er zählt im Hintergrund Ampullen, und hier greift er zum einzigen Mal in die Unterhaltung ein:

Amerikaner: „May I have some wrapping paper, doctor? - Three ampoules are missing."
Katz: „Damned, I need them for her", dabei zeigt sie auf Veronika. Dr. Katz und Veronika bewegen sich um ihn herum.

Beide sind Marionetten, er gibt ihnen den Spielraum vor.

Über diese visuelle Abhängigkeitsaufteilung erklärt Fassbinder, welches Hauptverhältnis die Figuren untereinander beherrscht. Die Hauptmotivation für Veronika besteht in dieser Szene darin, daß sie schwach versucht, sich diesem Einfluß zu entziehen. Sie hat zwei Hoffnungen:

Veronika: „Ich lebe ja noch und werde wieder arbeiten."
Dr. Katz: „Zwei Drehtage, mach dich doch nicht lächerlich."

Ihr letzter Hoffnungsschimmer ist Robert Krohn, den sie 'verführen' wollte, dem sie die 'große, geheimnisvolle Schauspielerin' vorgespielt hat.

Veronika: „Robert liebt mich, er hält zu mir."
Dr. Katz bösartig: „Dann werde ich ihn persönlich aufklären müssen, über deine Angelegenheiten. Männer sind ja ganz wild auf süchtige Frauen."
Daraufhin fällt Veronika wieder in sich zusammen, sie muß sich am Klavierflügel festhalten.
Veronika sitzt jetzt, Dr. Katz steht vor ihr und fragt: „Brauchst du eine Spritze für dein Comeback?"
Veronika: „Natürlich."
Ab hier wiederholt sich definitiv ihre alte Filmrolle in ihrem Leben.
Dr. Katz: „Und von was willst du das alles bezahlen?"
Veronika: „Von meiner Gage."

Wie zur Erinnerung schwenkt die Kamera seitlich auf den Amerikaner, die Geld-Drogen-Verbindung visuell untermauernd.
Dann folgen übertriebene Gesprächsschnitt-Gegenschnitt-Einstellungen Fassbinders. Veronika klammert sich jetzt an ihrer Ärztin fest. Entweder filmt die Kamera aus sehr extremer Untersicht, noch hinter dem Rücken der sitzenden Veronika hoch zu Dr. Katz, oder aus der Obersicht, die verfremdend langgezogen wird, hinunter auf Veronika.

Veronika: „Außerdem habe ich noch meinen Schmuck."
Dr. Katz: „Deinen Schmuck? Vielleicht gefällt er mir ja gar nicht?"
In diesem Moment versucht Veronika noch einmal, diese Abhängigkeit von sich zu schütteln. Sie löst sich von Dr. Katz, und sucht sich eine neue Position im Raum, so daß eine räumliche Distanz zu den beiden anderen Figuren entsteht.
Veronika: „Ich werde es auch so schaffen. Ich werde keine Spritze mehr brauchen und dich auch nicht."

Veronika hat durch ihren Ausbruchsversuch eine neue Dreiecksaufteilung entstehen lassen. Sie hat das Bild fast verlassen, nur ein Teil ihres schwarzen Kleides ist noch zu sehen. Der Amerikaner sitzt jedoch immer noch im Zentrum, auf der anderen Seite steht Dr. Katz. Visuell fungiert der Amerikaner als 'Drahtzieher' im Drogendeal.

In dieser Szene, anknüpfend an die Film-im-Film-Rückschau, wird Veronika mit ihren 'Realitäten' konfrontiert. Unmißverständlich zeigt Fassbinder die Abhängigkeiten, die sie beherrschen. Einerseits ist es ihre Drogenabhängigkeit im fortgeschrittenen Stadium und andererseits eine Sucht nach Liebe und Anerkennung, die sich darin manifestiert, daß sie unbedingt wieder in ihren Beruf zurück will, wieder schauspielen will. Und darin, daß sie Roberts Zuneigung als eine Art Ersatz mißbraucht in ihrem halbherzigen Versuch, von der Droge und von Dr. Katz freizukommen.

Als gefeierte Schauspielerin brauchte sie auch die Sicherheit der Liebe ihres Mannes, 'ohne ihn wäre sie nichts', es war 'seine Liebe, die ihr Kraft gab, seine Liebe', so erklärte sie ihrem Regisseur ihre schauspielerischen Leistungen in ihrer gedanklichen Rückblende, als sie im Kino sitzt.
An Roberts Zuneigung klammert sie sich noch einmal, es ist aber nur noch eine Art Ersatz oder Wiederholung für ein lange vergangenes Gefühl. Als sie sich schließlich in ihr Schicksal ergeben hat und damit rechnet, nicht mehr lange zu leben, klärt sie Robert bei seinem 'Rettungsversuch' in Dr. Katz' Praxis in aller Deutlichkeit auf: „Du wolltest mir helfen, du kannst mir nicht helfen. Sie wird mir helfen." Gemeint ist Frau Dr. Katz, die schon mit einer Spritze wartet.

Die verschiedenen, vergangenen Ereignisse aus ihrem Leben holen sie immer wieder ein. Sie kann ihnen nicht entkommen, sie wiederholen sich, stehen in Wechselwirkung zueinander und beherrschen Veronika unterschiedlich stark.

1.3. Sucht und Geld

Für die Sucht- und Geldverbindung hat Fassbinder eine visuelle Metapher gefunden: In einer der Irisblenden legt Veronika ihren Arm über den Vertrag, in Erwartung der sie erlösenden Spritze. Den Vertrag, in dem sie, eine Blende zuvor, ihr gesamtes Vermögen ihrer Ärztin überschrieben hatte.
In diesem einfachen Bild manifestiert sich eindrucksvoll der Ausdruck für Veronikas verhängnisvolle Abhängigkeit. Durch die von Fassbinder gewählten Schwarzblenden erhalten die Bilder zusätzlich etwas Unwirkliches, das wiederum Veronikas Zustand, ihrer „Flucht in die Sucht“[14], am nächsten kommt.

Veronika kann ohne diese Lebenshilfe nicht mehr existieren. Sie verkauft für einen sehr hohen Preis alles, was ihr Leben bisher ausgemacht hat. Es ist nicht nur ihr materieller Besitz, den sie gegen die glücklichmachende Droge eintauscht, auch sich selbst als Mensch verkauft sie. Fassbinders eigene Rolle des Schwarzmarkthändlers aus der *Ehe der Maria Braun* mündet hier in seine logische Konsequenz.
Veronika ist nur noch diese letzte Möglichkeit verblieben, das versprochene Glück zu erkaufen. Gemeint ist das Glücksversprechen, von dem sie immer träumt, dem sie als Leitmotiv ihres Lebens alles andere opfert.

Für Fassbinder sind Glück und Käuflichkeit synonym. Seine Glücksvorstellungen sind nicht vom Geld zu trennen: „Ich glaube nicht, daß etwas ohne Käuflichkeit möglich ist. Irgendeine Art von Käuflichkeit ist in jeder Möglichkeit, glücklich zu werden. Wie kaufst du denn Glück?“[15], fragt er Frank Ripploh.

Kurz vor ihrem Ende bedankt sich Veronika bei ihrer Ärztin:
Veronika: „Du hast mir sehr viel Glück geschenkt.“
Dr. Katz: „Nein, ich habe es dir verkauft.“

Anhand des alten Antiquitätenhändlerpärchens, der Treibels, verbildlicht Fassbinder diese Glück-Geld-Verbindung. Die Treibels sind als Figuren ein Querverweis zur Figur des gebrochenen, lebensmüden Arztes aus der *Ehe der Maria Braun*. [s. A Kap.1.5.4.]. Die Figuren sind hier weiter ausgearbeitet, ihre Gebrochenheit findet seine Erklärung.

Henriette, die Freundin Robert Krohns, trifft völlig unvorbereitet auf die Treibels, die schon in einer anderen Welt leben. Mit dem Leben um sie herum haben sie fast abgeschlossen. Henriette soll eine zerbrochene Vase von Veronika Voss austauschen.

---

[14]RWF: Sybille Schmitz - Geschichte für ...; a.a.O.; S. 16
[15]RWF in: Anarchie; a.a.O.; S. 188

Herr Treibel: „Die Vase, sie ist kostbarer als ein Mensch. Trotzdem verlange ich nicht mehr dafür als ein Stück Glückseligkeit. [...] Sie können sich ihr Glück auf vielerlei Art beschaffen. Ich nicht. Ich habe nur noch ... ." Hier bricht er ab.
Jenny, seine Frau, sagt zu Henriette: „Sagen Sie unserer Freundin [gemeint ist Dr. Katz], daß er Buch geführt hat über das Glück, das ihm noch zusteht. Und daß wir wissen, daß es nur noch wenige Seiten hat."
Herr Treibel begleitet Henriette hinaus: „Gestatten Sie, daß ich Ihnen die Tür öffne zu Ihrer Welt? Meine Welt sind die Träume. Sagen Sie unserer Freundin, daß ich mich nach ihrer letzten Wohltat sehne."

Diese Szene im Haus der Treibels wirkt irrell und verwunschen. Sie haben sich eine eigene Welt geschaffen, in der sie für sich eine Form des Glücks zum Überleben gefunden haben, ebenfalls mit Hilfe der Morphiumspritze. Aus ihrer real existierenden Zeit haben sie sich zurückgezogen. Die Treibels und auch Veronika müssen „sich mit Morphium um die Wirklichkeit herumdrücken."[16]

1.3.1. Sehn - Sucht

Es geht Veronika ausschließlich um die Suche nach Glück. Die materielle Absicherung oder auch Anreicherung steht, außer bei Dr. Katz, in dieser Filmerzählung nicht mehr im Vordergrund, im Gegensatz zu Maria Braun und Lola, bei denen die materiellen Güter, nach denen sie strebten, fast den einzigen Handlungsmaßstab ausmachten.

Veronikas Glückssuche bleibt unerfüllt. Im Gegensatz zu Fassbinders ironischer Frage an Frank Ripploh [s. letztes Kap.1.3.] hat Veronika die Erkenntnis, daß sich Glück nicht erkaufen läßt, daß es weder einen Gegen- noch einen Tauschwert besitzt. Alles Käufliche dient nur der kurzzeitigen Glückserfüllung, es sind Surrogate. Auch die Treibels haben diese Einsicht. Erst im Tod wird sich ihre Sehnsucht erfüllen, und sie werden Frieden mit sich selbst finden.

In seinem *Spielfilmentwurf* beschreibt Fassbinder, wonach sich die Schauspielerin sehnt:

> „[...] immer bewußter, verletzender wurde der Schauspielerin die Diskrepanz zwischen der Wirklichkeit und ihrem jahrelangen Warten, ihren Träumen, ihrer ewig-brennenden Sehnsucht nach Erfolg, nach der Liebe vieler und nach dem Gefühl, ihr Leben sei sinnvoll, sie würde gebraucht."[17]

---

[16] RWF: Sybille Schmitz - Geschichte für ...; a.a.O.; S. 17
[17] RWF: Sybille Schmitz - Geschichte für ...; a.a.O.; S. 13

Hans-Günther Pflaum läßt in seinem gerade veröffentlichten Aufsatz *Retrospektive - Fassbinder war ein sehr bewußter Filmemacher* über die, von Fassbinder sogenannte Diskrepanz einen Analogieschluß zu. Er bezeichnet die von den Figuren entwickelten Glücksvorstellungen als sehr arm, da sie leicht zu befriedigen seien - mit Geld. Und „die Glücksvorstellungen binden sich an Waren."[18] Für Veronika liegt das Glück zum Schluß einzig in der Form ihrer Spritze.

Bei Veronika ist die Zerstörungslinie, hier Selbstzerstörung, klar im Unterbewußtsein verankert. Sie sehnt sich nach einem Zustand in ihrer Vergangenheit, in dem sie kurzzeitig Glück empfand. Vermittelt bekam sie es durch beruflichen Erfolg und die Liebe ihres Ehemannes, des Drehbuchautors Max Rehbein. Es gab einen Moment in ihrem Leben, in dem beides genau zusammentraf. In ihrer ersten Rückblende im Kino erinnert sie sich. Sie bekommt Szenenapplaus bei den Dreharbeiten. Ihr Regisseur lobt sie, ihr Ehemann ist „sehr stolz" auf sie. Auf diesen, für sie vollendeten Moment richtet sie all ihr Sehnen, wenn sie z.B. Robert Krohn bei ihrem ersten Treffen im Café 'Privileg' in exaltierter Stimme vorlügt:

> „Ich habe eine Verabredung mit meinem Produzenten, Film - produzenten. Seine erste Million hat er durch mich gemacht. Ich habe eigentlich keine Lust, schon wieder zu filmen. Ich kann mich dem aber nicht entziehen. Es ist die absolute Hauptrolle. Mein Mann hat das Drehbuch geschrieben."

Nichts davon stimmt mehr für sie. Sie erzählt aus ihrer großen Vergangenheit. Sie sehnt sich nach ihrer Arbeit zurück, die ihr Erfüllung ihrer Sehnsucht war. Sie kann sich nicht damit abfinden, daß ihr Ruhm als Star verblaßt ist. Sie hat ihren Beruf wie eine Süchtige geliebt. In ihrer Arbeit fand sie Traum und Traumerfüllung, jenseits der Wirklichkeit.
Veronikas Sehnsucht ist aussichtslos, diese Einsicht hat sie noch, deshalb richtet sie ihren Widerstand gegen sich selbst. Dieses Schicksal teilt sie mit den meisten Fassbinder-Protagonisten. Ihnen fehlt die Einsicht in gesellschaftliche und politische Kräfte, gegen die sie ihren Widerstand richten könnten. Statt dessen richten sie ihn selbstzerstörerisch gegen ihre eigene Seele und ihren Körper. Exemplarisch stehen hier das aussichtslose Schicksal Alis aus *Angst essen Seele auf.* Ali bricht mit einem Magengeschwür zusammen. Der ihn behandelnde Arzt im Krankenhaus kann nur noch feststellen, daß Ali bald wieder daliegen wird, wegen 'des Stresses in dem sie [die Ausländer in Deutschland] stehen, auch wenn er jetzt gesund wird'. Hans aus *Der Händler der vier Jahreszeiten* (1971) leidet so sehr an gebrochenem Herzen, seine Sehnsucht ist so unstillbar, die einzige Ausnahme bildet ein

[18]vgl: H.G. Pflaum: Retrospektive. »Fassbinder war ein sehr bewußter Filmemacher«. Ein Gespräch mit dem Filmkritiker und Fassbinder-Monographen H.G. Pflaum; S. 17-28; in: Film-Bulletin; Nr. 4; 1998; Heft-Nr. 218; S. 22

kitschiger 50er-Jahre-Schlager[19], der für einen Moment seine Sehnsucht trägt, so daß er sich buchstäblich zu Tode trinkt.

Fassbinder, auf die Frage Frank Ripplohs, worin die Sehnsucht der Veronika Voss bestünde: „Sehnsucht besteht darin, identisch zu sein, die Identität zu haben, die sie umständehalber kurzfristig verloren hat."[20] Ihre Sehnsucht kann sich nur noch im Tod auflösen.

Fassbinder ist mit der Figur der Veronika Voss auch seinem Vorbild Sirk wieder ein Stückchen näher gekommen. Denn „alle Sirkschen Figuren laufen einer Sehnsucht hinterher".[21] In *The Tarnished Angels* (1958) hat LaVerne mit fünfzehn Jahren ein Plakat des berühmten Fliegers Roger Shuman gesehen und ist ihm gefolgt. Natürlich ging diese Liebe nicht gut. LaVerne blieb nichts anderes übrig, als „sich was vorzumachen. [...] Mit einer Illusion im Kopf läßt sich die Einsamkeit besser ertragen."[22]

Fassbinders Charakterisierung der Sirk-Figuren liest sich analog zu Veronikas Zustand. Denn „schuld ist die Einsamkeit und die Angst",[23]schreibt er weiter über die Figuren aus *The Tarnished Angels*. Für Fassbinder ging es darum, daß dieser Zustand überwunden werden müsse. Auf den Weg hat er Veronika geschickt: „ ... nur wer wirklich mit sich identisch ist, braucht keine Angst mehr vor der Angst zu haben. Und nur wer keine Angst hat, kann wertfrei lieben; das äußerste Ziel aller menschlichen Anstrengung: sein Leben leben!"[24]

Fassbinder sieht diese Möglichkeit noch nicht, er sieht sie nur im Tod.

> „Kann man das so verstehen, daß der Mensch in dieser Gesellschaft nur dann o.k. ist für diese Gesellschaft, wenn er wie ein Hund mit heraushängender Zunge immer hinter etwas herläuft? Solange wird er sich doch an die Normen halten, die ihn brauchbar bleiben lassen. Nach Douglas Sirks Filmen scheint mir die Liebe noch mehr das beste, hinterhältigste und wirksamste Instrument gesellschaftlicher Unterdrückung zu sein."[25]

---

[19]Rocco Granata: 'Buona notte bambina ..., deine Sehnsucht kann keiner stillen; alles was man will, das kann man nicht haben'.

[20]RWF in: Anarchie; a.a.O.; S. 187

[21]RWF in: Filme befreien; a.a.O.; S. 18

[22]a.a.O.; S. 20

[23]a.a.O.; S. 19

[24]a.a.O.; S. 117

[25]a.a.O.; S. 18

1.3.2. Todes - Sehnsucht

Eine unterschwellig verlaufende Todeslinie durchzieht den Film. Von Anfang an wird deutlich, daß Veronika nur noch auf Zeit durch diese Welt wandelt, sie hat für sich 'noch alles mögliche zu regeln', daß sie sich aber auch nach einem Endpunkt ihres jetzigen Lebens sehnt: „Es muß sonderbar sein, zu sterben. Das Leben ist ja auch sonderbar. Wovor soll ich mich fürchten?" Die Kreuzaufteilung eines Fensters kennzeichnet dabei genau ihren Kopf.

In den meisten Fassbinder-Filmen wird gestorben. Der Tod der betreffenden Protagonisten zum Schluß des Films kommt meistens überraschend für den Zuschauer.
In der *Händler der vier Jahreszeiten* trinkt sich Hans in einer der letzten Szenen zu Tode. Die Kamera beobachtet ihn dabei. In *Faustrecht der Freiheit* liegt der Protagonist Franz Biberkopf, gespielt von Fassbinder selbst, tot in einer menschenleeren U-Bahn-Station. Zwei Jungen stehlen ihm noch das letzte Geld aus der Tasche. Maria Braun stirbt einen spektakulären Tod. In diesen Filmen wird, im Gegensatz zur *Sehnsucht der Veronika Voss,* die Abwärtsspirale der Hauptfiguren aufgezeigt, so lange, bis diese sich nur noch mit der Flucht in den Tod retten können. Es sind alles Figuren, die zu Anfang ihrer jeweiligen Erzählung noch etwas für sich erreichen wollten und vor allem eine Hoffnung für ihr Leben hatten.

Veronika Voss befindet sich schon lange auf der Todeslinie, es geht um ihr allmähliches Sterben. Zum Vergleich eignet sich hier nur noch das Schicksal von Erwin/Elvira aus *In einem Jahr mit 13 Monden.* Auch bei Erwin/Elvira geht es nur noch um den Weg in den Tod oder um „Stationen eines Lebens auf der Suche nach Liebe".[26] Bei Erwin/Elvira wird die totale Verzweiflung gezeigt, die von diesem Menschen Besitz ergriffen hat und die nur tödlich verlaufen kann.

In *Die Sehnsucht der Veronika Voss* werden die Themen Tod, enttäuschte Hoffnungen und das Leiden an sich selbst bearbeitet. Veronika hat davon zuviel und geht unweigerlich zugrunde. Fassbinder antwortet auf Frank Ripplohs Frage nach Freitod oder Mord bei Veronika: „Das ist ein absolutes Einverständnis, weil sie ohnehin weiß, das Spiel ist gelaufen, es wird keine Varianten mehr geben, [...] keine großen Variationsmöglichkeiten, und dann kann man auch aufhören, es gibt da nichts mehr, was sie groß interessiert."[27]

Aber auch dic Figuren um Veronika sind von einer Lebensmüdigkeit ergriffen, die letztendlich in den Tod führt. Das alte Ehepaar, die Treibels, vergleichen ihr Le-

[26] Jansen, Schütte (Hg.): RWF; a.a.O.; S. 216
[27] RWF in: Anarchie; a.a.O.; S. 187

ben mit einem 'Buch, das bald ausgelesen ist'. Robert Krohn, der Sportjournalist, ist fasziniert von Veronika, obwohl er mit ihrem Namen nichts verbindet, dafür teilen sie aber das Gefühl der Lebensmüdigkeit. Das Leben erscheint ihm eintönig und spannungslos. Auf Veronikas Frage über das Zusammenleben mit seiner Freundin Henriette, ob er sie liebe, antwortet er: „Wir ertragen uns."
Robert schreibt seltsame Gedichte, die er dann wieder durchstreicht und die nicht einmal Henriette lesen darf:

Nachts hören, was nie gehört wurde,
Den letzten Namen Allahs,
Nicht mehr aufgeschriebene Paukentöne eines Mozartstücks,
Im Mutterleib vernommene Gespräche.

Diese Lebensmüdigkeit Krohns ist unbewußt. Veronika ist auf dem Weg in eine Welt, in die er sich nur in seinen Gedichten zu sehnen wagt:

Entleert von Gedächtnis,
Ich warf fünf Glaskugeln,
Ohne Laub, ohne Ausblicke,
Gestern wäre ein guter Tag
zum Sterben gewesen.
Heute beißen den letzten die Hunde.

Anhand seiner Figur Veronika Voss zieht Fassbinder selbst die Parallele zu seinem eigenen Schicksal. Auf die Frage, ob er gescheiterte Figuren wie die Veronika Voss liebe, antwortete er: „Ich habe ein zärtliches Gefühl für sie, ich verstehe sie in alledem, was sie falsch gemacht haben. Sie hat sich zerstören lassen. Vielleicht hat das auch mit mir selbst zu tun."[28]

[28]RWF zitiert nach Töteberg in: Das süße Sterben; a.a.O.; S. 138

1.4. Sinnverwirrung als vorsätzliches Mittel

> „Fassbinder's cinematic techniques embody his cynical critique in a brilliant way. Through a variety of devices, he creates the sense of watching a world that has been constructed, that is not 'real'. As a result, the images and the action in both films [*Lola* und *Veronika Voss*] have the quality of an artificial stage set rather than that of 'actuality', so successfully has he undercut the realistic illusion."[29]

Diese aufgebaute illusionistische Welt wird in jeder Szene, die in Dr. Katz' Praxis stattfindet, besonders deutlich. Fassbinder arbeitet mit allen ihm zur Verfügung stehenden Mitteln diese Irrealität heraus. Ganz extrem setzt er verwirrende Kamerafahrten und -schwenks ein, die sich über Schnitte mit zeitlich kurzen Einstellungen abwechseln und dazu noch in multiplen Perspektivwechseln stehen.

Als Robert Krohn zum ersten Mal die Katz-Praxis betritt, steigt er eine Art Showtreppe hinunter, die sich im Praxiseingang befindet.
Robert muß dann einen Moment auf Dr. Katz warten und wird von Josepha, der Haushälterin, ins Wartezimmer geführt. Hier setzt die verwirrende Vielfalt der Einstellungen ein:

- Groß- bis Nahaufnahme auf Robert, der sich hinter einer Glasscheibe befindet, die wieder in einzelne Parzellen aufgeteilt ist und, wie so oft bei Fassbinder, das typische Gittermuster aufweist, diesmal hell.
- Die frontale Sicht auf Robert wird durch einen Schnitt aufgehoben. Der Kamerablick gibt jetzt Roberts Perspektive wieder. Er beobachtet eine ebenfalls wartende Patientin.
- Schnitt zurück in die Großaufnahme auf Robert, der seitlich durch die Glasscheibe blickt.
- Schnitt zurück auf die Patientin, ganz kurze Einstellung,
- und die Kamera filmt wieder durch das parzellierte Fenster auf Robert.
- Schnitt: die Kamera hat noch einmal Roberts Perspektive übernommen, der jetzt dem Amerikaner hinterherschaut, welcher auf dem Flur vorbeigeht.
- Nach einem kaum merklichen Schnitt fährt die Kamera hinter Krohns Rücken entlang, parallel zum Amerikaner draußen auf dem Gang. Selbstverständlich für Fassbinder, befindet sich die Glaswand zwischen dem Kameraauge und dem Gefilmten.
- Dann wechselt die Kamera zurück in die erste Warteposition Roberts, in die Nahaufnahme und beobachtet ihn, der jetzt im Hintergrund zu Dr. Katz hereingelassen wird.

Bei seinen Beobachtungen hat sich Robert leicht gedreht, die Kamera hat dann seine Bewegungen fortgeführt.

Bei seinem dritten Besuch in der Praxis sagt Dr. Katz in schneidender Stimme zu Robert: „Ihre Gefühle sind verwirrt, aber Ihr Verstand ist es auch!"

---

[29] E. Ann Kaplan: Fassbinder as Political Voyeur: *Lola* and *Veronika Voss*; S. 60-62; in: Social Policy; Vol. 14; Sommer 1983; S. 61

Robert hat ein Stück weit den Boden unter den Füßen verloren. So mußte er sich über die wahren Bedingungen der Beziehung zwischen Dr. Katz und Veronika erst von deren Ex-Mann aufklären lassen:

„Sie wird dich zerstören, vernichten, weil sie süchtig ist. Aber vielleicht ist sie auch bald da oder da [er zeigt gen Himmel und Erde]. Aber vielleicht ist sie auch schon bald tot. Wenn sie nichts mehr bezahlen kann, dann kriegt sie nichts mehr und dann ist sie bald tot, mausetot. Das ist grausam, aber logisch. [...] Glaubst du, daß sie das auf Krankenschein kriegt, Morphium?"

Krohn hatte sich bis hierher noch gar keine Gedanken über Veronikas wahren Zustand gemacht. Er hat sich doch von Veronika 'verführen' lassen, er ist auf ihren Mythos hereingefallen, den sie um sich aufbaut.

Die Hauptfiguren befinden sich in einer Art verwirrtem Geisteszustand, auch Krohn kann die Realität nicht mehr von der Illusion unterscheiden. Aber auch der Zuschauer übernimmt die Verwirrung, hier besonders durch die vielen subtilen Kamerafahrten und Perspektivwechsel hervorgerufen. Es fällt schwer, den einzelnen Bildern aufmerksam zu folgen. Der Zuschauer fragt sich, was er gerade sieht, und schon folgt die nächste beabsichtigte Verwirrung.
Diese ist ganz im Sinne von Dr. Katz. Sie hat schließlich nicht die Intention, ihre Patienten zu kurieren, sondern sie will auf eine bestimmte Art behandeln, die Erzeugung von Abhängigkeiten kommt ihr gelegen.

Filmtechnisch ist *Die Sehnsucht der Veronika Voss* eine Art Zusammenfassung der beiden Trilogievorläufer. Fassbinder versucht hier, die Künstlichkeit des Dargestellten filmtechnisch umzusetzen, um die Möglichkeiten des Infragestellens auf seiten seines Zuschauers zu evozieren, das Infragestellen und Kritisieren einer Gesellschaft. Seine Filmfiguren sind nicht in der Lage, das zu vollbringen, sie sind zu sehr mit sich selbst beschäftigt. Sie bewegen sich ausschließlich konform durch ihre Welt, obwohl sie viele Rückschläge einstecken müssen.
Die inhaltlich bereits analysierte Szene, die sich auf das Film-im-Film-Geschehen bezieht, bringt auch filmtechnisch die Verwirrtheit der Figuren, hier Veronikas, hervor.
Zu Anfang des Gesprächs, in dem Veronika von ihrer Ärztin gedemütigt wird, steht Veronika unter der silbernen 70er-Jahre-Discokugel, die sich über ihrem Kopf ununterbrochen dreht und glitzernde Lichtfunken, im an sich schon sehr hellen Raum, verteilt. Fassbinder vermischt hier wieder die Zeiten. In einer Arztpraxis der fünfziger Jahre hing sicherlich keine Discokugel an der Decke. Mit einer Discokugel assoziiert der Zuschauer sofort Fassbinders Arbeitsjahrzehnt, die siebziger Jahre, in denen psychedelische Bewußtseinserweiterung mit Hilfe ebensolcher Drogen gesucht wurde. In den Discos gehörte dazu die sich ständig drehende Discokugel, die ihre verwirrenden Lichreflexe über die Tänzer warf. Wer zu ihr hochschaute, verlor sowieso die Orientierung.

Die Orientierungslosigkeit, die auch schon lange von Veronika Besitz ergriffen hat, wird hier, in der betreffenden Szene, von der Kamera übernommen. Veronika bewegt sich viel in kleinen Schritten vor und zurück, die Kamera folgt ihr oder steuert gegen ihre Bewegungen.

In einer für Veronikas Leben wichtigen Szene verbindet Fassbinder noch einmal exemplarisch die unterschiedlichen Filmebenen und erzeugt bei seinen Rezipienten Verwirrung. Diese müssen die Ebenen erst für sich verbinden und in den erzählerischen Kontext stellen.
Es handelt sich um die Szene, in der Dr. Katz ihren tödlichen Plan in bezug auf Veronika vorstellt. Dabei filmt die Kamera durch eine der vielen parzellierten Glasscheiben in ihrer Praxis. Die Kamera hält Distanz zu den drei Figuren, die dahinter sitzen und essen, es sind die Ärztin und ihre Angestellte sowie Dr. Edel vom städtischen Gesundheitsamt.

Dr. Katz: „Sie wird langsam gefährlich, zusammen mit diesem Reporter."
Dr. Edel: „Glaubst du wirklich?"
Die Kamera gleitet leicht nach rechts zur Seite. Fast unmerklich hat sie ihre Position verschoben.
Dr. Katz: „Sie ist so unberechenbar geworden."
Die Kamera rückt noch etwas weiter. In dieser Szene flimmern helle Lichtfunken, wahrscheinlich von der Discokugel, durchs Bild.
Dr. Katz: „Letztlich ist sie doch immer noch sehr prominent."
Dr. Edel: „Und dein Vorschlag?"
Dr. Katz: „Sie muß verschwinden und zwar endgültig."
Dr. Edel: „Und dein Plan?"

Ab diesem Moment fährt die Kamera stetig nach rechts. Dr. Katz und Dr. Edel sind nicht mehr im Bild zu sehen, die Kamera begleitet parallel Josepha, die sich im Hintergrund bewegt. Direkt vor der Kamera stehen helle große Gegenstände, die nur ausschnittweise den Blick freigeben.
Dr. Katz' Plan ist nur noch aus dem Off zu vernehmen:

- „Natürlich muß sie einen großen Abgang haben, Glanz und Glamour und Party. Und dann ist Ostern, wir werden verreisen, sie ist allein in der Wohnung, natürlich ganz und gar ohne Morphium, aber mit vielen, vielen, Tabletten ... ."

Die Kamera ist dabei weiter Josepha gefolgt, die den Raum verlassen hat, gefilmt durch mehrere Scheiben, die sich vor der Kamera befinden. Sie fährt weiter, bis der Amerikaner ins Bild kommt. Dieser sitzt auf dem Gang und putzt Stiefel. Die Kamera bleibt jetzt stehen, filmt nicht mehr durch Glas, Josepha verläßt im Hintergrund frontal das Bild, und die Kamera verharrt auf dem schuhputzenden Amerikaner.

Die gesamte Szene ist ohne Schnitt gefilmt, auch hier wird der Erzählfaden der Frau Katz von der Kamera visuell umgesetzt. Die Kamera übernimmt die Erzählführung.

In *Die Sehnsucht der Veronika Voss* filmt Fassbinder enorm viel durch Scheiben hindurch, teilweise befinden sich drei Glasscheiben zwischen dem Kameraauge und der beobachteten Person. Einerseits trägt diese Technik zur Verwirrtheit bei: der Zuschauer überlegt jedesmal aufs neue, warum sich diese winklig zueinander angeordneten Scheiben zwischen der Kamera und der Handlung befinden. Er versucht automatisch, diese visuellen Barrieren zu durchbrechen, um an die Handlung heranzukommen. Andererseits ist über diese Technik auch Fassbinders Intention erkennbar, daß seine Filmfiguren so entfremdet sind, daß sie sich symbolisch 'hinter Glasscheiben befinden' und daß sie selbst schon lange unfähig sind, diese transparenten Wände zu durchbrechen. Die Scheiben haben auch etwas von einem Aquarium, sie dienen nicht mehr als 'Refugium', das Veronika so verzweifelt sucht. Vielmehr besagen sie, wer sich in Dr. Katz' Praxis hinter diesem Glaslabyrinth befindet, für den gibt es keinen Ausweg mehr.

Nachdem Veronika versucht hat, sich Dr. Katz zu entziehen, setzt Fassbinder diese Scheibenvielfalt an einer signifikanten Stelle ein. Veronika beobachtet durch mehrere ovale parzellierte Scheiben wie Dr. Katz die Treibels in den Tod schickt: „The fate of an old couple, camp survivors who commit suicide rather than go on in this way, foreshadows that of Voss later on."[30]
Veronika beobachtet durch drei Scheiben, daß Dr. Katz den Treibels Morphium verweigert. Sie läuft etwas näher ans Geschehen heran, vor die erste ovale Scheibe, die sich aber noch immer vor der Kamera befindet. Die Kamera, in dieser Szene klar als Erzählinstanz erkennbar, verändert ihre Position nicht. Veronika beobachtet, wie die Treibels ihr Schicksal annehmen.

Herr Treibel: „Sie hat recht, Jenny, wenn man ein Buch ausgelesen hat, soll man es zuschlagen. Es war ein sehr schönes Buch, Frau Dr. Katz", sagt Jan Treibel höflich zu ihr.

Veronika läuft daraufhin weg, ihr eigenes Schicksal tritt ihr hier deutlich vor Augen.
In diesen Kontext der Aufnahmen, die ablenken oder Verwirrung stiften sollen, gehören noch die der „Großaufnahmen von Dingen, die dadurch symbolisch in den Vordergrund gerückt werden. [...] Auf die eine oder andere Art sind das alles Fluchtmittel, mit denen man die Wirklichkeit verschönert, verschminkt, verfälscht, nur um ihr zu entkommen."[31]

---

[30]E. Ann Kaplan: Fassbinder as Political Voyeur; a.a.O.; S. 61
[31]H.G. Pflaum: Fassbinder war ein sehr bewußter Filmemacher; a.a. O.; S. 28

Auch in *Die Sehnsucht der Veronika Voss* zeigt Fassbinder wieder Großaufnahmen von Dingen, die so eine Bedeutung bekommen, die ihnen ursprünglich nicht zusteht. In *Die Sehnsucht der Veronika Voss* wird von Anfang an die Spritze in Großaufnahme gezeigt, als Symbol liegt sie über der Filmerzählung, die wiederum eng mit der Geschichte der Bundesrepublik konnotiert ist.

1.5. Drogen als Institution
Vom institutionellen zum persönlichen Mißbrauch

In der gesamten *BRD-Trilogie* wird die Problemverdrängung mit Hilfe von Drogen gezeigt. Dabei thematisiert Fassbinder nicht nur harte Drogen wie dann in *Die Sehnsucht der Veronika Voss*, sondern die in Deutschland legalisierte Droge Alkohol spielt in den beiden Vorläufern eine große Rolle. Maria Braun hat irgendwann angefangen zu trinken, Oswald, der Probleme mit seiner eigenen Vergangenheit in bezug auf Deutschland hat, trinkt sowieso. Der Kriegsheimkehrer Willy Klenze fängt parallel zum einsetzenden Wohlstand an zu trinken. Die Kamera streift wie zufällig Alkoholflaschen in Marias Büro. In *Lola*, „wo ganz wahnsinnig gesoffen wird, gibt es den Hinweis, daß diese Gesellschaft ihre Drogen braucht, um zum Glück zu finden und der Vergangenheit zu entfliehen. [...] Mit den Drogen entfernen sich die Leute soweit, daß ihnen nicht mehr zu helfen ist.“[32]
In *Lola* ist zu beobachten, daß die Protagonistin zu Anfang des Films maßlos trinkt und sich in betrunkenem Zustand befindet, während von Bohm zum Ende des Films angefangen hat zu trinken. In schwer angetrunkenem Zustand läuft er auf die korrupte Seite über.

In *Die Sehnsucht der Veronika Voss* geht es nun um das schmerzlindernde Mittel Morphium, das Abhängigkeiten erzeugen kann.
In einer signifikanten Szene im Gesundheitsamt spricht Fassbinder die Verquikkung staatlicher Kontrolle mit individueller Drogenabhängigkeit an. Wolfram Schütte benennt diese Verbindung in seiner Rezension von 1982 einen „geschlossenen Ring innerhalb der Legalität, Drogen-Szene der fünfziger Jahre.“[33]

Nachdem Robert und Henriette die Treibels tot aufgefunden haben, die „mit einem süßen Geschmack von dieser Welt gehen“ wollten, und „deren Nerven jetzt nicht mehr leiden, da sie jetzt den Frieden gefunden haben, den sie so lange gesucht haben“, und deren Haus und Antiquitäten jetzt auch Dr. Katz gehören, gehen Henriette und Robert ins Gesundheitsamt zu Dr. Edel, der auch zum Katz-Clan gehört. In Dr. Edels Büro hängt, Fassbinders Kontinuitätsthese entsprechend, ein Adenauer-Bild an der Wand [s. auch B Kap.2.4.]. Das zweite Adenauer-Bild hängt im Büro des Chefredakteurs, für den Robert arbeitet.

Dr. Edel erzählt den beiden:
„Alle Verschreibungen von Opiaten laufen über meinen Tisch. Sonst könnte ja jeder seinen eigenen Rauschgiftring gründen, nicht wahr? Das ist ja die Pflicht des Staates, daß er seine Bürger auch vor sich selbst schützt, schlimmstenfalls. [...] Das System der Kontrolle ist perfekt. Die Menschen sind's, die nicht perfekt sind, leider, oder sollten wir sagen, glücklicherweise.“

---

[32] H.G. Pflaum: Fassbinder war ein sehr bewußter Filmemacher; a.a.O.; S. 28
[33] W. Schütte: Kunst und andere (Kino-)Drogen; in: Frankfurter Rundschau vom 19.02.1982

Als Henriette und Robert dann gehen, da der Fall Treibel „journalistisch wenig ergiebig ist", sieht der Zuschauer wie Dr. Edel Dr. Katz anruft und zu ihr sagt: „Marianne, du hast recht gehabt, sie waren hier."

Hier wird ganz deutlich, daß die Ärztin Dr. Katz mit der staatlichen Institution, dem Gesundheitsamt, eng zusammenarbeitet, in diesem Fall mit dem korrupten Beamten Dr. Edel, und daß es beiden um ihre persönliche Bereicherung geht. Untereinander sind die beiden aber auch wieder gegenseitig abhängig.
In Dr. Edels Äußerungen zeigt sich, daß es in seiner, damit staatlicher Macht steht, jemandem Drogen zu gewähren oder zu entziehen. Er hat die Mittel, über Leben zu entscheiden. Dahinter steht eine, von Fassbinder häufig angesprochene These, daß durch Drogen unerwünschte gesellschaftliche Mitglieder unschädlich gemacht werden können.

James Roy Macbean führt diese These mit Fassbinders eigenem öffentlichen Drogengebrauch zusammen:

> „For Fassbinder, who took obvious delight in considerung himself an 'undesirable' element in the eyes of the State, perhaps his own personal drug problem - and the ease with which he could obtain drugs and even publicly flaunt his use of them - came to be seen by him as symptomatic of the State's ability to find ways to wear down and eventually coopt or eliminate any opposition, including his own."[34]

Bereits 1977 war sich Fassbinder über diese unheilvolle und auch undemokratische Verquickung im klaren, die letztendlich zum Ausschalten jeglicher Opposition führt. In seinem Aufsatz zu dem Walter Bockmayer-Film *Jane bleibt Jane* schrieb er 1977:

> „Für den allerletzten Rest, diesen oder jenen, der sich selbst zu belügen verweigert, hat unsere Gesellschaft das eine oder andere Mittelchen parat, Drogen zum Beispiel oder das Ausland, und dann kann man sich ja auch noch selbst umbringen. Es wird Ruhe herrschen im Land."[35]

In *Lola*, also filmzeitlich etwas später, ist dann der gesellschaftliche Zustand erreicht, in dem es keine ernstzunehmende Opposition mehr gibt. Somit ist Veronika Voss als Figur eine logische Fortsetzung Lolas: Wer sich nicht anpaßt, für den bleiben alternativ die Drogen und der Selbstmord.
Auf einer weiteren Ebene kommentiert Fassbinder über den Song *I owe my soul to the company store*[36], der als erzählendes Mittel eingesetzt ist, den seelischen Aus-

---

[34]J.R. Macbean: Cinema as Self Portrait; a.a.O.; S. 12
[35]RWF in: Filme befreien; a.a.O.; S. 41
[36]Der Song wurde von dem Country&Western-Musiker Merle Travis 1947 unter dem Titel 'Sixteen Tons' geschrieben. 1955 machte Ernie Ford aus dem Lied einen der erfolgreichsten Country-

verkauf an das Surrogat Droge oder auch Konsum in der Bundesrepublik. Der Song kommentiert eine dreifache Abhängigkeit: einerseits die physische, andererseits die finanzielle, die die abhängige Person in den Ruin treibt, bei gleichzeitiger Kreditfunktion für das ausbeutende System.

Die 'company stores' der 'major companies' (Großkonzerne) in den USA betrieben durch die Ausbeutung, in der sie ihre Arbeiter hielten, ein System der totalen Entmündigung des Menschen.[37]
Der namenlose, dafür aber omnipräsente schwarze GI summt den Song ununterbrochen vor sich hin. Der Song ist leitmotivisch eingesetzt. Fassbinder überträgt ihn metaphorisch auf die Bundesrepublik.
Godard zitiert in seinem *Autoportrait - JLG par JLG* (1995) vor seinem Bücherregal stehend Tocqueville: „Les grands brigandages ne peuvent s'exercer que chez de puissantes nations démocratiques où le gouvernement est concentré en peu de mains et où l'état est chargé d'exécuter d'immenses entreprises. - 1830, Alexis de Tocqueville."

Über die Drogenabhängigkeit seiner Figur Veronika Voss sagt Fassbinder:

> „Ich glaube, daß jemand, der so weit getrieben wird oder so weit kommt, wie diese Veronika Voss, daß dessen ganzer Kontakt zum Leben nur noch über Drogen geht. Das ist nichts nur Privates, sondern etwas Allgemeingültiges. Daß es in den Fünfziger Jahren schon mal so eine Drogenwelle gegeben hat, daß das eben nicht erst jetzt, seit der Heroinwelle der Fall ist, dies ist schon eine interessante Parallele. [...] Ich halte diese Geschichte da für politisch, wo eine Gesellschaft den Menschen nicht die Möglichkeit gibt, die Schmerzen abzutöten und die Leute, die das nötig haben, gleich wie Aussätzige oder wie Kriminelle behandelt. Dies halte ich schon für eine gesellschaftliche, also politische Angelegenheit. [...] Ich glaube tatsächlich, daß man erst durch die

---

Hits aller Zeiten. Vgl.: Willie Hitchcock, Stanley Sadie (Hg.): The New Groove Dictionary of American Music; Bd. 4; London, New York 1986. Bei seinen Auftritten kündigte Travis seinen Song mit einer autobiographischen Notiz an: „Down in southwest Kentucky where I was born and raised up, they have a little sayin' around the coal mines that they get so far in debt, that they owe their soul to the company store. That's almost a fact because a lot of the boys works for years and never really sees any United States money - it's all coal miner's money they call flickers or scrip. Here's a little song about sixteen tons and you'll notice that the line in there says he owes his soul to the company store." In. Archie Green: Only a Miner; Studies in Recorded Coal-Mining Songs; Illinois 1972; S. 297
Anhang A)

[37]Vgl. dazu John Steinbecks *The Grapes of Wrath* (1939) und den gleichnamigen Film John Fords (1940). In den USA wird in diesem Zusammenhang von 'company store exploitation' gesprochen und „there are millions of Americans who hear that song sung and woh don't appreciate ist social significance - who have no understanding of a coal-mining town in which the employer, the coal-mining company, not only owns the mines and the roads and the schools and the courthouse and the company store, but also the lives of the coal miners themselves." In: A. Green: Only a miner; a.a.O.; S. 305ff

> Kriminalisierung dann auf die Art und Weise süchtig wird, bei der man nicht mehr man selbst ist, sondern so ein Spielball von irgendjemandem und irgendwas."[38]

Fassbinder hat Veronikas Abhängigkeitsverhältnis bewußt herausgestellt. Ihre Drogenabhängigkeit liegt in ihrer Figur und in ihrer Lebensgeschichte begründet: „Veronika Voss - fragiler als ihre robusteren Geschlechtsgenossinnen Maria Braun und Lola, deren Sehnsüchte, ein Mensch ohne Verstellung zu sein, sie teilt - wird Morphinistin."[39]

Vor ihrer Flucht in den Morphium-Traum bediente sie eine andere 'Traumfabrik', die von Fassbinder bereits 1970 programmatisch mit dem Titel *Warnung vor einer heiligen Nutte* bedacht wurde. Dieser Film zählt zu den sogenannten persönlichen Fassbinder-Filmen und ist eine Film-im-Film-Darstellung von Dreharbeiten der damaligen 'Fassbinder-Gruppe', besonders aber ihrer Abhängigkeiten untereinander. In diesem frühen Film bedeutet

> „Filmemachen [...] eine einzige Prostitution, in die alle, von der Maskenbildnerin bis zum Regisseur, einbezogen sind. Die wechselnden, nicht auf Zuneigung, sondern auf Besitzanspruch beruhenden erotischen Verhältnisse sind deren direkter Ausdruck. Filmen bedeutet: Ersatzhandlungen vollziehen."[40]

In dieser 'Ersatzwelt' ist Veronika vorher aufgegangen, sie hat an dem Aufbau der Traumwelt aktiv mitgearbeitet und hat ein Traumbild für andere und, mit verhängnisvollen Folgen, für sich selbst geschaffen.

Auf ihrem glanzvollen Abschiedsfest, das Fassbinder in einer Parallelmontage in ihre Sterbeszene geschnitten hat, erzählt sie der Journalistin: „Wissen Sie, wie das da drüben heißt? - Traumfabrik - eine Fabrik, in der Träume gemacht werden. Das müssen Sie sich mal vorstellen, daß man Träume machen kann, ganz einfach machen kann." Daß sie von einer irrealen künstlichen Welt träumt, scheint sie gar nicht mehr zu bemerken. Ihre Film-Träume werden von dem dafür zuständigen Film-System gelenkt, ihre eskapistischen Drogen-Träume von ihrer Ärztin und dem dahinter stehenden Zulieferungssystem. Das einzig Wahre daran ist, daß diese Systeme für eine Gesellschaft stehen, die darauf beruht, den Leuten Träume zu verkaufen.
Die Filmfirmen sind ebenfalls Großkonzerne. Ihre Waren heißen Film. Beim Konsumenten ruft der Film Träume hervor, wiederum ein Surrogat, um der Wirklichkeit zu entfliehen.

---

[38]H.G. Pflaum: Frauen haben in dieser Gesellschaft mehr Freiheiten; a.a.O.; S. 6
[39]W. Schütte: Kunst und andere...; FR vom 19.02.1982
[40]Jansen, Schütte: RWF; a.a.O.; S. 146

Eine ähnlich demotivierende, aber durch und durch sarkastische Metapher für die von Veronika schwärmerisch angehimmelte Traumfabrik Hollywood hat 1950 Billy Wilder mit seinem Werk *Sunset Boulevard* geschaffen.[41] Die Thematik beider Filme ist verwandt, bei Wilder ist die erzählte Geschichte noch mit seinem beißenden Sarkasmus versehen.

Dort ist die alternde und vergessene Stummfilmdiva Norma Desmond zwar nicht drogensüchtig, dafür ist sie süchtig nach ihrem vergangenen Ruhm und der ebenfalls vergangenen Bewunderung ihrer Verehrer weltweit, die sie nur über das damals neue Medium Film erhalten konnte. Norma Desmond hat den Sprung zum Tonfilm nicht geschafft. Sie lebt jetzt zurückgezogen inmitten und von ihrer großen Vergangenheit. Die Illusionen ihres Comebacks halten sie am Leben.

In der Schlußszene von *Sunset Boulevard* nimmt sie, geistig verwirrt, nicht mehr wahr, daß sie den jungen erfolglosen Drehbuchautor Joe Gillis, den sie als ihren Liebhaber ausgehalten hatte, gerade erschossen hat. Das einzige, was sie noch wahrnimmt, sind die Kameras der 'Wochenschau', die auf eine reißerische Story lauern. Norma hält sie für Cecil B. DeMilles Paramount-Aufnahmeteam, das endlich gekommen ist, ihr das ersehnte, große Comeback zu bereiten.[42]

In einem Zustand geistiger Umnachtung schreitet sie divenhaft die große Treppe hinunter auf die 'Wochenschau'-Kamera zu: „Mr. DeMille, ich bin fertig für meine Großaufnahme."

Glücklich gibt sie dem vermeintlichen Hollywood-Team zu verstehen:

„Ich wollte Euch nur sagen, wie glücklich ich bin, wieder arbeiten zu können. Ihr könnt nicht ermessen, wie mir das alles gefehlt hat. [...] Das hier ist mein Leben, es wird immer mein Leben sein. Die Scheinwerfer, das Licht und die Kameras - und im Dunkel die begeisterte Menge der Zuschauer."

Die Szene wirkt grotesk: Das, was sie total zerstört hat als Mensch, was ihre Abhängigkeit und Einsamkeit ursächlich bewirkt hat, gilt für sie als der Inbegriff 'ihres Lebens'.

---

[41]Der gebürtige Wiener Samuel (Billy) Wilder ging via Berlin, wo er bis 1933 erste Drehbücher schrieb, nach Hollywood. Auch hier begann er als Drehbuchschreiber für Lubitschs *Bluebeard's Eighth Wife* (1938), bis er eigene Regiearbeiten übernahm. Sein ausgesprochen vielseitiges Werk reicht vom film noir über bissige Sozialsatiren wie *The lost week-end* (1943), *Ace in the hole* (1951), bis hin zu den bekannten Komödien, die öffentlich sein Markenzeichen wurden. In Wilders Gesamtwerk ist die lebenslange Beschäftigung mit deutschen Situationen auffällig. Vgl.: Buchers Enzyklopädie des Films; hg. von L.-A. Bawden; Edition der deutschen Ausgabe W. Tichy; Luzern, Frankf./M. 1977

[42]Der Regisseur Cecil B. DeMille spielt sich in *Sunset Boulevard* selbst bei den Dreharbeiten zu *Samson and Delilah.* DeMille war einer der wenigen Regisseure, der den Sprung vom Stumm- zum Tonfilm geschafft hatte und erfolgreich weiterarbeitete. DeMille hatte Gloria Swanson, die hier die Rolle der Norma Desmond spielt, 1919 zum Durchbruch verholfen. Wilder thematisiert in *Sunset Boulevard* diesen filmtechnischen Einschnitt vom Stumm- zum Tonfilm. Vgl. dazu Metzler Filmlexikon; hg. von M. Töteberg; Stuttgart, Weimar 1995

Wilder entmythologisiert die Traumfabrik, die beide Frauen, Veronika und Norma, gleichermaßen zerstört hat. Bildlich übersetzt er das Hohle der Traum-Fassade: Joe Gillis, der jetzt von Norma abhängige, ehemalige Drehbuchautor, hat sich in die junge angehende Drehbuchautorin Betty Shafer verliebt und arbeitet mit ihr ein Drehbuch aus. Sie können nur nachts gemeinsam arbeiten, damit Norma nichts bemerkt. Als sie eines Nachts durch das verlassene Filmgelände spazieren, sagt Betty: „Sehen Sie sich diese Straße an, alles aus Pappe, alles gestellt, alles unecht; und trotzdem finde ich sie schöner als alle Straßen auf der Welt!" Wilder desillusioniert hier die Traumfabrik.
Betty erzählt dann noch ihre Lebensgeschichte. Sie komme aus einer Familie, die auf dem Filmgelände gearbeitet hat. Sie wollte Schauspielerin werden, habe Unterricht genommen, Ballettstunden usw. Dann kam die ersehnte Probeaufnahme, bei der ihre Nase nicht gefiel. Sie ließ sie operieren. Beim zweiten Vorsprechen gefiel ihre Nase, aber sie nicht. Deshalb wolle sie jetzt in der zweiten Reihe arbeiten.
Zynisch stellt Wilder die Anpassung, Ausbeutung und Rücksichtslosigkeit dieses Systems heraus, daß der Betroffene oder Zuschauer aufwachen müßte. Über die Figur des Joe Gillis wird Prostitution, die das Überleben ermöglicht, thematisiert. Joe Gillis läßt sich aushalten, ihm bleibt keine andere Wahl, da er in Hollywood gescheitert ist. Er selbst kommentiert, bewußt und zynisch, seine eigene Laufbahn im Off. Sein kühler film-noir-Erzählstil[43] kontrastiert den vergangenen expressionistischen Stummfilm-Erzählstil, der um Norma Desmond aufgebaut ist. Gillis ist, wie auch Fassbinders Figuren, kein ausschließlich negativer Mensch. Er bezeugt Norma echte Dankbarkeit, als er in einer Szene zu ihr sagt: „Sie waren an diesem Ort der einzige Mensch, der nett zu mir war."

Wilder zeigt anhand des Filmsystems eine Gesellschaft auf, die auf Prostitution basiert, die den Menschen eindimensional festlegt, die ihn fallenläßt, wenn er nicht mehr ausbeutbar ist. Hier stellt sich Fassbinder ganz in diese Tradition, die darstellerischen Mittel sind bei beiden aber unterschiedlich.

Die Frauenfiguren der beiden verglichenen Filme sehnen sich ins Filmstudio zurück, nach einer Art Unwirklichkeit. Wirklich bleibt bei beiden Regisseuren die Ausbeutung. Sie verwehren ihren Protagonistinnen die Einsicht in die Ausbeutungsmechanismen. Diese stellen sich ihnen als massives System dar, in dem der einzelne machtlos ist.

[43]Film noir: Von französischen Kritikern geprägter Begriff für ein Genre des Hollywood-Films der vierziger und fünfziger Jahre, vorwiegend Kriminalfilme mit Betonung des düsteren städtischen Milieus und mit einzelgängerischen, zynischen Helden. Vgl. unter: Fachbegriffe; in: Monaco: Film verstehen; a.a.O.; S. 553; vgl. auch im Glossar bei: Metzler Filmlexikon; a.a.O.

Fassbinders Figur Robert Krohn erhält Einsicht in die Ausbeutungsmechanismen. Robert muß lernen, daß es trotz seiner Einsicht in die Zusammenhänge zwischen Henriettes und Veronikas Tod ein aussichtsloses Unterfangen wäre, dieses System anzugreifen. Robert bleibt resigniert zurück und wird sich ab jetzt nur noch um den Fußball kümmern.

Michael Töteberg zitiert Fassbinder, welche Bedeutung für ihn die Droge hatte:

> „Rauschgift war für Fassbinder nicht nur ein Mittel zur Bewußtseinserweiterung, sondern ein Schmerzmittel gegen jene »grausamen Depressionen«, die einen Menschen plötzlich überfallen und lähmen, »einer unbewußten Trauer zumindest, die sich wie eine Glasglocke über den Kopf stülpt, daß man Angst hat zu ersticken«."[44]

[44]M. Töteberg: Das süße Sterben; a.a.O.; S. 133

1.6. Vergangenheit

Schon Maria Braun und Lola wurden von unkontrollierbaren Gegenreaktionen aus ihrer Vergangenheit eingeholt.

> „Wenn Maria Braun überleben würde, müßte sie an einen Punkt kommen, an dem sie in der Auseinandersetzung auch über Hermanns Vergangenheit zu reflektieren beginnt. Diese Verarbeitung von Geschichte findet aber nicht statt. [...] Maria Brauns einzelgängerischer Weg ist auch ein Ausweichen vor dieser Auseinandersetzung.“[45]

Lolas Situation definiert sich über Standesunterschiede, die bis weit in die vornationalsozialistische Zeit zurückreichen und die sich ihr als undurchlässiger Kreis in der bundesrepublikanischen Gesellschaft präsentieren, da ihre Traditionen fortleben. Veronika Voss als Figur ist an diesem Punkt auch wieder die Fortsetzung dieser unterlassenen Konfrontation. Veronika lebt gänzlich in und von ihrer Vergangenheit.

Es gibt aber auch für Maria Braun glückliche Momente: immer wenn sie mit einer Person, mit der sie etwas Gemeinsames aus der Vergangenheit verbindet, zusammen ist. Diese persönlichen Retrospektiven haben eine wehmütige Aura. Bezeichnenderweise finden sie in Ruinen statt. Die äußere Zerstörung steht für die innere. Dieses Bild kann auf Veronikas Zustand übertragen werden. Nichts verbindet sie mit ihrem Heute, hier steht nur ihre Drogensucht. Sie sehnt sich nach der Vergangenheit zurück. Sie und die Treibels können nicht vergessen, die Vergangenheit holt sie immer wieder ein, und umgekehrt schleppen sie sie mit sich herum, die Figuren können ihr nicht entkommen, nur im Tod. Damit hat aber immer noch keine Konfrontation stattgefunden, das Problem wird auf die nachfolgende Generation weiterverschoben.

Fassbinder hat die Brüche in der deutschen Geschichte personifiziert. Die Leitwörter Ufa und Treblinka durchziehen *Die Sehnsucht der Veronika Voss*.

> „Propaganda und Vernichtung, zwei Industrien des Faschismus, Veronika Voss und Herr Treibel, beide Patienten von Dr. Katz sind, so unvergleichlich sich ihre Schicksale darstellen, Opfer dieser Vergangenheit. Die jüngst deutsche Geschichte, wie man in den fünfziger Jahren die Nazi-Zeit umschrieb, war ein gesellschaftliches Trauma.“[46]

Als Henriette Veronikas Vase bei den Treibels umtauscht, geleitet Herr Treibel sie zum Abschied zur Tür:

---

[45]H.G Pflaum: Fassbinder war ein sehr bewußter ...; a.a.O.; S. 25

[46]M. Töteberg: Das süße Sterben; a.a.O.; S. 136

- „Ich werde Ihnen etwas zeigen.“ Er zeigt ihr eine Nummer auf seinem Arm.
Henriette: „Was ist das?“
Herr Treibel: „Treblinka - verstehen Sie nun, warum ich mit Ihrer Welt nichts zu schaffen haben will!“
Erschrocken, verständnislos und ohne ein Wort zu sagen, verläßt Henriette den Raum.

In Claude Lanzmanns neunstündigem Dokumentarfilm *Shoah* (1985) erklärt der Unterscharführer Franz Suchomel:
„Sie wollen Geschichte haben, und ich sag Ihnen Geschichte:
Treblinka war ein zwar primitives, aber gut funktionierendes Fließband des Todes.“[47]

Konzentrationslager werden in Fassbinders Werk zum Thema. Besonders ausführlich befaßt er sich mit den Auswirkungen in *In einem Jahr mit 13 Monden*, den Zerstörungen, die sie bei Menschen hervorrufen können. „Anton Saitz, extremes Beispiel für einen Menschen, der kaputt gemacht wurde (in einem »Konzentrationslager«), und der nun selbst andere kaputt macht, mit Grundstücksspekulationen, mit einem Bordell, das als KZ eingerichtet ist.“[48] Fassbinder selbst schreibt zu dieser menschlichen Verwandlung vom Opfer zum Täter:

> „ ... er [Anton Saitz] hatte gelernt, daß es gar keinen so großen Unterschied gäbe zwischen dem Leben draußen und dem, was er im Konzentrationslager gelebt und gesehen hatte. Zwar waren die Menschen draußen nicht so offensichtlich eingesperrt, aber eingesperrt, jeder auf seine Weise, waren letztlich alle, und alle hatten auch Angst draußen, und diese Angst war nicht kleiner als die, die er im Lager kennengelernt hatte, nur etwas anders.“[49]

Wer sich diesen Ausbeutungsmechanismen verweigert, wie Herr Treibel, der mit seiner Frau in der Erinnerung an eine andere Zeit in Deutschland lebt, in der andere, wohl menschlichere Werte galten, dem bleibt nur der Weg in den Tod. „Fassbinder wants to set up a memorial to both victims of the camps and those who

---

[47]zu den weiteren Treblinka-Beschreibungen der Opfer und der Täter vgl. auch das zum Film herausgegebene Buch: C. Lanzmann: Shoah; mit einem Vorwort von Simone de Beauvoir; Deutsch von Nina Börnsen, Anna Kamp; Düsseldorf 1986: Abraham Bomba:
„Die Fahrt von Czestochowa nach Treblinka hat
ungefähr vierundzwanzig Stunden gedauert,
einen Aufenthalt in Warschau
und das Warten auf dem Bahnhof von Treblinka mitgerechnet.
Unser Zug fuhr als letzter ab.
Aber wie ich schon sagte,
ich habe viele Züge zurückkommen sehen, und sie waren leer.
Ich habe mich gefragt:
»Was ist mit den Menschen geschehen?
Es ist niemand zu sehen. «“; S. 50
[48]Jansen, Schütte: RWF; a.a.O.; S. 220
[49]RWF in: Filme befreien; a.a.O.; S. 56

prospered, like Veronika, under the Nazis, but find it hard to survive in the German Federal Republic."[50]

Bezeichnenderweise wollte die Schauspielerin Sybille Schmitz die Bundesrepublik verlassen, um „ihr Glück in Hollywood zu versuchen."[51]

Veronika Voss lebt 1955 nur noch von ihrer glorreichen Vergangenheit, „einem Kapital das sie mit immer mehr Hypotheken belastet, das sie rapide aufzehrt."[52]

Fassbinder setzt Rückblenden ein, um Veronika vollständig in ihrer Vergangenheit abtauchen zu lassen, allerdings setzt er die subjektive Erzählinstanz Rückblende spärlich, nur zweimal, ein.
Die erste Rückblende befindet sich zu Anfang des Films. Veronika sitzt noch im Kino und blendet sich zu den Dreharbeiten des betreffenden Films zurück. Damals wurde ihre schauspielerische Leistung von den Kollegen beklatscht, sie wurde von ihrem Mann und ihrem Regisseur hoch gelobt. Es war der Höhepunkt ihrer schauspielerischen Karriere.
Die zweite Rückblende findet in ihrem Haus statt, als sie Robert 'verführen will'. Durch eine technische Überblendung verfällt Veronika plötzlich in ihre Erinnerung, als sie sich mit ihrem Mann in einer ähnlichen Situation befand:

Ihr Mann hört Radionachrichten, eine politische Rede ist zu vernehmen.
Veronika: „Stell' dieses schreckliche Radio ab. Hier brauchen wir keine Nachrichten mehr. Hier holt uns der Krieg nicht ein. Mach' doch eine schöne Musik!"
Ihr Mann stellt dann die Kriegsnachrichten aus und Musik an.
Veronika: „Und mach' das Licht aus!"
Ihr Mann: „Immer mußt du was machen, was herstellen. Können wir nicht einfach so sein, wie wir sind?"
Er wirft ihr dann ihre Sucht vor: „Ich trinke, um abzuschalten, und du trinkst, um dich aufzubauen, um dich groß, schön, verführerisch, einmalig zu machen."

Diese Rückblende in ihre Vergangenheit nimmt ihren kommenden Zusammenbruch mit Robert, hervorgerufen durch Entzugserscheinungen, vorweg. Hier wird evident, daß Veronika auch schon damals die Realität ausgeblendet hat.
In den Rückblenden, in denen Veronika ihre eigenen vergangenen Ereignisse rekapituliert, wird sie damit zur Gefangenen ihrer persönlichen Erinnerung. Rückblenden als Muster subjektiver Erzählweise geben das Unvermögen wieder, der eigenen Vergangenheit zu entkommen. Rückblenden entstehen in den Momenten, in denen die Geschichten-Erzähler die Kontrolle über ihre Handlungen verloren haben.

---

[50]R. Hayman: Fassbinder - filmmaker; a.a.O.; S. 113
[51]vgl. F. Beyer: Das Leben der Sybille Schmitz; a.a.O.; S. 157ff
[52]W. Schütte: Kunst und andere ...; FR vom 19.02.1982

Der Film *Sunset Boulevard* ist eine einzige Rückblende. Er wird aus der Perspektive eines Toten, einer Leiche im Swimming-Pool, erzählt. Joe Gillis, der gerade von seiner älteren Geliebten erschossen wurde, in dem Moment, als er ihr die Wahrheit sagte, erzählt, jetzt als Toter, aus seiner subjektiven Perspektive, wie es zu den Ereignissen kam. Seine, meist ironisch, kommentierende Off-Stimme liegt über dem Film.

Sirks *Written on the Wind* ist ebenfalls eine einzige Rückblende: Der Film zeigt als erstes die familiäre Katastrophe: Kyle Hadley torkelt angeschossen ins Haus, seine Frau Lucy fällt in Ohnmacht, dann wehen Kalenderblätter zurück, bis zu dem Tag, als die Geschichte begann.
Douglas Sirk beschreibt seine Rückblendentechnik:

> „In *Written on the Wind* ermöglichte mir der Einsatz der Rückblende, gleich zu Beginn die Hoffnungslosigkeit deutlich zu machen, obwohl der Zuschauer den Schluß noch nicht kennt. Aber damit ist die Stimmung etabliert."[53]

Die Rückblende als Mittel des

> „Anti-Suspense. Das Publikum wird gezwungen, die Aufmerksamkeit auf das Wie statt auf das Was zu richten - auf die Struktur statt auf die Abwandlungen, auf die Variationen statt auf das Thema selbst. Das ist es, was ich euripideische Manier nenne. Und am Schluß gibt es keine Auflösung der Antithesen, nur den deus ex machina, der heute »Happy-End« heißt."[54]

Die Hoffnungslosigkeit von der Sirk spricht, spiegelt sich auch deutlich in Fassbinders Rückblendeneinsatz wieder. Hier kontrapunktieren die Rückblenden Veronikas hoffnungslose Gegenwart, die sie in ihre Erinnerungen flüchten läßt.

Veronika und Wilders Protagonistin Norma Desmond weisen analoge Charakterzüge auf, die aus ihrer Vergangenheitsfixierung herrühren. Beide leiden unter

---

[53]Douglas Sirk: Imitation of Life. Ein Gespräch mit Jon Halliday; deutsche Ausgabe, hrsg. von H.-M. Bock, M. Töteberg; aus dem Englischen von Robert Wohlleben; Titel der Originalausgabe: Sirk on Sirk; Frankf./M. 1997; S. 183

[54]a.a.O.; S. 167. Zur Rückblenden-Tradition vgl. auch die Dissertation von B. Steinbauer-Grötsch: Der Schatten Caligaris; a.a.O.; S. 115ff. Die Autorin weist nach, daß die Rückblenden-Technik aus dem deutschen Stummfilm zusammen mit den betreffenden Regisseuren ins Exil nach Hollywood emigrierte und dort besonders im film noir von eben jenen Emigranten weiterentwickelt wurde. Vgl. hierzu auch einen weiteren Wilder-Film: *Double Indemnity*, 1944. Hier beginnt der tödlich verletzte Versicherungsagent Walter Neff seine 'Beichte', sein Hintergehen der eigenen Firma, auf Band zu sprechen, im Büro seines Chefs. Neff kommentiert dann ebenfalls aus dem Off den Film, da er seine Geschichte als Rückblende erzählt, bis zum Schluß sich Rückblende und Gegenwart treffen, als er seine Geschichte beendet und dann tödlich zusammenbricht.

starkem Realitätsverlust. Sie konservieren ihre Vergangenheit: Veronika durch das Abtauchen in ihre Rückblenden, bei Norma Desmond stehen unzählige Abbilder ihrer selbst als junger Star herum. Bei beiden Frauen herrscht eine scharfe Diskrepanz zwischen ihrem jetzigen Leben und ihrem vergangenen Ruhm- und Starleben. Das Verharren in der Vergangenheit kann als Kompensationsversuch für den Verlust ihres Erfolges angesehen werden. Durch ihre Ich-Bezogenheit sind die beiden weiblichen Figuren unfähig, auf Veränderungen gesellschaftlicher Art zu reagieren. Rückblenden vermischen Fiktion und historische Wirklichkeit, genau der verwirrte Zustand, in dem sich die beiden Frauenfiguren befinden.

In einer Szene zu Anfang des Films wird Veronika von der Geschichte eingeholt, sowohl ihrer privat-persönlichen wie der öffentlich-politischen. Über der Szene liegt eine unausgesprochene Bedrohung:

Veronika will in dem kleinen Schmuckgeschäft die Brosche zurückgeben, die sie zwei Szenen zuvor von Roberts Geld gekauft hatte, um ihm zu gefallen. In einer langen Einstellung filmt die Kamera aus starker Untersicht durch das Glas der Schmuckablage auf Veronikas Gesicht. Sie wird langsam nervös und herrscht die Verkäuferin an. Aus dem Hintergrund kommt eine zweite Verkäuferin auf sie zu, die Einstellung bleibt die gleiche wie vorher:
- „Veronika Voss, ich habe Sie gleich erkannt, an der Stimme. Sie erinnern sich doch noch, 1944, in Berlin?“ Noch in derselben Einstellung schaut Veronika auf ihr Photo an der Wand. Der Zuschauer weiß aus der vorherigen Szene, daß dort ein Photo von ihr hängt.
Veronika: „Ja, ich erinnere mich. Aber der Film wurde ‘43 gedreht, und dann fiel die Premiere aus, für die ich mir diesen schönen Pelz gekauft hatte.“
Verkäuferin: „Ich erinnere mich, als wäre es gestern gewesen.“
Hier erst wird geschnitten und die beiden Verkäuferinnen schreiten auf Veronika zu, so als drängten sie sie in die Enge.
Die Verkäuferin weiter: „Ihr Gatte war so nervös, wegen der Bombenangriffe. Und irgendwie hat er ja auch Recht behalten. Zwei Monate später wurde mein Geschäft ausgebombt. Aber Ihr Photo habe ich retten können. Nur das Autogramm haben Sie in der Eile vergessen.“
Die Szene wirkt unerklärlich bedrohlich, Veronika weicht immer noch vor den beiden Verkäuferinnen zurück. Sie schreibt das Autogramm auf das Photo.
Verkäuferin: „Trotzdem, es war eine schöne Zeit.“
Veronika ‘befreit’ sich zwischen den beiden heraus: „Jede Zeit ist schön. Ich bereite gerade einen neuen Film vor. Dann lasse ich Ihnen ein aktuelleres Photo zukommen.“

In dieser Episode vermischt Fassbinder wieder die private Erinnerung mit dem Krieg, also der öffentlichen Geschichte. Er zeigt die Auswirkungen der öffentlichen Geschichte auf das Privatleben der Personen, vor allem, daß die private Erinnerung rückblickend überwiegt.
In der Figur der Veronika Voss findet eine Vermischung von Privatheit und Öffentlichkeit statt, da Veronika eine öffentliche Person war.

Einen weiteren geschichtlichen und persönlichen Kommentar hat Fassbinder mit dem Song *Memories are made of this* über den Film gelegt. Der Song ist entweder aus dem AFN-Radioprogramm zu hören, oder aber Veronika summt oder singt

ihn. Es ist 'ihr Lied'. Sie summt den Song z.B. an, als sie sich mit Robert in ihrem Haus befindet, kurz vor ihrer Rückblende. Auf der Abschiedsfeier in ihrem Haus singt sie, großartig in Szene gesetzt, das Lied. In einer bestimmten Anordnung sind die sie umgebenden Personen dazwischengeschnitten, Katz und Josepha und Robert Krohn, also die Menschen, mit denen sie zum Schluß zu tun hatte.
Als sie den Song singt, hat ihre gesamte Vergangenheit sie eingeholt und vermischt sich in genau dem Moment mit ihrem jetzigen Leben. Veronika weiß, daß nichts mehr hinzukommen wird, deshalb wird sie ihr Leben beenden. Vorher äußert sie aber noch ihren utopischen Gesellschaftsentwurf:

Der Kulturredakteurin erzählt sie, daß sie in Verhandlung mit den Haupt-Hollywood-Studios stehe:
Veronika: „'United Artists' - das heißt 'Vereinigte Künstler'. Finden Sie nicht auch, daß alle Künstler sich vereinigen sollten?"
Journalistin: „Sie meinen, so als eine Art von Gewerkschaft?"
Veronika: „Für die Freiheit der Kunst. Kunst braucht Freiheit, wie soll sie sonst die Menschen frei machen können?"

Über seine Figur Veronika Voss transportiert Fassbinder hier seinen Entwurf einer freieren Gesellschaft, als er sie Ende der 70er Jahre in der Bundesrepublik verwirklicht sieht. D.h. Fassbinder sieht in seinem Jetzt-Zeitraum nur ein Durchgangsstadium, bis es „vielleicht eines Tages eine Gesellschaft geben wird, in der jeder Mensch ein Künstler ist. Solange es nicht so ist, braucht man Filme, um das Leben erträglicher zu machen."[55]

In diesen Filmen offeriert Fassbinder selten eine utopische gesellschaftliche Problemlösung. Vielleicht ist aber Fassbinders Gesamtwerk eine utopische Vorstellung, wie freie Menschen zusammenleben könnten.

[55]RWF in : Anarchie; a.a.O.; S. 179

2. Filmstil und Kameratechnik
1. „Spiegel?" - „Tod" -

- so antwortet in Robert Siodmaks[56] Film *The Dark Mirror* (1946) die rechtschaffene Ruth spontan auf die Frage des Psychologen, der mit ihr und ihrer Zwillingsschwester Theresa (Terry) einen 'Assoziationstest' durchführt. Unbewußt weist sie den Untersuchenden so auf ihre Mitwissenschaft an einem Mord, den ihre kühl berechnende Schwester begangen hat.

Die Todesbedeutung des Spiegelmotivs visualisiert Siodmak in diesem film noir bereits in der Eingangssequenz, als die Kamera in eine leere Wohnung fährt, zuerst auf einen geborstenen Spiegel mit einem schwarzen Loch zu und dann ohne Schnitt weiterfährt, bis sie die Leiche im Bild hat.
Der brechende Spiegel als Vorbote des Todes bewirkt dann auch Terrys Zerstörung, da sie über ihr Spiegelbild, in das ihre Schwester eintrittt, die sie tot glaubte, letztendlich des Mordes überführt wird.

Siodmak verarbeitet in diesem Film nicht nur die Todesbedeutung des Spiegelmotivs, sondern auch das der Ich-Spaltung oder persönlichen Entfremdung der Protagonistin von sich selbst.
Der Psychologe charakterisiert Terry als 'Paranoikerin'. Diese versucht das aber ihrer Zwillingsschwester einzureden:

Beide sitzen vor dem Spiegel. Terry ist in Nahaufnahme im Spiegel zu sehen, während sie zu ihrer Schwester sagt: „Du hast befürchtet, eine von uns wäre verückt." Ruth sitzt aber dabei neben dem Spiegel und schaut in Richtung Kamera, nur seitlich ist ihr angeschnittener Rücken im Spiegel zu sehen. Die Brechung der Persönlichkeit durch den Spiegel trifft ihre Schwester Terry.

In S*unset Boulevard* von Billy Wilder werden in einer Szene ebenfalls die Begriffe Mord/Tod mit dem Gegenstand Spiegel verbunden. Wilder arbeitet in diesem Film jedoch nicht so häufig mit der Spiegel-Brechung in bezug auf seine Protago-

---

[56]Robert Siodmaks Biographie und seine professionelle Laufbahn verlaufen ähnlich wie die Billy Wilders. Beide haben bereits 1929 für die Ufa den 'Dokumentar'-Film *Menschen am Sonntag* realisiert. Die an diesem Film Beteiligten verhalfen später dem Hollywood-Kino zu künstlerischem und kommerziellem Erfolg: Robert und Curt Siodmak, Fred Zinnemann, Edgar. G. Ulmer, Billy Wilder. 1933 verließen die Siodmaks Deutschland und gingen via Paris und London [Curt Siodmak] nach Hollywood. Robert Siodmak prägte ebenso wie Wilder das amerikanische Kino der 40er Jahre, er inszenierte maßgeblich das film noir - Genre. In den 50er Jahren kehrte er kurzzeitig nach Deutschland zurück. Die Berlinale 1998 hat dem Schaffen der Gebrüder Siodmak ihre Retro gewidmet. Curt Siodmak nahm als Ehrengast teil. Vgl. Wolfgang Jacobsen: Siodmak Bros. Berlinale-Extra; Offizielles Bulletin der Internationalen Filmfestspiele Berlin; Hg.: Berliner Festspiele GmbH; Berlin 1998 sowie Buchers Enzyklopädie des Films

nistin. Lediglich in der Schlußszene sitzt Norma Desmond, nachdem sie ihren Geliebten erschossen hat, vor einem kleinen runden Spiegel:

Norma sitzt seitlich zum Kameraauge, ihr Spiegelbild blickt frontal in die Kamera. Norma ist in ihrem Wahn gefangen und bewundert ihr Abbild im Spiegel. Die Menschen um sie herum nimmt sie nicht mehr wahr. Dies sind Polizisten, Journalisten und der Kommissar, der versucht, von ihr Informationen über den Tod ihres Geliebten zu bekommen: „Haben Sie ihn getötet? - Hatten Sie die Absicht, ihn zu töten?"

Hier gibt ihr Spiegelbild dem Filmzuschauer die Antwort. Es ist Symbol ihrer Entfremdung von sich selbst. Vorher reflektierten ihre Abbilder, die sie überall im Haus, fast altarmäßig angeordnet hatte, ihre Ich-Spaltung. Der Spiegel, wie vorher die Photos, visualisieren den Verlust der Einheit und Geschlossenheit ihrer Person.

In *Lola* wie in *Written on the Wind* beschwören die Spiegelabbilder, die durchgestrichen [in *Lola*] bzw. mit Alkohol überschüttet werden [in *Written on the Wind*] eine existentielle Krise herauf. Zur äußeren Bedrohung kommt eine innere hinzu, die sie als solche wahrnehmen. Die Protagonisten 'löschen' sich aus - ein symbolischer Akt der Zerstörung ihrer Identität. „Das Motiv des Spiegel-Ichs und seiner Zerstörung wird zum Symbol der Fragilität der subjektiven Wahrnehmung und der daraus resultierenden Bedrohung der Existenz."[57]

Fassbinder übernimmt in Veronikas Todesszene mehrere Symbole. Er verarbeitet einerseits das filmstilistische Mittel des film noir, daß Spiegelszenen mit dem Tod konnotiert sind und arbeitet es für seine Figur Veronika Voss und seine Intentionen mit ihr heraus. Andererseits bringt er ein religiöses Motiv mit in Veronikas Todesszene. Er läßt sie an einem Karfreitag sterben.

Fassbinder hat Veronikas Sterbeszene sehr langgezogen. Es ist eine ausgearbeitete Parallelmontage [s. B Kap.2.6.]. Er schneidet mehrmals zwischen ihrem Sterben in der 'Zelle' und ihren letzten Dialogen auf ihrer glanzvollen Abschiedsfeier hin und her.

Fassbinder hat die Todesbedeutung des Spiegelmotivs mit einer Erkenntnisfunktion aufgeladen: „Im Leben eines jeden Menschen gibt es den schrecklichen, wunderbaren Moment, der wie ein Blitz in das Bewußtsein mancher und wie ein heiliger Schmerz in das Unterbewußtsein mehrerer eindringt, den Moment des Erkennens der Endlichkeit der eigenen Existenz."[58]

[57]B. Steinbauer-Grötsch: Der Schatten Caligaris; a.a.O.; S. 79; vgl. hier auch zur Verwendung des Spiegel-Motivs im deutschen Stummfilm und später im amerikanischen film noir.
[58]RWF in: Anarchie; a.a.O.; S. 101

Veronika sitzt in der betreffenden Spiegelszene schwitzend auf ihrem Bett in der 'Zelle', d.h. ihrem Zimmer, das Dr. Katz von außen abgeschlossen hat und dann zusammen mit ihrem Clan in den Osterurlaub gefahren ist. [s. ihr 'Plan' in Kap.1.4.].

Die ersten Bewegungen Veronikas sind ohne Schnitt aufgebaut. Ihr Entzug setzt ein, so daß sie sich fahrig und ziellos in dem kleinen Zimmer bewegt: Sie steht vom Bett auf zum Fenster. Dort hören sie und der Zuschauer laut das Osterläuten. Sie dreht sich um, geht zur Tür, kurz am Spiegel vorbei, in dem sie nur flüchtig zu sehen ist. Sie geht zum Fenster zurück, ist in nah- bis halbnaher Einstellung zu sehen. Dann geht sie zum Spiegel zurück, in dem sie nun zu sehen ist.
Hier schneidet Fassbinder zum ersten Mal auf ein Tablettenröhrchen, das umfällt, als Hinweis auf die Schlaftabletten.
Der nächste Schnitt zeigt eine Großaufnahme auf Veronikas aufgerissenes Gesicht. Dem Zuschauer ist klar, daß sie erschrocken in den Spiegel schaut. Hier hat sie die Erkenntnis, daß sie sterben wird, und sie erkennt sich als Person. Über einen Schnitt in die Halbnahe schaut sie sehr bewußt in den Spiegel, richtet sich vor diesem auf, dreht sich vor dem Spiegel um und geht wieder zur Tür.
Als nächstes schneidet Fassbinder noch einmal zurück in ihre Abschiedsfeier, um danach definitiv ihr In-den-Tod-Gehen zu zeigen. Er filmt in einen Vergrößerungsspiegel, in dem sich Veronika in einer Detailaufnahme die Lippen schminkt. Über den nächsten Schnitt in eine unbeteiligte Beobachterposition ist zu sehen, wie Veronika nach den Tabletten greift, sie schluckt und dabei angeekelt ihr Gesicht verzieht.

Ihre innere Zerrissenheit manifestiert sich hier deutlich in der Detailspiegelung ihres Gesichtes, noch deutlicher als Norma Desmonds wahnsinniges Abbild in dessen Spiegelung.

Peter Buchka entdeckt in seiner Dokumentation eine Entwicklung in Fassbinders Spiegel-Einsatz:

> „Die Spiegel werden auf ganz alltägliche Weise genutzt: um sich zu schminken. Irgendwann kommt todsicher der Moment, da jeder im Spiegel sein wahres Ich erkennt. Spiegel sagen die Wahrheit, sie engen ein, umrahmen eine Figur, zerschneiden den Lebensraum. Aber sie verdoppeln die Realität, verlängern die Perspektive, als wollten sie ständig darauf hinweisen, daß hinter der umgrenzten Wirklichkeit noch ein grenzenloses Land der Freiheit wartet.
> Dahin den Schritt zu tun, sind Fassbinders Figuren noch nicht in der Lage. Einstweilen werden sie durch ihr Spiegelbild nur auf sich selbst zurückgeworfen, auf ihre Einsamkeit, ihre Verlorenheit.
> Das deprimierende Bild, welches die Spiegel zurückwerfen, verwandelt das bewußtlose Leiden an der Realität für einen Augenblick in Widerstand gegen diese Realität.“[59]

Fontane Effi Briest ist auch ein 'Spiegel-Film'. Die Spiegel dienen hier der Verfremdung bei gleichzeitiger inhaltlicher Funktion. Fassbinder selbst sagt zum Spiegel-Einsatz in *Fontane Effi Briest*: „Erstens gibt es damit eine Brechung, und

[59]P. Buchka: Das filmische Weltgericht ...; TV-Dokumentation

zweitens macht es noch etwas fremder und ferner."[60] Ein Gespräch zwischen Effi und ihrer Mutter ist im Spiegel gefilmt. Diese Technik ermöglicht es ihm, beide Frauenbilder frontal zu zeigen, ohne hin- und herschneiden zu müssen. Der Rükken der Mutter spiegelt sich. Es geht um Effis Hochzeit, ihre Mutter warnt sie: „Es kommt dir vor wie im Märchen und du möchtest eine Prinzessin sein. Aber, meine liebe Effi, wir müssen vorsichtig sein im Leben, zumal wir Frauen."
Hans-Günther Pflaum sagt über die Spiegel in *Fontane Effi Briest*, daß „sie das Bild einer geschlossenen Gesellschaft reflektieren, die nur auf sich selbst blickt."[61]

Etwas später verwendet Fassbinder einen Spiegel, der Mehrfach-Spiegelungen zurückwirft: In der Szene zwischen Instetten und Wüllersdorf, die dem Duell vorangeht, wirft sie Instettens Zerrissenheit zwischen seinen Gefühlen für Effi und seinem Gehorsam den gesellschaftlichen Pflichten gegenüber zurück. Beide Szenen sind als Parallelmontage ineinander verwoben.

Instetten: „Ich liebe meine Frau. Seltsam, ich liebe sie noch, ich bin so sehr im Bann ihrer Liebenswürdigkeit, eines ihr eigenen Charmes, daß ich ihr fast verzeihen kann. [...] Man ist nicht nur ein einzelner Mensch. Man gehört einem Ganzen an, und auf das Ganze haben wir beständig Rücksicht zu nehmen. Man ist abhängig von ihm.
Man braucht nicht glücklich zu sein und am allerwenigsten hat man einen Anspruch darauf und den, der einem das Glück genommen hat, den braucht man nicht notwendig aus der Welt zu schaffen, man kann ihn auch laufen lassen. Aber im Zusammenleben der Menschen hat sich ein Etwas herausgebildet, das nun mal da ist, und an dessen Paragraphen wir uns gewöhnt haben, alles zu beurteilen, die anderen und uns selbst. Dagegen zu verstoßen geht nicht. Die Gesellschaft verachtet uns, zuletzt tun wir es selbst, können es nicht aushalten, jagen uns die Kugel in den Kopf.
Verzeihen Sie, Wüllersdorf, wer kann schon etwas Neues sagen? Nichts von Haß oder dergleichen und um meines Glückes willen, jenes uns tyrannisierende, gesellschaftliche Etwas, das fragt nicht nach Charme und nicht nach Liebe und nicht nach Verjährung. - Ich muß!"
Dabei schaut Instetten in diesen Mehrfach-Spiegel, gerahmt von einem dunklen, schweren Holzrahmen. Instettens Gesicht wird undeutlich, als er endgültig beschließt, sich zu duellieren.

Im Gegensatz zu Veronika wird ihm die Erkenntnis verweigert. Er bleibt gefangen im Diesseits.
Fassbinder zeigt hier eine ganze Welt im Spiegel, obendrein in einem, der verzerrt. Er spiegelt die Welt so oft hintereinander, daß nicht mehr zu erkennen ist, wo die Spiegelung zu Ende ist. Eine gespiegelte Realität hält er seinen Zuschauern zur Reflexion vor.

---

[60]RWF in: Anarchie; a.a.O.; S. 56
[61]H.G. Pflaum: Ich will nicht nur, daß ihr mich liebt; TV-Dokumentation

2.1.1. Tod am Karfreitag

In der Parallelmontage zwischen Veronikas Sterbeszene und ihrer Abschiedsfeier hat sie auf der Feier noch eine Unterhaltung mit Robert:

Veronika: „Aber Robert, Sie verwechseln mich doch nicht etwa mit einem Lamm?"
Robert: „Ich habe nur gesagt, daß morgen Karfreitag ist."
Veronika: „Und das Kreuz, glauben Sie, daß ich das Kreuz selbst tragen werde?"
Robert: „Sie tragen es doch schon die ganze Zeit, da werden Sie es auch die paar Meter noch schaffen. Man muß seine Sache zu Ende bringen können."

Veronika summt dann wieder *Memories are made of this*. In den Szenen in ihrem Sterbezimmer sind laut die Osterglocken sowie die Ansprache des Papstes zu hören. Ihr Sterben wird Teil der Passionsgeschichte.

Godard sagt in seinem *Autoportrait - JLG par JLG* über die Hoffnung, die mit dem Sterben am Karfreitag verbunden ist: „La peur est tout de même la fille de Dieu rachetée la nuit de Vendredi Saint. Elle n'est pas belle à voir, non, non, tantôt raillée; tantôt maudite, renoncée par tous, et cependant, ne vous trompez pas elle est à chaque couche funèbre, elle intercède pour l'homme."

In Veronikas Zerstörung liegt über ihren Tod hinaus etwas Positives, etwas geradezu Optimistisches, im Vergleich zu Maria Brauns Tod, der ein privater Tod war. Christian Braad Thomsen sieht Veronikas Tod am Karfreitag als „eine Station auf dem Wege, [...] daß jenseits unserer quälenden physischen Grenzen eine andere, grenzenlose Wirklichkeit beginnt, in der wir nicht mehr auf Träume und Rollenspiele angewiesen sind."[62]

Veronika hat in einem positiven Sinn mit allen Menschen und ihrem Leben abgeschlossen: „Abschied und Ankommen, das ist das Schönste im Leben. Marianne, du hast mir sehr viel Glück geschenkt", sagt sie zum Abschied zu Dr. Katz. Auf ihrer Feier hat sie zuvor noch ihren Gesellschaftsentwurf einer 'freien Kunst, die auch die Menschen befreie', verkündet. Sie ist versöhnt. Peter Buchka nennt es, „das Opfer bewahrt insgeheim die Idee der unsterblichen Liebe", und „erst das Opfer erlöst den Schuldigen. Im Tod erhält das Leben seinen Sinn als Passion."[63]

Hoffnung liegt in Veronikas Tod, insofern man ihr Dasein als Übergangsstadium auf dem Weg zu einer wahrhaft freien Gesellschaft betrachten kann, dieser von Fassbinder erträumten Utopie mit freier Kunst und freien Menschen.

---

[62]Ch. Braad Thomsen: a.a.O.; S. 369
[63]P. Buchka: Es ist nicht gut, ...; TV-Dokumentation

Elsaesser setzt sich mit der Opferrolle und dem Tod bei Fassbinder auseinander. Er sieht einige Protagonisten bei Fassbinder, die

> „ein Leben der Ausbeutung bewußt innerhalb der Ausbeutungsverhältnisse leben. Erst wenn sie sich der Symbole des Ichs oder der es stützenden Fetische entledigen (am schmerzlichsten und anschaulichsten in *In einem Jahr mit 13 Monden* und *Veronika Voss*), gelangen sie zu einer Selbstakzeptanz, die mit dem Tod konvergiert. [...] Tod [...] ist für sie keine Niederlage, sondern Ort des Gedenkens an einen Sieg, der noch aussteht."[64]

Christoph Schlingensief, der mit seinen Filmen und Kunstaktionen in einer Fassbinder verpflichteten künstlerischen Tradition steht, wählt für seine Theateraktionen oft religiöse Attribute. Er selbst gibt sich die Rolle eines Predigers oder Verkünders, ironisch überzogen; er trägt dann eine schwarze Priestersoutane oder einen weiten Umhang mit aufgenähten Engelchen. Carl Hegemann schreibt über Schlingensiefs Kunstaktionen:

> „Die Erfahrung der Relativität und Brüchigkeit unserer Lebenswelt, die früher nur Künstler und Irre quälte, ist allgemein geworden. Jetzt haben Künstler und Irre die Aufgabe, ihren Erfahrungsvorsprung der Öffentlichkeit zur Verfügung zu stellen. Vielleicht kam Beuys deshalb auf die Idee zu sagen, jeder ist ein Künstler, weil vielleicht niemandem etwas anderes übrigbleibt, als Künstler zu werden, angesichts der Erosion von Sprache, die Lüge und Wahrheit nicht unterscheiden kann, der Belanglosigkeit von Moral, die längst als Marketingstrategie durchschaut ist oder zur Legitimation von Verbrechen dient, des Endes objektiver Gewißheit [...] und angesichts der Einsicht in die Unmöglichkeit planvollen Handelns, das regelmäßig an seinen ungeplanten Nebenfolgen scheitert."[65]

[64]Th. Elsaesser: Fassbinder, *Lola* und die Logik des Mehrwerts; a.a.O.; S. 77f

[65]Carl Hegemann: Für ein postcaritatives Theater; S. 159-164; in: Julia Lochte, Wilfried Schulz (Hg.): Schlingensief! Notruf für Deutschland. Über die Mission, das Theater und die Welt des Ch. Schlingensief; Hamburg 1998; S. 163

2.2. Hell - Dunkel
Licht - Schatten

> „Schwarzweiß vermittelt deutlich weniger visuelle Information als der Farbfilm, und diese Einschränkung kann so wirken, daß wir tiefer in die Story, den Dialog und die Psychologie des Filmerlebnisses hineingezogen werden, statt an der Bildoberfläche zu bleiben. Den Künstler fordern die Beschränkungen des Schwarzweiß-Films heraus, mehr durch die Komposition, den Ton und die Inszenierung zu vermitteln.“[66]

Fassbinder erzählt u.a. über seine Schwarzweiß-Dramaturgie die Geschichte der Veronika Voss.
Zuerst knüpft Fassbinder mit der Wahl von Schwarzweiß statt Farbe bewußt an eine große filmische Tradition an, die in Deutschland in den 20er Jahren ihre Kunst voll entwickelte:

> „Die einzigartige Rolle, die der Kamera in den 20er Jahren zufällt, hat ohne Zweifel auch etwas damit zu tun, daß der Film in dieser Dekade eine Tendenz zum reinen Lichtbild hat. Die frühen Farbverfahren wie Tinting und Toning hat man aufgegeben, da die Schwarz-Weiß Fotografie einen solchen Hochstand erreicht hat, daß Farbe als störend empfunden wird. [...] Die Theorie des *Cinéma pur* [kursiv O] ist nicht zufällig ein Kind der 20er Jahre. In Deutschland entspringt sie mitten im Wirkungsfeld starker plastisch-bildnerischer und dynamisch-bildnerischer Kräfte. Jugendstil und Expressionismus sind die wichtigsten Impulse. [...] Die 20er Jahre im deutschen Kino: Das ist gebautes Licht am einen Ende und leuchtende Architektur am anderen.“[67]

Diese Linie des Schwarzweiß-Films wurde dann in den USA von den in dieser Arbeit mehrfach erwähnten deutschen Emigranten weiterentwickelt, und im Genre des film noir erreichte der Schwarzweiß-Film eine neue Perfektion.[68]

Fassbinder knüpft durch seine Kunst an dieser Traditionslinie an. Der Ufa-Film im Nationalsozialismus war ein technischer und stilistischer Rückschritt im Vergleich zu der filmischen Entwicklung, die in den 20er Jahren eingesetzt hatte. Fassbinder

---

[66]Monaco: Film verstehen; a.a.O.; S. 113

[67]Th. Brandlmeier: Deutsche Bilderwelten - Karl Freund, Carl Hoffmann und die Kamerakunst; S. 126-133; in: Das Ufa-Buch - Kunst und Krisen, Stars und Regisseure, Wirtschaft und Politik; Hg.: H.- M-Bock, M. Töteberg; Frankf./M. 1992; S. 133

[68]B. Steinbauer-Grötsch schreibt in ihrer Dissertation *Der Schatten Caligaris* über Robert Siodmak, daß seine „Lichtdramaturgie in Hollywood schnell zu einem Markenzeichen geworden war. Er galt als Spezialist für jene ‘schwarze’ Atmosphäre, die ihm schließlich den Titel *maître du film noir* eintrug, denn er gestaltete ‘sehr deutsches, vom Expressionismus der Weimarer Republik deutlich gezeichnetes Kino’“; a.a.O.; S.154; zitiert nach H.C. Blumenberg in seiner Einleitung zu Siodmaks Autobiographie: ‘Berlin und Hollywood’.

'holt' diese Traditionslinie wieder 'zurück' nach Deutschland, in seinem Fall in die Bundesrepublik und in sein Arbeitsjahrzehnt, die 70er Jahre, hier die frühen 80er Jahre. Er verarbeitet in *Die Sehnsucht der Veronika Voss* einerseits die Möglichkeiten der expressionistischen Stummfilmtechnik und andererseits der film noir -Techniken, verfremdet sie aber und paßt sie seinen Intentionen an, genau wie er auch Douglas Sirk thematisch und stilistisch nicht einfach nur kopiert hat.

Fassbinder übernimmt die verschiedenen Möglichkeiten, die der Schwarzweiß-Film bietet: vom Chiaroscuro[69] bis zu einem Schwarzweiß, das sich durch mehrere Grauabstufungen auszeichnet. Fassbinder wechselt in *Die Sehnsucht der Veronika Voss* zwischen diesen beiden Richtungen hin und her. Normalerweise ist ein Film entweder im harten Hell-Dunkel-Kontrast des Chiaroscuro oder in den milderen Grauvariationen gedreht. In bestimmten Szenen kehrt er die Gesetzmäßigkeiten der Schwarzweiß-Dramaturgie um, um seine Aussagen zu erzielen.

Das Chiaroscuro ist auffälligstes Merkmal des frühen deutschen Stummfilms. Synonym, aber nicht ganz korrekt, wird von 'Caligarismus' gesprochen. Kracauer schreibt zum Licht in *Das Cabinett des Dr. Caligari* (1919/20):

> „Es ist ein Lichteffekt, der die Zuschauer instand setzt, die Ermordung Alans zu verfolgen, ohne sie direkt zu sehen; was sie sehen, ist die Wand der Dachstube des Studenten, auf der Cesares Schatten den Alans erdolcht. Solche Kunstgriffe entwickeln sich zu einer Spezialität der deutschen Studios. Jean Cassou schreibt den Deutschen die Erfindung einer »Märchenbeleuchtung aus dem Laboratorium« zu, und Harry Alan Potamkin hält die Handhabung des Lichtes im deutschen Film für dessen »Hauptbeitrag zur Filmgeschichte«. Diese besondere Beziehung zum Licht zeigt sich zuerst in einem Bühnenexperiment, das Max Reinhardt kurz vor *Caligari* machte. In seiner Inszenierung von Sorges Vorkriegsdrama *Der Bettler* ersetzte er die üblichen Dekorationen durch illusorische, die mit Hilfe von Lichteffekten geschaffen worden waren. Reinhardt führte diese Effekte zweifellos in der Absicht ein, den Stil des Dramas zu treffen. Die Analogie zu den Filmen der Nachkriegszeit liegt auf der Hand: es war ihre expressionistische Einstellung, die immer wieder deutsche Kameraleute dazu trieb, Schatten zu erzeugen, die wie Unkraut wucherten, und ätherische Phantome mit seltsam angeleuchteten Arabesken oder Gesichtern zu vermengen. Solche Anstrengungen zielten darauf ab, das Szenenbild in eine unirdische Beleuchtung zu tauchen und es auf diese Weise zur Landschaft der Seele zu stempeln."[70]

Stilistisch gesehen ist die Ikonographie des Hell-Dunkel eine der wesentlichen Entwicklungslinien der 20er Jahre. Die expressive Lichtgebung ist strikt antinatu-

---

[69]Chiaroscuro: Aus der Malerei entlehnter Begriff für einen den Kontrast von Licht- und Schatten-Effekten betonenden Bildstil, vor allem im deutschen Expressionismus. Vgl. u. 'Fachbegriffe' in: Monaco: Film verstehen; a.a.O.; S. 547

[70]Kracauer: Von Caligari ...; a.a.O.; S. 82

ralistisch. Ihrem Höhepunkt strebte die Lichtentwicklung unter Murnau und seinen Kameramännern Karl Freund und Carl Hoffmann entgegen:

> „Geradezu ketzerisch setzt Carl Hoffmann die Zwei-Sonnen-Technik bei dem zweiten mythischen Stoff der Deutschen ein. 1925/26 entsteht unter der Regie von F.W. Murnau *Faust*. [...] Es geht übernatürlich und mit dem Teufel zu. Unter zwei Sonnen macht es Hoffmann nicht mehr. Oder die Objekte leuchten selbst, und Sonne kommt gar nicht mehr vor. Oder künstliche Sonnen erstehen. [...]»Es sind aber gar nicht diese Kunststücke, die seine Qualität bestimmten, vielmehr war es das Suchen um die Eindringlichkeit der Wirkung. Die Technik diente ihm nur als Mittel. Ich bin gewiß, daß ich nicht zuviel sage, wenn ich behaupte, daß ohne sein Wirken sich der Film nie aus primitiven technischen Zwangsvorstellungen hätte lösen können. « So der Filmarchitekt Herlth.“[71]

In Murnaus früheren Filmen *Nosferatu* und *Der letzte Mann* wurden bereits neue und weiterführende Maßstäbe bezüglich der Lichtgebung, des Zusammenwirkens von Licht, Schatten und Bewegung gesetzt.

Die Wechsel von Licht und Schatten galten als das zentrale visuelle Strukturmerkmal. Fassbinder übernimmt in *Die Sehnsucht der Veronika Voss* diese sehr artifizielle Lichtdramaturgie. Bei ihm wechseln sich zusätzlich die unterschiedlichen Schwarzweiß-Techniken ab. Es gibt Szenen, die im expressionistischen Hell-Dunkel-Kontrast gehalten sind, in denen die Beleuchtung zentral den Bildaufbau bestimmt.
In *Die Sehnsucht der Veronika Voss* ist der eigentliche Filmanfang, der auf die in sich abgeschlossene Film-im-Film-Ouvertüre folgt, im unwirklichen Chiaroscuro gedreht. Die Szene spielt abends im Wald, im strömenden Regen, Veronika steht weinend da, und Robert Krohn bietet ihr seinen Schirm an. Die Szene hat einen irrealen Charakter durch harte Schwarzweiß-Kontraste.
Robert und Veronika steigen dann in die Straßenbahn ein. Der Beleuchtungsaufbau und die Lichtquellen sind atypisch zu 'normalen' Lichtquellen im Film, die sich meistens im Vordergrund befinden und die Bildmitte betonen. In den Straßenbahnszenen befinden sich die Figuren hinten. Die Lichtquellen fallen an der Seite durch die regennassen Fenster ein, zusätzlich flackern sie auf und ab. Fassbinder hat hier einen dezentralen Lichtaufbau gewählt.

Die Szenen, in denen Veronika entweder in Großaufnahme zu sehen ist oder zusammen mit Robert, zeigen klar den Scharzweiß-Unterschied: Veronika hat hell leuchtende Aufnahmen aus starker Untersicht, Robert hat die dunklen Bilder. Veronikas blonde Haare sind so ausgeleuchtet, daß sie noch heller erscheinen.

---

[71]Th.Brandlmeier: Deutsche Bilderwelten ...; a.a.O.; S. 128/9

Veronika steigt dann in den Regen hinaus. Wie im Gesprächsschnitt wird zwischen ihren und Roberts Blicken hin- und hergeschnitten, in das regennasse Fenster hinein und wieder durch das Fenster hinaus auf sie, sie ist dabei immer hell ausgeleuchtet, und die nassen Scheiben verstrahlen einen extra-Schimmer. Das Regennaß hat die Funktion, das Helle wie auch das Dunkle schimmern zu lassen.

In Murnaus *Der letzte Mann* gibt es ähnliche Bilder. Die Uniform des Portiers, die Straßen um das Hotel und die wichtige Drehtür sind durch die Regenaufnahmen mit zusätzlichem Glanz versehen. Das Nasse strahlt ab auf die Gegenstände.

Veronikas und Roberts Blicke durch die nassen Scheiben lassen beide Personen verschwommen und schimmernd erscheinen, d.h. die Atmosphäre wirkt sehr unnatürlich.

Die nächste Szene ist konträr dazu aufgebaut, Robert und Veronika treffen sich im Café Privileg. Die Lichtdramaturgie ist hier durch Grauabstufungen bestimmt, die Bilder sind gleichmäßig ausgeleuchtet und vom milderen Grau dominiert.
Entweder wendet Fassbinder seine Rahmentechnik an und filmt seine beiden Figuren von etwas weiter weg über eine hellgraue Balustrade, oder er filmt sie nahe am Gespräch in Großaufnahmen. Veronika hat dabei wieder die helleren und Robert die dunkleren Bilder.
In ihrer Unterhaltung thematisieren sie das Kino.

Robert: „Das Kino ist nicht die Wirklichkeit."
Veronika: „Das Licht hier ist abscheulich."
Der Kellner muß für sie Kerzen anzünden.
Veronika: „Licht und Schatten sind die beiden Geheimnisse des Films, wußten Sie das?"
Dabei hat sie eine Großaufnahme aus leichter Untersicht, ihr Gesicht und ihre Haare sind hell, zusätzlich leuchtet die Kerze, die sie neben ihr Gesicht hält. Der Bildhintergrund ist grau.
Robert: „Ich gehe nicht oft ins Kino."
Veronika: „Sie können es an mir studieren. Finden Sie, daß ich eine schöne Frau bin?"
Robert: „Ja, sehr schön."
Veronika: „Eine Frau mit Licht- und Schattenseiten."
Dabei hat sie noch einmal die gleiche Großaufnahme wie vorher.

Sie verläßt Robert dann, um im Schmuckgeschäft die Brosche zu kaufen [s. Kap.1.6.]. Als sie wieder zurückkommt und die breite Treppe im Privileg hinaufgeht, zieht sie einen langen überlebensgroßen Schatten hinter sich her, auch als sie das Bild längst verlassen hat, sieht der Zuschauer noch ihren Schatten. Murnaus *Nosferatu* wirft hier seinen langen Schatten in die 80er Jahre dieses Jahrhunderts.[72]

---

[72]Zur Schattenthematik vgl. auch das Kapitel 'Schatten und Silhouetten' in der Dissertation von B. Steinbauer Grötsch: Der Schatten Caligaris; a.a.O.; S. 152-157, hier heißt es: „Auch *Nosferatu* (1922) visualisiert die todbringende Gestalt des Vampirs durch seinen überdimensionalen Schemen

Das Schattenmotiv fällt schon im Vorspann der *Sehnsucht der Veronika Voss* auf: Schriftschatten 'verdoppeln' die Schrift, liegen als Antizipation des Schicksals über der danach einsetzenden Fiktion. Hervorzuheben ist noch, daß der Titel *Die Sehnsucht der Veronika Voss* und der Regisseur 'ein Film von Rainer Werner Fassbinder' aus der übrigen Bildmotivik herausfallen: bei diesen beiden Schriftzügen führt der Schatten ein Eigenleben. Der Schatten wie der Hauptschriftzug ziehen diagonal aneinander vorüber durchs Bild. Sie kreuzen sich in der Bildmitte, und nur hier liegt der Schatten 'richtig' unter der Schrift.

Diese Doppeltheit des Vorspanns, die mit Hilfe der Schattenwirkung erzielt wurde, liegt unheilvoll über Veronikas Leben. Sie findet sich selbst 'verdoppelt' auf der Leinwand wieder, als sie ihren alten Film sieht. Genauso befindet sich ein Teil ihrer selbst noch in der Vergangenheit, so wie sie auch als heutige Person doppelt ist, einerseits diejenige, die versucht am Leben teilzunehmen, andererseits lebt sie auf ihren Tod hin.

In bestimmten Szenen baut Fassbinder Veronika in einem unwirklichen Chiaroscuro auf, z.B. auf ihrer Abschiedsfeier.

In einer signifikanten Szene wartet Veronika auf Robert und seine Freundin Henriette im Treppenhaus. Aus extremer Untersicht wird zu ihr hochgeschnitten. Sie lehnt am dunklen Geländer, ihre Haare leuchten und hinter ihrem Kopf scheint sehr hell die runde Treppenhauslampe.
Veronika: „Diese Treppenhausbeleuchtungen sind für Frauen ausgesprochen ungünstig, finden Sie nicht, Fräulein von Hasperg?"
Die Lampenbeleuchtung um ihren Kopf erinnert an einen Heiligenschein. Ähnlich wirkte auch die strahlende Kopfbeleuchtung aus der Straßenbahnszene. Damit verleiht Fassbinder Veronika eine übernatürliche Aura. Ihr Verweilen im Diesseits ist nur noch temporär. Sie ist sich dessen bewußt. Für den Zuschauer hat diese Art Heiligenschein die Funktion, früh zu erkennen, daß Veronikas Schicksal tödlich verlaufen wird, diese Erkenntnis, daß die Suche ein Ende hat, die Veronika mit ihrem erkennenden Spiegelbild dann hat.

In Veronikas zweiter perönlicher Rückblende in ihrem Haus, als sie sich an die Zeit mit ihrem Mann in diesem Haus erinnert, sieht der Zuschauer beide

---

an der Wand, bevor sich die Schattenrisse seiner Hände über das Herz seines Opfers legen. [...] Fritz Lang schließlich nimmt in *M* (1931) auf die Todesbedeutung des Motivs Bezug, als der Umriß des Kindermörders auf eine Litfaßsäule fällt, vor der ein kleines Mädchen wartet"; a.a.O.; S. 153. Neben der Todessymbolik arbeitet Steinbauer-Grötsch noch andere Motive des Schattens heraus: „Neben der Bedeutung des Schattens als Vorbote des Todes, Symbol des Schicksals und Ausdruck der Gefühlswelt der Protagonisten findet sich im deutschen Stummfilm eine weitere Konnotation. Nach C.G. Jung symbolisiert der Schatten, im Gegensatz zum Licht des Bewußtseins, die Welt des Unbewußten, die andere Seite der Persönlichkeit"; a.a.O.; S. 156

Schwarzweißmöglichkeiten. Der Anfang der Szene ist in milderen Grauabstufungen gehalten.

Veronika und ihr Mann streiten sich, Veronika erwartet Verständnis von ihrem Mann, der Zuschauer sieht, daß die beiden keine Gemeinsamkeiten mehr haben.
Veronika sagt zu ihm: „Und mach' das Licht aus!"
Ihr Mann: „Immer mußt du was machen, was herstellen."

In diesem Moment 'stellt' Veronika künstliches Licht 'her'; sie schaltet das Licht aus und die Szene erscheint im kontrastreichen Schwarzweiß, d.h. sie verändert die vorliegenden Grautöne zum Chiaroscuro. Damit ist ihr 'Medium' das unwirkliche Chiaroscuro. Sie fühlt sich nur hier wohl.

Henriettes Tod ist die film noir-Weiterentwicklung des Stummfilmkontrastes. Die Szene wirkt sehr konstruiert, sehr irreal. Ein Autoscheinwerfer blendet extrem auf. Dann sieht der Zuschauer undeutlich, daß im dunklen Bildhintergrund Henriette umfällt und auf der Straße liegt. Weiter sieht er, wie im Dunklen etwas aus Henriettes Tasche genommen wird. Später stellt sich heraus, daß das Morphium-Rezept von Dr. Katz gegen ein harmloses Baldrian-Rezept ausgetauscht wurde.
Die Szene erinnert stark an film-noir-Szenen, in denen jemand ermordet wird. Meistens bleibt die Tat auch hier im Dunkeln und oft wirkt sie sehr 'gestellt'.

Bezüglich des Hell-Dunkel-Kontrastes führt Fassbinder eine filmische Inversion durch.

> „Daß der Filmkünstler auf Schwarz und Weiß angewiesen ist, bringt ihn zu besonders eindrucksvollen Effekten. [...] Die primitive und dabei immer wieder wirkungsvolle Symbolik von Licht und Schatten, weißer Reinheit und schwarzer Unheimlichkeit, der Kontrast des Finstern zum Leuchtenden ist unerschöpflich."[73]

Diese, dem Schwarz und dem Weiß zugeordneten Befindlichkeiten, kehrt Fassbinder in ihr Gegenteil um.
Als Robert zum ersten Mal in Dr. Katz' Praxis eintritt, wirkt er dort wie ein dunkler Fremdkörper. Seine Farbe im Film ist durchgehend dunkel. Er tritt hier aus dem ebenfalls dunklen Treppenhaus ein in gleißende Helligkeit. Dr. Katz' Wohnung-Praxis ist klinisch hell, ein fast schmerzendes Weiß überzieht alles bei ihr, die Wände, die Möbel die Gegenstände, sogar die Pflanzen.
Auf die Spitze getrieben wird diese künstliche Helligkeit noch durch zusätzliches Lichtflimmern, z.B. von der Discokugel oder durch nicht ersichtliche Lichtquellen, die über das Weiß flimmern.

---

[73]Arnheim: Film als Kunst; a.a.O.; S. 90/91

> „In Veronika Voss, unreality is expressed through the uncanny white decor in Katz's apartment (even the piano is painted white). Here the whiteness functions ironically to highlight the doctor's 'blackness' (she herself has black hair and, when not wearing her white coat, wears a black suit)“[74]

Das blendende Licht hält die Patienten in einem permanenten Reizzustand, es hat etwas Zerstörerisches, das letztendlich zum Tod führt.
Fassbinder sagt zu seiner Umkehrung der Lichtwerte im Interview zu H.-G. Pflaum: „Da, wo es hell wird, wo man hinschauen kann, da ist es eher gefährlich als da, wo man nicht hinschauen kann. [...] Ich war der Meinung, wo ich den Scheinwerfer hinhalte, da wird es gefährlich sein, oder unangenehm oder ekelhaft.“[75]

Fassbinders Umkehrung der Stummfilm- und noir-Werte, in denen die Bedrohung vom Dunkeln ausgeht, ist sowohl inhaltlich als auch als Aufforderung zu sehen. Indem er die Irrealität so übertreibt, daß sie für seine Figuren schon wieder real wird, zwingt er seinen Zuschauer, diese beiden Werte für sein eigenes Leben zu überdenken. Fassbinder zeigt ihm in klinischem, alles durchdringenden Weiß eine auf Drogen aufgebaute Welt, die existiert, aber für unwirklich ausgegeben wird.

Ähnlich verwischte Fassbinder schon Re- und Irrealität in seinem frühen Science Fiction *Welt am Draht* von 1973. Dort wissen die Figuren auch nicht, in welcher 'realen' Welt sie leben. Derjenige, der irgendwann ahnt, daß die scheinbar 'reale' Welt auch nur ein weiteres Simulationsmodell des Computers Simulacron ist, wird für die dort Herrschenden gefährlich.

Fassbinder erzählt über seine Lichtdramaturgie die Geschichte der Veronika Voss. Die 'realen' und 'irrealen' Szenen haben ihre jeweils gegensätzliche Bedeutung für Veronika. Als sie 'damals' in ihrem Haus mit ihrem Mann das Chiaroscuro 'herstellte', schaffte sie für sich eine reale Situation. Die scharfen Kontraste haben für sie die Funktion von Klarheit und Unklarheit. In diesen Szenen ist sie einer Selbsterkenntnis nahe, die ihr zum Schluß mit dem Spiegelbild nicht mehr verweigert wird.

---

[74]E. Ann Kaplan: Fassbinder as Political Voyeur; a.a.O.; S. 61

[75]"Frauen haben in dieser Gesellschaft mehr Freiheiten“ - H.-G. Pflaum sprach mit RWF über *Veronika Voss*; a.a.O.; S. 6

3.1. 'Schauspielerinnen'

> „Schauspielerinnen sind vor allem Arbeiterinnen. Sie bieten auf den Proben zumeist einen nüchternen Anblick. Ein industrieller Betrieb beschäftigt ähnliche Gestalten. Sie haben bei der Ankunft im Theater noch das Gesicht der alleinstehenden Frau, die frühmorgens ihre Wohnung verläßt, um den Kampf des Tages aufzunehmen. Der Kampf ist hier sogar noch unnachsichtiger. Er geht, wie anderswo, um die Stellung im Betrieb, aber die Stellung wird leidenschaftlicher verteidigt, denn sie ist Vorbedingung für die Wirkung nach außen. Wirkung auf Menschen, Wirkung der Persönlichkeit."[76]

So beginnt Heinrich Mann seinen 1926 erschienenen Aufsatz *Schauspielerinnen*. Er stellt hier schon die Grundambivalenz heraus, die das Leben von Schauspielerinnen charakterisiert. Einerseits nennt er sie 'Arbeiterinnen', d.h. sie gehen einem ganz 'normalen' Beruf nach, der wie jeder andere seine Regelmäßigkeiten verlangt. Andererseits, und hier unterscheidet sich ihr Beruf doch von dem anderer, müssen sie 'wirken', besonders nach außen, und jedesmal wieder ist es ein harter Kampf. In diesem Widerspruch sieht Heinrich Mann die Schauspielerin gefangen. Er vereinnahmt sie immer stärker, und schließlich kann sie nicht mehr unterscheiden zwischen Leben und Spiel: „Sie glauben, das Leben so eindringlich behandeln zu müssen wie das Spiel."[77]

Hanna Schygulla stellt 1996 diese Divergenz auch für ihr Leben fest: „Einerseits möchte ich möglichst wirkungsvoll in Erscheinung treten. Andererseits erlebe ich immer wieder Phasen, da möchte ich mich unsichtbar machen."[78]

Dieses gespaltene Verhältnis zu ihrer eigenen Persönlichkeit hat schon lange von Veronika Besitz ergriffen. Jedesmal wenn sie sich vorstellen muß, spricht sie in der dritten Person von sich selbst. Am Telefon mit der Bavaria-Filmgesellschaft stellt sie sich vor: „Hier spricht Veronika Voss" - sie muß sich noch einmal wiederholen - „Veronika Voss", sagt sie sehr geziert und mit viel Betonung in der Stimme. Sie hat sich am Telefon wirkungsvoll aufgebaut. Dieses sieht natürlich nur der Filmzuschauer, nicht der Mitarbeiter der Bavaria, für den es doch bestimmt ist.
In einer späteren Szene wird ihre Entfremdung von sich selbst noch eindeutiger dargestellt. Nach Henriettes Tod befinden sich Robert Krohn, einige Polizisten und der Katz-Clan in deren Praxis auf dem gleißend hellen Flur. Robert beschuldigt Dr. Katz des Mordes. Dann erscheint Veronika aus ihrem Zimmer. Wir-

---

[76]Heinrich Mann: Schauspielerinnen; S. 281-284; in: ders.: Essays; Hamburg 1960; S. 281
[77]a.a.O.; S. 282
[78]"Wie eine Peep-Show" - Die Schauspielerin Hanna Schygulla über ihre Karriere, die Autorin Elfriede Jelinek und den Geschlechterkampf; in : Der Spiegel vom 08.07.1996; Nr. 28

kungsvoll posiert sie im Türrahmen. Der Polizist fragt: „Wer sind Sie eigentlich?" Veronika antwortet mit dunkler, theatralischer Stimme: „Mein Name ist Veronika Voss."

Sie sieht sich nur noch über ihre aufgebaute, filmische Identität, alle ursprünglichen Bezüge zum Leben sind ihr abhanden gekommen. Veronikas Identität konstituiert sich parallel zur deutschen Identität. Auch die Bundesrepublik Deutschland baute auf zerstörten Werten auf. Deutschland hatte seine ursprüngliche Identität verloren, die nationalsozialistischen Werte waren jetzt negativ belastet, und eine neue Identität konnte die Bundesrepublik sich nur im einseitigen wirtschaftlichen Aufbau suchen. Hinzu kamen neue, fremde Werte von außen, die fast kritiklos absorbiert wurden.

Veronika erkennt ihr Lebensscheitern, daß sie mit einer neuen, teilweise fremden Identität nicht weiterleben kann. Sie versucht, etwas für sich zu ordnen. Der Versuch schlägt auch fehl. Veronika scheitert ebenso wie Maria Braun. Lola hingegen, die sich an die herrschenden Kräfte anpaßt, überlebt.

Heinrich Mann hatte den schauspielerischen Identitätsverlust auch schon beobachtet: „Das Wirkungsbedürfnis, von der Bühne in den Alltag übertragen, richtet fragwürdige Dinge an. Wirkung höchsten Grades ist herrschen, unbeschränkt herrschen. [...] Freilich herrscht sie ins Leere."[79]

Das Identitätsproblem wird mit zunehmendem Alter der Schauspielerin größer. Veronika war ein Star. In der Straßenbahnszene [s. vorangegangenes Kap.2.2.] äußert sie hysterische Angst, die Menschen könnten sie, den Star, anstarren. Sie gibt vor zu fürchten, was sie in Wahrheit ersehnt. Ihr geschieht, was ärger ist als jede Zudringlichkeit, niemand erkennt sie. Sie spricht von großen Rollen und muß um kleine betteln. An dieser Stelle sei noch einmal an das Schicksal Norma Desmonds aus *Sunset Boulevard* erinnert, die sich von der Welt verabschiedet hat und allein in ihrem dunklen Haus lebt. Auch sie reklamiert immer noch große Rollen für sich. Als aber die Paramount anruft, ist sie nur an Normas großem alten Automobil als Requisit interessiert.

Heinrich Mann: „Dann altert sie, sie wird schwächer. Der Rausch, den ihre alte Kunst, ihre berühmte Gestalt erregt, bleibt ihr ferner. Ihre innere Einsamkeit nimmt überhand, sie erfüllt sie schließlich ganz. Jetzt spielt und steigert sie auch noch die Einsamkeit."[80]

Veronikas Fall ist zu tief, als daß sie ihn ohne Betäubungsmittel überstehen könnte. Die Theaterschauspielerin Rosel Zech, die die Rolle der Veronika Voss spielt, äußerte sich in einem Interview mit Le Monde zur Einsamkeit, die bei ihr vor allem mit der Filmschauspielerei assoziiert ist:

---

[79]H. Mann: Schauspielerinnen; a.a.O.; S. 282/3

[80]ebd.

„Dès qu'un film est fini, il ne vous appartient plus et on reste terriblement seul. Il faut du temps pour remonter la pente. Je ne ressens pas le théâtre de la même manière. [...] au théâtre, la confrontation avec le public est quotidienne, on est bien obligé de garder les pieds sur terre, alors que, sur un plateau de cinéma, on est enfoncé dans le rôle sans référence extérieure, on se vide, on ne sait plus ...“[81]

Zu ihrer Motivation für die Schauspielerei gibt sie eine Lebensangst an, die ebensogut auch in die Drogenabhängigkeit führen könnte:

„J'éprouve toutes sortes de peurs, la plus banale, celle de la vie et ses conséquences sur mon comportement. Certains matins, je ne peux pas me lever. Chacun se bat avec son angoisse comme il peut: avec les cigarettes, l'alcool, la drogue, la philosophie, en se fixant une tâche à réaliser, et ça ne sert à rien. Elle résiste. Ou bien on devient comédienne parce qu'on n'arrive pas à vivre.“[82]

Veronika gesteht ihre erworbene schauspielerische Identität ein, als sie in ihrer Rückblende zu ihrem Mann sagt:
- „Warum verstehst du mich denn nicht? Wenn eine Schauspielerin eine Frau spielt, die einem Mann gefallen will, dann versucht sie natürlich alle Frauen dieser Welt in einer zu sein. Und dann braucht sie eben Licht und Musik.“
Ihr Mann: „Und Schnaps und Tabletten?“
Veronika : „Ja, auch Schnaps und Talbetten.“
Ihr Mann: „Ich trinke, um abzuschalten und du trinkst, um dich groß, schön, verführerisch, einmalig zu machen.“

Sie bestätigt hier, daß sie Realität und Irrealität nicht mehr auseinanderhalten kann. Diese Doppelbödigkeit, die für sie das Überleben erst ermöglicht, gesteht sie ein. Sie hat ihre Rollen so verinnerlicht, daß ihre Art zu fühlen aus den Rollen stammt.
In dieser Szene will sie ganz gezielt etwas von ihrem Mann. Die Ehe ist wahrscheinlich schon gescheitert, denn er wirkt sehr gleichgültig ihr gegenüber. Sie will ihn noch einmal verführen, so wie sie in ihrer realen 'Rolle' gerade Robert 'verführen' will, einmal noch will sie ihre Macht ausüben, in beiden Welten.

Die Cahiers du Cinéma fragten 1982:

„Qui sait quelque chose de l'amour? Veronika Voss. Elle sait. Enfin, disons plutôt qu'elle sait là où n'est pas l'amour. Pour en avoir fabriqué, filmé, *nommé* [kursiv O], elle a développé en elle cet instinct infaillible: repérer l'amour chez les autres, le débusquer, le découvrir.“[83]

---

[81]Colette Godard: Rosel Zech, la course contre la peur; in: Le Monde vom 01.07.1982
[82]ebd.
[83]Louis Skorecki: L'amour tardif de l'actrice Veronika Voss; in: Cahiers du Cinéma; Nr. 339; Sept. 1982

Dem Publikum die großen Gefühle verständlich zu machen, sie ihm zu entlocken, das ist ihr Lebensinhalt in ihrer Rolle als Schauspielerin geworden, ihr vorrangiges Ziel. Auf dem Höhepunkt ihres schauspielerischen Ruhmes sagte sie sehr selbstbewußt zu ihrem Regisseur: „Das ist mein Beruf - zu erschüttern!“ Für dieses Ziel gibt sie ihre Seele heraus. Sie bekommt aber nicht in dem Maße zurück, in dem sie gegeben hat. Sie empfindet die Leere, von der ihre Darstellerin Rosel Zech spricht. In Veronikas Fall wird diese Lücke immer größer, Veronika kann sie nur noch mit Drogen auffüllen. Dieses perönliche Vakuum, das bei Veronika entstanden ist, ist auch wieder in einer Relation zu ihrem Land zu sehen. Veronika selbst erwähnt ihre Vergangenheit nicht.

Roberts Kollegin aus der Kulturredaktion spricht sehr abschätzig über Veronika und ihre Vergangenheit:
Grete: „Ihre beste Zeit hatte sie im Krieg, bei der Ufa. Da hatte sie was mit dem Goebbels, glaube ich.“
Robert: „Goebbels hat ihr Spielverbot erteilt.“
Grete: „Quatsch, protegiert hat er sie. Einen Film nach dem anderern hat sie gemacht. Allerdings hat sie nach dem Krieg das Gegenteil erzählt.“

Der Zuschauer muß sich eigene Gedanken über Veronikas berufliche Vergangenheit machen. Da Fassbinder den Film 1955 spielen läßt, wird klar, daß Veronikas beruflicher Höhepunkt in Deutschland in die Zeit der Nationalsozialisten fiel. Sie war nicht, wie die Treibels, Opfer des totalitären Systems, sondern sie war offensichtlich dort Nutznießerin, allerdings auf einem schmalen Grat, wie oben gezeigt. Der Zuschauer muß weiter assoziieren, daß sie in der postnationalsozialistischen Zeit fallengelassen wurde, was ihr unverständlich erscheint. Veronika will nicht hinter politisch-gesellschaftliche Zusammenhänge blicken. Sie ist jetzt, in der *BRD-1955* ein Relikt aus einer Zeit, von der in der ‘neuen’ Zeit in Deutschland niemand mehr etwas wissen möchte. Die Erinnerung an die ‘alte’ Zeit wird totgeschwiegen.

In ihrem Fall ist von einem doppelten Vakuum zu sprechen. Sie ist jetzt im ‘neuen Deutschland’ ein Opfer - sie hat ihre Lebensrolle aber konsequent gespielt.

Kurz vor Veronikas Tod zieht Fassbinder den filmischen Kreis zusammen. Sie wiederholt einen Satz aus ihrem Film, den sie zu Anfang in der Film-im-Film-Retro sprach: „Jetzt gehöre ich Ihnen. Jetzt kann ich Ihnen nur noch meinen Tod schenken“, sagt sie zu der erstaunten Dr. Katz. Veronika: „Das war ein Satz aus meinem alten Film, aus meinem alten Leben“, mit dem sie gerade abschließt. Ihre Rolle hat sie nun endgültig eingeholt, sie kann sie jetzt aber auch abstreifen. Sie tritt befreit in ein neues Leben über, das nach dem Tod.

Treffend charakterisiert Marlene Dietrich den Lebenszwiespalt, in dem sich viele Schauspieler befinden, und der bei Veronika in einem positiven Sinn in den Tod führt: „Viele Künstler sind so ergeben zu ihrer Arbeit und so abhängig, daß sie sie nicht für politische Gründe aufgeben können, die Leere ihres Lebens wäre für sie unvorstellbar,“[84] in dem letzten Interview, das sie 1991 - in schriftlicher Form - dem Spiegel gewährte.

[84] „Logik macht das Leben leichter“ - Marlene Dietrich über Berlin, Hollywood, Paris und ihr Leben; S. 196-201; in: Der Spiegel; Nr. 25; 1991; S. 197

3.2. Thematisierung des Kinos

> „*Veronika Voss*, [...] doesn't work in ordinary ways. Unlike *Maria Braun* and *Lola*, it doesn't have any easily apparent social and political targets. It works entirely through the myths of movies.“[1]

1. Das Politische des (Film-) Schauspiels

In *Die Sehnsucht der Veronika Voss* zieht Fassbinder das Thema aus *Lili Marleen*, die Beschäftigung mit dem Schauspiel an sich, weiter. Er untersucht die politische und manipulative Dimension, die dem Schauspiel inhärent ist. In *Lili Marleen* wäre die Karriere der Schlagersängerin Willie nicht ohne das politische und gesellschaftliche System des Nationalsozialismus möglich gewesen. Es ist ein sich gegenseitig bedingendes Verhältnis: in perfider Weise, zur Ruhigstellung der Soldaten, brauchte der Staat die Schlagersängerin, und sie brauchte für ihre Karriere genau die Konstellationen, die ihr dieser Staat offerierte.
Auch Veronikas schauspielerische Karriere war nur im deutschen Nationalsozialismus möglich. Krass verläuft ihre Karriere parallel zum System, als dieses von außen beendet wird, ist automatisch auch Veronika am Ende.

Fassbinders eigene Karriere muß auch immer vor dem politischen und gesellschaftlichen Hintergrund, den die Bundesrepublik bot, gesehen werden. Nur in seinem Land, in dem er aufgewachsen ist, konnte er Zeitbezüge, aktuelle wie historische, herstellen, um sie dann kritisch zu durchleuchten. Nur in diesem Land konnte er mit analytischer Kälte auf die Menschen und die Verhältnisse, in denen diese leben, blicken.
Aber auch genau dieses Jahrzehnt in der Bundesrepublik Deutschland, die späten sechziger bis hinein in die frühen achtziger Jahre, hat diese Möglichkeiten zugelassen, hat überhaupt den Freiraum gewährt, der Kritik duldete. Fassbinders politische Vorahnungen sind in den 80er Jahren eingetreten, ein schrittweises Einfrieren vieler Freiheiten. Künstler, insbesondere Filmkünstler, werden subtil über finanziellen Druck an die gesellschaftlichen Regeln gefesselt.

Das Schauspiel, insbesondere der Film, wurde schon immer als Unterhaltungsmittel gesehen. Karsten Witte zitiert in seinem Aufsatz über den *Film im Nationalsozialismus* zweimal aus Goebbels-Reden, in denen sich der nationalsozialistische Propagandaminister einmal ganz klar für ein unterhaltendes Medium aus-

[1] Vincent Canby: Screen: Fassbinders's *Veronika Voss*; in: The New York Times vom 24.09.1982

spricht, um dann zuzugeben, daß die neueren Medien, Radio und Film, in seinem politischen Sinn einsetzbar sind:

> „Wir Nationalsozialisten legen an sich keinen gesteigerten Wert darauf, daß unsere SA über die Bühne oder die Leinwand marschiert. Ihr Gebiet ist die Straße."[2]

Aber weiter:

> „Die Technik erweist sich heute in ihrer Verbindung mit der Kunst selbst als die stärkste seelische Macht unserer neuen Zeit. Rundfunk, Film und Presse sind damit zu den modernsten Volksführungsmitteln geworden."[3]

Goebbels verkaufte den Deutschen ein Wirklichkeits-Bild, in dem die Kriegsrealität ausgeblendet wurde und Bilder einer heilen Welt gezeigt wurden, wie es z.B. Fassbinder in *Lili Marleen* zeigt. Die nationalsozialistische Ideologie sah in der Verbindung von Politik und Spektakel den Vorteil betonter Selbstinszenierung.

Daß die Verwendung von Film im Dritten Reich nur eine Etappe in der Entwicklung zur normierenden Bilderherrschaft darstellte, wurde spätestens in den 70er Jahren evident. Claudia Lenssen schreibt über den *Film der 70er Jahre*:

> „Bilder gewannen in den Siebzigern eine andere Bedeutung. Farbigkeit durchdrang die Realitätsvermittlungen und -konstruktionen und gerann in kurzer Zeit vom Schock zur alltäglichen Konvention. [...] Im nachhinein wird deutlich, daß die Ikonographie der Siebziger die eingeschliffene Wahrnehmung über den Haufen warf, Nachrichtenbilder seien, weil schwarzweiß, auch seriös und objektiv. Der bunte Strom der Medienereignisse spannte sich wie eine Folie über den Alltag. Die Realität, in Bildern präsentiert, enthielt immer mehr Momente von Irrealität. [...] Die Bilder wurden in den siebziger Jahren aufdringlich, und man begann zu spüren, daß, mit ihnen umzugehen, nicht mehr nur heißen konnte, sich kritisch zu distanzieren. Was und wie sie etwas zeigten, konnte man immer weniger erfassen und damit aufheben, sie »richtig einzuschätzen« und ihre manipulative Funktion zu entlarven."[4]

---

[2]K. Witte: Film im Nationalsozialismus; S. 119-171; in: Wolfgang Jacobsen, Anton Kaes, Hans-H. Prinzler (Hg).: Geschichte des deutschen Films; Stuttgart 1993; S. 122

[3]a.a.O.; S. 146; bzgl. der Medienpriorität, die Goebbels erkannt hat, sei an dieser Stelle noch einmal an die Medienentwicklung, die auf das Radio und den Film folgte, erinnert. Das Fernsehen kam mit den öffentlich- rechtlichen Sendern hinzu. Es folgten die privaten Sender, die eine Programmverflachung nach sich zogen, deren tiefster Punkt noch nicht erreicht ist. In den USA kann heute schon jede Privatperson eine eigene Sendung aufmachen. Parallel entwickelte sich die weltweite Bildschirmvernetzung bis zum Internet, in dem jede Bewegung für immer erfaßt und nachweisbar ist. Dabei wird den Internet-Benutzern eine grenzenlose, globale Freiheit suggeriert, die sie scheinbar mitgestalten.

[4]C. Lenssen: Film der siebziger Jahre. Die Macht der Gefühle; S. 249-285; in: Geschichte des deutschen Films; a.a.O.; S. 250

In der Tradition Guy Debords, der in der '92er Vorrede zu seinem schon 1967 erschienenen Werk *La société du spectacle* seine „Absicht bewußt" nannte, „der spektakulären Gesellschaft zu schaden"[5], stand auch für Fassbinder an zentraler Stelle, den illusorischen Charakter des Schauspiels und implizit darin der herrschenden sozialen und politischen Ordnung zu entlarven.

> „Bei der *Analyse* [kursiv O] muß in einem gewissen Maß die Sprache des Spektakulären geredet werden, insofern dabei der methodologische Boden dieser Gesellschaft, die sich im Spektakel ausdrückt, betreten wird. Aber das Spektakel ist nichts anderes als *der Sinn* [kursiv O] der ganzen Praxis einer ökonomischen Gesellschaftsformation, ihr *Zeitplan* [kursiv O]. Es ist der geschichtliche Moment, der uns enthält."[6]

So benutzt Fassbinder die Mittel des Schauspiels selbst, um seine Intentionen deutlich zu machen. Er kennzeichnet seinen Film *Die Sehnsucht der Veronika Voss* als Schauspiel: vor der ersten und nach der letzten Szene fällt bzw. geht ein Theatervorhang auf, gestaltet in Form einer Trickblende.
Er hat seinen Bildern die extreme Künstlichkeit, teils aus dem filmischen Melodram stammend, hinzugefügt. Desweiteren benutzt er kinematographische Signifikanten, um seinen Bildern (s)einen Sinn zu geben und herrschende Geschichtsbilder zu durchleuchten.

In der Trilogie übernimmt Fassbinder Schauspieltechniken für seine Analyse der Machtbeziehungen in einem historischen, deutschen Kontext. Seine fiktive Erzählung umklammert er mit 'Schauspieltechniken', die sich offen auf politische deutsche Kräfte beziehen. Die sozialen Beziehungen innerhalb der Fiktion sind demnach in einen größeren und kontinuierlich erscheinenden, historischen Prozeß einbezogen.

Die Geschichte, auf die sich Fassbinder bezieht, reicht über das aktuell Dargestellte, die Zeit des Wirtschaftswunders, hinaus in die Vergangenheit und die Zukunft. Fassbinder sieht Geschichte als einen kontinuierlichen Prozeß mit der Möglichkeit, sich zu wiederholen. Die Erfahrungen der Vergangenheit, des deutschen Faschismus, stehen nicht nur als Einzelerfahrung da, sondern sie werden von Fassbinder unter dem Gesichtspunkt der Vorerfahrung für die Nachkriegszeit und weiterführend für seine bundesrepublikanische Gegenwart untersucht.

> „Fassbinder's presentation of history is aleatory and dialectical. He intercepts it at the point of the Weimar Republic; events of Weimar lead to National Socialism and war; the postwar period of the Economic Miracle is the synthesis

[5]Guy Debord: Vorrede zur dritten französischen Ausgabe; in: ders.: Die Gesellschaft des Spektakels; aus dem Französischen von Wolfgang Kukulies; Berlin 1996; S. 10
[6]a.a.O; Nr. 11

of these earlier decades. The postwar period ist necessarily the thesis for an on-going dialectical progression."[7] (Anhang B)

Fassbinder schließt so die Möglichkeit aus, daß die Nachkriegszeit als isolierter Zeitraum in der deutschen Geschichte aufgefaßt wird.

Die immer gleiche Rahmenstruktur in den drei, hier analysierten, Filmen konstituiert eine Reihe von sich aufeinander beziehenden Allusionen.
Fassbinders Charaktere sind alle in einem Kreislauf gefangen, über den sie keine Kontrolle haben. Gemeint sind die politischen Zusammenhänge, die diese Kreisläufe bedingen, den äußeren großen Rahmen gibt dabei die deutsche Geschichte in ihrer 'dialektischen' Kontinuität vor.

Im Falle von *Die Ehe der Maria Braun* sei noch einmal an die Anfangsmontage im Bombenhagel und die Schlußexplosion erinnert, die von der Radioreportage überlagert wird. Die Symmetrie der beiden Explosionen symbolisiert den Kreis von historischer Kontinuität und Wiederholung von Vergangenem.
Ebenso explizit politisch sind die Anspielungen in *Lola*. Der ganze Film vollzog sich innerhalb eines 'Adenauer'-Rahmens, einer Begrenzung, die so erscheint, als hätte der erste Bundeskanzler hier persönlich den Handlungsrahmen abgesteckt. Lolas Tochter Marie wird den Nachtclub erben, womit Fassbinder die historische Symmetrie und Kontinuität aufrechterhält. Auch auf filmstilistischer Ebene hat Fassbinder den Kreislauf vollzogen [zum 'Adenauer-Rahmen' vgl. B Kap.2.4., und zur 'Kreislauftheorie' vgl. B Kap.2.1.].

Fassbinder verbindet die beiden zuerst gedrehten Trilogiefilme durch einen bestimmten Kunstgriff: Über die jeweils letzten Einstellungen in *Die Ehe der Maria Braun* und *Lola*, in ersterem ist es das Photo Helmut Schmidts, in letzterem das Photo Adenauers, legt Fassbinder eine abrupt einsetzende, kontemplative Stille.

In *Die Sehnsucht der Veronika Voss* gibt es wenige offen politische Anspielungen. Hier beziehen sich die Bilder permanent auf 'die Gesellschaft des Spektakels'.
Zu Filmanfang sieht sich Veronika einen ihrer alten Ufa-Filme an. Das Schicksal des von ihr dargestellten Charakters spiegelt ihr jetziges Lebens-Schicksal wieder; demnach wiederholt sich nicht nur die 'große' politische Geschichte. Die Fiktion in *Die Sehnsucht der Veronika Voss* endet mit Robert Krohn, der sich desillusioniert damit abfinden muß, daß die herrschenden Machtverhältnisse schon im Kleinen unüberwindbar sind. Er fährt ins Fußballstadion zurück. Hier weiß er die Annehmlichkeiten, die das Schauspiel normalerweise bietet, zu finden. Im Schauspiel entrückt der von der gesellschaftlichen Ordnung ausgeübte Machtmißbrauch.

---

[7]H.Feinstein: BRD 1-2-3 ...; a.a.O.; S. 45

Evident wird Fassbinders Verwendung schauspielerischer Mittel durch die Wahl weiblicher Protagonisten, „[thus] inviting the spectator's gaze as part of the process of referring to concrete historical events".[8]
Die Trilogieprotagonistinnen präsentieren sich selbst oder ein Bild von sich selbst. Ähnlich hatten schon Sirk und Josef von Sternberg ihre Frauenfiguren 'ausgestellt'.[9]

Fassbinder bringt in den Filmbildern seine drei Protagonistinnen und historische deutsche Kräfte zusammen. Die Handlungen der drei Frauenfiguren werden von diesen äußeren Kräften angetrieben.

Am deutlichsten wird das System der historischen Referenzen in *Die Ehe der Maria Braun.*
Marias 'Vorwärts'-Bewegungen folgen bildlich ausschließlich aktuellen Ereignissen in der deutschen Geschichte: von den frühen Nachkriegsentbehrungen über Marias Semi-Prostitution für die amerikanischen Besatzungssoldaten, die Schwarzmarktzeit bis hin zu der von Erhard eingeführten sozialen Marktwirtschaft, die den Entbehrungen ein Ende setzte.
Marias wirtschaftlicher Erfolg orientiert sich im Kleinen parallel am größeren, ökonomischen Erfolg, der sich innerhalb der bundesrepublikanischen Gesellschaft vollzog.

Aus ökonomischer Notwendigkeit war Maria in den ersten harten Nachkriegsjahren gezwungen, einer verdeckten Prostitution in der amerikanischen Bar nachzugehen. In ihrer finalen Szene, in der sich Maria freiwillig und aus aufrichtiger Liebe auszieht, für ihren Mann, der jedoch keine Notiz von ihr nimmt, aber auch für den Filmzuschauer, hofft sie, endlich die höchste Erfüllung ihrer Sehnsucht zu finden. Aber, dem Kreislaufgesetz des Schauspiels und menschlichen Lebens gehorchend, ist Maria in dem Moment, in dem sie es sich erlaubt, ihre harte Geschäftsfassade abzulegen, so enttäuscht, daß sie nur noch die Apokalypse einleiten

---

[8]Feinstein: BRD ...; a.a.O; S. 47

[9]s. hierzu das Filmbild oder auch die **Maske**, die Sternberg von Marlene Dietrichs Gesicht als öffentlichem Bild geschaffen hat, von ihrem ersten gemeinsamen Film, dem *Blauen Engel* an. Frieda Grafe: „Sternberg spricht nicht von Identifikation, wenn er sagt, ich bin Miss Dietrich. [...] Kunst, die nicht mehr Abbild ist von Realität. Sie ist konkretisiertes Wunschbild, objektivierte Vision, real existierender Effekt [...] Marlene ist ein Bild mit doppeltem Rand und auch ein Transvestit, gemacht aus den supponierten Wünschen der Zuschauer, nach Maßgabe des amerikanischen Films und dem realen seines Machers. [...] Die äußere Erscheinung zählt, wenn ein Star gemacht wird. [...] Den Schauwert, das deutsche Fräulein nahm er mit [Sternberg nach Hollywood] und machte es zu einem reproduzierbaren Massenkunstprodukt." Frieda Grafe: New Look: 13 filmische Momente; S. 365-391; in: Jacobsen, Kaes, Prinzler (Hg.): Geschichte des deutschen Films; a.a.O.; S. 376f

kann. Howard Feinstein sieht sogar den narrativen Code durch den gesamten Film als „isomorphic to *coitus interruptus* [kursiv O]“.[10]
Lola, ähnlich wie Maria Braun, ist Nachtclubsängerin geworden aus wirtschaftlicher Not, aus der heraus sie sich auch prostituieren muß. Sie bietet sich selbst dem Blick der Wirtschafts- und Politbosse dar, aus denen ihr Publikum besteht. Auch hier hat wieder der Filmzuschauer teil am voyeuristischen Blick der männlichen Filmfiguren.
In dem Konkurrenzverhalten, dem sich die Männer untereinander ausliefern, agieren Lola und das heißumworbene Bauprojekt als Katalysatoren für die beiden erfolglosen Mitbewerber gegenüber dem Dritten, dem Mächtigen.

In *Die Sehnsucht der Veronika Voss* sind die Beziehungen zwischen Protagonistin und schauspielerischen Techniken am engsten geknüpft.
Als Schauspielerin ist sie ein Relikt aus der nationalsozialistischen Zeit. Sie ist die Verkörperung der Loyalität gegenüber einer vorherrschenden Ideologie, die sich offiziell als ‘falsch’ erwiesen hat.
Als Filmschauspielerin offerierte sie ihr Bild der Öffentlichkeit, im und außerhalb des Films, d.h. hier auch wieder dem Fassbinder-Zuschauer. Beruflich ist sie heute aber nicht mehr in der Lage, ihr Bild erfolgreich zu verkaufen, der einzige Versuch, den sie noch unternimmt, endet katastrophal, sie hat wieder einen Anfall von Entzugserscheinungen.
Einzig ein sehr theatralisches Gehabe ist ihr aus ihrer beruflichen Glanzzeit vor 1945 noch verblieben, das sie immer dann einsetzt, wenn sie etwas erreichen will. Ihre besten ‘Vorstellungen’ gibt sie allerdings in ganz vertrautem Rahmen für Dr. Katz. Ohne Theatralik, als Mensch, und sehr verletzlich zeigt sie sich dieser, ähnlich wie sich auch Maria nur in deren Schlußphase zeigt.

Fassbinder integriert das Schauspiel als formale Methode in die historischen deutschen Referenzen, die er gibt.

Die Wahl weiblicher Protagonisten und deren bildliches Ausstellen impliziert eine Ware, die sich u.a. auch zum Verkauf anbietet. Der Konsumwunsch existiert auf zwei Ebenen: innerhalb der Fiktion auf Seiten der männlichen Charaktere sowie außerhalb der Fiktion beim Zuschauer.
Fassbinders integratives Schauspielkonzept basiert auf Debords Idee einer Wechselwirkung zwischen Schauspiel und Zuschauer:

> „Das zuschauende Bewußtsein, als Gefangener eines verflachten Universums, das durch *den Bildschirm* [kursiv O] des Spektakels begrenzt ist, kennt nur noch die *Scheingesprächspartner* [kursiv O], die sich einseitig mit ihrer Wa-

[10]Feinstein: BRD; a.a.O.; S.48

re und der Politik ihrer Ware unterhalten. Das Spektakel in seiner ganzen Ausdehnung ist sein eigenes »Spiegelzeichen«."[11]

Auch bei Fassbinder ist der Zuschauer miteinbezogen, direkt in den Film. Er soll den Prozeß des 'Schauspiels als Ware' erkennen. In Fassbinders frühen Filmen, besonders in *Angst essen Seele auf* [s. B Kap.2.3.] starren sich die Filmfiguren untereinander unangenehm lange an, so lange, bis der Filmzuschauer den starrenden Blick übernimmt.
Das Schauspiel soll als Ware wahrgenommen werden, da es in alle sozialen Beziehungen eindringt. Es manifestiert sich als Beziehung zwischen Betrachter und Betrachtetem, beide sind darin gefangen. Diese Interrelation stellt sich als besondere Machtform dar. Durch die Verbindung zwischen Zuschauern und Charakteren soll der Zuschauer die historischen Bezüge der Fiktion erkennen und Bezüge zu sich selbst außerhalb der Fiktion herstellen.

Fassbinders Ziel ist es, daß sein Rezipient die Auswirkungen der herrschenden politischen Ordnung auf sein Dasein bezieht und den verfälschenden Charakter der jeweilig herrschenden Ideologie durchblickt. Guy Debord zieht in seinem pessimistisch-kritischen Vorwort zur Werksneuausgabe die Schauspielkritik bis hin zu jüngsten geschichtlichen Ereignissen:

„Dieser Wille zur Modernisierung und zur Vereinheitlichung des Spektakels, der mit allen anderen Aspekten der Simplifizierung der Gesellschaft verbunden war, hat 1989 die russische Bürokratie dazu gebracht, plötzlich wie ein Mann, zur heutigen *Ideologie* [kursiv O] der Demokratie überzutreten: das heißt zur diktatorischen Freiheit des Marktes, abgemildert durch die Menschenrechte des Zuschauers."[12]

Um die Schaustellungsgesellschaft zu demaskieren, hat Fassbinder das 'Politische am Film' thematisiert, besonders im harmlos daherkommenden Spiel- oder Unterhaltungsfilm. Gerade diese Filme können für ideologische Zwecke eingesetzt werden, so wie es in Deutschland im Nationalsozialismus geschehen ist. Elemente dieser Tradition haben sich fortgesetzt, latent oder offen weitergearbeitet, insbesondere im 'unpolitischen' 'Heide'-film der 50er Jahre.[13]

---

[11] G. Debord: Die Gesellschaft ...; a.a.O.; Nr. 218

[12] a.a.O.; Vorwort; S. 9

[13] Der nationalsozialistische Spielfilm ist bis jetzt noch wenig erforscht. Viele der Spielfilme werden offiziell ge- oder umgeschnitten, so z.B. *Die große Liebe,* ein innerhalb der Forschungsliteratur vieldiskutierter Durchhaltefilm mit Zarah Leander von 1942 von Rolf Hansen; vgl. dazu: Jens Thiele, Fred Ritzel: Politische Botschaft und Unterhaltung - die Realität im NS-Film: *Die große Liebe* (1942); S. 310-324; in: Fischer Filmgeschichte; Bd. 2: 1925-44 - Der Film als gesellschaftliche Kraft; Hg.: W. Faulstich; H. Korte; Frankf./M. 1991. Der sogenannte Propagandafilm hingegen findet häufigere Beachtung, dazu zählen auch die Filme Leni Riefenstahls. Zur Person und zum Werk der filmischen Avantgardekünstlerin des Nationalsozialismus hält immer noch eine Kontroverse über ihre Filme an, ob diese zu den Dokumentar- oder Propagandafilmen zu zählen seien.

Die Spielfilme in der Ufa-Nachfolge standen im Zuge einer Restauration, die sich in der Filmindustrie spiegelte. [s. Bearbeitung im folgenden Kap.3.2.2.]

Karsten Witte spricht in seiner Untersuchung *Film im Nationalsozialismus* die Forschungsdiskrepanz zwischen den beiden Genres an. Er erwähnt Fassbinder als denjenigen, der sich mit dem Erbe aus dem Nationalsozialismus auseinandergesetzt hat:

> „Denn der Film im Dritten Reich überlebte das System, indem er eine kollektive Erinnerungsspur der ausgreifenden Gefühle hinterließ. [...] Diese Regisseure [RWF und Visconti] waren [...] Nachkommende, die das Berührungsverbot mit dem Verruchten nicht scheuten und schmerzlich einem Publikum vor Augen führten, wie die anhaltende Faszination, die vom Erbe des Faschismus ausging, zu brechen sei.“[14]

3.2.2. Linien einer filmischen Kontinuität

Fritz Göttler schreibt in seiner Untersuchung über den *Westdeutschen Nachkriegsfilm*, daß besonders die Regisseure der 70er Jahre sich ihre Tradition suchen wollten und dazu bis zum deutschen expressionistischen Stummfilm zurückgingen.

> „Von außen hätte die deutsche Filmindustrie sich regenerieren müssen, [...] und vor allem indem sie die zwölf Jahre des »Dritten Reichs« ignorierte. Anzuknüpfen an die Tradition vor 1933, dazu fühlten noch die jungen Filmemacher der Sechziger und Siebziger sich berufen, von Herzog bis Wenders, sie sahen sich als Enkel von Lubitsch, Murnau, Lang - und Lotte Eisner wurde ihre Schutzpatronin.“[15]

Fassbinder, der in seiner Arbeit immer in der Reaktion auf schon geprägtes Material seine eigenen Geschichten erzählt, sucht konträr dazu eine durchgehende

---

Die Kontroverse wird von der Künstlerin noch selbst angeheizt. Anläßlich ihrer ersten Gesamtwerkschau in Deutschland, in Potsdam, im Dezember 1998, ließ die Künstlerin über ihren Film *Triumph des Willens* (1943) in einer Pressemitteilung verlauten: „Wenn einem nicht immer ständig oberlehrerhaft reingeredet wird, kann man sich das sehr wohl als Reportage im modernen Sinn anschauen.“ In: „Riefenstahl: Schönheit ja, Kunst nein“; in Hannoversche Allgemeine Zeitung vom 02.12.1998 (dpa)

[14] K. Witte: Film im ...; a.a.O.; S. 120

[15] Fritz Göttler: Westdeutscher Nachkriegsfilm; S. 171-211; in: Jacobsen, Kaes, Prinzler (Hg.): Geschichte des deutschen Films; a.a.O.; S. 180. Werner Herzog drehte 1978 das einzige Remake eines Stummfilmklassikers *Nosferatu-Phantom der Nacht* nach Murnaus *Nosferatu-Eine Symphonie des Grauens* (1922). Herzog schuf aber mit Klaus Kinski in der Hauptrolle ein sehr eigenes Werk und keine einfache Nachahmung.

Traditionslinie in sein Arbeitsjahrzehnt zu ziehen. Auch bei ihm führt diese Linie filmstilistisch in die expressionistische deutsche Stummfilmästhetik zurück. Der Weg in die Geschichte führt über die Filmgeschichte.
Fassbinder läßt diese Tradition aber nicht in der nationalsozialistischen Zäsur abbrechen, sondern verfolgt ihre Entwicklung weiter in die Emigration der betreffenden Regisseure nach Hollywood. Fassbinder kombiniert in seinem Werk sowohl den politischen als auch den künstlerischen Schritt der deutschen Regisseure. Diese wiederum haben die Stummfilmtechniken variiert und sie in Hollywoods Studiosystem zu einem eigenen Genre, das sich in den vierziger Jahren herauskristallisierte, dem film noir, perfektioniert.

Sirks Hauptthema hingegen war das Beobachten der amerikanischen, kleinstädtischen Gesellschaft, die sich dann in Filmen wie *All that heaven allows*, *Written on the Wind* und *The Tarnished Angels* wiederfand.
Sirk interpretiert seinen größten künstlerischen wie auch kommerziellen Erfolg, diese Duplizität ermöglichte das Hollywood-Studiosystem, *Written on the Wind* (1955/6):

> „Er war Gesellschaftskritik, Kritik an den Reichen und Verwöhnten und im Grunde Kritik an der amerikanischen Familie. Und da die Handlung Raum für Gewalt bot, ermöglichte sie auch eine kraftvoll akzentuierte Darstellung. [...] Hier wird ein Lebensstil geschildert und in mancherlei Hinsicht antizipiert, der dem heutigen Verfall und Zerbröckeln der amerikanischen Gesellschaft nicht unähnlich ist.“[16]

Fassbinder hat diese Thematik auf sein Land, die Bundesrepublik Deutschland, adaptiert und ihr seine Filme als kritischen, desillusionierenden Blick durch ein Vergrößerungsglas vorgehalten.
Wieder bei Sirk findet Fassbinder die zentrale Beschäftigung mit exponierten Frauenfiguren, über die gesellschaftliche Konditionen transportiert werden. Die Frau steht zwischen Gefühl, Sehnsucht, scheiternder Liebe, obwohl sie alles für ihre Liebe getan hat.
Diesen Konflikt hat Sirk schon in seinen Ufa-Melodramen in den dreißiger Jahren, damals noch unter seinem Geburtsnamen Detlef Sierck, in seine Protagonistinnen hineingelegt. Zarah Leander mußte als Schauspielerin in den beiden Melodramen *Zu neuen Ufern* und *La Habanera*, beide 1937 realisiert, an der Liebesproblematik scheitern. Bekanntlich wurde Zarah Leander in Nazi-Deutschland zum Star, ihr Erfolg begann mit diesen beiden Filmen. Als Schlagerzitat evoziert Fassbinder wiederum diese nationalsozialistische Filmikone: Maria Braun und ihre Freundin Betty singen in einem glücklichen Moment *Nur nicht aus Liebe weinen...* .

---

[16]Jon Halliday (Hg.): Douglas Sirk - Imitation of Life; a.a.O.; S. 164

Sirk begründet sein lebenslanges Interesse am Scheitern, er benutzt dabei den französischen Begriff »échec«:

> „»Échec« im Sinne von Scheitern wie auch von Blockiertsein ist in der Tat eins der wenigen Themen, für die ich mich leidenschaftlich interessiere. Erfolg interessiert mich nicht. [...] Es ist die Art von Scheitern, die einen ohne Sinn und Verstand ereilt. In *Written on the Wind* wie auch in *The Tarnished Angels* ist es eine häßliche Art von Scheitern, eine gänzlich hoffnungslose. [...] es gibt keinen Ausweg.“[17]

In Sirks Ufaproduktionen finden sich erste Hinweise auf die Filmstilistik, die er in seinen US-Melodramen zu seiner 'Handschrift' formte: Schatten über Gesichtern oder als Gittermotiv, Spiegelungen in bedeutsamen Szenen. „Der Spiegel ist die Imitation des Lebens. Im Spiegel sieht man sich, wie man ist, doch zugleich zeigt er einem das eigene Gegenüber. [...] der Spiegel im Spiegel, die Imitation der Imitation des Lebens.“[18]

Sirk zählt nicht als Vertreter der klassischen film noir-Ikonographie, obwohl er teilweise auch auf diese Techniken zurückgreift.
Fassbinder hingegen knüpft mit seinem Schwarzweiß-Film *Die Sehnsucht der Veronika Voss* offen an diesem Genre an und verarbeitet die Techniken weiter, bis sie zu seiner 'Handschrift' werden.
Besonders der frühe Wilder und Robert Siodmak haben dieses Genre geprägt. Über die formale Beherrschung des Mediums konnten sich beide Regisseure Kritik an der Gesellschaft erlauben, die sie aufgenommen hatte. Wilder kritisiert in *Sunset Boulevard* aufs schärfste die menschenverachtenden Praktiken des amerikanischen Showbusiness, für das synonym Hollywoods Filmgeschäft steht.
Die deutschen emigrierten Regisseure waren und blieben Außenseiter in jenem System, das sie teilweise für sich zu nutzen verstanden. Die Außenseiterposition ermöglichte ihnen zeitlebens den Blick von außen auf die fremde Gesellschaft, die sie in ihrer Arbeit, so weit es die Zensur erlaubte, demontieren konnten.

Indem Fassbinder stilistisch, inhaltlich wie auch politisch an diese Regisseure anknüpft, holt er sie wieder nach Deutschland zurück. Posthum betrachtet, war es eine sich gegenseitig bedingende und ergänzende Arbeit: für Fassbinders filmkünstlerische Wurzeln, aber auch für die betreffenden Regisseure, ihre wissenschaftliche Rezeption setzte in den 70er Jahren ein.[19]

---

[17]a.a.O.; S. 166
[18]a.a.O.; S. 67
[19]Die Sirk-Rezeption setzte in den 70er Jahren im angelsächsischen Sprachraum ein. Die wissenschaftliche Beschäftigung mit dem Werk der Gebrüder Siodmak begann erst in den 90er Jahren, die erste deutschsprachige Monographie erschien 1998. Die Erforschung des vielfältigen Wilder-Werkes steht noch immer aus, abgesehen von einigen TV-Interviews. Hervorzuheben wäre hier die sechsteilige TV-Dokumentation von Volker Schlöndorff: *Billy Wilder - wie haben Sie's gemacht?*

Die drei genannten Regisseure kehrten nach Kriegsende nach Deutschland zurück, jeweils nur für eine kurze Zeitspanne. Sirk gibt rückblickend seinen Gesamteindruck wieder:

> „Als ich nach dem Krieg zurückkam, war mein Haupteindruck, daß das Land noch nicht wiederaufgebaut war. Und das ist es in gewisser Weise immer noch nicht. Es gab weder einen grundsätzlichen Bruch mit dem Nazismus noch - höchst bedeutsam - mit den älteren Strömungen in der deutschen Kultur, die zum Nazismus beigetragen haben. [...] Ich empfand Westdeutschland als eine extrem heuchlerische und sonderbar materialistische Gesellschaft. [...]
> Während das deutsche Theater überlebt hatte, war der deutsche Film ganz unten: Daran waren in erster Linie die Nazis schuld; die Auflösung der Ufa durch die Amerikaner bedeutete einen weiteren Schlag. Vereinfacht gesagt, haben die Nazis die Tradition des deutschen Films, der deutschen Malerei und der deutschen Literatur zerstört. Theater und Musik, insbesondere das Konzertwesen, hatten dagegen überlebt, wenn auch in sehr konservativem Zuschnitt. Ich fand also insgesamt ein verändertes Land vor: Ich war bestürzt über die dort anzutreffende Heuchelei, und noch dazu waren Feuer und Lebendigkeit aus dem Denken verschwunden. Die Deutschen sind sich der herrschenden Unterströmung nicht bewußt. Sie sehen das, was an der Oberfläche ist, und geben sich mit dessen Imitation zufrieden. Dort ist alles noch Imitation. Und ich meine, daß Lang nach seiner Rückkehr offensichtlich gar nicht anders konnte, als direkt in die Vergangenheit zurückzukehren: Er fand im Nachkriegsdeutschland keine neuen Ansätze für seine Filme."[20]

Sirk beschließt seine Biographie, die der Brite Jon Halliday 1971 als Interview *Sirk on Sirk* vorlegte: „Doch jetzt zieht mich überhaupt nichts mehr nach Deutschland zurück."[21] Er wollte diesen Entschluß aber nicht resignativ verstanden wissen.

Robert Siodmak inszenierte in den 50er Jahren einige Filme im Nachkriegsdeutschland. Für *Die Ratten* wurde er 1955 mit dem Goldenen Bären ausgezeichnet. In einem weiteren Film *Nachts, wenn der Teufel kam* (1957) setzt er sich mit der Justiz des Dritten Reiches auseinander, in *L'affaire Nina B.* (1961) verstärkt er noch aktuelle Zeitbezüge, die immer die Nazi-Vergangenheit implizieren. Letztgenannter Film durfte in der Bundesrepublik nicht produziert werden. Siodmak

---

von 1992, ausgestrahlt auf N3; H. Karasek hat 1992 eine Biographie über Wilder veröffentlicht, die auf Interviews basiert, die Karasek über mehrere Jahre mit Wilder geführt hat: H. Karasek: Billy Wilder - Eine Nahaufnahme, aktualisierte und erweiterte Fassung; München 1994. Die Retrospektive der Berlinale leistet auf diesem Gebiet Pionierarbeit. 1980 wurde die Retro dem Werk Billy Wilders gewidmet. Zu diesem Anlass wurde eine Arbeit über Wilders amerikanische Filme übersetzt und mit Beiträgen zu seinen deutschen Drehbüchern versehen: Neil Sinyard/Adrian Turner: Billy Wilders Filme; 1979; in dt. Übersetzung von H.U. Lederer; Berlin 1980

[20]J. Halliday: D. Sirk; a.a.O.; S. 193f

[21]ebd.

mußte nach Frankreich ausweichen. Fritz Göttler beschreibt Siodmaks zweites kurzes Gastspiel in Deutschland:

> „Die Souveränität, mit der Siodmak die Techniken des *film noir* [kursiv O], die er sich in den Vierzigern in Hollywood angeeignet hat, auf alle möglichen Sujets anwendet, die sie ihm in Deutschland anbieten, [...] das ist die Provokation durch den Professionalismus: da macht er ganz bewußt die Diskrepanz sichtbar zwischen der Filmindustrie in Hollywood und der Manufaktur in der deutschen Produktion. Der Siodmak-Touch dieser 'schwarzen' Nachkriegsfilme hat beinahe etwas Akademisches, sie sind nicht nur Etüden, sondern Lektionen zum *film noir* [kursiv O]. Die Geschichten, die sie erzählen, treiben das Genre ins Groteske."[22]

Billy Wilder drehte 1948 mit *A foreign affair* den Film über Nachkriegsdeutschland, der eigentlich aus Deutschland direkt hätte kommen müssen. Er thematisiert das Chaotische jener Zeit, die Orientierungslosigkeit auf seiten der Deutschen, die Umerziehungsprogramme durch die Amerikaner, den Schwarzmarkt. Wilder verwendet eigenes Dokumentarmaterial, das er 1945 von Berlin gefilmt hatte und schneidet es zwischen die Spielfilmbilder oder benutzt es als Hintergrund zur Handlung. Wilder überzieht das Verhalten der Amerikaner ebenso mit seinem bissigen Spott wie das der Deutschen.

Seine männliche Hauptfigur, Captain Pringle vom Entnazifizierungsbüro, läßt er sagen:
- „Herr Meier, es ist keine gute Idee, wenn Ihr Sohn Gerhard alles mit Hakenkreuzen beschmiert [im Original wird die Kritik Wilders noch deutlicher: '... that he is drawing swastikas all over the neighborhood']. Wir haben die KZs abgeschafft. Bringen Sie Ihren Sohn in einen unserer Jugendclubs, Baseball und etwas weniger Hackenknallen braucht er."

Währenddessen hat der Sohn dem Vater ein Hakenkreuz auf den Rücken gemalt.

Wilder hat die neue Ideologie, die die Amerikaner den Deutschen brachten, sehr kritisch gesehen und sich darüber lustig gemacht. In den ersten Filmbildern, als die US-Kongressabgeordneten über Berlin einfliegen, sie sind zur Überprüfung der Truppenmoral geschickt worden, verhöhnt er durch ihren Mund den amerikanischen Demokratieexport:

1. Abgeordneter: „Erst müssen wir die Leute ernähren. Ein ganzes Land kann auf Dauer nicht von Abfällen leben."
2. Abgeordneter: „Sie müssen nur wissen, von wem es kommt."
3. Abgeordneter: „Wenn man einem Hungrigen Brot gibt, ist das Demokratie. Wenn man das Etikett drauflläßt, Imperialismus."

A foreign affair evoziert das künstlerische Berlin der zwanziger Jahre, in denen Wilder in Berlin seine Karriere als Journalist und Drehbuchautor begann. Mit Marlene Dietrich, die als ehemalige Nazigeliebte jetzt, in der Nachkriegszeit, als

[22]F. Göttler: Westdeutscher Nachkriegsfilm; a.a.O.; S. 184

Nachtclubsängerin und mit einem amerikanischen Offizier zum Geliebten, versucht zu überleben und Frederick Hollander, der 1933 als Friedrich Hollaender Deutschland verließ, holt Wilder fiktiv zwei Künstler des Vorkriegsberlins in die Nachkriegszeit nach Deutschland zurück. Hollander hatte für den *Blauen Engel* Marlene Dietrichs Lieder komponiert. Auch für *A foreign affair* hat er die Songs geschrieben, die Marlene Dietrich singt. Er begleitet sie, wie damals, am Klavier. Billy Wilder spielt hier mit Versatzstücken der deutschen Filmgeschichte.
Sein Thema aus *One, two, three* (1961) klingt auch schon in *A foreign affair* an:

Auf dem Schwarzmarkt will ein Amerikaner einem Russen Uhren verkaufen. Er zeigt ihm mehrere Modelle. Der Russe ist nicht zufrieden. Dann zeigt er ihm eine Uhr mit Mickey Mouse und als Preis nennt er '700$'. Der Russe ruft nur 'Mickey Mouse' und nimmt drei Stück davon.

Heute mutet diese Episode Wilders prophetisch an. 1961 kam er für eine US-Produktion nach Deutschland. *One, two, three* ist sein zweiter Film über einen deutschen Zustand und eine bissige Satire über Kommunisten und Kapitalisten vor dem Mauerbau in Berlin. Wilder befand sich damals hautnah am politisch-historischen Geschehen. Während der Dreharbeiten wurde die Mauer gebaut, der Film mußte im Studio weitergedreht werden und kam in der Bundesrepublik erst in den 80er Jahren in die Kinos.
Aus heutiger Sicht antizipiert *One, two, three* ein wichtiges historisches Ereignis des ausgehenden 20. Jahrhunderts: den Fall der Berliner Mauer sowie die Auflösung der Zweiteilung der Welt in einen kommunistischen und einen kapitalistischen Block. Bei Wilder siegte schon 1961 die finanziell mächtigere Seite von Coca-Cola. Wilders satirischer Blick auf politisch-historische Ereignisse, die in Deutschland, besonders in Berlin, damals zusammentrafen, lösten beim Zuschauer, explizit dem deutschen, ein befreiendes Lachen gerade ob dieser Ereignisse aus.

Daß die deutsche Filmgeschichte in Brüchen akontinuierlich verläuft, konstatierte auch Fassbinder in seinem *Spielfilmentwurf Sybille Schmitz*:

> „Aber die deutsche Filmindustrie ist zu dieser Zeit in einem bisher unbekannten Ausmaß lediglich an einem möglichst schnellen Profit interessiert; die Filme gleichen einer kurzlebigen Wegwerfware, sind ohne Perspektive, ohne die, wie sich später unleugbar herausstellen wird, lebenswichtige Kontinuität, die nötig gewesen wäre, die deutsche Filmindustrie am Leben zu erhalten."[23]

Fassbinder maß der filmhistorischen, kontinuierlichen Entwicklung eine ebenso große Bedeutung bei wie dem historisch-politischen Kontinuum seines Landes. In diesem Kontext sei noch einmal an seine eigenen ausgewählten Rollen in seinen

---

[23]RWF: Sybille Schmitz. Geschichte für einen Spielfilm; a.a.O.; S. 13

Filmen erinnert, in denen er vergangenes mit aktuellem Geschehen verband, Zeitbezüge herstellte: als Schwarzmarkthändler in der D*ie Ehe der Maria Braun* [s. A Kap.1.2.], als Günther Weisenborn in *Lili Marleen* [s. A Kap.3.2. und dort den Anhang B)]. In D*ie Sehnsucht der Veronika Voss* sitzt er im Kino hinter Veronika und schaut sich aufmerksam ihren alten Film an, d.h. ihre Leinwand-Persönlichkeit.

Seine eigene Rolle setzt er auch hier wieder allusorisch an eine Schnittstelle zwischen Vergangenheit und Gegenwart, die Zukunft implizierend. Diesmal verbindet er die historische mit der filmkünstlerischen Kontinuitätsachse. Als filmhistorische Referenz weist Fassbinder auf die Schauspielerin Sybille Schmitz, die ein Vorbild für die Rolle der Veronika Voss war. Sybille Schmitz feierte ihren künstlerischen Durchbruch 1932 in Carl Theodor Dreyers ganz frühem Tonfilm *Vampyr - Der Traum des Allan Grey*, der aber noch stark mit den Mitteln des Stummfilms arbeitet.
Über seine Präsenz in den Filmen an historischen Fixpunkten erhebt Fassbinder diese Ereignisse in einen metaphysischen Bereich, eine historische Reflexion müßte hier ansetzen. Fassbinder läßt sich selbst und seine Arbeit dadurch in die Geschichte eintreten.

Die deutsche Unterhaltungsindustrie weist die Besonderheit einer zweiten Kontinuitätsachse auf, die parallel zur politischen innerhalb Deutschlands verläuft. Hans-Günther Pflaum sieht sie in Fassbinders Werk herausgearbeitet und analog zu Sirks zitierter, situativer Einschätzung:

> „Ich glaube ganz sicher, daß Fassbinder auf jene Kontinuität anspielt, die es gerade auch im Bereich der Unterhaltung gegeben hat, [...]. Wenn es um die Filmkultur geht, ist die Antwort einfach. Da hat man wirklich versäumt, einen neuen Anfang zu machen. Im Film hat sogar personell bis weit in die sechziger Jahre Kontinuität geherrscht.“[24]

Die verhängnisvolle Kontinuität aus dem Faschismus sollte mit dem *Oberhausener Manifest* 1962 durchbrochen werden.[25]

---

[24]H.-G. Pflaum: Fassbinder war ein sehr bewußter Filmemacher; a.a.O.; S. 27

[25]zum *Oberhausener Manifest* vgl.: Norbert Grob: Film der sechziger Jahre. Abschied von den Eltern; S. 211-249; in: Jacobsen, Kaes, Prinzler (Hg.): Geschichte des deutschen Films; a.a.O.; S. 220ff. Aus dem Manifest: „Der Zusammenbruch des konventionellen deutschen Films entzieht einer von uns abgelehnten Geisteshaltung endlich den wirtschaftlichen Boden. Dadurch hat der neue Film die Chance lebendig zu werden. [...] Wir erklären unseren Anspruch, den neuen deutschen Spielfilm zu schaffen. Dieser neue Film braucht neue Freiheiten. [...] Der alte Film ist tot. Wir glauben an den neuen.“ Verantwortlich zeichneten sich u.a. Alexander Kluge, die Gebrüder Schamoni, Edgar Reitz etc.

Aber auch für 1933 ist kein abrupter Bruch nachweisbar. Karsten Witte analysiert die 'Übergangs'-filme in seinem bereits zitierten Aufsatz *Film in Nationalsozialismus* unter der Überschrift „Übergang statt Umbruch."[26]
Tatsächlich spiegelt die Geschichte der Ufa in den 20er Jahren die gesellschaftlich ambivalente Realität wider. Künstlerisch stand sie für innovative, experimentelle und avantgardistische Filme:

> „Die seltsame Mischung aus kommerziellem Geist und künstlerischem Wagemut personifiziert sich in der Figur des Decla-, dann Ufa-Produzenten Erich Pommer. Die meisten der bahnbrechenden Filme dieser Zeit werden von ihm produziert. Legendär ist seine Aufforderung an das Team vom *Letzten Mann*: »Erfindet bitte etwas Neues, auch wenn es verrückt sein sollte. «"[27]

Politisch hingegen wird die Richtung zunehmend von Alfred Hugenberg bestimmt. Dieser kaufte in den 20er Jahren nicht nur Zeitungen und Zeitschriften auf, sondern 1927 auch die Ufa-Filmgesellschaft. Parteilich wurde er 1928 Vorsitzender der konservativen DNVP. D.h. wirtschaftlich-politisch dominierte eine extrem restaurative Grundeinstellung, die sich, zusammen mit Hugenbergs deutsch-nationaler Medienmanipulation, nahtlos in die nationalsozialistische Ideologie einfügen ließen.[28]

In der Endphase der Weimarer Republik stand Erich Pommer dann auch für ein verändertes Konzept. Unter Hugenbergs Einfluß gab er dem sogenannten Unterhaltungsfilm den Vorrang, der sich durch triviale Sujets und ökonomischen Erfolg

---

[26]Karsten Witte: Übergang statt Umbruch; S. 122-124; in: Film im Nationalsozialismus; in: Geschichte des deutschen Films; a.a.O.; Witte analysiert den Film *Hitlerjunge Quex* (1933), der den Übergang zum Thema hatte: ein Junge mußte sich zwischen kommunistischer Jugend-Internationale und der Hitlerjugend entscheiden. Er agitiert dann für die Nazis. Goebbels verbot zwar 'alte, linke' Filme im Kino, ohne deren Tradition kam er aber nicht aus.
In der filmhistorischen Rezeption wird für die Ufa-Filme des Dritten Reiches oft pauschal von 'nationalsozialistischer Inszenierung' gesprochen. Auch Sirk wurde und wird für seine Ufa-Melodramen mit diesem Begriff belegt; z.B. 1992 bei Gertrud Koch: „Möglich, daß in Person und Filmen Douglas Sirks für Fassbinder sich eine geglückte Symbiose aus Ufa- und Hollywood-Ästhetik kristallisiert hat, daß er sich vorschnell über ihn eine Brücke bauen wollte, die ihn entlastete vom historischen Erbe der faschistischen Ästhetik, zu der freilich Detlef Sierck bereits gehörte und die auch in seinen Hollywood-Filmen noch präsent ist." In: G. Koch: Die Einstellung ist die Einstellung; Frankf./M. 1992; S. 248. M.E. müßte die Forschung im Bereich des nationalsozialistischen Spielfilms intensiviert werden und die Spielfilminhalte sowie auch die -techniken verglichen und analysiert werden.
[27]Th. Brandlmeier: Deutsche Bilderwelten; a.a.O.; S.127
[28]vgl. dazu die Aufsätze von Axel Schildt: Hugenberg ante portas; S. 190-195; Arnold Sywottek: Mann im Dunkel-Geheimrat A. Hugenberg; S. 196-199; M. Töteberg: Ein treuer Diener seines Herrn - Ludwig Klitzsch, Hugenbergs Spitzenmanager; S. 200-203; in: Das Ufa-Buch; a.a.O.; leider war es mir nicht möglich, die zweiteilige Dokumentation von Peter Heller: *Der vergessene Führer: Aufstieg und Fall des Medienzaren Alfred Hugenberg* (BRD 1982) zu sehen und somit wissenschaftlich für diese Arbeit auszuwerten.

auszeichnete. Die Filmtitel dieser Epoche sprechen für sich: *Der Kongress tanzt* (1931), *Melodie des Herzens* (1929): „[...] die Filme geben keine Illusion realistischen Geschehens, sondern flüchtige Illumination eines öffentlichen Traumbildes".[29]
Eine öffentliche Entpolitisierung fand statt, die in der Unterhaltungsindustrie ihren Ausdruck fand.

Die schauspielerische Biographie und Karriere der Sybille Schmitz ist in paradigmatischer Wechselwirkung zur gesellschaftlich-politischen Situation in Deutschland zu sehen.
Ihre Entwicklung beginnt Ende der 20er Jahre, ihre Karriere verläuft steil nach oben, bis ca. 1937 eine erste Stagnation einsetzt.
1933 bleibt Sybille Schmitz in Deutschland, obwohl sie in einem exponierten Beruf steht. Viele ihrer Kollegen verlassen das Land sofort.[30]
Ihr Karriereknick, der sie in der zweiten Hälfte der Dreißiger ereilte, ist nicht mehr ganz nachvollziehbar. Goebbels soll sie abgelehnt haben, was sie später zu ihrer Entlastung ausbaute. Tatsache ist aber, daß sie nicht mit Berufsberbot belegt wurde.
Fassbinder hat das Verhältnis Goebbels - Sybille Schmitz in einer Szene der *Veronika Voss* herausgearbeitet: in der Redaktion streiten sich Robert und seine Kollegin Grete über die Mythen, die sich darum ranken, und was wahr daran ist.[31]
Sie bekam weniger tragende Rollen, teilweise mußte sie in Filmen mit offen propagandistischen Inhalten mitspielen.[32]
Gegen 1943 ging sie in Opposition, d.h. sie zog sich aus dem öffentlichen Leben zurück und nahm Kontakte zu oppositionellen Kreisen auf. Auslöser war der Selbstmord Herbert Selpins im Gestapogefängnis. Selpin war der Regisseur von *Titanic.* Er brachte sich während der Dreharbeiten um. In diesem Film spielte Sybille Schmitz eine Hauptrolle.[33]
Nach 1945 mußte sie sich vor den Alliierten verantworten und bekam politische Schwierigkeiten wegen teilweise nationalsozialistischer Filminhalte.
Von nun an mußte sie sich für ihre Karriere im Dritten Reich rechtfertigen, nicht nur gegenüber den Alliierten, sondern auch den Deutschen gegenüber, die mit dem Aufbau kultureller Einrichtungen begannen. Sybille Schmitz hat große Schwierigkeiten, Rollen zu bekommen und gerät öffentlich in Vergessenheit.
Konträr zu den Lebensläufen ihrer frühen Kollegen, die aus politischer Überzeugung und Lebensgefahr Deutschland 1933 verlassen hatten, ist es für Sybille

---

[29]H. Kappelhoff: Lebendiger Rhythmus der Welt. Die Erich-Pommer-Produktion der Ufa; S. 208-213; in: Das Ufa-Buch; a.a.O.; S. 209
[30]vgl. hierzu F. Beyer: Das Leben der Sybille Schmitz; a.a.O.; S. 43-45
[31]vgl.: a.a.O.; S. 114f
[32]vgl.: a.a.O.; S. 129ff; gemeint ist hier *Wetterleuchten um Barbara* (1941) von Werner Klingler. Der Film wurde später von den Alliierten verboten.
[33]vgl.: a.a.O.; S.135ff

Schmitz' Biographie kennzeichnend, daß sie sich 1947/48 mit Auswanderungsplänen nach Hollywood trug. Sie erhoffte sich dort einen unbelasteten Neuanfang ihrer Karriere. [34]
Ihr öffentliches Vergessen, das für sie persönliche Zerstörung bedeutete, ließ sie die Flucht in Drogen suchen, bis zu ihrem Tod 1955 unter nicht mehr ganz geklärten Umständen, an denen Fassbinder seine Recherchen ansetzte.

Vergessen kann gleichzeitig Zerstörung beinhalten. Veronikas Schicksal ist metaphorisch auf einen deutschen Zustand nach dem Nationalsozialismus zu lesen. Die Kollektivdroge hieß hier Wirtschaftswunder.

Über Sybille Schmitz' berufliche Laufbahn läßt sich deutsche Geschichte und Filmgeschichte nachvollziehen. Fassbinder setzt über seine Kunstfigur Veronika Voss artifizielle aber präzise Positionslämpchen im vergangenen und gegenwärtigen Verlauf, den er über die restaurativen 50er Jahre-Tendenzen in Film und Gesellschaft weiterzieht.

Parallel sieht auch Karsten Witte diese kontinuierliche Linie:

> „Der westdeutsche Film in den fünfziger Jahren führte die illusionistische Linie der vierziger Jahre fort, der ostdeutsche knüpfte an den 1933 gewaltsam abgebrochenen Realismus an. In vielen Fällen blieben die Techniker der alten Traumfabrik auf ihrem Posten. Sie paßten sich an und lieferten unverschämte Exkulpierungsmuster, indem sie die Nazi-Filme dem Minister Goebbels, die künstlerischen Filme dem eigenen Genie zuschrieben."[35]

Die Filme in der Ufa-Nachfolge wurden von politischer und künstlerischer Abstinenz beherrscht:

> „Ein Kino der tabula rasa, seine Perfektion ist Garantie fürs Absolute und seine Spurenlosigkeit. Bloß keine Spuren hinterlassen, das ist das Trauma dieser Gesellschaft, nichts verraten davon, wie etwas geworden ist, die neue Gesellschaft und die neuen Filme. Die Arbeit soll nicht sichtbar werden, die ihr Entstehungsprozeß verlangt, sie soll erscheinen, als wäre sie ohne Vergangenheit."[36]

Hier paßten sich die Filme in die offizielle Schablone der politischen Losung Adenauers, jenem 'keine Experimente', ein.

Göttler zitiert weiter Chris Marker, der sich kritisch mit dem deutschen Kino jener Zeit auseinandersetzte: „Das Spukhafte dieses Kinos, [...], verdankt sich jener

[34]vgl.: a.a.O.; S. 157f
[35]K. Witte: Film im Nationalsozialismus; a.a.O.; S. 168
[36]F. Göttler: Westdeutscher Nachkriegsfilm; a.a.O.; S. 175

Tradition, die es mit sich schleppt wie einen Ballast, nicht wie ein Erbe, mit der Möglichkeit einer Verarbeitung: die des expressionistischen Stummfilms und der Ufa-Tonfilmzeit.“[37]

Fassbinder, als einer der wenigen bundesdeutschen Filmkünstler, Marker sieht diesen Anspruch noch bei Wolfgang Staudte eingelöst[38], hat sich mit dieser Hinterlassenschaft in seinem Gesamtwerk auseinandergesetzt, nicht nur in der, in dieser Arbeit behandelten, Trilogie.
Fassbinder suchte Traditionslinien, an die er anknüpfen konnte, um seine Aussagen über Deutschland zu erzielen. Die filmischen Traditionen sind verschüttet, er wollte sie sichtbar machen, damit sie nicht auf ewig im Vergessen verharren und damit noch zerstörerischer wirken auf die nachfolgende Generation und deren künstlerisches Werk. Es ging Fassbinder um eine künstlerische und darin immanente historisch-gesellschaftliche Auseinandersetzung.

Wenn Veronika Voss zum Schluß entrückt von der Traumfabrik Hollywood schwärmt, denkt Fassbinder damit nicht nur an die künstlerisch-gesellschaftliche Utopie, sondern auch an die optimalen Produktionsbedingungen, in deren Rahmen Kritik und Auseinandersetzung erlaubt waren:

> „Ich meine, daß ich in Hollywood mehr Freiheiten habe, weil die ganz eindeutig kommerziell interessiert sind. Douglas Sirk liegt mir schon seit vier Jahren damit in den Ohren, daß ich unbedingt nach Amerika gehen muß. Er sagt, in dem Moment, wo die an dir verdienen wollen, geben sie dir die Möglichkeit, daß sie an dir verdienen können. Ob das nun Freiheit ist, oder nicht, ist gar nicht die Frage. Ich sage nur, lieber auf diese Art und Weise unfrei sein, als mir hier einbilden müssen, ich wäre frei. [...] Es würde allen meinen Vorstellungen vom Staat, der das finanziert, widersprechen, wenn er sagen würde, wir finanzieren einen Hort der Freiheit, und wir lassen Leute wirklich über ihre Realität reflektieren. Das ist dann im rein kommerziellen System wie Hollywood wieder eher möglich.“[39]

Fassbinder wie auch die übrigen Regisseure des Neuen Deutschen Films erwogen in der zweiten Hälfte der 70er Jahre die Auswanderung. Herzog, Schroeter und Fassbinder dachten ans Ausland, Kluge zog sich ins Schreiben zurück.

Fritz Göttler faßt in seinem Aufsatz über die *Filme der Nachkriegszeit* das Disparate des deutschen Films im Vergleich zum Hollywood-Film treffend zusammen:

> „Hollywood ist das Modell, es fungiert auch hier als sagenhafter Ort, als Traumfabrik. Der Beschreibung des amerikanischen Kinos sind diese inzwi-

---

[37]Chris Marker, zitiert nach Göttler; a.a.O.; S. 176
[38]vgl. ebd.
[39]RWF in: Anarchie; a.a.O.; S.96/99

schen auch uns griffigen Begriffe entlehnt, sie reflektieren den Mythos von der Perfektion der Arbeit im intakten Studiosystem, den unerreichten, unerreichbaren Standard dieser Filmproduktion. [...] Das deutsche Kino, speziell das nach dem Krieg, war immer nur nach innen konzentriert, aufs deutsche Publikum. [...] Eine Traumfabrik ist dieses Kino nie gewesen, und eine wirkliche Serien- oder Genreproduktion hat es in der Bundesrepublik nie gegeben, keine echte Arbeitsteilung, keine Spezialisten. [...] Die Oberflächlichkeit gehört zum deutschen Nachkriegskino, in ihr manifestiert sich sein Trauma, seine Anfänge unter Aufsicht, unter Kuratel. Das deutsche Kino ist auch nach dem Zweiten Weltkrieg das Kino Caligaris geblieben, ein Kino nicht aus der Traumfabrik, sondern aus dem Asyl.“[40]

[40]F. Göttler: a.a.O.; S. 196/7

Anhang A)

SIXTEEN TONS

You load sixteen tons and what do you get?
Another day older and deeper in debt.
Saint Peter, don't you call me 'cause I can't go,
I owe my soul to the company store.

(Spoken) Yessir, there's a-many a Kentucky coal miner that pretty near owes his soul to the company store. He gets so far in debt to the coal company he's a-workin' fer that he goes on fer years without being paid one red cent in real honest-to-goodness money. But he can always go to the company store and draw flickers or scrip - you know, that's brass coins that you can't spend nowhere only at the company store. So they add that against his account and every day he gets a little farther in debt. (chuckle) That sounds pretty bad, but even that's got a brighter side to it.

Now, some people say a man's made out of mud,
But a poor man's made out of muscle and blood,
Muscle and blood, skin and bones,
A mind that's weak and a back that's strong.

Chorus:

Well, I was born one mornin' when the sun didn't shine.
I picked up my shovel and I walked to the mines.
I loaded sixteen tons of Number Nine coal,
And the straw-boss hollered, „Well, bless my soul."

Chorus:

Well, I was born one mornin', it was drizzlin' rain.
Fightin' and trouble is my middle name.
I was raised in the bottoms by a mama hound.
I'm mean as a dog, but gentle as a lamb.

Chorus:

Well, if you see me a comin' you better step aside.

A lotta men didn't and a lotta men died.
I got a fist of iron, and a fist of steel.
If the right one don't get you, then the left one will.

Chorus:

Aus: Archie Green: Only a Miner. Studies in Recorded Coal-Mining Songs; Illinois 1972

Anhang B)

Auch Lutz Niethammer kommt in seiner dreibändigen Analyse zur Nachkriegszeit, LUSIR, zu diesem Ergebnis. Niethammer und seine Mitarbeiter an diesem Projekt versuchen, der deutschen Geschichte in der Aufarbeitung als 'oral history' näherzukommen:
„Die Erforschung der sozio-kulturellen Kontinuität des Volkes und die Erschließung seiner Erfahrungen setzt gerade für eine Zeit starker politischer Kontinuitätsbrüche, vor allem die Erfragung lebensgeschichtlicher Zeugnisse voraus. Zwar erlauben sie nur eine tastende Annäherung an die Erlebnisse breiter sozialer Schichten, aber sie haben auch noch andere Vorteile als den, daß es keine anderen Quellen für die Kontinuitätserfahrung gibt: wenigstens einige von denen, die sonst allzuoft in der Geschichte übergangen werden, erhalten so ein Mitspracherecht. Und zweitens lassen sich solche Zeugnisse nicht historisch kritisch interpretieren, wenn nicht zugleich die gesellschaftlichen Bedingungen der Erfahrungsverarbeitung und der Vorprägung von Wahrnehmungen mitbedacht werden."
In: Vorwort des Hg.; Bd. 2; S. 8; Lutz Niethammer (Hg.): „Hinterher merkt man, daß es richtig war, daß es schiefgegangen ist." Nachkriegserfahrungen im Ruhrgebiet; LUSIR; Bd. 2; Berlin, Bonn 1983

Im ersten Band dieser Reihe belegt Ulrich Herbert in seiner Einzelauswertung *Die guten und die schlechten Zeiten*, daß übereinstimmend in den unterschiedlichen Biographien der Befragten die 30er und die 50er Jahre als „normales Leben" (S.88) gekennzeichnet wurden. Er befragte seine Interviewpartner nach 'Normalitätserfahrungen' und stellte fest, daß die 30er Jahre „sozusagen als Probelauf der Gegenwart empfunden werden, stellten sie doch offenbar das Modell dar, an dem sich die Neukonstruktion des Lebens in den 50er Jahren orientierte. [...]
Von allen Erfahrungen, die die Interviewpartner bis dahin gemacht haben, ist nur die Vorkriegszeit positiv in Erinnerung - in den Interviews besteht kein Zweifel, daß 'Wiederaufbau' nichts anderes bedeuten kann, als anzuknüpfen an eben diese Erfahrungen der 30er Jahre: eine feste Arbeit, ein geregeltes Familienleben - und sich die Politik vom Leibe halten. [...]
Aber in einer Meinungsumfrage von 1951 bezeichnete immerhin fast die Hälfte (46%) der Befragten den Zeitraum vor 1939 als denjenigen, in dem es Deutschland am besten gegangen sei: die Anziehungskraft des vermeintlich unpolitischen 'ersten Wirtschaftswunders' der 30er Jahre scheint doch weite Teile der Bevölkerung betroffen zu haben. [...] Die hier vorgestellten Interviews geben Hinweise darauf, daß etwa mit dem durch den wirtschaftlichen Aufschwung während der 30er Jahre verbundenen Rückzug aus der Halböffentlichkeit der alten Milieus diese auch bereits funktionslos geworden und durch die strikte Fragmentierung der Lebensbereiche ein Modell entstanden ist, das einen Zustand von Zufriedenheit produzierte, in dem bereits das Wachstum als Sinnersatz angelegt war, und das,

der terroristischen Dimension des Faschismus entkleidet, als alternativloses Vorbild für den 'Wiederaufbau' der privaten Existenz auf der Grundlage von Wachstum, sozialer Sicherheit und politischer Enthaltung die Grundlagen für die Ruhrgebietsgesellschaft der 50er und darauf folgenden Jahre bereits mitbrachte.
Die Überlegungen, ob nicht in der Retrospektive die 30er Jahre erfahren wurden als eine Vorphase der 50er Jahre, die sich bis heute fortzusetzen scheinen, könnten zu neuen Fragen nach der Vorgeschichte unserer Gegenwart führen."
In: Ulrich Herbert: „Die guten und die schlechten Zeiten": Überlegungen zur diachronen Analyse lebensgeschichtlicher Interviews; S. 67-97; in: L.Niethammer (Hg.): „Die Jahre weiß man nicht, wo man die heute hinsetzen soll." Faschismuserfahrungen im Ruhrgebiet; LUSIR 1930-1960; Bd. 1; Berlin, Bonn 1986; S. 92f

Schlußbetrachtungen oder Godard in Deutschland

> „Ich möchte einen Film machen über die Einsamkeit, aber mich interessiert nicht die Einsamkeit von Menschen sondern die Einsamkeit eines Volkes. Ich möchte jetzt einen Film machen über die Einsamkeit Ostdeutschlands. Zwar ist Ostdeutschland rein semantisch heute verschwunden, aber es existiert ja. Aus der Biologie habe ich gelernt, daß jede Zelle davon träumt, zwei zu werden. Das ist die Geschichte der Menschheit. Die Staaten dagegen träumen immer davon, eins zu werden. Den Vertrag für diesen Film habe ich schon unterschrieben. Wo ich ihn drehen werde, weiß ich nicht, denn ich weiß nicht, wo Ostdeutschland liegt“[1],

so annoncierte Jean-Luc Godard anläßlich der Pressekonferenz[2] seines Films *Nouvelle Vague* sein bevorstehendes Projekt über die Vereinigung Deutschlands: *Allemagne 90,* in der deutschen Übersetzung als *Deutschland Neu(n) Null* zu lesen, ist ein 60minütiger Fernsehfilm, realisiert für den französischen Fernsehsender Antenne II.

„Kaum hatte ich die Grenze überschritten, da stürzten sich mir die Gespenster entgegen“ - diesen Satz führte schon Murnaus *Nosferatu*-Film im Zwischentitel, als dort die Grenze zum karpatischen Reich des Fürsten Dracula überschritten wurde. Godards Protagonist Eddie Constantine spricht diese Reflexion im Off, als er auf seinem Weg nach Westen endlich am Wannsee angekommen ist. Constantine spielt den nach dem Mauerfall arbeitslos gewordenen Agenten Lemmy Caution alias Konrad Bitomsky, der mit der Frage „Wo bitte geht's hier nach Westen“ die zusammengebrochene DDR durchstreift. Eddie Constantine hat 1965 in Godards *Alphaville* den Agenten Lemmy Caution gespielt. In Fassbinders *Warnung vor einer heiligen Nutte* spielt Constantine 1970 den französischen Filmstar Eddie Constantine, auf den das Filmteam wartet.

Allemagne 90 ist, wie immer bei Godard, ein Film über das Kino, die Filmgeschichte und zusätzlich über das politische Deutschland. Ebenso ist es ein Film über Einsamkeiten: ‘Un état et ses variations’. Godard, der das Geschriebene wieder ‘falsch’ entziffert hat, las das Wort ‘état’ nicht als ‘Zustand’, sondern als ‘Staat’. Auf der Suche nach einem einsamen Staat in Europa fand er die DDR, die als Staat um die letzte Jahrzehntwende aufhörte zu existieren.

Wieder, wie bereits nach 1945, ist es kein Deutscher, der über deutsches, politisch-historisches Geschehen einen Film dreht, sondern Jean-Luc Godard auf der Suche nach vergangenen Bildern und dem Zustand des damaligen Deutschlands,

---

[1] “Es wiederfinden“ - Pressekonferenz mit Jean-Luc Godard; in: taz vom 22.11.1990

[2] JLG: „Weil meine Filme niemand sieht, müssen Pressekonferenzen gemacht werden.“ In: ebd.

kurz nach dem Fall der Mauer. Die beiden Regisseure Hans-Christoph Blumenberg und Robert van Ackeren stellten 1992 anläßlich Fassbinders zehnten Todestages fest, daß dieser „mit Sicherheit einen Film über dieses merkwürdige neue Deutschland gedreht hätte, in dem wir jetzt leben müssen. Es war ja seine Qualität, daß er auf die fortlaufenden Ereignisse mit seinem Kino spontan reagierte.“[3]

Allemagne 90 beginnt mit dem heruntergefallenen Straßenschild der Karl-Marx-Straße, über das ein Mercedes fährt und endet beim unbehelligt hängenden Martin-Luther-Straßenschild. Auch Godard beobachtet mit seiner Filmkamera eine Gesetzmäßigkeit des Kreises.
Er montiert Bilder der deutschen und russischen Filmgeschichte in den Film: Langs *Metropolis*, die *Nibelungen*, Murnaus *Letzten Mann*, Leontine Sagans *Mädchen in Uniform*, Fassbinders *Lili Marleen*, die in einer Bildverfremdung die Treppe ‘zum Führer’ hochgeht. Eisensteins Matrosen aus dem *Panzerkreuzer Potemkin* stürmen, infolge eines Godard-Schnitts, gegen Nazisoldaten an. In einer weiteren Godard-Montage verbindet dieser die deutsche Filmvergangenheit mit der deutschen Gegenwart um 1990: Emil Jannings als Hotelportier aus dem *Letzten Mann* kommt Eddie Constantine, der endlich in Westberlin in *Allemagne 90* angekommen ist, entgegen. Über den etwas längeren Ausschnitt aus dem *Letzten Mann* schneidet Godard in einer Bild-Ton-Montage Frauengelächter und Autogeräusche von heute, seine eigene Filmszene wieder aufnehmend. Er belebt den Stummfilm *Der letzte Mann*, aktualisiert ihn und holt ihn ins Heute, in seinen Film, er lädt ihn mit neuer Bedeutung auf.

In *Allemagne 90* stellt Godard Bilder gegenüber: dem westlichen Auge veraltet anmutende Bilder einer jetzt schon untergegangenen DDR-Aktualität kontrastiert er mit altbekannten Bildern einer scheinbar ewigwährenden Westaktualität, die sich in genau jenem Dreharbeitenmoment hegemonial über die ‘alten’ Bilder gelegt hat.
Die ostdeutschen Straßenbilder, die Wohnküche und der Frisiersalon, in dem Godard, sein Leitthema, die Arbeit filmt, erinnern an vergangene Chamois-Bilder. [vgl. noch einmal A Kap.1.5.3.] Die Farben sind verblichen, sie wirkten damals schon hoffnungslos veraltet. Godard filmt Bilder, wie es sie schon 1990 lange nicht mehr im Westen gibt. Mit *Allemagne 90* hat er diese Bilder konserviert, so als ob er geahnt hätte, daß sich kurze Zeit später die alles normierenden westlichen Bilder darüberlegen würden, und diese alten Bilder zusammen mit ihrem Staat für immer verloren sein würden.

[3]“Der Unvollendete“ - Zehn Jahre nach dem Tod von RWF stellt sich die Frage: Wie hat das deutsche Kino den Verlust dieses Genies überlebt? Ein Gespräch zwischen den Filmemachern H.- Ch. Blumenberg und R. v. Ackeren; in: Süddeutsche Zeitung Magazin vom 29.05.1992

Die Bilder aus Westberlin sind Nachtaufnahmen, die einen sehr abweisenden Charakter haben. Godard zeigt nächtliche Großstadtbeleuchtung, aber ohne Glitzern: seine Farben sind ein fahles Rot und kaltes Weiß.

Die Nachtbilder in Westberlin sind filmische Synonyme für Einsamkeit. Lemmy Caution steht als Fremder in ihnen. Er betrachtet diese Bilder ebenso wie der Godard-Zuschauer, die Kamera filmt entweder über Lemmys Schulter oder er ist schemenhaft im Dunkeln auszumachen. Programmatisch betrachtet Lemmy die 'Test the West' - Reklame, und im anschließenden Bild steht er zusammen mit einigen anderen Verlorenen in einem fahlgelb angeleuchteten Gebäudedreieck aus Telefonzelle, Kiosk und im Hintergrund ist ein Sexkino auszumachen. Godards Protagonist empfindet den Zustand der Einsamkeit im Westen, er ist in eine Kommunikationslosigkeit zurückgeworfen, die ihm den Ausweg des Mitteilens nur noch über seine, teilweise bitteren, Reflexionen, für den Zuschauer als Off-Stimme erkenntlich, läßt.
Dann erscheint der Zwischentitel des deutschen Gütesiegels 'Made in Germany'. Godard ironisiert seine trostlosen Bilder über eine bundesdeutsche Realität. Im nächsten Bild bleibt das fahl angeleuchtete Martin-Luther-Straßenschild bestehen. Godard zieht Fassbinders Geschichtsbeschreibung hier weiter, auch er zeigt Kontinuitätsstränge sowie abgebrochene Linien in der deutschen Geschichte auf.
Über seinen Text thematisiert Godard 'die Zeit' und 'die Geschichte'.

Bereits in der ersten Filmeinstellung stellt der Off-Erzähler die Frage nach der Zeit, im Bild ist eine Naturlandschaft zu sehen:
„Kann man die Zeit erzählen? Die Zeit als solche und an sich? - Nein, das wäre tatsächlich ein verrücktes Unterfangen. Eine Erzählung, in der es hieße, die Zeit vergeht, sie verfloß, die Zeit nahm ihren Lauf und so fort ... [...] Das wäre ungefähr so, als hätte man die Idee, eine Stunde lang ein und denselben Ton zu halten, einen einzigen Akkord, und dies dann als Musik auszugeben."
Etwas später ist Geschichte käuflich zu erwerben auf einem Flohmarkt. Sie wird wie ein Stück Ausverkauf angepriesen: „Vier Stück Geschichte, nur zehn Pfennige. Mauersteine aus Berlin, Bücher, Fahnen, Hemden; ... Kommen Sie her, meine Herrschaften, kaufen Sie, das stammt aus Oranienburg, das aus Dachau ... ."

In einer mehrschichtigen Bild-Toncollage präzisieren Eddie Constantine und die zweite Off-Stimme, der Übersetzer, den 'Vorgang der Geschichte'. Constantine erklärt im Off in einer Kneipe im Osten seine vergangene Arbeit:

„Dreimal pro Woche traf ich einen Kurier der Gestapo aus Hamburg ... . Er übergab mir sorgfältig präparierte Falsch-Informationen über Industrien und Armeen der Länder Europas, die von der GPO kontrolliert wurden. Diese Papiere waren im Interesse der Gestapo, ohne dabei die sowjetischen Interessen zu gefährden."

Neben seiner Stimme sind die Kneipengespräche und Radionachrichten von 1990, der filmischen Jetzt-Zeit, zu hören. Während er noch spricht, schneidet Godard den Übersetzer ins Bild, der dann 'die Geschichte' abstrahiert:

„In der Verfolgung ihrer Interessen machen die Menschen Geschichte. Sie sind zugleich Werkzeuge und Mittel für etwas Höheres, Weitreichenderes, das sie selbst nicht kennen, dessen sie auf unbewußte Weise innewerden."

Der Film endet mit Godards visueller Zustandsbeschreibung Deutschlands. Die beiden letzten nächtlichen Straßenbilder Westberlins ziehen in einer Simultanmontage den assoziativen Schluß:

Aus der Untersicht filmt Godard in den nachtdunklen Himmel, links im Bild leuchtet kalt das blaue Logo der Deutschen Bank, daneben ist der obere Teil einer Ampel mit einem Schild Geradeaus und Rechtsabbiegen angeordnet. Darüber liegen die Reflexionen Constantines: „Titanisch ist der Ansturm des Geldes auf die geistige Macht. Ein Verzweiflungskampf tobt heute in den Großstädten, aus dem das Geld als Sieger hervorgeht. Aber das Geld erlischt, sobald es die Wirtschaft zu Ende gedacht hat. Es erfindet Auschwitz und Hiroshima." Vom Logo der Deutschen Bank schneidet Godard in eine Aufnahme mit tristen Hinterhofmietsblöcken. Auf der fensterlosen Wand befindet sich eine riesige Reklame: AGA - Ideen und Gase - Unsere Zukunft aus der Luft.

D.h. die Form, die der Geist in Deutschland annimmt, ist die Geldform und das Geld hat sich Auschwitz und Hiroshima einfallen lassen. Die Firma AGA liest sich im ersten Moment wie AGFA - Allgemeine Gas-und Filmanstalt - oder Deutschland im 20. Jahrhundert.[4]

Nach Godard versuchte Deutschland immer, zum Westen zu gehören, sah diese Zugehörigkeit als einzigen Ausweg aus seiner nie klar definierten Situation, die sich geographisch aus seiner zentralen Lagen in der Mitte Europas ergibt, und die eine Offenheit nach Westen wie nach Osten impliziert. Fast alle Einstellungen auf Eddie Constantine belegen diese Unklarheit. Constantine wandert von Ost nach West, meist durchläuft er das Bild von links nach rechts. Sein Gesicht ist selten in einer klaren Großaufnahme zu sehen. Es sind seitliche Großaufnahmen auf seine linke Gesichtshälfte, die im Dunkeln, Unscharfen liegt. Dahinter sind die Gesichtsumrisse hell abgesetzt, es wirkt fast scherenschnittartig. Er wandert vom Sonnenaufgang zum -untergang, in Westberlin ist er nachts angekommen.
Das gelobte, vielleicht unerreichbare Land im Westen heißt heute für Deutschland USA. Früher hieß es Frankreich.

In der Don-Quijote-Szene fragt Eddie unerwartet auf Englisch: „Which way is the west?". Etwas später verabschiedet sich ein russischer Matrose mit einem Gedicht in seiner Sprache von einer jungen Geigenspielerin. Eddie, der wahrscheinlich das Gedicht nicht verstanden hat, aber den Sinn, ruft der jungen Frau zu: "Mademoiselle, er will sich verabschieden, tun Sie etwas!" Der davonei-

---

[4]Einige wenige filmische Beiträge gab es zur Problematik der deutschen Vereinigung. Christoph Schlingensief reagierte spontan mit seinem *Deutschen Kettensägenmassaker* 1990. Margarethe von Trotta drehte die melodramatische Liebesgeschichte zwischen Ost und West *Das Versprechen.* Die Fiktion umfaßt einen Zeitraum von den 60er Jahren bis zu den Ereignissen 1989. Die ehemalige DDR-Dokumentaristin Helke Misselwitz drehte 1992 als filmischen Beitrag zur Vereinigung: *Herzsprung.*

lende Russe ruft zurück, daß 'er nichts verstehen würde'. Hier trennen sich die Wege zwischen Ost und West, Eddie fragt sich unbeirrt weiter durch: „L'occident, s'il vous plaît?", bis er vor dem Schaufenster im nächtlichen Westberlin vor Godards US-Metapher bezogen auf Deutschland steht: Eine der Schaufensterpuppen trägt ein T-shirt mit der Glitzeraufschrift: US. Dazu reflektiert Eddie aus dem Off: „Die Schaufenster sind voll von unglaublichem Plunder. Aber das, was man sucht, findet man nicht mehr."

Dieses Bild bleibt als offene Frage Godards an Deutschland bestehen, wie eine deutsche Zukunft aussehen könnte, nach allem, was dieses Land künstlerisch in den vergangenen Jahrhunderten hervorgebracht hat, und von Godard in seinen Bildern zitiert wird: die deutsche Malerei, Literatur, Musik und die Filmgeschichte.

In Fassbinders *BRD-Trilogie* ist eine US-Kritik spürbar, bzw. ist es eine Kritik daran, was die Deutschen aus den US-Importen nach dem Zweiten Weltkrieg gemacht haben. Fassbinder kritisiert das einseitige, unreflektierte Annehmen neuer, fremder Werte, die sich schnell über alle eigenen Werte gelegt haben, die einfach übernommen wurden. In *Die Sehnsucht der Veronika Voss* weist er über den stets präsenten schwarzen GI, der im Drogenhandel beschäftigt ist, auf das Abhängigkeitsverhältnis zwischen der Bundesrepublik Deutschland und den USA hin.
Godard hat bereits in den sechziger Jahren den US-Imperialismus filmisch bekämpft. In jedem Film gab es Szenen, die die US-Invasion in Vietnam herausstellten. [vgl. dazu noch einmal die betreffende Szene in *Pierrot le fou*, in der Pierrot und Marianne für amerikanische Touristen die US-Invasion nachspielen].

Godards *Allemagne 90* ist als französischer Beitrag zur deutschen Geschichte, insbesondere zu den Fehlentwicklungen in diesem Jahrhundert, nicht hoch genug einzuschätzen. Das Werk ist als klärender Blick von außen auf Verwirrungen und Lähmungen zu werten, die bei deutschen Künstlern die Ereignisse hervorriefen, die die Maueröffnung von '89 nach sich zog. Hier ähnelt Godards *Allemagne 90* Christopher Isherwoods literarischem Beitrag *Good-bye to Berlin* (1939), den Godard zitiert, und der das Berlin der Vorhitlerzeit mit dem Blick von außen beschreibt, mit all seinen widersprüchlichen Stimmungen und Verwirrungen und den darin lebenden Menschen.[5]
Godards Realisierung dieses Films über Deutschland belegt das Fehlen eines politisch-engagierten Films in Deutschland. Mit Fassbinders Tod 1982 ist eine Traditionslinie in der deutschen Filmgeschichte abgebrochen, die ihre künstlerischen wie politisch-kritischen Wurzeln in den zwanziger Jahren in Deutschland fand.

Heinrich Mann und Fassbinder [vgl. Kap. Arbeiten an der deutschen Vergangenheit] widmeten sich deutschen Zustandsbeschreibungen im 20. Jahrhundert, den seelischen Zuständen und den Auswirkungen, die diese auf das öffentlich-

---

[5]vgl. Christopher Isherwood: Good-bye to Berlin (1939); London; Reprinted 1983

politische Verhalten der einzelnen Menschen hatten. H. Mann und Fassbinder reagierten beide bestürzt und emotional auf bestimmte kollektive Verhaltensweisen in Deutschland, und genau das haben sie in ihrer Kunst auch ausgedrückt.

Godard widmet sich in *Allemagne 90* Deutschland durch die Jahrhunderte. Mit analytischem Blick versucht er, sich den 'Zuständen' in seinem Nachbarland durch die Kunst zu nähern. Die deutsche Vereinigung hat er nur als äußeren Anstoß für den Film genommen. In seinen, durch die Montage hervorgerufenen Bildern, zeigt er teilweise bestürzende Realitäten, die den Zuschauer zum kritischen Überdenken anregen sollen. [6]

[6]In dieser Kurzanalyse eines der jüngsten Godard-Werke werde ich seiner komplexen Bild- und Tonmontage nicht gerecht. Allen Hinweisen Godards nachzugehen, würde den Rahmen dieser Schlußbetrachtungen sprengen. Vielleicht könnten sie als Anregung verstanden werden, diesen Film zu erforschen, über den bisher kein wissenschaftliches Material vorliegt.

Literaturverzeichnis

Adorf, Mario: Ansichten eines Beteiligten. Mario Adorf über den Film *Lola* und die Zusammenarbeit mit Rainer Werner Fassbinder; Stuttgarter Zeitung, 21.08.1981

Adorno, Theodor W.: Tabus über den Lehrerberuf; S. 487-498; in: Neue Sammlung; Göttinger Blätter für Kultur und Erziehung; (Hg.): Hellmut Becker, Elisabeth Blochmann u.a.; 5. Jhrg.; Heft 6; Göttingen 1965

Anon.: Der Blaue Engel der Adenauer-Zeit; S. 190-197; Der Spiegel; Nr. 36; 31.08.1981

Arnheim, Rudolf: Film als Kunst; 1932; München, Wien 1974

Arnheim, Rudolf: Kritiken und Aufsätze zum Film; Helmut H. Diederichs (Hg.); 1. Ausg. 1977; München, Wien 1979

Arnold, Hans Ludwig (Hg.): Rainer Werner Fassbinder; Text und Kritik; Heft 103; Juli 1989

Arnold, Peter: Blau wie das Blut und die Badewanne; Hannoversche Allgemeine Zeitung, 31.08.1996

Aurich, Rolf/Kriest, Ulrich (Hg.): Der Ärger mit den Bildern. Die Filme von Harun Farocki; Konstanz 1998

Balázs, Béla: Der sichtbare Mensch. Eine Film-Dramturgie; 1924; 2. Aufl. 1926; Halle

Balázs, Béla: Der Geist des Films; 1930; in: Schriften zum Film; Bd. 2; Diederichs, Helmut H./ Gersch, Wolfgang (Hg.); München, DDR-Berlin 1984

Balázs, Béla: Zur Kunstphilosophie des Films; S. 149-171; in Karsten Witte (Hg.): Theorie des Kinos. Ideologiekritik der Traumfabrik; Frankf./M. 1972

Baring, Arnulf: Im Anfang war Adenauer; München 1969

Bazin, André: Die Entwicklung der kinematographischen Sprache (1958); S. 259-278; in: Albersmeier, Franz-Josef (Hg.): Texte zur Theorie des Films; Stuttgart 1979

Benjamin, Walter: Das Kunstwerk im Zeitalter seiner technischen Reproduzierbarkeit (1936); Frankf./M. 1963

Berlinale-Extra; Offizielles Bulletin der Internationalen Filmfestspiele Berlin; Hg: Berliner Festspiele GmbH; Berlin 1998

Beyer, Friedemann: Das Leben der Sybille Schmitz - Schöner als der Tod; München 1998

Blumenberg, Hans-Christoph/ Ackeren, Robert van: „Der Unvollendete" - Zehn Jahre nach dem Tod von Rainer Werner Fassbinder stellt sich die Frage: Wie hat das deutsche Kino den Verlust dieses Genies überlebt? Ein Gespräch zwischen den Filmemachern H.- Ch. Blumenberg und R. v. Ackeren; Süddeutsche Zeitung Magazin, 29.05.92

Braad Thomsen, Christian: Rainer Werner Fassbinder - Leben und Werk eines maßlosen Genies; Hamburg 1993

Brandlmeier, Thomas: Deutsche Bilderwelten - Karl Freund, Carl Hoffmann und die Kamerakunst; S. 126-133; in: Das Ufa-Buch - Kunst und Krisen, Stars und Regisseure, Wirtschaft und Politik; H.- M. Bock, M. Töteberg (Hg.); Frankf./M. 1992

Broder; Henryk M.: Theater - Universelle Botschaft - Fassbinders „Müll"- Stück kommt in Tel Aviv auf die Bühne; Der Spiegel; Nr. 16; 19.04.99

Brooks, Peter: Die Melodramatische Imagination; S. 35-65; in: Palm, Michael/Cargnelli, Christian (Hg.): Und immer wieder geht die Sonne auf - Texte zum Melodramatischen im Film; Wien 1994

Canby, Vincent: Screen: Fassbinder's *Veronika Voss*; The New York Times; 24.09.1982

Debord, Guy: Die Gesellschaft des Spektakels; aus dem Französischen von Wolfgang Kukulies; Berlin 1996

Dietrich, Marlene: „Logik macht das Leben leichter" - Marlene Dietrich über Berlin, Hollywood, Paris und ihr Leben; S. 196-201; Der Spiegel; Nr. 25; 1991

Diez, Georg: Die Zigarre - mehr als ein Genußmittel; Der siebente Tag (Wochenendbeilage); Hannoversche Allgemeine Zeitung, 14.12.1996

Döblin, Alfred: Berlin Alexanderplatz; mit einem Nachwort von Walter Muschg; 34. Auflage; München 1995

(dpa): 'Bubis: „Fassbinder war ein faschistoider Linker"'; Hannoversche Allgemeine Zeitung, 02.09.1998

(dpa): 'Heftiger Streit um Fassbinder-Stück'; Hannoversche Allgemeine Zeitung, 01.09.1998

(dpa): „Riefenstahl: Schönheit ja, Kunst nein"; Hannoversche Allgemeine Zeitung, 02.12.1998

Eder, Klaus: Wirtschaftswunder ironisch; Deutsche Volkszeitung; Nr. 37; 10.09.1981

Elsaesser, Thomas: Der Neue Deutsche Film - Von den Anfängen bis zu den Neunziger Jahren; Titel der Originalausgabe: New German Cinema, A History; 1989; aus dem Amerikanischen von Reinhold Rauh; dt. Ausgabe; München 1994

Elsaesser, Thomas: Tales of Sound and Fury; S. 93-131; in: Palm, Michael/Cargnelli, Christian (Hg.): Und immer wieder geht die Sonne auf - Texte zum Melodramatischen im Film; Wien 1994

Elsaesser, Thomas: Fassbinder, *Lola* und die Logik des Mehrwerts; S. 53-89; in: Andreas Rost (Hg.): Der zweite Atem des Kinos; Frankf./M. 1996

Erffmeyer, Thomas E.: *I only want you to love me*: Fassbinder, Melodrama and the Brechtian Form; S. 37-43; in: Journal of the University Film and Video Association; Vol. 35; No. 1; 1983

Erhard, Ludwig: Deutsche Wirtschaftspolitik**:** Der Weg der Sozialen Marktwirtschaft; Düsseldorf, Wien New York, Moskau 1992

Farocki, Harun: Was ein Schneideraum ist; S. 2-4; in: Filmkritik; Nr. 1; Januar 1980

Fassbinder, Rainer Werner: Filme befreien den Kopf. Essays und Arbeitsnotizen; hrsg. von M. Töteberg; Frankf./M. 1984

Fassbinder, Rainer Werner: Die Anarchie der Phantasie, Gespräche und Interviews; hrsg. von M. Töteberg; Frankf./M. 1986

Fassbinder, Rainer Werner: Sybille Schmitz - Geschichte für einen Spielfilm; S. 11-20; Text und Kritik; Hans Ludwig Arnold (Hg.); Heft 103; 1989

Fassbinder, Rainer Werner: Sämtliche Stücke; Frankf./M. 1991

Feinstein, Howard: BRD 1-2-3: Fassbinder's Postwar Trilogy and the Spectacle; S. 44-56; in: Cinema Journal; Vol. 23; Nr. 1; Herbst 1983

Flinn, Caryl: Music and the Melodramatic Past of the New German Cinema; S. 106-118; in: Jacky Bratton, Jim Cook, Christine Gledhill (Hg.): Melodrama Stage, Picture, Screen; London; British Film Institute (BFI); 1994

Fontane, Theodor: Effi Briest; mit einem Nachwort neu herausgegeben von Helmuth Nürnberger; April 1995

Freybourg, Anne Marie: Film und Autor. Eine Analyse des Autorenkinos von Jean-Luc Godard und Rainer Werner Fassbinder; Hamburg 1993; (Diss.)

Glaser, Hermann: Kleine Kulturgeschichte der Bundesrepublik Deutschland 1945 - 1989; Bonn 1991

Godard, Colette: La mort de Rainer Werner Fassbinder; Le Monde, 11.06.1982

Godard, Colette: Rosel Zech, la course contre la peur; Le Monde, 01.07.82

Godard, Jean-Luc: Interview mit Godard: „Wenn die Wälder absterben, dann, weil die Clips aufblühen"; S. 16-26; filmwärts; Nr. 13; Frühjahr 1989

Godard, Jean-Luc: „Es wiederfinden" - Pressekonferenz mit Jean-Luc Godard; tageszeitung, 22.11.1990

Goethe: Faust. Der Tragödie erster Teil; herausgegeben und kommentiert von E. Trunz; Jubiläumsausgabe München 1999; folgender Text liegt zugrunde: Goethes Werke; Bd. III; (Hamburger Ausgabe)

Göttler, Fritz: Westdeutscher Nachkriegsfilm; S. 171-211; in: W. Jacobsen, A. Kaes, H.- H. Prinzler (Hg.): Geschichte des deutschen Films; Stuttgart 1993

Grafe, Frieda: New Look: 13 filmische Momente; S. 365-391; in: W. Jacobsen, A. Kaes, H.-H. Prinzler (Hg.): Geschichte des deutschen Films; Stuttgart 1993

Green, Archie: Only a Miner; Studies in Recorded Coal-Mining Songs; Illinois 1972

Grill, Markus: 'Sind wir auf Sendung? Sind wir noch da?'- Interview mit Christoph Schlingensief; tageszeitung, 15.01.1998

Grob, Norbert: Film der sechziger Jahre. Abschied von den Eltern; S. 211-249; in: W. Jacobsen, A. Kaes, H.- H. Prinzler (Hg.): Geschichte des deutschen Films; Stuttgart 1993

Grob, Norbert: Kino ohne Komplexe. Zum 100. Geburtstag des Regisseurs Douglas Sirk; Frankfurter Rundschau; Nr. 97, 26.04.1997

Grosser, Alfred: Geschichte Deutschlands seit 1945 - Eine Bilanz; München; 7. Auflage 1979

Hayman, Ronald: Fassbinder - filmmaker; London 1984

Haskell, Molly: Seeing what Germany, Cuba, Hungary, France and Australia know about women that Hollywood doesn't; in: MS; New York; 8 June 1980

Hegemann, Carl: Für ein postcaritatives Theater; S. 159-164; in: Julia Lochte, Wilfried Schulz (Hg.): Schlingensief! Notruf für Deutschland. Über die Mission, das Theater und die Welt des Christoph Schlingensief; Hamburg 1998

Isherwood, Christopher: Good-bye to Berlin (1939); London; Reprinted 1983

Jagau, H.-J.: Gespräch mit Rainer Werner Fassbinder. Die Bundesrepublik macht eine rückläufige Entwicklung durch; Zitty; Nr. 5; 23.02. - 08.03.1979

Jansen, Peter W.: Vor der Machtübernahme; Die Zeit, 23.03.1979

Jansen, Peter W.: Berlin Alexanderplatz; der tip, 04.-17.06.1992

Jansen, Peter W./Schütte, Wolfram (Hg.): Jean-Luc Godard; Reihe Film 19; München, Wien 1979

Jansen, Peter W./Schütte, Wolfram (Hg.): Rainer Werner Fassbinder, Reihe Film 2; 1. Aufl.; München 1974; 5. ergänzte und erweiterte Auflage 1985; mit kommentierter und kompletter Filmographie

Kaes, Anton: Deutschlandbilder - Die Wiederkehr der Geschichte als Film; München 1987

Kaplan, E. Ann: Fassbinder as Political Voyeur: *Lola* and *Veronika Voss*; S. 60-62; in: Social Policy; Vol. 14; Sommer 1983

Kappelhoff, Hermann: Lebendiger Rhythmus der Welt. Die Erich-Pommer-Produktion der Ufa; S. 208-213; in: Das Ufa-Buch; Kunst und Krisen; Stars und Regisseure; Wirtschaft und Politik; Hans-Michael Bock/ Michael Töteberg (Hg.); Frankf./M. 1992

Karasek, Hellmuth: Billy Wilder - Eine Nahaufnahme; 1. Aufl. Hamburg 1992; aktualisierte und erweiterte Fassung; München 1994

Kleist, Heinrich von: Die Marquise von O.; mit Materialien und Bildern aus dem Film von Eric Rohmer und einem Aufsatz von Heinz Politzer; hg. von Werner Berthel; Frankf./M. 1979

Kleist, Heinrich von: Penthesilea, ein Trauerspiel; mit einem Nachwort von Christa Wolf und 15 Wiedergaben nach Pastellen von Gabriele Koerbl; Berlin DDR 1983

Kluge, Alexander: Die Macht der Gefühle; Frankf./M. 1984

Koch, Gertrud: Die Einstellung ist die Einstellung; Frankf./M. 1992

Kracauer, Siegfried: Von Caligari zu Hitler - Eine psychologische Geschichte des deutschen Films; Übersetzung von Ruth Baumgarten, Karsten Witte; 1. Auflage; Frankf./M. 1984

Kracauer, Siegfried: Theorie des Films - Die Errettung der äußeren Wirklichkeit; Karsten Witte (Hg.); Frankf./M. 1985

Kracauer, Siegfried: Kino. Essays, Studien, Glossen zum Film; Karsten Witte (Hg.); Frankf./M. 1992; (1. Aufl. 1974)

Kraushaar, Wolfgang: Die Protestchronik 1949 - 1959; 3 Bde.; Hamburg 1996

Kriewitz, Günther: Gebremster Amoklauf; in: Stuttgarter Zeitung, 22.08.1981

Kupfermann, Fred: Mata Hari - Träume und Lügen, dt. Übersetzung; 1. Aufl.; Berlin 1992

Lanzmann, Claude: Shoah; mit einem Vorwort von Simone de Beauvoir; Deutsch von Nina Börnsen, Anna Kamp; Düsseldorf 1986

Lenssen, Claudia: Film der siebziger Jahre; S. 249-285; in: Jacobsen, Wolfgang/Kaes, Anton/Prinzler, Hans-Helmut (Hg.): Geschichte des deutschen Films; Stuttgart 1993

Limmer, Wolfgang: Rainer Werner Fassbinder - Filmemacher; Spiegel - Buch; Hamburg 1981

Lippert, Renate: Rotlicht. Die Farbe Rot in *Vom Winde verweht* und *Marnie*; in: Frauen und Film; Heft 58/59; Frankf./M. 1996

Lorenz, Juliane (Hg.): Das ganz normale Chaos - Gespräche über Rainer Werner Fassbinder; Berlin 1995

Lüders, Christine (Hg.): A propos - Mata Hari; Frankf./M. 1997

Macbean, James Roy: The Cinema as Self Portrait: The Final Films of Rainer Werner Fassbinder; S. 9-16; in: Cinéaste; Vol. 12; Nr. 4; 1983;

Mann, Heinrich: Essays; Bd. 4; Hamburg 1960

Mann, Heinrich: Professor Unrat; Hamburg 1951; Neuauflage 1996

Markgraf, Nikolaus: Liebe, Treue, Verrat - Fassbinders *Die Ehe der Maria Braun* in den Kinos; Frankfurter Rundschau, 30.03.1979

Moeller, Hans-Bernhard: Fassbinders und Zwerenz' im deutschen Aufstieg verlorene *Ehe der Maria Braun*. Interpretation, vergleichende Kritik und neuer filmisch-literarischer Adaptionskontext; S. 105-124; in: Bauschinger, Sigrid/ Cocalis, Susan, u.a. (Hg.): Literarische Texte und der neue deutsche Film; Bern, München 1984

Monaco, James: Film verstehen; deutsche Fassung hrsg. von Hans-Michael Bock; übersetzt von Brigitte Westermeier und Robert Wohlleben; 1. Aufl. 1980; überarbeitete und erweiterte Neuausgabe; Hamburg 1995

Mulvey, Laura: It will be a magnificent obsession - The Melodrama's Role in the Development of Contemporary Film Theory; S. 121-134; in: Bratton, Jacky/Cook, Jim/Gledhill, Christine (Hg.): Melodrama, Stage, Picture, Screen; London (BFI) 1994

Niethammer, Lutz (Hg.): „Die Jahre weiß man nicht, wo man die heute hinsetzen soll." Faschismuserfahrungen im Ruhrgebiet; Lebensgeschichte und Sozialkultur im Ruhrgebiet (LUSIR) 1930 - 1960; Bd. 1; Berlin, Bonn 1986

Niethammer, Lutz (Hg.): „Hinterher merkt man, daß es richtig war, daß es schiefgegangen ist." Nachkriegserfahrungen im Ruhrgebiet; LUSIR 1930 - 1969; Berlin, Bonn 1983

Niethammer, Lutz/ Plato, Alexander von (Hg.): „Wir kriegen jetzt andere Zeiten." Auf der Suche nach der Erfahrung des Volkes in nicht-faschistischen Ländern; LUSIR 1930 - 1960; Bd. 3; Berlin, Bonn 1985

Patalas, Enno: Die zerrissene Leinwand. Zweimal Kino deutsch, 1945 bis heute; Die Zeit - Spezial; Nr. 44; 28.10.1999

Pflaum, Hans-Günther: „Frauen haben in dieser Gesellschaft mehr Freiheiten" - Hans-Günther Pflaum sprach mit Rainer Werner Fassbinder über *Veronika Voss;* in: Film-Korrespondenz; Nr. 6/16.März 1982

Pflaum, Hans-Günther: Mit Rainer Werner Fassbinder um die Welt. Begegnungen mit dem anderen Blick: Erfahrungen in Goethe-Instituten; Süddeutsche Zeitung, 14.12.1995

Pflaum, Hans-Günther: Retrospektive. »Fassbinder war ein sehr bewußter Filmemacher«. Ein Gespräch mit dem Filmkritiker und Fassbinder-Monographen H.G. Pflaum; S. 17-28; in: Film-Bulletin; Nr. 4; Heft-Nr. 218; 1998

Pilgrim, Volker Elis: »Du kannst mich ruhig 'Frau Hitler' nennen«. Frauen als Schmuck und Tarnung der NS-Herrschaft; Reinbek 1994

Pudowkin, Wsewolod I.: Über die Montage; S. 77-100; in: Albersmeier, Franz-Josef (Hg.): Texte zur Theorie des Films; Stuttgart 1990

Randow, Gero von: Anzünden, bitte. Ein Blick über die Zigarrenspitze; Die Zeit; Nr. 2; 03.01.1997

Reimer, Robert C.: Memories from the past: A study of R.W. Fassbinder's *The Marriage of Maria Braun*; in: Journal of Popular Film and Television; Vol. 9; Nr.3; Herbst 1981

Reitz, Edgar: Die Zukunft des Kinos im digitalen Zeitalter; S. 115-132; in: Rost, Andreas (Hg.): Der zweite Atem des Kinos; Frankf./M. 1996

'rn' (Kürzel): Eine Welt der aufgeschobenen Gefühle. *Die Ehe der Maria Braun* von Rainer Werner Fassbinder; Neue Zürcher Zeitung, 12.04.1979

Roloff, Bernhard/Seeßlen, Georg: Kino der Gefühle - Geschichte und Mythologie des Film-Melodrams; Hamburg 1980

Rothe, Marcus: Der Griffith in mir ist zu kurz gekommen. Ein Gespräch mit dem finnischen Regisseur Aki Kaurismäki; Frankfurter Rundschau, 30.05.1996

Sarris, Andrew: The Lola - Lulu - Lilith Complex; Village Voice; 10.08.1982; New York

Schattuc, Jane: Rainer Werner Fassbinder's Confessional Melodrama: Towards Historicizing Melodrama within the Art Cinema; S. 45-59; in: Wide Angle; Vol. 12; No.1; Jan. 1990; New York

Schildt, Axel: Hugenberg ante portas; S. 190-195; in: Das Ufa-Buch; Kunst und Krisen; Stars und Regisseure; Wirtschaft und Politik; Hans-Michael Bock/ Michael Töteberg (Hg.); Frankf./M. 1992

Schmitz, Helmuth: Die Lage war keineswegs so ernst; Frankfurter Rundschau, 21.08.1981

Schütte, Wolfram: Kunst und andere (Kino-)Drogen; Frankfurter Rundschau, 19.02.1982

Schwarz, Peter (Hg.): Konrad Adenauer - Reden 1917-1967 - Eine Auswahl; Stuttgart 1975

Schygulla, Hanna: „Wie eine Peep-Show" - Die Schauspielerin Hanna Schygulla über ihre Karriere, die Autorin Elfriede Jelinek und den Geschlechterkampf; Der Spiegel; Nr. 28; 08.07.1996

Seeßlen, Georg: Fassbinder revisited - *Lola*; in: epd-Film; 9. Jhrg.; 6/92

Seidel, Hans D.: Die Kunst der Stereophonie; Stuttgarter Zeitung, 30.03.1979

Sinyard/Neil, Turner/Adrian: Billy Wilders Filme; in deutscher Übersetzung von H. U. Lederer; mit Beiträgen zu den deutschen Drehbüchern; Berlin 1980

Sirk, Douglas: Imitation of Life. Ein Gespräch mit Jon Halliday; deutsche Ausgabe, hrsg. von H.- M. Bock, M. Töteberg; aus dem Englischen von Robert Wohlleben; Titel der Originalausgabe: Sirk on Sirk; Frankf./M. 1997

Skorecki, Louis: L'amour tardif de l'actrice Veronika Voss; Cahiers du Cinéma; Nr. 339; Sept. 1982

Spaich, Herbert: Rainer Werner Fassbinder - Leben und Werk; Weinheim 1992

Steinbauer-Grötsch, Barbara: Der Schatten Caligaris - Die Adaption deutscher Stummfilm- früher Tonfilmtraditionen und die Rolle der deutschsprachigen Filmexilanten im amerikanischen 'film noir' der 40er und 50er Jahre (1993); (Diss.)

Steinbeck, John: The Grapes of Wrath; Text and Criticism; edited by Peter Lisca; USA 1977

Sywottek, Arnold: Mann im Dunkel - Geheimrat A. Hugenberg; S. 196-199; in: Das Ufa-Buch; Kunst und Krisen; Stars und Regisseure; Wirtschaft und Politik; Hans-Michael Bock/ Michael Töteberg (Hg.); Frankf./M. 1992

Theweleit, Klaus: One plus One oder Wie man im Kino die Schönheit erträgt - Eine Lobrede auf den Film-Arbeiter Jean-Luc Godard, aus Anlaß der Verleihung des Adorno-Preises der Stadt Frankfurt am Main; Die Zeit; Nr. 39; 02.09.1995

Thiele, Jens/ Ritzel, Fred: Politische Botschaft und Unterhaltung - die Realität im NS-Film: *Die große Liebe* (1942); S. 310-324; in: Fischer Filmgeschichte; Bd. 2: 1925-44 - Der Film als gesellschaftliche Kraft; Hg.: W. Faulstich; H. Korte; Frankf./M. 1991

Töteberg, Michael: Ein treuer Diener seines Herrn - Ludwig Klitzsch, Hugenbergs Spitzenmanager; S. 200-203; in: Das Ufa-Buch; Kunst und Krisen; Stars und Regisseure; Wirtschaft und Politik; Hans-Michael Bock/ Michael Töteberg (Hg.); Frankf./M. 1992

Töteberg, Michael: Die fröhliche Verlogenheit der Fuffziger; S. 139-152; in: Märthesheimer, Peter/ Fröhlich, Pea: *Lola* - Ein Drehbuch für Rainer Werner Fassbinder; hrsg. und mit einem Nachwort von M. Töteberg; München 1997

Töteberg, Michael (Hg.): Das süße Sterben; Nachwort zu P.Märthesheimer, Pea Fröhlich: *Die Sehnsucht der Veronika Voss* - Ein Drehbuch für Rainer Werner Fassbinder; München 1998

Waagenaar, Sam: Sie nannte sich Mata Hari; Bergisch-Gladbach 1983

Weisenborn, Günther: Memorial; München, Stuttgart 1947/48

Weisenborn, Günther: Die Illegalen - Drama der deutschen Widerstandsbewegung; Theater; Bd. 2; Stücke und Komödien; München, Wien, Basel 1964

Witte, Karsten: Film im Nationalsozialismus; S. 119-171; in: Wolfgang Jacobsen, Anton Kaes, Hans-H. Prinzler (Hg.).: Geschichte des deutschen Films; Stuttgart 1993

Woodward, Katherine S.: European Anti-Melodram: Godard, Truffaut and Fassbinder; in: Postscript; Vol.3; Nr. 2; Winter 1984

Lexika:

Buchers Enzyklopädie des Films; hrsg. von Liz-Anne Bawden; Edition der deutschen Ausgabe von Wolfram Tichy; Luzern, Frankf./M. 1977

Brauneck, Manfred (Hg.): Autorenlexikon deutschsprachiger Literatur des 20. Jahrhunderts; 3. Aufl.; Reinbek 1988

Deutsche Literaturgeschichte - Von den Anfängen bis zur Gegenwart; hg. von Wolfgang Beutin, Klaus Ehlert u.a.; Stuttgart 1979

Faulstich, Werner/Korte, Helmut (Hg.): Fischer Filmgeschichte; Bd. 2; 1925-44. Der Film als gesellschaftliche Kraft; Frankf./M. 1991

Hitchcock, Willie/ Sadie, Stanley (Hg.): The New Groove Dictionary of American Music; Bd. 4; London, New York 1986

Jens, Walter (Hg.): Kindlers Neues Literaturlexikon; München 1992; Bd. 17

Metzler-Film-Lexikon; hg. von M. Töteberg; Stuttgart, Weimar 1995

Prinzler, Hans-Helmut: Chronik des deutschen Films: 1895 - 1994; Stuttgart, Weimar 1995

Reclams Lexikon des des deutschen Films; hg. von Thomas Kramer; Stuttgart 1995

Wilpert, Gero von: Sachwörterbuch der Literatur; 7., verbesserte und erweiterte Auflage; Stuttgart 1989

Filmverzeichnis

Fassbinder, Rainer Werner:

Die Ehe der Maria Braun (1978)
Lola (1981)
Die Sehnsucht der Veronika Voss (1981)
Liebe ist kälter als der Tod (1969)
Warnung vor einer heiligen Nutte (1970)
Händler der vier Jahreszeiten (1971)
Die bitteren Tränen der Petra von Kant (1972)
Welt am Draht (1973)
Angst essen Seele auf (1973)
Martha (1973)
Fontane Effi Briest (1972-1974)
Faustrecht der Freiheit (1974)
Mutter Küsters Fahrt zum Himmel (1975)
Chinesisches Roulette (1976)
Deutschland im Herbst (1977/78)
In einem Jahr mit 13 Monden (1978)
Die Dritte Generation (1978/79)
Lili Marleen (1980)
Querelle - Ein Pakt mit dem Teufel (1982)

Braun, Harald:

Zwischen Gestern und Morgen (1947)

Dreyer, Carl Theodor:

Vampyr - Der Traum des Allan Grey (1932)

Fleming, Victor:

Gone with the Wind (1939)

Ford, John:

Grapes of Wrath (1940)

Godard, Jean-Luc:

A bout de souffle (1959)
Pierrot le fou (1965)
Alphaville (Une étrange aventure de Lemmy Caution) (1966)
Loin du Vietnam (1967)
Allemagne 90 (1990)
Autoportrait - JLG par JLG (1995)
Lettre à Freddy Buache - à propos d'un court-métrage sur la ville de Lausanne (1995/96)

Kaurismäki, Aki:

Das Mädchen aus der Streichholzfabrik (1989)
Wolken ziehen vorüber (1996)

Käutner, Helmut:

Große Freiheit Nr. 7 (1943)

Lanzmann, Claude:

Shoah (1985)

Mankiewicz, Joseph:

The Barefoot Comtessa (1954)

Murnau, Friedrich Wilhelm:

Nosferatu - Eine Symphonie des Grauens (1922)
Der letzte Mann (1924)